中国制造2025前沿技术丛书

现代有轨电车混合动力技术

孙帮成　李明高　李明　等编著

机械工业出版社

新能源技术与混合动力技术是目前轨道交通行业新兴的节能减排技术。轨道交通车辆采用新能源及混合动力技术以达到节能减排的目的，已成为发展趋势。目前有轨电车在国内外市场上已得到较为成熟的应用，超级电容有轨电车、蓄电池有轨电车、超级电容/蓄电池混合动力有轨电车、燃料电池有轨电车在欧洲、日本、中国纷纷亮相并得到迅速发展。

本书针对有轨电车混合动力技术，分6章分别讲解了城市轨道交通新能源技术发展现状、燃料电池基础知识、锂电池基础知识、超级电容基础知识以及超级电容/蓄电池混合动力有轨电车、燃料电池有轨电车相关的技术知识。本书从轨道交通行业及动力电池、超级电容行业基础知识和应用状况出发，结合节能减排等国家政策规划，由浅入深地讲解新能源技术和混合动力技术，为相关研究人员、技术人员提供参考。本书也可以作为新能源技术的入门教程或参考书。

图书在版编目（CIP）数据

现代有轨电车混合动力技术/孙帮成等编著.—北京：机械工业出版社，2016.6

中国制造2025前沿技术丛书

ISBN 978-7-111-53323-8

Ⅰ.①现… Ⅱ.①孙… Ⅲ.①有轨电车-混合动力汽车 Ⅳ.①U482.1

中国版本图书馆CIP数据核字（2016）第061502号

机械工业出版社（北京市百万庄大街22号 邮政编码100037）
策划编辑：连景岩 杜凡如 责任编辑：连景岩 杜凡如
版式设计：霍永明 责任校对：肖 琳
封面设计：张 静 责任印制：常天培
北京机工印刷厂印刷（三河市南杨庄国丰装订厂装订）
2016年5月第1版第1次印刷
184mm×260mm·18.5印张·454千字
0 001—1 900册
标准书号：ISBN 978-7-111-53323-8
定价：79.00元

凡购本书，如有缺页、倒页、脱页，由本社发行部调换
电话服务 网络服务
服务咨询热线：010-88361066 机工官网：www.cmpbook.com
读者购书热线：010-68326294 机工官博：weibo.com/cmp1952
010-88379203 金书网：www.golden-book.com
封面无防伪标均为盗版 教育服务网：www.cmpedu.com

前　　言

现代交通运输工具如汽车、城市轨道车辆为现代社会的发展和人类生活流动性需求做出了重大贡献。目前城市轨道车辆多采用电力驱动，对环境影响不大，但汽车的大量使用则对环境造成了巨大的影响。全世界大量汽车的应用，已经产生并正在继续引发严重的环境问题。大气污染、全球变暖以及地球石油资源储量的迅速减少，已经成为当前人们关注的重点问题。

新能源与节能减排技术是目前国内外交通行业大力支持的新兴技术。随着燃料电池、超级电容、蓄电池等新能源供电部件功率密度、能量密度及充放电效率等技术水平的提升，现代车辆已开始逐渐采用燃料电池、超级电容、蓄电池等新能源材料作为车辆起动、加速、长距离运行、能量回收的替代能源。混合动力汽车、纯电动汽车、混合动力轻轨车的生产制造在欧洲、日本、中国已迅速发展为重点扶持的新兴产业。

本书针对现代交通行业新能源技术，共6章分别讲解了城市轨道交通新能源技术发展现状、燃料电池基础知识、锂电池基础知识、超级电容基础知识以及超级电容/蓄电池混合动力有轨电车、燃料电池有轨电车相关的技术知识。本书从轨道交通行业及动力电池、超级电容行业基础知识和应用状况出发，结合节能减排等国家政策规划，由浅入深地讲解新能源技术和混合动力技术，为相关研究人员、技术人员提供参考。本书也可以作为新能源技术的入门教程或参考书。

本书主要由孙帮成、李明高、李明编著。此外，参与编写的还有高峰、付稳超、石俊杰、黄烈威、邵楠、刘斌、孔繁冰、于森、李国清、韩璐、刘楠、臧晓艳、张秋敏、汪星华、唐晨、姚峰、周德来、陈倩倩、邵蓉、李欣伟、张继业、裴春兴等。由于编者水平有限，书中难免有不妥、疏漏之处，欢迎广大读者对本书提出批评和建议，以便做进一步的修改和补充。

编者

目　录

前言

第1章 城市轨道交通新能源技术发展现状

2015年初，前央视知名记者柴静做的关于国内雾霾状况的调查纪录片《穹顶之下》发布，它的发布可谓是“一石激起千层浪”，使国人对环境保护问题和清洁能源的关注度迅速提高。其实早在2014年11月12日，中美就共同宣布了关于2020年后的气候变化行动，中国首次正式提出非化石能源占一次能源消费比例从2015年的15%提升到2030年的20%左右。纵观近年来的发展趋势，绿色能源产业已经不是“选择”而是“必须”。

城市轨道车辆、无轨电车、汽车等现代交通工具为现代社会的发展和人类生活流动性需求做出了重大贡献。但汽车的大量使用对环境造成了巨大的影响。全世界大量汽车的应用，已经产生并正在继续引发严重的环境问题。城市环境可持续发展、大气污染、全球变暖以及地球石油资源储量的迅速减少，已经成为当前人们关注的重点问题。目前城市轨道车辆多采用电力驱动，需架设错综复杂的电网，严重影响了城市景观和城区规划；同时，由于城市轨道车辆用电量占城市用电量比例很大（据相关报道，北京的城轨车辆用电量占总用电量20%～30%），对城市电力供给造成了较大的压力，节能减排的需求较大。

近年来，在与交通运输相关的研究开发领域中，轨道交通车辆由于其大运量、安全性高、高效率等优势，受到城市居民的青睐。发展城市轨道交通，缓解汽车带给城市地面公共交通的拥堵、环境污染等压力，已成为城市发展的第一要务。同时，人们致力于发展高效、清洁和安全的新能源材料及供电装备，将其应用于城市轨道车辆、无轨电车、汽车等城市交通运输工具，实现无电网运行，以减少电网架设和燃油不完全燃烧带来的环境破坏。

1.1 城市交通运输对环境的影响

1.1.1 环境污染

目前，大部分燃油类地面交通车辆（汽车、摩托车等机动车辆）依靠烃类燃料的燃烧，获得其所必需的能量。在很多情况下，发动机内烃类燃料的燃烧是非理想化的，即除生成二氧化碳（CO_2）和水之外，燃烧生成物还含有一定量的一氧化碳（CO）、碳氢化合物（HC）、氮氧化合物（NO_x）、铅（Pb）、细微颗粒物及硫化物等，所有这些生成物不但污染环境，对人的健康也是有害的。这些一次污染物还会通过大气化学反应生成光化学烟雾、酸沉降等二次污染物。全球大气污染的42%源于交通车辆产生的污染。随着城市机动车辆数量的快速增长，机动车辆排气污染已成为城市大气污染的主要原因。一些城市机动车辆排放的污染物对多项大气污染指标的影响率已达到70%。机动车辆排放污染已对城市大气环境构成了严重威胁。因此，必须研究改善城市机动车辆排放污染的对策和措施。

主要污染物对环境的影响情况如表 1-1 所示。

表 1-1　主要污染物对环境的影响情况

污染物	对环境的影响情况
二氧化碳	随着城市车辆的激增，全球二氧化碳排放总量逐年增加，世界碳排放问题日益突出，2009 年世界二氧化碳排放总量达到 300.6 亿 t。据国际能源署 2007 年统计，全球 23% 的二氧化碳来自于交通运输，可见车辆对碳排放量的影响之大。 2009 年，我国二氧化碳排放总量达到 72.2 亿 t，占全球 19.1%，已成为世界第一大二氧化碳排放国，美国以 18.4% 的二氧化碳排放量位于第二位。因此，推广使用新能源车辆，减少二氧化碳排放量，是各国节能减排的必然选择
氮氧化合物	虽然氮是惰性气体，但发动机内的高温和高压环境易造成氮氧化合物（NO_x）的产生。其中最易生成的氮氧化合物是一氧化氮（NO），一旦 NO 排放在空气中，它与氧反应生成 NO_2。由于紫外线辐射作用，随后 NO_2 被分解回归到 NO，并生成攻击活细胞薄膜的、有高度活性的氧原子。二氧化氮在一定程度上形成了刺激性的褐色烟雾，其对人体最突出的危害是刺激眼睛和上呼吸道。同样，二氧化氮与空气中的水反应，生成硝酸（H_2NO_3），硝酸在雨中稀释，即形成酸雨，对人类生活造成巨大的影响
一氧化碳	一氧化碳是因缺氧而导致碳氢化合物不完全燃烧生成的气体。一氧化碳与血液中的血红蛋白结合的速度比氧气快 250 倍。一氧化碳一旦到达人和动物的血细胞，就会替代氧附着于血红蛋白，很快就减少了到达器官的氧供给量，并降低了生命体的体力和智力，危害中枢神经系统，造成人的感觉、反应、理解力、记忆力等机能障碍，重者危害血液循环系统，导致生命危险，因此吸入一氧化碳即意味着中毒。 眩晕是一氧化碳中毒的最初症状，它能迅速导致死亡
未完全燃烧的碳氢化合物	未完全燃烧的碳氢化合物是烃类不完全燃烧的结果，对生命体是有害的，其中有些是直接的毒物或致癌的化学制品，如颗粒状物、苯等物质。同样，未完全燃烧的碳氢化合物也是烟雾的成分。日光的紫外线辐射与未完全燃烧的碳氢化合物和大气中的 NO 互相作用，产生臭氧和其他生成物。臭氧是无色的，但非常危险，当其侵入活细胞薄膜时，引发生命体加速老化或产生致死的毒物。 小孩、老人和哮喘病患者在高浓度臭氧环境下受紫外线辐射均会受到极大的损害
其他的污染物质	燃料的杂质产生在污染物质的排放中，主要杂质是硫，它主要存在于内燃机和喷气发动机燃料之中。硫（或硫的化合物，如硫化氢）同氧一起燃烧将生成氧化硫化合物（SO_x）。二氧化硫（SO_2）是燃烧中的主要生成物，当其与空气接触时，将产生三氧化硫（SO_3），如果三氧化硫和水反应，则会生成硫酸，成为酸雨的主要成分。 为改善发动机的性能或寿命，石油公司在其燃料产品中添加了铅的化合物。四乙基铅（常简称为“铅”）被用于改善汽油的抗爆性，因此得以有更好的发动机性能。然而这一化合物的燃烧会析出铅金属，而铅是导致“铅中毒”等神经疾病的缘由。目前，在大多数发达国家中，已禁用四乙基铅，且其已被其他化合物替代

1.1.2　全球变暖

大量数据和现象表明，未来 50 ~ 100 年人类将完全进入一个逐渐变暖的世界。由于人类活动的影响，温室气体和硫化物气溶胶的浓度增加过快。有科学家预测，未来 100 年全球地表平均温度将上升 1.4 ~ 5.8℃，到 2050 年我国平均气温将上升 2.2℃。

全球变暖是温室效应的结果，而温室效应是由二氧化碳和其他气体（如大气中的甲烷）引发的。这些气体截获了由地面反射的日光的红外辐射，因而在大气中截留了能量，并使之升温。地球温度的升高导致其生态系统被破坏，并引发影响人类的许多自然界的灾害，使气候变化风险加剧。

由于自然界灾难引起的伤害之广，使人们对自然界灾难的关注多于对生态灾害的关注。全球变暖被认为是导致如“厄尔尼诺”气象征兆的原因，该气象征兆干扰了南太平洋区域，并定期引发龙卷风、洪水和干旱。极地冰盖的融化是全球变暖的另一主要后果，它提升了海平面，而且可引发沿海区域的洪水。

近几十年的观测表明，人类活动是造成气候变暖的原因。近年来人类社会对能源的大量消耗带来了温室气体排放问题，而气候变暖又是由于大气中聚集了二氧化碳等大量温室气体。二氧化碳是碳氢化合物和煤燃烧的生成物，是全球最重要的温室气体，是造成气候变化的主要原因，而它主要来自化石燃料的燃烧，运输工具对二氧化碳的排放占有大量的比例。虽然二氧化碳可被植物吸收，并由海洋以化合成碳酸盐的方式收集。但这些自然的同化过程是有限的，它不可能同化所有二氧化碳，其结果是在大气中形成二氧化碳的累积。

交通领域二氧化碳排放成为关注重点。据国际能源机构（International Energy Agency，简称 IEA）估计，城市机动车辆二氧化碳总排放量将从 1990 年的 29 亿吨增加到 2020 年的 60 亿吨。汽车对地球环境造成了巨大影响。

控制消费和节约能源是减少二氧化碳排放量的重要途径。仅在工业发达国家，人均能源的消费指数为 1 ~ 3 不等，这就表明，节约能源的余地是极大的。当然，还可以考虑保持适当的消费水平，同时用那些不会产生温室效应的替代品来取代那些会造成污染的能源。

为了减少机动车对全球气候变暖的影响，削减温室气体的排放，机动车辆应尽量采用小排量和稀薄燃烧发动机，最大限度地提高能源利用效率，从而减少对全球气候变暖的影响。为了减少二氧化碳的排放量，各国开始制定并实施城市机动车辆二氧化碳排放法规。2008 年，欧盟要求小汽车二氧化碳排放降低到 140g/km，对于汽油车，对应油耗 6L/100km 以下；2012 年，降低到 120g/km；2020 年，降低到 100g/km。如果我国采用一系列先进技术，包括电动汽车、天然气汽车和以天然气为燃料的内燃机技术，到 2030 年，我国汽车二氧化碳的排放总量有可能降低 45%。

1.1.3　石油资源

石油是从地下采掘的矿物燃料，是活性物质分解的生成物，这些物质几百万年前（奥陶纪系）被埋藏在稳定的地质层中。该生成过程需要历经上百万年，这也是石油资源有限的原因。

世界能源主要包括石油、天然气、煤炭等，而目前全球交通运输业的燃料绝大部分来自于石油及其衍生品——汽油和柴油等。《BP 世界能源统计》显示，截至 2009 年底，全球已探明的石油储量为 13331 亿桶，可开采 45.7 年。以同样的方式计算，现有天然气储量能满足 62.8 年的开采，而煤炭储量可开采 119 年。

2007 年，在世界能源消耗总量中，石油占 35%，煤炭占 29%，天然气占 24%，其他占

12%。随着时间的推移，能源消耗结构会发生变化，新型能源消耗的比例将不断增加。

截至2010年1月1日，全球前10大探明石油储量国排名见表1-2，石油储量总共为11279亿桶，占世界石油储量的84.6%。

表1-2　全球前10大探明石油储量国排名

排名	国家	储量/亿桶	所占比例
1	沙特阿拉伯	2599	21.8%
2	加拿大	1752	14.69%
3	伊朗	1376	11.54%
4	伊拉克	1150	9.65%
5	科威特	1015	8.51%
6	委内瑞拉	994	8.34%
7	阿联酋	978	8.2%
8	俄罗斯	600	5.03%
9	利比亚	443	3.72%
10	尼日利亚	372	3.12%

已经证实的储藏量是指经地质和工程信息预示的储藏量，即在现阶段经济和运行条件下，今后由已知的储油层可被开采的储藏量。因此，它并不能构成地球总储藏量的指标。

在温带、亚热带和热带等地区，地表面层附近的石油是便于开采的。地质学家认为，极地带地区（如西伯利亚、美国或加拿大等国家），石油储量很多。在上述地区内，气候和对生态的关注是勘探石油或开采石油的主要障碍。因政治和技术原因，估算地球的石油总储量是一项困难的任务。由美国地质勘探局（U.S. Geological Survey，USGS）在2000年估计的尚未勘探的油资源量列于表1-3中。

表1-3　美国地质勘探局对尚未勘探的石油资源的估计（2000年）

区域	已知储藏量（2000年）/10^9t	R/P比值	尚未勘探的石油资源（2000年）/10^9t
北美地区	8.5	13.8	19.8
南美和中美地区	13.6	39	14.9
欧洲	2.5	7.7	3.0
撒哈拉沙漠以南的非洲地区和南极洲	10	26.8	9.7
中东和北非地区	92.5	83.2	31.2
前苏联地区	9.0	22.7	15.7
亚太地区	6.0	15.9	4.0
全世界（潜在的增长量）	142.1	39.9	98.3（91.5）

石油的消耗量（对应的生产量）与发达国家和发展中国家的经济增长同步逐年增加。其中，随着某些人口大量聚居国家的迅速发展，石油消耗量很可能出现快速的增长，特别是在亚太地区。

近年来，全球石油消耗量的发展趋势在明显增长。增长最快的地区是亚太地区，全世界大多数人口居住在该地区。石油消耗量激增，将导致污染物迅速扩散，二氧化碳排放量成倍增加。

石油在交通领域的消费逐年增长。国际能源署（IEA）的统计数据表明，2001 年全球 57% 的石油消费在交通领域（其中美国达到 67%）。预计到 2020 年交通用油占全球石油总消耗的 62% 以上。美国能源部预测，2020 年以后，全球石油需求与常规石油供给之间将出现净缺口，2050 年的供需缺口几乎相当于 2000 年世界石油总产量的两倍。

我国是一个能源短缺的国家，已探明石油储量约 160 亿桶，约占世界储量的 1.1%，但却是一个能源消费大国。我国的石油消耗量仅次于美国，位居世界第二，原油消费年均增长率在 6% 以上。

目前世界汽车保有量约 8 亿辆，预计到 2030 车保有量将突破 20 亿辆，主要增量来自发展中国家。我国汽车产销量逐年增加，目前我国已连续成为世界第一汽车生产大国和第一新车销售市场。

在交通领域，汽车消费的快速增长导致石油消耗加速增长。我国机动车燃油消耗量约占全国总油耗的 1/3，这也使得我国石油对外依存度每年都在不断攀升。据预测，到 2020 年我国石油消耗的 76% 依赖进口，而汽车用油消耗占国内总用油量的 57%。目前，全国汽油的消耗主要是汽车消耗，约占 87%，而汽车柴油的消耗占 38% 左右。从我国单车耗油量来看，平均单车所耗油的实际值约 2.5t，比美国高 10% ~25%，比日本高 1 倍以上。

1.1.4　引发的思索

石油短缺、环境污染、气候变暖是全球汽车产业面对的共同挑战，各国政府及产业界纷纷提出各自的发展战略，积极应对，以保持汽车产业的可持续发展，并提高未来的国际竞争力。新能源车辆已成为 21 世纪汽车工业的发展热点。

与矿物燃料燃烧相伴随的环境污染、全球变暖以及可预见的资源枯竭等众多问题，虽然与之相关的代价难以估量，但其损失是庞大而非直接的，且可以是资金上的代价、人的代价或两者共有的代价。

由污染引发的代价并非仅限于健康上的危害，它还包括重新栽培因酸雨而毁坏的森林，以及清洗和整修受到酸雨侵蚀的历史遗迹等代价。当然，对人类健康的危害是最大的代价。

同样，与全球变暖相联系的代价也是难以确定的。它可包括因龙卷风造成的破坏、由于干旱毁损的庄稼、因洪水导致的资产毁坏以及为救济受害居民而实施国际援助等各方面的代价，其总量可能是巨大的。

目前，全球已达成共识，城市机动车辆能源转型势在必行。另外，减少排气污染、净化环境已成为车用燃料发展的大方向。以欧盟为例，欧盟 15 国制定的《汽车—油料发展规划》要求，1995 年 ~2020 年，道路运输排放的 7 种主要污染物［CO、NO_x、挥发性有机物质（VOC）、苯、柴油颗粒物质（PM）、CO_2、SO_2］要大大降低，除 CO_2外，其他各种污染物到 2020 年平均相对值降低到 10。

从汽车行业来看，随着我国成为全球第一大汽车消费国，汽车工业带来的能源短缺、环境污染等问题日益严重。统计数据表明，目前我国汽车保有量主要集中在经济发达地区或中心城市，汽车废气排放已成为城市大气污染的主要来源；同时，我国的石油资源严重不足，石油消费与进口量逐年增加，进口占比超过 50%。在未来 30 年内，我国的汽车保有量还将大量增加，大气环境污染、能源短缺问题将更为严重。

面对温室气体排放大幅增加，能源问题日益严重，环境污染不断加剧，选择开发以新能源车辆为代表的节能环保汽车变得尤为重要。在此背景下，中国发展新能源车辆，不仅有利于降低对石油的依赖，保证我国的能源安全，也有利于我国的环境保护和可持续发展，并为我国汽车产业实现跨越式发展提供重要的战略机遇。

我国国Ⅱ、国Ⅲ、国Ⅳ排放标准见表1-4。

表1-4　我国各标准规定的排放限值　　单位：g/km

	国Ⅱ	国Ⅲ	国Ⅳ
一氧化碳（CO）	2.20	2.20	1.00
总碳氢化合物（HC）	—	0.20	0.10
氮氧化合物（NO_x）	—	0.15	0.08
碳氢化合物和氮氧化合物（$HC+NO_x$）	0.50	—	—

有关专家指出，未来5~10年，我国发展新能源交通运输需要在以下四个方面加倍努力：

（1）减少石油消耗和二氧化碳排放　交通运输业的石油消费比重日益增大，唯有发展新能源及相关车辆，才能减少石油消耗，降低对石油的依赖程度，同时有效抑制二氧化碳排放，缓解城市大气环境恶化。

（2）完善新能源技术创新和产业化的制度环境　充分借鉴现代市场经济国家的发展经验，通过加强法治建设、转变政府职能、优化竞争环境、改革监管机制，以及在构建金融、人才、科研等支撑平台建设等方面工作，建立并完善我国新能源技术创新和产业化的制度环境。

（3）制定有力的国家新能源交通工具发展战略　制定思路明确、步骤清晰和推进有力的国家新能源交通工具发展战略。

（4）加强对关键零部件和上游核心技术的研发　将研发资金和人才等重要资源，从整车环节逐步转向以“三电”为重点的关键零部件领域，将主要投入对象从科研院所和高等院校转向企业，同时加强对事关新能源交通工具发展成败的重点领域、核心技术和关键材料的研发和产业化应用，以增强我国新能源交通工具的国际竞争力。

1.2　城市交通运输发展策略

现代车辆采用新能源技术以达到节能减排的目的，已成为当今世界的发展趋势。目前电动汽车在国内市场上已成熟应用，混合动力汽车、混合动力有轨电车在欧洲、日本、中国已迅速发展成为新兴产业。

1.2.1　新能源对交通运输的重要性

全球石油资源可维持石油供应的年数完全取决于新储油地的发现以及石油储备量。历史数据表明，新储油地的发现进程缓慢，而另一方面，石油消耗量则呈现如图1-1所示的高增长率。假如新储油地的发现及石油消耗量遵循现在的趋势，则全世界石油资源约可用至

2038 年。目前新储油地的发现已日益困难，开采新油地的成本也越来越高。如果石油消耗率不能显著降低，那么石油供应的困境将不会发生大的变化。

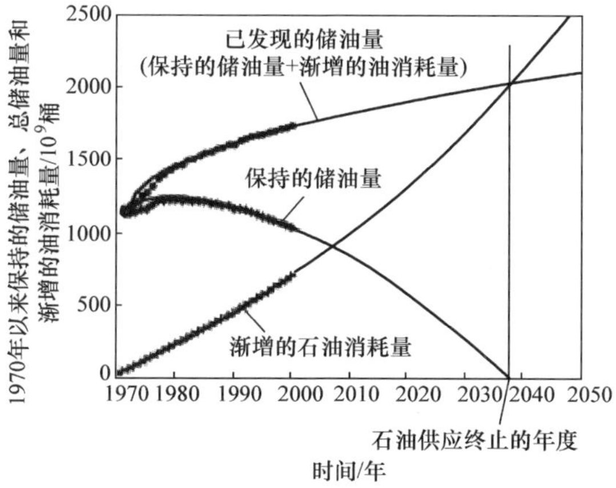

图 1-1　全球石油的新发现、保持的储量以及渐增的消耗量

世界上大部分工业化国家和发展中国家的石油消费结构虽然各不相同，但交通运输部门基本上都是首要的石油使用者，如图 1-2 所示。可以看出，世界范围内石油应用方面的增量大多数出现在交通运输部门，且所占比例持续增大。

就发展中国家而论，交通运输部门石油消耗量涨幅较大，预计至 2020 年其增长量接近非交通运输部门能量的消耗总和。但是，发展中国家不像工业化国家，其石油消耗总增量的 42% 规划用于非交通运输部门。发展中国家的非交通运输部门所对应的石油消耗量的增长，部分原因是以石油产品替代非商品化燃料（如燃烧木材用于家庭制热和烹饪）。

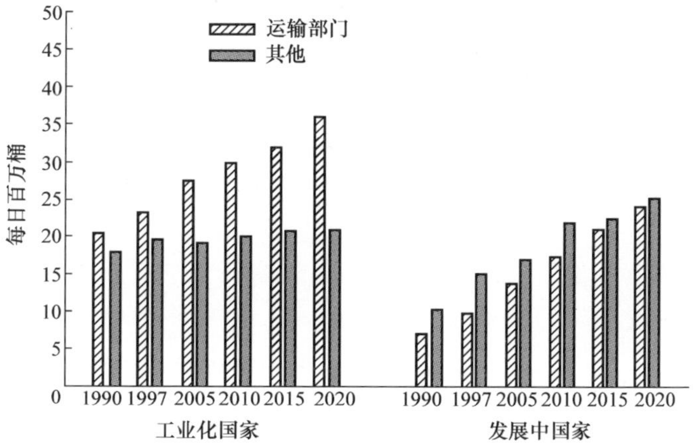

图 1-2　运输和其他部门的全球石油消耗量

改进车辆的燃油经济性对石油供应有决定性的影响。以汽车行业为例，迄今为止，最有前途的技术是混合动力电动汽车、纯电动汽车和燃料电池汽车。混合动力电动汽车采用目前的内燃机为其主要动力源，并以动力电池和电机组成峰值电源，它比单独由内燃机提供动力

的车辆具有高得多的运行效率。这一技术用于工业化生产的硬件和软件已基本成熟。随着电池技术的快速发展，纯电动汽车技术得以完善，已逐步推广运用。此外，燃料电池汽车比混合动力电动汽车将有更高的效率且更为清洁，已逐步开始商业化运行。

对于城市轨道交通车辆来说，传统城轨车辆采用的电力驱动供电技术，效率远高于采用燃油作为驱动能源的无轨电车和汽车等。而如果采用新能源供电技术（如超级电容、动力电池、燃料电池等），不仅能减少架网成本，而且能实现城市环境保持和车辆的节能运行。

1.2.2 新能源技术加快发展的国际背景

过去一百多年，世界各国工业的发展均建立在化石能源应用的基础上。目前世界能源消费的40%、交通能源的90%仍然依赖石油，几乎所有的发达国家都是石油进口国。因此，能源安全长期作为发达国家的重要战略目标，目前的国际政治和军事冲突，大多与石油有关。

当前，全球新能源产业格局正在发生重大变革，世界城市交通车辆研发和制造格局也在发生重大调整。世界金融危机爆发后，发达国家均将发展新能源车辆作为实施新能源战略、巩固和提升产业竞争力的重要途径。中国应深刻把握和认识全球新能源产业格局调整的方向，积极参与新一轮新能源技术革命，以快速提升车辆产业的国际竞争力。

1.2.2.1 新能源日益成为发达经济体重要的战略领域

在资源、环境和金融危机三大压力下，目前世界能源领域正面临着重大变革，主要体现在以化石能源为主向化石及其他能源并重，进而向替代能源和可再生能源为主的能源体系转变。相对于轨道交通车辆，新能源材料及供电技术在汽车行业应用得更早且较早形成规模。

（1）日本的新能源战略　日本是一个资源匮乏、石油对外依存度较高的国家，最高时曾接近80%。在经历了1973年和1978年两次石油危机后，日本政府和企业均认识到开发新能源的重要性，开始推动新能源的开发和推广利用。日本能源政策的目标定位是实现能源安全、经济增长和环境保护的共同发展。日本的能源政策主要包括以下内容：

1）石油安全。由于日本进口石油大部分来自政治格局极不稳定的中东地区，因此日本提出旨在分散风险的综合资源战略。强化石油与天然气的自主开发，降低石油依存度；大力推行能源外交，除中东地区外，也重视发展与亚洲、非洲和拉丁美洲资源国的合作，促进石油供应来源的多元化。近年来，日本将油气进口多元化的战略重点，更多地转向能源丰富的俄罗斯。

2）石油储备政策。20世纪70年代初，日本先后制定了《石油储备法》和《天然气储备法》，将石油的战略储备确定为一项基本国策。日本建立了战略石油和天然气储备制度，通过立法强制国家和企业进行石油储备。国家石油储备由政府直接控制，储备方式为国家储备基地及从民间租用储库；企业储备没有将生产性库存和义务储备截然分开，只对数量有要求，并不要求储备种类及储备方式。

3）节约能源政策。为了鼓励企业和全社会节能，日本实施多项财税政策：

① 税制改革。使用指定节能设备，可选择享受设备标准进价30%的特别折旧或7%的税额减免（适用于中小企业）。

② 补助金制度。对于企业引进节能设备、实施节能技术改造给予总投资额的1/3～1/2的补助；对于企业和家庭引进高效热水器给予固定金额的补助；对于住宅、建筑物引进高效

节能设备给予其总投资 1/3 的补助。

③ 特别会计制度。由经产省实施支援企业节能和促进节能的技术研发等活动，该项预算纳入“能源供需结科目”，主要来源于国家征收的石油煤炭税。

日本的目标是：到 2030 年运输领域能源效率比现在提高 30%，对石油的依存度由 100% 降低至 80%。

4）石油替代政策。目前，石油、煤炭、核能和天然气仍是日本主要的一次性能源。日本能源发展的基本方向是鼓励新能源，争取提高新能源在一次能源中的比重，努力实现能源的最佳综合利用。“新能源开发计划”即“阳光计划”致力于太阳能开发利用，同时也包括地热能开发、煤炭的液化和汽化技术、风力发电机研制、海洋能源开发和海外清洁能源输出技术。

日本节能技术的推广应用在近年得到了回报，能源利用效率大幅提高，尤其是新能源开发利用使日本经济抗风险能力大大增强，对传统能源的依赖大幅弱化，部分日本新能源企业开始出现海外扩张的迹象。经过多年的发展，日本的太阳能技术和产品已逐渐普及。从 2000 年开始，日本在太阳能光伏发电、太阳能电池等方面多年位居世界前列；在风力发电方面也发展迅速。此外，日本还在开发燃料电池、生物发电、垃圾发电等发电方式。在此背景下，日本对石油的依存度从 20 世纪 70 年代的 71.9% 下降到目前的 50% 以下。

（2）美国的新能源战略　在发展新能源的过程中，政府牵动、市场拉动和科技推动三者缺一不可，而其中的核心环节还是政府的相关政策。新世纪以来美国政府对新能源产业的发展愈发重视，并利用法律手段为其提供强有力的政策保障。

2005 年 8 月，美国政府颁布了《2005 国家能源政策法》。该文件规定，美国从 2005 年起开始实施光伏投资税减免政策，具体内容包括：居民或企业法人在住宅和商用建筑屋顶安装光伏系统发电所获收益享受投资税减免，额度相当于系统安装成本的 30%。

《2005 国家能源政策法》到期后，美国国会又调整规定，将对商用光伏项目的投资税减免延长 8 年，将住宅光伏项目的投资税减免政策延长 2 年，并取消了每户居民光伏项目 2000 美元的减税上限。

2007 年美国国会又通过《美国能源独立及安全法》，规定到 2025 年时清洁能源技术和能源效率技术的投资规模将达到 1900 亿美元，其中 900 亿美元投入到能源效率和可再生能源领域，600 亿美元用于碳捕捉和封存技术，200 亿美元用于电动汽车和其他先进技术的机动车，再划拨 200 亿美元用于基础性的科学研发。

2009 年，奥巴马政府通过《2009 年恢复与再投资法》，规定将划拨约 500 亿美元用来开发绿色能源和提高能效，其中 140 亿美元用于可再生能源项目，45 亿美元用于改造智能电网，64 亿美元用于清洁能源项目，63 亿美元用于对提高州一级能效的拨款，50 亿美元用于改造家庭住房的越冬防寒性能，45 亿美元用于帮助提高联邦政府的建筑能效，1890 万美元用于打造“绿色交通”。

2009 年 6 月，众议院通过了《美国清洁能源安全法》，虽然参议院对其内容存在很大争议，但该法案中的可再生能源部分已通过审议，表明国会在新能源的议题上具有基本共识。2011 年年初发表的首次国情咨文提出，从 2011 年起，除国家安全、医疗和社会保障以外的政府开支将被冻结 3 年，但将继续在新能源、教育和基础设施等方面增加投资。由于美国当前能耗的 69% 用于交通运输业，还要求政府投资 6 亿美元促进消费者购买更加节能的车辆。

奥巴马政府的新能源战略即“清洁能源国家战略”的主要目标包括：

1）保障能源安全。美国的能源尤其是石油的对外依存度高，目前已经接近60%，这严重威胁美国的能源安全，同时也影响到美国在全球政治格局中的地位。因此，美国新能源战略的核心目标就是降低石油的对外依存度，保障美国的能源安全。奥巴马政府所提倡的发展替代能源和可再生能源、开发节能和电动汽车等措施，都是围绕这一目标制定的。

2）扶持新能源产业，培育新的经济增长点。美国通过扶持新能源产业，培育新的经济增长点，构建新的国家竞争能力，巩固它在全球经济中的地位。美国政府在国际金融危机的冲击下，急于培育新的增长点以拉动经济复苏。新能源产业正好为其提供了新的发展领域和空间。近年来，美国在新能源领域已经逐步被欧洲和日本超越，奥巴马政府希望借助新能源技术重构国家核心竞争优势，以再次成为全球技术革命的领跑者。

3）减少碳排放，应对全球环境挑战。奥巴马政府在气候变化问题上采取更为积极的态度。由于气候变化问题与能源消耗具有直接联系，美国政府希望将能源政策与环境政策相结合，实现多种政策目标。奥巴马政府新能源战略的主要内容包括：

① 创建汽车产业化平台。在未来10年间投入1500亿美元，努力建设使用清洁能源的汽车产业化平台。

② 提倡节油。在10年内节省比美国目前从中东和委内瑞拉进口量更多的石油，美国消耗的原油中至少有10%来自可再生能源，至2030年，美国的石油消费绝对量要减少30%以上。

③ 大力发展氢能源汽车，将汽车每加仑氢能源公里数提高至150公里。

④ 2020年温室气体排放量比2005年减少17%，2050年减少80%。

美国政府的新能源政策具有长期的全球战略意义：

① 美国明确提出降低美国对海外的石油依赖，削弱石油利益集团的影响，这标志着全球最大的新能源市场即将起动。

② 新能源战略成为奥巴马政府重振经济的重要组成部分。在未来3年内将能源替代品的产量增加1倍；针对乙醇燃料、混合动力汽车等提出了详细的发展目标。

③ 在确立新的技术和产业导向后，美国有望凭借其强大的科研力量和产业基础，短期内在新能源技术领域获得突破，建立环境保护以及新能源利用的新标准，不仅使新能源技术成为继克林顿政府提出的“信息高速公路”之后再次对世界具有长期影响的战略技术，同时构建对发展中国家的减排壁垒。

（3）欧盟的新能源战略　目前，随着欧盟一体化进程的加快，拥有大量成员国的欧盟已成为世界能耗大区。欧洲自身能源资源匮乏，在全球能源需求量猛增、价格暴涨、环境压力逐步加大等条件下，欧洲面临着日益严峻的发展挑战。

欧盟的能源战略目标是确保能源供给安全，提高能源的国际竞争力以及发展可持续能源。为了保证三大战略目标的实现，欧盟制定了六大政策和一系列具体措施：

1）能源发展必须为欧洲经济增长和就业服务。

2）各成员国必须团结一致，形成合力，共同建立确保能源供给安全的欧洲统一内部市场。一个统一、开放、竞争的欧洲能源内部市场才能改善能源供给安全，降低能源价格，提高能源竞争力，为能源企业提供一个正确的投资信号。

3）为确保能源供给安全和具有国际竞争力，欧洲必须遵循有效、可持续、多元化的能源发展方向。

4）欧洲须坚定不移地奉行与气候变化做斗争的长期战略。

5）鼓励和支持能源研发与创新，制定欧洲能源技术开发行动计划。

6）制定欧洲对外能源政策，以一个声音说话，积极参与国际活动，与国际社会一道共同努力解决世界能源领域的各种问题。

2010 年 11 月，欧盟委员会进一步提出了新时期的新能源战略文件《能源 2020》。根据这份新战略文件的规划，欧盟将在 5 个重点领域投资 1 万亿欧元，着手确保欧盟能源供应，即提高能效，完善统一能源市场和基础设施建设，推动技术研发和创新，对外用一个声音说话和为消费者提供安全、可靠、用得起的能源。这一新战略旨在为欧盟的能源政策提供一个框架，也是欧盟经济发展规划“欧洲 2020 战略”的组成部分。根据《能源 2020》，欧盟及其各成员国将在节能方面采取强有力措施，整合欧洲能源市场，制定欧盟统一的能源政策。

欧洲计划到 2020 年减少到 95g/km，生物燃料使用率比现在提高 10%，2030 年达到 25%。

1.2.2.2　资源和环境压力加大促进世界汽车产业格局的变革

快速增长的能源需求与石油资源日益枯竭的矛盾，将导致廉价石油时代的终结，使发展中国家工业化、城市化、现代化的成本大幅增加。特别是在全球石油资源分配格局已相对稳固的条件下，新兴经济体获取石油资源的形势将更加严峻。

与此同时，全球环境问题日益突出，使世界交通运输行业面临着日益严峻的挑战。这里以用量最大的汽车为例，汽车尾气成为城市环境污染和大气污染的主要来源。在此背景下，如果不改变全球汽车消费模式，推动汽车能源的技术革命，汽车消费的持续扩张将难以为继。目前中国汽车千人保有量仅为 70 辆左右，如果达到发达国家 600 ~ 800 辆的水平，即使全世界的石油也不能满足需求。有关数据显示，如果不改变汽车消费结构和模式，到 2020 年，中国仅汽车就要消耗 2.56 亿吨石油，占中国用油的 86%。因此，必须在资源约束下实现汽车消费的变革，在节能和新能源车辆领域取得技术和产业化的突破，这样才能从根本上解决全球汽车消费增长与石油资源供给之间的矛盾。

汽车产业具有资本密集、技术密集和劳动力密集的重要特征，同时也是附加价值较高、吸纳就业能力强、产业关联度高的产业领域，甚至成为一个国家或地区工业发达程度的重要标志。因此，汽车产业成为美国、欧洲以及日本等经济体坚守的最后几块制造业阵地之一。随着发展中国家制造优势和汽车消费能力的增强，发达国家汽车产业逐步形成和强化新的竞争优势，世界汽车制造业和市场格局正在发生重大变革，并呈现出新的趋势和特点。

（1）当前世界汽车产业格局呈现新的动向　继美国第三大汽车制造商克莱斯勒（Chrysler）于 2008 年 4 月申请破产保护后，美国第一大、全球第二大汽车制造商通用公司（GM）也在 2009 年 6 月申请破产保护。百年通用的破产成为美国制造业历史上第一大破产案。由于美国长期位居全球第一大汽车生产国和消费国，在世界汽车产业中的地位举足轻重，克莱斯勒和通用相继申请破产保护，成为世界汽车发展史上的重要事件，意味着全球汽车产业调整进程开始加快。

欧洲汽车制造业面临的挑战和压力不弱于美国。2005 年，欧洲汽车工业协会主席表示，如果不立即提高欧洲汽车的竞争力，欧洲汽车工业将会在 50 年内消失。据欧盟的一项统计结果显示，欧盟汽车业的人均劳动生产率比美国低 25%，比日本低 30%。另据欧洲汽车制造商协会公布的数据，生产相同的汽车，欧洲的制造成本比巴西高35%。

相对而言，日本汽车厂商的生产率相对较高。由于丰田生产方式（TPS）的应用和改进，丰田北美汽车公司成为北美整体劳动生产率最高的汽车企业，其单车工时仅为27.9h。与美国汽车企业相比，丰田生产每辆车将节省350～500美元成本。日产北美公司和本田单车工时分别为29.43h和32.02h，排在日产和丰田之后。从全球范围来看，日本厂商在发展中国家的单车生产成本更是远低于在美国和日本本土，这也成为日本大规模海外投资设厂的重要原因。

由于劳动力成本居高不下和原材料价格持续上涨，欧洲和美国汽车制造商生产成本日益增加。2000年以来，美国汽车企业销量大幅下滑；除德国大众外，欧洲汽车企业销量亦出现整体下滑。特别是在2008年全球金融危机之后，以美国为主的汽车和零部件商大部分已陷入困境。

从产业组织来看，长期主导全球汽车产业的“6+3”格局也悄然变化。其中最重要的趋势是：

① 更多的跨国联盟取代依靠控股型企业集团，影响世界汽车格局。目前世界汽车产业呈现出“7+2”的格局，所谓“7”，即“通用+上汽”、“福特+马自达+长安”、“丰田+富士重工”、“大众+铃木+保时捷”、“PSA+宝马”、“雷诺-日产+戴姆勒”、“菲亚特+克莱斯勒+三菱”；所谓“2”，是指相对独立的现代-起亚和本田。

② 韩国和中国汽车企业快速崛起。尽管传统“6+3”格局中并没有现代-起亚，但韩国企业的崛起已经成为世界汽车版图变化的重要力量。2010年，中国已经有上汽、东风、一汽、长安和北汽5家企业产销规模突破百万辆，其中上汽产销规模已超过350万辆。

③ 在美国企业市场萎缩、日本企业市场保持稳定的情况下，欧洲汽车企业发展加快。特别是在金融危机后，菲亚特购买克莱斯勒35%的股权，大众收购铃木20%的股权，都使欧洲企业的发展日益受到世界关注。

注意：“6+3”格局是指汽车产业在20世纪90年代逐步形成的6家大企业和3家小企业的市场格局，6家大企业分别是通用、福特、戴姆勒-克莱斯勒、丰田、大众、雷诺-日产，而3家小企业分别是宝马、本田和标致-雪铁龙（PSA）。直到21世纪初，“6+3”格局一直主导着全球汽车产业的技术和市场。

（2）全球汽车产业格局调整的主要方向　从近年的产业发展态势看，全球汽车产业格局向两个方向调整：一方面，汽车及零部件的产能和制造业务更多地向以“金砖四国”（中国、印度、俄罗斯和巴西）为代表的东亚、南亚、南美和中东欧等地区转移；另一方面，随着制造业务的转移，发达国家日益巩固和加强了产业链及价值链高端业务，新能源车辆革命使这一趋势更加强化。

1）全球汽车生产格局调整的主要方向。由于西欧、美国及日韩等汽车强国制造成本日益上升，要继续保持产品的竞争力，重要的应对战略是加快在新兴制造业国家和新兴汽车市场投资建厂，一方面利用当地资源和制造优势降低单车制造成本，另一方面能够尽快导入和占领新兴市场。

2000年以后，通用和福特在北美市场都出现不同程度的亏损、市场份额下降、销量减少、股价跌落等状况，面临巨大的经营困难和竞争压力。通用和福特决定进行大力度的结构调整。调整的主要方向是逐步收缩业务，逐步关闭北美工厂、出售海外品牌、裁员、压缩员工福利和医疗费。在北美市场采取收缩战略的同时，逐步加大在亚洲市场的扩张。

与此同时，欧洲汽车企业的结构调整也逐步展开，转变以往偏重传统品牌竞争力的做法，逐步适应发展中国家廉价中小型车的需求特点，积极在发展中国家扩大产量和降低成本。大众、菲亚特、标致－雪铁龙、雷诺等主要欧洲企业，一方面裁减人员、压缩成本，另一方面在产品结构上加速调整，产品向小型节能车倾斜。作为新战略的重要内容，西欧汽车厂商加快产能向欧亚，特别是东欧地区布局。

日本和韩国国内汽车市场已经饱和，其结构调整的重点是扩张国外市场，提高海外产量。目前日本汽车企业国外产量已经大大超过国内产量，积极与欧美企业展开在全球范围内的竞争。韩国汽车的销量也早已实现“大头在外”，并计划最终实现国外产量超过国内产量的目标。

欧、美、日、韩汽车制造能力主要向具有以下特征的地区转移：

① 劳动力、土地等要素成本较低的地区；

② 制造加工和相关配套能力较强的地区；

③ 工业体系相对完善，特别是钢铁、石化、有色金属等基础工业相对发达的地区；

④ 区域优势明显，物流条件优越的地区；

⑤ 靠近具有一定规模且市场潜力较大的消费市场或核心部件供应地；

⑥ 政治环境和社会环境相对稳定的地区。

进入 21 世纪以来，以中国、巴西、印度、墨西哥等为代表的发展中国家，由于具备素质较高的劳动力和价格相对较低的要素或资源，凭借良好的发展制造业的基础条件和日益扩张的市场规模，汽车制造业快速崛起，并且形成一批发展较快的汽车制造企业。从发展趋势来看，继南美之后，中国、印度和中东欧地区将日益成为世界汽车制造业务转移的重点地区，中国的表现尤为突出。

2）跨国厂商加强研发，突出技术引领。跨国厂商逐步加强对新能源车辆的技术研发，将制造业务逐步向低成本和新兴消费地区转移，并加快新能源车辆的商业化速度，获取新的竞争力和控制力。同时，跨国厂商还不断适应安全、环保、节能的消费要求和消费趋势，不断升级和加强基于传统发动机的汽车技术和电子系统。

近年来，以美国、日本、欧洲为代表的汽车工业发达经济体，先后从节能、安全、环保等方面制定了汽车技术的发展规划，并鼓励技术创新。

目前，跨国汽车厂商在传统汽车技术领域主要加强四大类应用技术的研发及应用，即汽车安全技术、电子技术、动力性能技术和燃油经济性技术。

3）跨国厂商剥离非核心业务，提升核心竞争力。纵向一体化的生产经营模式，即一个公司通过资本或内部分工的方式，实现对产业链的控制，将公司的业务范围在体系内向上下游扩展，是世界汽车集团曾经长期采用的策略。通用公司曾是纵向一体化生产方式的典型代表，其业务范围从零部件到汽车金融无所不包。1999 年，通用剥离旗下的零部件企业德尔福；一年后，福特也采取了同样的举措，将旗下零部件企业伟世通独立，这被认为是纵向一体化模式开始衰落的重要表现。

尽管纵向一体化能保证零部件加工量和组装量匹配，而且管理集中统一。但随着社会分工深化和现代信息技术的发展，大而全的纵向一体化已经不适应企业运营的需求，而且企业管理的日益僵化和低效率也成为提高竞争力的重要障碍。因此，我国必须推进改革，剥离非核心业务，加强主业，提高效率和促进创新。不仅是美国的汽车企业，欧洲的大汽车企业也进行了相应的过程。此后，不仅仅是非核心业务被剥离，为了进一步提升主业竞争力，汽车企业甚至将内部业务也外包出去。

4）构建多赢合作平台，成为全球汽车产业和技术发展的基础。从 20 世纪 70 年代起，跨国厂商逐步形成基于技术或资本的联盟，以进一步增强竞争力和发挥优势扩张市场。联合开发市场的典型案例是丰田和通用两对头之间的合作。

近年来，技术合作和联盟在跨国厂商之间日益普遍。雷诺 - 日产和戴姆勒 - 克莱斯勒的联盟都是基于技术合作的背景。例如雷诺 - 日产联盟成立后，双方通过技术互换、平台开发等快速获取对方的优势技术，形成较强的技术创新和整合能力，同时由于联盟并非资本并购，从而还能有效降低双方的经营风险。而丰田 - 斯巴鲁、菲亚特 - 克莱斯勒、丰田与特斯拉，则通过持股、控股、交叉持股等方式，以资本为纽带结成联盟，在发挥比较优势的基础上增强整体的竞争力。

技术联盟在节能和新能源车辆研发方面得到更加充分的体现。2005 年 9 月，通用、原戴姆勒 - 克莱斯勒与宝马签署协议，构建全球合作联盟，共同开发混合动力推进系统，共享各自在混合动力推进系统方面的优势技术、生产设备和供应商。戴姆勒和雷诺 - 日产、戴姆勒与比亚迪、大众与铃木等通过技术合作共同开发电动汽车项目，丰田持股特斯拉寻求在纯电动汽车领域的全面合作，宝马与 PSA 围绕混合动力技术成立合资公司和研发平台等，丰田与福特联手开发混合动力 SUV 及大型皮卡等事件，都成为近年来汽车技术合作的重要案例。

（3）要对全球汽车产业格局调整有深刻认识

1）要对汽车产业格局调整，特别是美国汽车巨头申请破产保护有清醒认识。美国《破产法》第 11 章明确规定，企业申请破产保护后将处于法庭的保护之下，在 6 ~ 9 个月内可避免债权人追债，有权关闭工厂、裁员和重新就工会合同进行谈判，而这些宽松政策在正常经营时期是很难实现的。尽管会对企业造成一定负面影响，但借助破产保护对抗工会以降低负担、拓展融资渠道、重新配置优势资源和实现企业战略转型的作用往往更加明显。

2）美国依然会是全球汽车产业竞争力最强的国家之一。汽车产业不等同于造车产业，造车大国也不等同于汽车强国。汽车业的产业链除了制造、组装外，还包括整车设计开发、核心部件及模块的研发、汽车金融、改装、维护等附加价值更高的环节。美国信息产业发达、人才密集、市场巨大、汽车文化成熟，这些高附加值业务短期内还不至于会被中国甚至日本等国超越。如果美国能扬长避短，在这些领域继续加强，其在世界汽车产业中的地位依然难以撼动。此外，美国早在 20 世纪 90 年代就开发出可量产的电动车，其消费能力、充电条件和鼓励政策也是世界最优越的国家之一。如果美国能减轻包袱，在新能源车辆研发和产业化方面有更大突破，其在全球汽车业的影响非但不会变弱，反而将成为下一轮技术的领跑者。

3）要深刻把握世界汽车技术发展的方向。不宜在这次世界性产业调整中把资源过多配置在传统汽车方面。在扩张传统汽车产业的同时，要把加快发展新能源车辆技术作为未来的技术研发重点，避免在技术变革后使大量产能和资源出现结构性淘汰。

4）要充分汲取美国汽车及零部件企业的教训，制定合理的经营和研发战略。避免单纯依靠资本运作，而不能充分整合和消化收购的资产。要对市场需求和消费环境变化有预见并快速反应。有条件的企业要努力实现客户和市场结构多元化，避免客户或主销市场过于集中或单一所引发的外部风险和连带风险增加。同时，还要加强研发，增加产品技术含量，提高技术的竞争力和环保门槛。

（4）新能源储能材料的机遇与困境　尽管在新能源储能的三大应用领域——大型风光储能、通信基站的后备电源、家庭储能中，储能行业，尤其是电池厂商都在“攻城略地”，但成本问题却成为难以逾越的鸿沟。有专家指出，2020 年以前，储能行业可能不会有大规模的市场铺开，这个阶段重点在技术研发和技术突破。与其观点呼应，多位业内人士认为，一旦成本下降，储能市场立刻会发展起来。

业界分析人士认为，以分布式储能为例，如果储能做到 1.5 元/W·h，就能大规模发展，电动车也是一样，现在还要大于 3 元/W·h，未来需要下降一半。短期很难实现，从长期看，可能还得得益于技术本身的升级，就看技术提升的空间有多大。

此外，还需要政策的推动。实际上，在政策方面，我国目前仅有指导性质的政策，如《可再生能源法及修正案》首次提及储能，《国家“十二五”规划纲要》称储能是推进智能电网建设、加强城乡电网建设和增强电网优化配置的依托技术，《当前优先发展的高技术产业化重点领域指南》中把动力电池和储能列为重点产业化领域。

业内一致认为，储能部件成本的降低主要在于两个方面，一是国产化率的提高，二是规模效应。如今公司生产一个月也就几台或者十几台，但实际上产能可以达到每年 2000 台，由于销售数量较少，采购的零部件规模也很小，规模效应根本体现不出来。

除了规模效应带来的成本下降，电池上游环节价格下降也有望拉低整体成本。据了解，锂电池的上游材料主要包括正极、负极、电解液和隔膜。其中隔膜是锂电池最关键的内层组件和核心材料。随着产能不断被释放，毛利率将会快速下降。在其他上游材料中，传统负极材料的净利率水平已经下降到 9% 左右。因此，只有当储能电池的成本下降，储能的经济性才能得以提升，储能电池的春天才能真正到来。

1.2.3　中国发展新能源车辆的国内背景

在资源和环境约束下，如何缓解城市交通快速扩张与资源、能源及城市发展之间日益突出的矛盾，将成为我国公共交通车辆产业发展的重要课题。

（1）汽车消费成为居民消费结构升级的重要领域　改革开放以来，随着中国城乡居民收入水平的不断提高，消费热点不断发生变化。目前居民消费正在由生存型向发展与享受型消费过渡。居民用于吃穿用三项基本生活支出的比重不断下降，未来一段时间，我国以汽车、住宅和服务性消费等为热点的消费领域，将继续呈现快速增长的态势。

汽车保有量快速增加将对经济社会带来深远影响，不仅会直接带动汽车和上下游相关行业的快速发展，而且对相关后服务市场的发展也将发挥巨大的带动作用。汽车保有量的快速增加与城市可持续发展之间的矛盾已日益显现。

（2）中国成为全球最大汽车生产制造国及消费市场　改革开放特别是 2000 年以来，随着居民收入持续稳定增长，我国汽车需求出现加速增长态势。即使在仍然处于汽车需求增长的普及期初期阶段，我国已经成为全球最大的汽车生产国和最大的汽车消费市场。

尽管我国汽车市场实现快速增长，并在绝对量上跃居世界第一大生产国和消费国，但这主要是基于我国人口基数较大。从相对水平看，我国民用汽车千人拥有量尚不高。然而，由于我国目前仍处于普及期的前期，随着居民消费结构加快升级、城乡道路建设日益完善和中西部地区经济发展加快，市场快速增长全面起动和区域轮动的增长格局一旦形成，汽车需求将呈现巨大增长空间。

（3）转变经济发展方式的实质性、战略性推进　在经历改革开放30年的快速发展后，随着资源和环境瓶颈收紧，土地和劳动力等要素成本快速攀升，中国依靠投资和出口驱动经济的增长模式已难以为继。中国目前转变经济发展方式的压力日益增加，并处于转变经济发展方式的关键阶段。经济发展方式转型的速度和效果，将成为影响中国经济和社会可持续发展的关键。

首先，从长期经济增长来看，经济发展方式转变的实质，就在于发挥技术、知识、信息等生产要素对经济增长的驱动作用，见表1-5。

表1-5　先行工业化国家不同发展阶段的经济增长模式

增长阶段	时期	主要内容	驱动因素	主导产业
“起飞前”	18世纪以前	手工劳动	自然资源	农业
早期增长	18世纪后期~19世纪后期	机器代替手工	资本积累	重化工业
现代增长	19世纪后期~20 世纪后期	效率提高	技术进步	服务业
信息时代	20世纪后期至今	信息技术改造国民经济	信息技术	信息通信产业

作为由计划经济向市场经济转轨的发展中国家，我国经济增长长期依赖资源投入。在投资比例过高的同时，消费比例逐步降低。为解决消费不足的问题，中国效仿日本、韩国等东亚国家，采取出口导向政策来加以解决。出口由投资派生，本质是利用发达经济体储蓄不足，用增加出口的办法弥补国内需求不足。

我国政府早在“九五”计划（1996~2000年）中，就已经明确提出实现增长方式从粗放型向集约型转变的任务；“十一五”规划（2006~2010年）中制定了转变的具体途径，还将电动汽车列入了国家“863”计划项目。在自主创新过程中，确立了以混合动力电动技术、纯电动汽车、燃料电池电动汽车为“三纵”，以多能源动力总成控制、驱动电动机及控制单元、动力电池及管理系统为“三横”的研发布局。

（4）中国发展新能源车辆的重大战略意义　中国应充分认识发展新能源车辆对于突破能源和环境硬约束的重大战略意义，客观评估新能源车辆的潜在优势，加快新能源车辆技术创新步伐，以此为契机，实现我国从汽车大国向汽车强国的跨越。

中国发展新能源车辆的重大战略意义主要有以下几点：

1）发展新能源车辆是可持续发展的必然要求。目前全国有1/5的大城市由于车辆尾气导致空气污染严重。全国有110个大中城市空气质量达不到二级标准。如何促进汽车消费增长和城市可持续发展相协调，正在成为中国汽车产业和社会发展共同面临的巨大挑战。

既要满足城乡居民消费结构升级、生活质量不断提升的需求，又要缓解车辆快速增长带来的资源和环境压力，在目前的条件下，加快发展和普及使用新能源车辆是可选途径。新能源车辆的发展不但能逐步减轻汽车的尾气污染，改善城市空气质量，同时还可以加快实现中国控制碳排放的目标，树立负责任大国的良好国际形象。

2）发展新能源车辆是保障国家能源安全的重要途径。1993年以前，中国还是石油净出口国，到了2002年石油对外依存度就上升到了25%；到2003年中国就已经成为世界第二大石油消费国、第三大石油进口国；2010 年中国石油对外依存度进一步攀升至 55% 左右。在未来较长一段时间，在汽车保有量保持快速增长的条件下，我国仍将处于能源特别是石油需求的快速增长期。过去几年我国新增的 1 亿吨炼油能力，几乎全部被新增的 3500 万辆汽车所消耗。

国内石油资源的短缺和能源供给对外依赖性的加强，不仅增加了我国经济社会的发展成本，而且使我国能源安全和经济安全将面临前所未有的严峻挑战。就减少对国外石油依赖的紧迫性而言，我国绝不亚于美国等发达国家。我们只有从发展新能源车辆的方向来寻求解决问题的出路。如果到 2030 年，电动汽车等新能源车辆销量占我国新车总销量的 20% ~ 30%，中国的石油进口量至少可以减少 20%。

3）发展新能源车辆是培育战略性新兴产业的重要突破口。经过 30 年的改革开放，中国在许多领域都已具备了参与高层次国际竞争、培育具有国际竞争力的优势产业的条件。甚至在信息通信技术（ICT）等领域，中国的技术创新能力已经接近甚至达到了世界前沿水平。因此，加快培育和发展战略性新兴产业，是中国加快转变经济发展方式的重大战略。

中国确定的战略性新兴产业的七大领域中，新能源车辆赫然在列。新能源车辆技术具有集成度高、产业交叉融合等明显特征，而且产业关联度高、产业链长、市场潜力大、上游技术依赖性强，完全可以成为战略性新兴产业的先导产业。借助新能源车辆的发展，可以催化新材料、半导体、光电子、新能源、高端装备、智能电网等技术和产业实现突破，进而带动其他新兴产业实现快速发展。

4）发展新能源车辆是中国汽车产业“弯道超车”的必由之路。尽管中国汽车工业发展迅猛，但品牌和大量的专利和标准仍然被跨国厂商所掌握。与跨国企业相比，我国车辆及零部件企业在技术积累、产业资本、创新能力和人才储备等方面明显处于劣势。在发展初期，通过合资引进先进的生产及管理技术成为主要取向。

中国汽车产业目前能够快速发展的重要原因，就是国内市场需求规模大和技术引进规模大。而对跨国公司的技术依赖造成的结果则是：跨国公司成为国内车辆和主要功能部件、关键零部件的技术来源，而中国大多数企业从事产业链的低附加值业务，创新的动力、压力和能力不足。

客观来看，在传统燃油发动机车辆的技术路线上，我国车辆产业在中期甚至长期赶超发达国家的难度极大。近年来，新能源车辆技术的最新发展趋势，使中国面临车辆产业实现“弯道超车”的重大机遇，特别是我国与发达国家在发展新能源车辆的差距远比传统汽车领域要小。

在车辆产业重新“洗牌”、各种资源重新组合的过程中，我国应抓住机遇、迎头赶上，快速缩小与发达国家在车辆产业领域的技术差距，扭转我国车辆产业大而不强的局面。以新能源车辆为突破口，是本世纪实现我国车辆产业“弯道超车”，实现几代人的自主研发强国梦想的百年机遇和必由之路。

（5）轨道交通行业的发展前景　以上主要以汽车行业进行讲解，实际上在汽车行业新能源推广应用的带头作用下，近年来轨道交通行业在国内市场、政策方面得到了较多支持，订单和扶持政策上也已经得到了较大突破。目前国内各主机厂均推出了自主设计的不同系列城轨车辆，包括 A 型地铁、B 型地铁、100% 低地板有轨电车及轻轨车等，在国内外斩获了不少订单。我国的地铁出口国家包括巴西、阿根廷、土耳其等。

1.3 我国城市轨道交通行业新能源技术规划及发展趋势

1.3.1 轨道交通行业十二五规划

“十二五”规划中明确提出：“科学制定城市轨道交通技术路线，规范建设标准，有序推进轻轨、地铁、有轨电车等城市轨道交通网络建设”，表明了国家鼓励发展城市轨道交通的态度。

在《国家中长期科学和技术发展规划纲要（2006～2020年）》、《产业结构调整指导目录》等政策文件中，也均将轨道交通行车列为鼓励类产业并且扶持企业自主创新。

城市交通分为城市道路公共交通、城市轨道交通、城市水上公共交通、城市其他公共交通四大部分，其中城市轨道交通属于其中最重要的分支之一。现阶段，促进我国轨道交通的发展主要有两个重要因素：一是全国经济正处于快速发展时期，城市发展向城市群（带、圈）扩张，需要建设轨道交通连接中心城区与卫星城镇；二是我国的城市交通拥堵整体处于上升趋势，尤其是大城市拥堵率不断加速。中东部地区大城市交通长期受到拥堵的困扰，二线城市的拥堵在持续发展，这种状况需要加速建设大运量的地铁、轻轨，解决人们的出行问题。

在中国，城市轨道交通的历史并不长，但发展势头十分迅猛。2000年，全国仅有4个城市拥有城市轨道交通，但目前全国已有包括北京、上海、广州、深圳、南京、天津等13个城市的轨道交通投入运营，先后建成并开通运营了50条城市轨道交通线。目前，我国轨道交通线网总体供给能力处于高幅增长阶段。而根据其他发达国家经验，当城市化率超过60%，作为城市生活重要标志之一的轨道交通就将迎来黄金发展期。而根据业内预测，到2020年，我国城市人口比例将超过50%，城市化的加速无疑将成为轨道交通发展的最大契机。

事实上，早在2005年，二、三线城市便跃跃欲试，纷纷开始筹划城市轨道交通项目，但直到2009年，城市轨道交通才作为国家经济刺激政策的一部分而得以开闸放行并大规模推出。由于城市轨道交通建设资金投入大、周期长、工程难度大、审批环节较为复杂，近两年才算正式进入了轨道交通建设的黄金期。

2015年，我国城市轨道交通运行里程数前五位如表1-6所示。

表1-6　我国2015年城市轨道交通运行里程数

排名	城市	里程/km
1	上海	548
2	北京	527
3	广州	260
4	南京	225
5	香港	214

目前，国内已经有34个城市规划了4300多公里的城市轨道交通线路，在建的有2000多公里，涉及总投资高达2万亿元。另外，还有十余个新申报城市的规划正进行审核。其

中，20 个城市在规划期内调整、扩大了建设规模。

以北京为例，据 2011 年—2020 年规划，北京轨道交通分为三个圈层，分别以地铁轻轨系统、市郊轨道系统、城际铁路和高速铁路为主体构建规划线网。到 2020 年，地铁轻轨线路达 30 条，总长约 1050km^2，车站近 450 个，形成“中心城棋盘式＋新城放射式”的线网格局。四环路内站点覆盖率达 95%，线网密度每平方公里为 1.4km^2，实现居民步行 10～15min 到达一个地铁车站的目标。

业内人士认为，未来的城市轨道交通建设中，随着市场对技术装备水平要求的不断提高，对运输的安全性和稳定性要求也越来越高。在这些高要求下，电力电子技术应用升级换代必将加快，这为轨道交通电源行业直接带来了广阔的市场空间。

据国内主要的轨道交通整车供应商透露，预计到 2020 年前国内轨道交通装备市场都将呈现逐年上升的态势，每年需要整车数量就达到 2000 辆左右，按照平均 5 辆/km 的保守密度计算，2011 年至 2020 年的车辆需求量超过 3 万辆。如此广阔的市场给产业链上的土建、整车、机电设备企业都带了前所未有的机遇。很多企业已经关注到了其中的契机。一些装备制造类企业已将重心从高速铁路向城市轨道交通转移，以期在轨道交通建设盛宴中分得一杯羹。

1.3.2　轨道交通行业新能源技术发展规划解读

传统的城市轨道交通需要复杂而占地空间巨大的接触网或带有高压电的第三轨。接触网支撑杆以及供电电源站，除了需要占用大量的地面空间和大量的费用外，也存在安全隐患。而采用第三轨供电的有轨道路无法与其他城市交通共享路权，功能单一。同时车辆上需要安装受电弓或者集电靴，需要通过摩擦方式进行受流，增加了摩擦损耗的费用。恶劣天气无法运行，环境适应性差，同时因为大量使用高压设备，安全性较低。

近年来快速发展的新能源有轨电车，如超级电容有轨电车、超级电容＋动力电池混合动力车等（部分区段架设电网或站点设置充电装置）、燃料电池混合动力有轨电车，均针对传统车辆的上述缺点发展而来。这类新能源有轨电车具有以下优点：

1）美观。混合动力技术因为省去了架空接触网、支撑杆等基础设施，避免破坏城市景观和形象，避免破坏沿街树木和建筑，提高了城市的可观赏性，如图 1-3 所示。

图 1-3　有无架空接触网景观对比

2）应用范围广。随着经济环境和城市环境的发展，城市的空间越来越狭窄，而城市人口越来越多，人居占地面积越来越小。混合动力技术适用于部分城市中心广场或街道既要通行城市有轨电车又不允许设立接触网的区域，如图1-4所示。

图1-4　城市中心无法架设接触网局域

3）避免了杂散电流问题。很多城市存在大量的名胜古迹，而传统的有轨电车需要通过钢轨进行回流，会对周围的基础设施内部的金属产生慢性的腐蚀，破坏建筑物等内部构造。而混合动力技术能够很好地避免此缺陷。

4）损耗更低。混合动力车辆的供电系统和负载之间无直接的电气连接，不会产生火花，不必担心触电和短路，没有机械磨损和摩擦，电气的可靠性和安全性得到了极大地提高，设备易维护易管理。而传统的车辆需要安装受电弓或集电靴，需要通过摩擦受流。

5）节能效率高。采用的储能部件具有较高的充放电效率，可有效吸收车辆频繁制动的能量，降低车辆运行能耗，提升车辆运行效率。

6）环境适应性强。传统的架空接触网等基础设施易受大风、暴雪、暴雨等恶劣天气的影响，而无受电弓电能传输技术因为其独特的优点不受此类天气的影响。

7）舒适性好。传统的方式需要安装主断路器等高压设备，其频繁动作产生很大的噪声，而混合动力车辆避免了此类部件的使用，因此其噪声水平更低，舒适度更高。

8）安全性好。混合动力车辆尽量避免使用架空接触网和高压设备，无外界的高压接口，电气两端可完全封闭系统，各部分之间可真正实现完全电气绝缘，可以确保系统的水密性和气密性，系统更改安全。

9）智能化高。混合动力车辆无需机械插拔动作，可以实现真正的无人化管理，适用于无人区域、环境恶劣区域以及一些需要全自动智能工作的场合。

1.3.3　几种有轨电车供电方式对比分析

目前国内外主要有接触网式、第三轨、电磁感应、超级电容或动力电池储能式混合动力和燃料电池混合动力等供电方式的有轨电车。

（1）接触网式有轨电车　接触网式有轨电车与公交客车相比，其运行速度更快，最高运行速度可达70km/h；运量更大，可达300～500人/车，每小时可运送0.6～1.2万人次。此外，由于采取了电力供能，无尾气排放，有轨电车比普通公交车更为节能、绿色、环保。有轨电车的另一大优势是其附带的观光旅游效果。全程采取地面交通，且现代有轨电车车辆多采取100%低地板和大玻璃窗结构，市民和游客在乘坐有轨电车时，能更好地观赏窗外的风景。

传统有轨电车采用架空接触网供电，由于城市有轨电车一般不采用专有路权方式，但是有轨电车接触网越来越不适应现代城市发展要求，其主要问题如下：

① 架空接触网影响城市的发展和景观。

② 架空接触网影响其他车辆的通过能力。

③ 裸露的高压架空接触网对人身存在安全隐患，造成民众心理上的安全忧虑。

④ 接触网供电系统的杂散电流、轨道电位对沿线建筑、人身安全的影响很大，其防护与抑制措施难度大。

（2）无触网牵引供电系统　无触网牵引供电技术主要有以下几种类型：第三轨供电（APS）、电磁感应供电、超级电容或动力电池储能式供电。

1）第三轨牵引供电系统（APS）。APS 又称地面供电系统，不同于传统的轨道交通接触轨系统。APS 有两根授电轨，安装在两根走行轨中间，略高于地面，授电轨间隔布置，中间通过绝缘轨连接，每段授电轨长度为 8m，绝缘轨长度为 3m。授电轨支架横断面为工字形结构，主要材料为玻璃纤维，支架结构两侧内铺设交叉感应电路、安全线、授电轨上轨电缆、直流馈电电缆。直流配电箱沿线路方向每隔 22 米设置 1 个，由馈电线取得电源并分别与授电轨、安全线连接。授电轨与馈电线、安全线分别通过开关连接，两个开关具有联动功能。当需要给车辆供电时，直流配电箱断开馈电线与安全线的连接，同时将直流馈电线与授电轨导通，向车辆供电。当停止向车辆供电时，断开授电轨与直流馈电线的连接，将授电轨与安全线连接。当车辆受流器滑上授电轨时，直流配电箱向相应位置的授电轨供电。当车辆离开本段授电轨后，受流器将滑向下一段授电轨时，下一段直流配电箱向对应的授电轨供电。当车辆可靠地接触下一段授电轨后，前一个直流配电箱切断对应的授电轨供电。直流配电箱根据交叉感应电路原理，受车载信号控制，判断车辆位置，实现对车辆的顺序供电。每段授电轨在带电运行时都被车辆的车体所覆盖，车辆未覆盖的授电轨都是不带电的，从而避免了行人与带电的授电轨之间的接触，保证了行人的安全。

与常规牵引供电网相比，APS 可以适应各种不同的路面情况，可满足舒适性和运营速度，最大程度降低了对周围景观的影响，同时对行人及其他横向道路的行驶车辆也具有较高的安全性。然而，APS 的缺点也非常明显：由于直流配电箱设置较密，约相隔 22m 一个，且授流轨安装在地面以下，系统工艺较为复杂，造价较高，APS 造价约 400～600 万欧元/公里，且技术被国外公司垄断。

2）电磁感应供电技术。现代有轨电车电磁感应供电方式是利用电能与磁能相互转化原理实现能量传输，在两条走行轨中间埋设有电缆线圈，通过电缆连接到轨旁的电源上。当感应系统检测到有车辆经过则接通电源，线圈产生的磁场被车辆底部安装的受流器（板）捕获后转化成电能供给牵引系统。

与常规的架空接触网相比，电磁感应供电系统取消了架设在空中的接触网线和轨旁的接触网立柱，降低了对环境的影响，解决了环境敏感地段的景观问题，同时也解决了平交道口道路净空问题。但其缺点也相当明显：造价较架空接触网也要高很多，路基处理要求高，土建费用大，施工周期长；后期维护工艺复杂，**成本较高。目前该技术被加拿大庞巴迪公司垄断，已试验成功，但尚无工程实施案例。**

3）储能式混合动力供电技术。**有轨电车储能式混合动力供电技术的原理是在有可靠供电的情况下将电能存储在车辆上的储能装置内，在无网区段利用储能装置释放能量来维持车辆运行。超级电容、锂离子电池等拥有快速充放电的特性，作为有轨电车用储能元件而受到越来越高的重视。这种储能式供电技术可使电车在站点之间行驶时摆脱接触网，电车进站时通过升弓受电为车载储能设备充电。**

采用这种供电方式的主要瓶颈是储能装置的容量限制了有轨电车的一次性运行距离。而

且，由于充电时间短，充电电流大，不仅会提高对充电设备和牵引变电所设计容量的要求，也会由于长期大电流充放电缩短储能设备寿命，还有可能会对牵引供电网造成不良影响。

（3）燃料电池有轨电车技术　燃料电池有轨电车技术与前面几种有轨电车供电技术都不相同，它是一种摆脱了传统牵引供电的电车技术。前述几种无牵引网供电技术虽然可以在交道路口、景观区域等部分或全部线路摆脱牵引架线，但电车行驶所需能量仍然需要从牵引供电系统来获得。第三轨供电和感应式供电技术是将牵引供电铺设到了电车行驶沿线的地下，储能式是在电车内部安装动力电池、超级电容等储能设备，在进入车站后进行快速充电。这几种方案都会由于供电方式的改变对牵引供电网提出新的要求，也极大增加了牵引供电网的成本。

燃料电池有轨电车技术采用氢燃料电池作为车载发电设备，利用氢气发电驱动电车行驶，辅以超级电容组构成混合动力供电系统，保证电车起动、加速时的功率需求。这种电车技术只需要在车辆段建设制氢加氢站即可保证电车行驶的燃料需求，因为无需牵引供电网络，可以节省大量的有轨电车线路建设成本。

从以上分析可以看出，燃料电池有轨电车技术与接触网式现有有轨电车技术相比，最大的技术优势是完全不依赖牵引接触网，兼具零排放、节能等环保特点。与现有正在发展的局部或全线无接触网有轨电车技术相比，摆脱了牵引供电系统带来的若干问题，技术上更为先进，具有非常广阔的发展空间。

1.3.4 几种有轨电车经济性对比分析

从车辆制造成本、线路综合建设成本、运营成本、维护维修成本等方面对几种有轨电车进行运行经济性综合比较。假定车辆相关参数均一致，其中，运营成本分析中针对采用电力、柴油、氢气（燃料电池）作为牵引能源的轨道车辆进行了对比。

（1）车辆制造成本比较　几种有轨电车的车辆制造成本比较如表 1-7 所示。

表 1-7　几种有轨电车的车辆制造成本比较

电车技术	有轨电车单价/(万元/列)
接触网	1500
第三轨	1500
感应式	2000
储能式	1800
燃料电池	2000

（2）线路综合建设成本比较　假设建设 20km 的有轨电车线路 1 条，配备 40 列有轨电车运行。

接触网式有轨电车：为保证有轨电车线路运行电力供应，可以采用集中式供电或分散式供电方案，集中式供电可从 110kV 城市高压电网经主变电所降压至 35kV 供有轨电车系统使用，集中式供电电压等级高，供电可靠，供电距离长，谐波治理简单，但是建设投资高。分散式供电不设置城轨专用主变电所，有轨电车供电通过建设分散式开闭所从 10kV 城市电网获取备用供电容量，为有轨电车系统供电。经主变电所或分散式开闭所获取的电力再经过牵引变电所提供给 DC750V 牵引供电网，用于驱动电车行驶。平均约 2km 需要建设一个牵引变电所。综合考虑供电变电所、牵引变电所、架空接触网等牵引供电系统的必须的建设成本，供电系统线路及设备等造价约为1000万~1300万元/km，有轨电车牵引供电系统平均造价约为2000万~3000万元/km，该部分费用包括供电相关站房、接触网、设备、迁改土建等费用。

第三轨供电现代有轨电车：底部需安装受电靴，在车辆运行过程中，在车辆运行至某一段授电轨上方时，该授电轨处于带电状态，从而为车辆供电。而其他授电轨均处于未带电状态，以保证其他车辆和行人的安全。车辆前进过程中，不断切换授电轨的工作状态以满足车辆连续受电的需求。因此，需要沿线铺设切换装置，而使牵引供电设备、土建等成本增加约4000万元/km。列车上除了具备受电靴，往往还要配备储能装置，以备授电轨出现故障不能正常授电时电车可以正常行驶，因此，每列电车成本会增加300万元左右。目前世界上采用第三轨供电的线路已应用的有法国波尔多有轨电车，规划设计中的有法国兰斯、昂热、奥尔良、巴西巴西利亚、阿联酋迪拜等城市的有轨电车。

感应式供电现代有轨电车：将电缆回路预先埋设在轨道结构下方，车体安装有耦合线圈。由于沿途铺设感应线圈，折合牵引供电设备、土建等成本增加5000万元/km左右。车上除了布置受流感应线圈之外，还需安装超级电容等储能设备，因此每列电车成本增加500万元。

储能式有轨电车：需要在每列车上增加超级电容或动力电池、双向变流器、能量管理装置等设备，因此每列车造价增加约300万元。同时，由于电车采用进站快速充电方式，每个车站需要增加快速充电装置，牵引变电所也需要做出相应调整，甚至可能需要每个车站配置一个牵引变电所，满足快速充电的大电流需求，车站需要更大的占地面积来放置变电装置和充电设备。因此，土建和设备增加了线路的建设投入，相应投入增加按照500万元/km计算。目前世界上采用超级电容供电的有轨电车为西门子的AVEINO系列有轨电车和西班牙卡福公司的有轨电车等。AVEINO系列有轨电车通常情况下一次充电后在线路条件较好的情况下可运行最长约2.5km的距离，该系列有轨电车在葡萄牙里斯本的有轨电车电车线路上得以应用。

燃料电池混合动力有轨电车：无需牵引供电系统，可以节省线路投资。但如果每列燃料电池有轨电车上需要配备300kW的燃料电池系统、储氢系统、超级电容系统，每列车的成本会增加500万元**(按量产价格估计)**。整条线路上需要配备一个制氢加氢站，根据容量计算，建设制氢量为3000Nm^3/h的制氢站即可满足50列燃料电池运行需求。氢气来源可根据条件选取副产氢、电解水、天然气重整、甲醇裂解等多种来源，此处根据目前甲醇裂解-变压吸附（PSA）制氢厂的工程造价，3000Nm^3/h甲醇裂解制氢厂投资约2000万元，占地面积1000m^2，包括甲醇裂解、变压吸附等设备，加氢设备包括氢气压缩机、高压储氢罐等，投资约1000万元，考虑征地拆迁等费用，制氢、加氢厂总投资约5000万元。燃料电池有轨电车目前尚无商业运营方面的应用。

基于以上假设条件的几种有轨电车系统建设成本比较如表1-8所示。

表 1-8　几种有轨电车系统建设成本比较[a]

电车技术	有轨电车单价/（万元/列）	牵引供电系统/（万元/km）	电车总投入/亿元	供电系统总投入/亿元	基建投入/亿元[b]	电车系统总投入/亿元	投资增加额
接触网	1500	2000	6.0	4.0	20.0	30.0	0%
第三轨	1500	4000	6.0	8.0	20.0	34.0	13.3%
感应式	2000	5000	8.0	10.0	20.0	38.0	26.7%
储能式	1800	2500	7.2	5.0	20.0	32.2	7.3%
燃料电池	2000[c]	5000[d]	8.0	0.5	20.0	28.5	-5%

注：ⓐ 每列有轨电车按 3 编组，配置两套混合动力系统进行对比分析。

ⓑ 基建投入按 1 亿/km 计算。

ⓒ 上表中燃料电池有轨电车的整车价格是按照国产化、量产价格考虑，整个燃料电池混合动力系统预计会在 500 万元左右，即在储能式有轨电车基础上增加 2 套燃料电池系统（100 万元/套）。

ⓓ 一条有轨电车线路只需建设一个制氢加氢站，制氢量 3000Nm^3/h 即可满足需求，设备总投资约 5000 万元。

从上表的对比可以看出，燃料电池有轨电车虽然增加了燃料电池动力系统、储氢系统、超级电容系统等，使得每列有轨电车的初期投入成本增加了 500 万元。但是，由于建设制氢加氢站点的投入远远低于牵引供电系统的投入，使得燃料电池有轨电车线路的初期投资远低于无接触网电车线路，略低于现有接触网式有轨电车线路初期投资，具备较强的市场竞争力。

（3）运营成本比较

1）不同动力源轨道车辆的经济性对比分析。以目前唐山公司研制的 3 模块燃料电池有轨电车为研究对象，按其最高速度 60km/h，列车在两个站点之间行驶了 1.5km，速度与行驶里程曲线如图 1-5 所示。

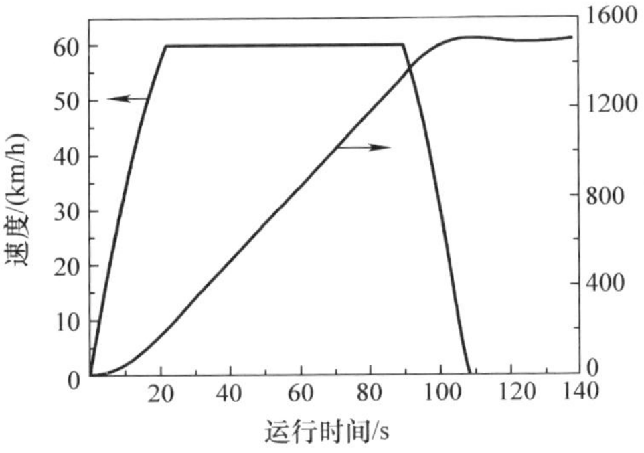

图 1-5　速度与行驶里程曲线

对于接触网式轨道车辆，在制动过程中，牵引电机转变成发电机网接触网馈电，如果没有其他列车吸纳回馈至电网的电能，会造成网压抬升，网压抬升到一定程度时，制动电阻切入以吸纳制动能量，避免网压过高。而燃料电池混合动力轨道车辆在制动过程中会利用制动能量为超级电容充电，使得能量效率有所提高。对于以上计算，列车加速到 60km/h 到制动停车，行驶 1500m 过程中，燃料电池有轨电车消耗总能量为 5.36kW · h，接触网有轨电车消耗总能量 6.85kW · h。经折算，燃料电池有轨电车能耗为 3.57kW · h/km，接触网有轨电车能耗为 4.57kW · h/km。

通过折算，燃料电池轨道车辆的氢耗量为 2.13Nm^3/km。如果以天然气蒸气转化制氢，按 1.6 元/Nm^3 成本计算，考虑其他成本和利润，用氢成本按照 2.0 元/Nm^3 计算，**燃料电池有轨电车运行成本为 4.26 元/km**。

如图 1-6 所示，对于接触网式轨道车辆，电价按照 0.75 元/kW · h 计算，**接触网式轨道车辆运行成本为 3.43 元/km**。

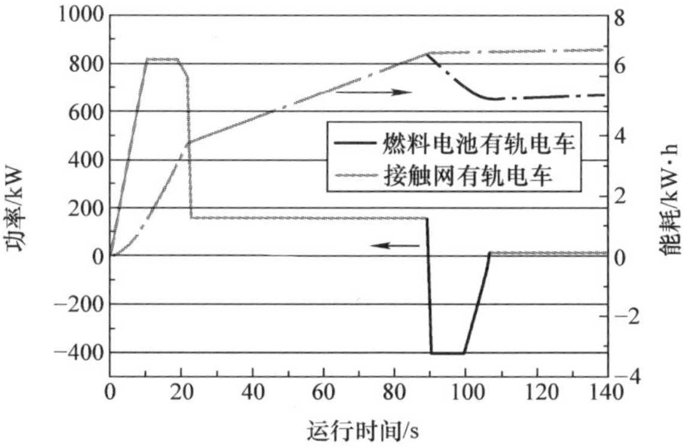

图 1-6　两种有轨电车运行能耗对比

如果考虑电车采用柴油机驱动，柴油机发电之后通过电力传动驱动电车行驶，对于后级电力部分的能耗与接触网有轨电车是相同的，能耗依然是 4.57kW · h/km。柴油机组发电油耗一般都会超过 200 ~ 300g/kW · h，以 200g/kW · h 计算，密度按 0 号柴油 0.835kg/L 计算，按 0 号柴油价格 5.9 元/L 计算，如果使用**柴油机驱动电车，运行成本为 6.46 元/km**。

从以上比较可以看出，采用柴油机驱动的轨道车辆成本最高，采用电网驱动的轨道车辆成本最低，燃料电池使用氢气驱动的轨道车辆成本比电网驱动的轨道车辆成本略高。

不同动力源每公里运行成本排序：电网驱动 < 氢气驱动 < 柴油机驱动电车。

其中氢气驱动方式的能耗是电网驱动式能耗的 1.24 倍。

2）几种有轨电车的每日运营成本对比分析。有轨电车行驶中峰值功率可达 500 ~ 600kW，但低功率运行和停车时间较多，平均功率比较低。以每列车平均功率 125kW 计算，按照中等运量 40 列车、平均运行速度 25km/h、每天电车运行时间 15h 计算，线路列车总功耗为 5MW。接触网、储能式、第三轨三种有轨电车线路电能损耗可忽略，感应式有轨电车会有约 5% 的感应损耗，每日能耗会相应增加。

燃料电池有轨电车线路如果采用甲醇裂解制氢路线，每吨甲醇可以制得氢气 187kg。目前甲醇的市场价格在 2800 元/t 上下浮动，考虑甲醇裂解 - PSA 制氢过程的成本，甲醇裂解制氢成本约为 2.0 元/Nm^3左右。

几种有轨电车的每日运营成本比较见表 1-9。

表 1-9　几种有轨电车的每日运营成本比较

	供电功率	每日能耗	牵引用电单价	每日成本
接触网、储能、第三轨	5000kW	75MW · h	电费：0.75 元/kW · h	6.13 万元
感应式	5263kW	78.9MW · h	电费：0.75 元/kW · h	6.42 万元
	氢气用量	每日用氢	氢气价格	每日成本
燃料电池	2130Nm^3/h	31950Nm^3	2.0 元/Nm^3氢气	6.39 万元

注：根据有轨电车功耗，燃料电池有轨电车的氢气消耗量为 3000Nm^3/h，并且城轨牵引用电电价按照 0.75 元/kW · h 估算。

从表 1-9 的比较中可以看出，燃料电池有轨电车运营成本与其他牵引供电系统的有轨电车相差不大。燃料电池电车线路每日运行成本增加2600元，电车运行30年共增加成本约2600万元（330天/年），远低于节省的先期投资（1.5亿）。

此外，表1-9中接触网、储能式、第三轨、感应式供电方式均未计及电力传输过程中的损耗，这部分能量损耗也是不容忽视的。而氢能直接用于有轨电车，是一种更为直接、高效的供能方式。

相信随着后期氢能源产业链的发展，燃料电池有轨电车的运营成本还将进一步降低。

3）利润分析。由于缺乏相应数据，此处根据以下假设进行大致估算：

① 以前述20km、40列有轨电车线路运行30年来计算。

② 接触网式有轨电车需要更换必要器件，每年维护费用按照5万元/列估计。

③ 第三轨和感应式有轨电车需要更换必要器件，缺乏相应数据，每年维护费用按照10万元/列估计。

④ 储能式有轨电车中储能电池循环寿命有限，按照每天10次深充深放循环计算，动力电池使用寿命约为3年，动力电池全部更换，费用约为200万元，每年维护费用折合70万元/列。

⑤ 储能式电车和燃料电池电车按照每3年一个大的维护周期、每6年进行混合动力系统更换计算。

⑥ 以有轨电车运行寿命30年计算，每列燃料电池有轨电车动力系统初始投入500万元，考虑其他部件更新，每年维护费用为80万元/列。

⑦ 假设有轨电车线路建设全部依靠银行贷款，作为公共基础设施投资，贷款利率按照5%计算，贷款30年，每年支付利息为本金的6.44%。

⑧ 按照每列车每年运行330天、每天运行20班次、平均载客350人、票价2元计算，年收入693万元/列。

全寿命周期成本比较如表1-10所示。

表1-10 几种有轨电车的全寿命周期成本比较

电车技术	总投资/亿元	列车维护/（万元/年）	收入[a]/亿元	利息/（亿元/年）	利润[b]/万元
接触网	30.0	200	2.77	1.93	8400
第三轨	34.0	400	2.75	2.19	5600
感应式	38.0	400	2.75	2.45	3000
储能式	32.2	2800	2.51	2.07	4400
燃料电池	28.5	3200	2.47	1.84	6300

注：ⓐ 收入是指车票收入扣除列车维护费用之后的数值。

ⓑ 利润仅为收入扣除利息，其他运营成本相同，并纳入计算。

从以上的对比可以看出：

① 银行贷款利息在有轨电车线路成本构成中所占比例甚大。

② 燃料电池有轨电车无需建设牵引供电系统，线路建设成本降低。

③ 燃料电池系统虽然运营过程中需进行膜电极更新，维护成本更高，但是初期投资小，贷款利息低，反而盈利能力更强。

因此，由于燃料电池有轨电车系统初期投资相比第三轨、感应式和储能式等无牵引接触网系统低，燃料电池有轨电车全寿命周期经济性比其他无牵引接触网有轨电车系统更强，盈利前景更好。

（4）寿命及运维成本比较　以上建设成本和运营成本比较未考虑各项技术的使用寿命、运营维护等因素。由于目前各种技术路线的技术成熟度存在差异，缺乏几种技术维护成本、寿命等关键数据，无法进行全生命周期比较。现根据各项技术特点进行定性分析：

接触网有轨电车：使用范围广，技术成熟度高，设计使用寿命一般达到 20～30 年，使用过程中需要进行定期维护，受电弓等易磨损部件需要定期更换，接触网经过长期磨损之后，出现磨损严重的路段也需要更换。

储能式有轨电车：使用动力电池和超级电容作为储能部件，超级电容作为物理储能元件，充放电寿命长，可达 50 万次以上。但是，随着工作年限的增加，线路接头、导线等老化，为防止安全事故，也需要定期维护。相对而言，动力电池的循环寿命要低得多，目前循环性能最好的钛酸锂电池成组后也仅为 6000 次左右，而且，寿命会随着充放电倍率的增大大幅衰减。

移动第三轨有轨电车：由于其授电轨需要一系列切换装置频繁动作，且牵引供电电流达数百安培，其切换装置也存在使用寿命和可靠性的问题。同时，为防止保证系统可靠性，电车上也需要配备动力电池和超级电容等储能设备，同样存在使用寿命的问题。

感应式有轨电车：也需要用到移动第三轨电车相似的切换装置，且电车上也需要配备动力电池和超级电容等储能设备，同样存在使用寿命的问题。

燃料电池有轨电车：燃料电池电堆存在使用寿命问题，目前国际最好水平是巴拉德公司的燃料电池大巴车，经过 15000h，燃料电池电堆性能衰减 10% 左右。随着运行工况、空气质量恶化，电堆寿命会更快衰减。电堆成本占据燃料电池系统成本的一半左右。随着技术的发展，电堆会朝着更换膜电极的方向发展，会提升燃料电池电堆使用年限。燃料电池系统中，空压机、增湿器、水泵等转动部件相对容易损坏，存在使用寿命问题。电车上也需要配置超级电容、动力电池构成混合动力，同样存在寿命问题。

总体而言，基于接触网的有轨电车技术成熟，使用年限长，经济性好。几种非接触网有轨电车技术成熟度存在差异，运行维护和经济性等需要经过实际线路运行考核，比较合理的方案是采取局部路段无接触网运行。燃料电池有轨电车可实现全线无接触网运行，但目前尚无正式运营线路，可靠性、寿命、运行维护成本等尚需通过实际线路运行验证。

燃料电池基础知识 第2章

2.1 燃料电池的分类方式

2.1.1 燃料电池的种类

燃料电池（Fuel Cell）是一种将存在于燃料与氧化剂中的化学能通过电化学反应直接转化为电能的发电装置。从原理上看，燃料电池有正负极和电解质，燃料在阳极被氧化，氧化剂在阴极被还原，与蓄电池非常相似，所以名为“电池”；然而，与蓄电池不同的是，蓄电池的反应物都储存在电池内部，其本质是储电设备，而燃料电池的反应物和氧化物是利用外部系统源源不断的输送到电极上反应来发电，本质上是一个发电机。

与现有的发电机技术相比，其发电的原理是电池的电化学反应，而不是通过热机做功发电，效率很高，因而，燃料电池是一种电化学发电机。可见燃料电池的实质是电解水的逆过程，产物只有水和热能，是一种环境友好的发电技术。

燃料电池有很多种类型，其燃料类型、反应原理、工作温度、应用场景等也都不同。按照电解质的不同，可以将燃料电池分为碱性燃料电池（AFC）、磷酸燃料电池（PAFC）、熔融碳酸盐燃料电池（MCFC）、固体氧化物燃料电池（SOFC）、质子交换膜燃料电池（PEMFC）。不同类型燃料电池的主要区别见表2-1。

表2-1 不同类型燃料电池的主要区别

燃料电池	碱性（AFC）	磷酸（PAFC）	熔融碳酸（MCFC）	固体氧化物（SOFC）	质子交换膜（PEMFC）
电解质	KOH	H_3PO_4	$Li_2CO_3-K_2CO_3$	$Y_2O_3-ZrO_2$	质子交换膜
工作温度	65～220℃	180～220℃	约650℃	500～1000℃	室温～150℃
质量功率/(W/kg)	35～105	100～200	30～40	15～20	300～1000
输出功率密度/(W/cm^2)	0.5	0.1	0.2	0.3	1～2
燃料种类	H_2	天然气、甲醇、液化石油气	天然气、液化石油气	H_2、CO、天然气	H_2

（续）

燃料电池	碱性（AFC）	磷酸（PAFC）	熔融碳酸（MCFC）	固体氧化物（SOFC）	质子交换膜（PEMFC）
氧电极的氧化物种类	O_2	空气	空气	空气	空气
特性	① 需使用高纯度氢气作为燃料 ② 低腐蚀性及低温，较易选择材料	① 进气中含 CO 会导致触媒中毒 ② 废热可利用	① 不受进气 CO 影响 ② 反应时需循环使用 CO_2 ③ 废热可利用	① 不受进气 CO 影响 ② 高温反应，不需依赖触媒的特殊作用 ③ 废热可利用	① 功率密度高，体积小，质量轻 ② 低腐蚀性及低温，较易选择材料
优点	① 起动快 ② 室温常压下工作	① 对 CO_2 不敏感 ② 成本相对较低	① 可利用空气作氧化剂 ② 可用天然气或甲烷作燃料	① 可用空气作氧化剂 ② 可用天然气或甲烷作燃料	① 可用空气作氧化剂 ② 固体电解质 ③ 室温工作 ④ 起动迅速
缺点	① 需用纯氧作氧化剂 ② 成本高	① 对 CO 敏感 ② 起动慢 ③ 成本高	① 工作温度较高 ② 起动缓慢	① 工作温度高 ② 起动缓慢 ③ 冷起动循环性能差	① 对 CO 非常敏感 ② 废热品位低 ③ 需用贵金属催化剂
发电效率	45% ~60%	35% ~60%	45% ~60%	50% ~60%	40% ~50%
应用情况	主要用于宇航器、潜艇	应用于分布式发电厂	应用于兆瓦级发电厂	应用于兆瓦级发电厂	应用于移动电源、备用电源、车用发动机等

从技术的发展来看，燃料电池技术的发展大致经历了四代，如表 2-2 所示。

表 2-2　燃料电池技术的代际特征

代际	典型产品	特征描述
第一代	碱性燃料电池	其电解质为碱性。由于氧的还原电极反应在碱性溶液中更为容易，以氢氧化钠、氢氧化钾等碱性溶液作为电解质更容易获得实用化的燃料电池装置。但是，碱溶液容易与空气中的二氧化碳反应生成碳酸盐，从电解液中析出，从而使电池失效。因此这种燃料电池不适合用空气及重整氢气作为燃料和氧化剂
第二代	磷酸燃料电池	将碱性电解液更换成酸性电解液，可以很好地解决碱性燃料电池中电解液与二氧化碳反应的问题。常用硫酸会造成严重的材料腐蚀作用，磷酸是一种中强酸，在 200℃左右的较高温度下具有足够的反应活性。但是，与第一代碱性燃料电池相同，磷酸燃料电池也属于液态电解质，由于电解液具有流动性，阴极与阳极之间需要保持适当的压差范围，否则容易导致阴极与阳极窜气，引起爆炸

（续）

代际	典型产品	特征描述
第三代	熔融碳酸盐燃料电池	采用碳酸盐作为电解质，在600℃左右的高温下，碳酸盐变成熔融态，具有良好的离子导电特性，具有半流动性，对于阴极阳极之间的压力耐受范围更宽，同时也可以使用含碳燃料和空气进行反应。但这种燃料电池反应温度高，起动停机时间长，循环特性不好，同时，与磷酸燃料电池一样，能量密度较低，难以实现小型化
第四代	固态电解质燃料电池	**包括质子交换膜燃料电池和固体氧化物燃料电池两类。**这两类燃料电池的电解质都为固体，但呈现明显的两极分化。质子交换膜燃料电池采用具有质子传导特性的高分子膜作为电解质，需要在较低温度下工作，否则容易失水造成质子传导特性失效。固体氧化物燃料电池采用具有氧离子传导特性的固体氧化物材料作为电解质，需要在高温下工作，否则没有氧离子传导活性

图2-1是广义的氢能综合利用项目方案示意图。

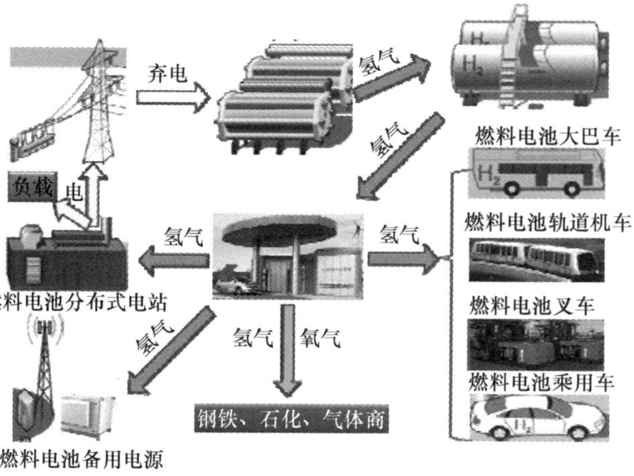

图2-1 氢能综合利用项目方案示意图

表2-3针对燃料电池的应用情况进行了简介。

表2-3 燃料电池的应用简介

应用方向	应用类别	描 述
空间及军事上的应用	空间应用	20世纪50年代后期，美国政府将燃料电池用于双子星宇宙飞船上，由于其质量轻，供电供热可靠，噪声轻，无振动，并能生产饮用水，是其他能源不可比拟的，这是第一次商业化使用燃料电池。从20世纪60年代起，飞机制造商Pratt & Whitney为阿波罗项目提供燃料电池，该燃料电池是一种碱性燃料电池，三组电池可产生1.5kW或2.2kW电力，并行工作，可供飞船短期飞行。每组电池质量约114kg，装填有低温氢和氧。在18次飞行中，这种电池共工作10000h，未发生一次飞行故障。在20世纪80年代航天飞机开始飞行时，Pratt & Whitney的姊妹公司国际燃料电池公司继续为NASA提供航天飞机使用的碱性燃料电池。飞船上所有的电力需求由3组12kW的燃料电池提供。国际燃料电池公司技术的进一步发展使每个飞船上使用的燃料电池存储器能提供约等于阿波罗飞船上同体积的燃料电池10倍的电力。以低温氢和氧为燃料，这种电池的效率为70%左右，截至现在的100多次飞行中，这种电池共工作了80000h

（续）

应用方向	应用类别	描述
空间及军事上的应用	燃料电池潜艇	燃料电池因其高效性、多面性、使用时间长以及工作时噪声低等特点极适合于军事工作对电力的需要。燃料电池可以以多种形态为绝大多数军事装置，从战场上的移动手提装备到海陆运输提供动力。 目前在军事上应用最为成功的是燃料电池潜艇，1989 年开始以 209 级潜艇为母型加装燃料电池系统及更为优秀的声呐及武器系统，制成 212 级燃料电池潜艇，而后开始进入量产。2003 年 4 月 7 日，德国制造的 U31 潜艇在基尔港正式下水。该潜艇是世界上第一艘采用燃料电池的潜艇，该艇采用 300kW 燃料电池系统作为动力。德国燃料电池潜艇共发展了 212A、214 和 216 这 3 个型号。212A 装备德国海军和意大利海军，德国装备 6 艘，意大利装备 4 艘。214 级潜艇出口希腊和韩国，希腊采购 4 艘，韩国引进生产许可证自行建造 3 艘，2008 年追加采购 6 艘，土耳其韩军订购 6 艘。到 2020 年，全世界至少有 29 艘燃料电池潜艇服役。最新研制的 216 级潜艇总长 90m，耐压壳直径 8.1m，排水量 3000t 以上，艇员 33 人。水下最大航行速度 20 节（1 节 = 1.852km/h），可在水下以 4 节速度持续航行 24000 海里（1 海里 = 1.852km），10 节航速可达 10400 海里，水下自持力可达 80 天
	便携式电源	燃料电池比普通的固体电池具有更长的使用时间，意味着可满足作战需要。这种便携式燃料电池可以作为单兵电源、便携式雷达电源、无人飞机电源、遥控机器人电源等，满足各种武器系统需要。这一类应用目前主要是使用甲醇或甲醇重整氢气作为燃料的质子交换膜燃料电池或使用燃油作燃料的固体氧化物燃料电池
备用电源及分布式电站	基站备用电源	燃料电池作为一种灵活、可扩展的新能源备用电源用在通信设备和远程电源领域中的可行性也得到了验证，尤其是在多个发展中国家的电信基站收发台（BTS）的应用在迅速增加。在印度每年安装接近 65000 台电信基站，但是受自然环境的威胁，普通基站电网经常会处于瘫痪状态，将燃料电池作为备用电源将会建立可靠的电网支撑和完善的离网发电解决方案。 在英国、美国，将燃料电池作为备用电源用于发展电信网络已经纳入新一期的能源政策。在此之前，绝大多数的电信基站都是采用铅酸电池和柴油发电机作为备用电源，相比于燃料电池，铅酸电池能量密度低且造价昂贵，而柴油发电机会造成环境污染，鉴于此，越来越多的电信基站开始采用燃料电池系统。在公布的调查数据中显示，美国已有超过 8 个州，近千个电信基站选择燃料电池作为备用电源。据统计，佛罗里达州共安装了 356 套备用电源系统，加利福尼亚州安装了 127 套；纽约安装了 72 套；新泽西州安装了 42 套。此外，2012 年 1 月，印度电信管理局（TRAI）发出指示，要求在 5 年之内，全国乡村地区 50% 的通信基站天线塔和城市 33% 的天线塔必须安装燃料电池备用电源系统，以保证通信的稳定和一定的环境效益
	家用热电联供系统	即采用燃料电池发电满足家庭部分用电需求，同时提供家庭热水。燃料电池系统将千瓦级天然气制氢、燃料电池发电及余热利用有机结合在一起，将一部分天然气的高品质化学能通过氢气转化为电能，其余低品位的能量用于采暖及生活热水供应，可有效提高系统的能量利用程度，发电效率达到 40% ~50%，综合热效率达到 90%。 目前家用燃料电池市场主要集中在北美和亚洲市场，特别是日本，1 台额定发电功率 1kW 的 ENE－FARM 大体可以满足普通日本家庭 60% 的电力需求及 80% 的热水需求；日本在 2002 年开始起动家用燃料电池示范计划，2005 年开始补助系统装置费用，在累计了多年示范应用经验后，从 2009 年开始销售，截止到目前共销售安装了超过了 10 万台

（续）

应用方向	应用类别	描　述
备用电源及分布式电站	固定式燃料电池电站	熔融碳酸盐燃料电池和固态氧化物燃料电池等高温燃料电池也将用于大型的工业设施和兆瓦级的发电厂。当工作温度上升到600～1100℃时，这种高温燃料电池可以耐受氢污染源，因此可以使用未加重整的天然气、柴油或汽油。此外，它们所产生的热能还可用来驱动蒸汽轮机再进行发电。根据Fuel Cell Today的统计数据，2012年大型固定式燃料电池电站的安装量约为128MW，大型的燃料电池电站应用主要集中在美国和韩国，IT数据中心由于高能耗成为媒体质疑的对象，因此IT企业数据中心成为主要的应用场所；北美燃料电池电站主要的供应商包括Bloom Energy（SOFC），UTC Power（PAFC）和FuelCellEnergy（MCFC），目前Bloom Energy推出的200kW SOFC燃料电池系统售价约80万美元，按照北美的电价和燃气价格计算，投资的成本回收期约为8.6年；2012年Apple提交计划将位于北卡州的数据中心燃料电池厂规模扩大一倍至10MW；Ebay犹他州Quicksilver数据中心建设6MW燃料电池电站，计划于2013年2季度投入运行；AT&T在加州和科涅狄克州28个通信设施中安装了17.1MW燃料电池；韩国开始接受燃料电池作为大型电站，2011年当时全球最大的燃料电池电站在大邱运行，装有4个2.8MW DFC3000燃料电池发电机组，装机容量11.2MW；POSCO计划在2013年建设一个60MW的MCFC燃料电池电站，同时首尔市政府表示将在2014年新建29个燃料电池电站，总装机量达到230MW
交通上的应用	燃料电池汽车（FCV）	燃料电池汽车是目前最受关注的燃料电池应用领域，目前全球主要汽车生产商都在集中力量开发燃料电池汽车。2013年全球汽车巨头纷纷抱团，结成了燃料电池汽车开发的三大联盟。 2013年1月24日，将FCV定位为“终极环保车”的丰田汽车公司与宝马集团就向宝马集团提供FCV技术，双方合作进行开发一事正式达成了协议。其中，丰田在2015年将自行研发的燃料电池汽车投入市场。丰田率先发售的燃料电池车加满燃料后的最高行驶距离为500千米。该款车的名称为“未来”。由于日本政府等将向购车者提供补贴，丰田希望将消费者的最终购车负担控制在500万日元左右。 现代汽车公司于2013年2月成为首个起动燃料电池汽车ix35批量生产的公司。首批车已经于2013年4月正式在欧洲政府及公共机构交付使用。而在2013年11月的洛杉矶车展中，现代发布了途胜ix35燃料电池车型并声明该车开始在加州地区租赁。据报道，现代汽车计划于2015年开始以每年10000辆的产量生产燃料电池汽车，价格在50000美元左右。 宝马在2013年完成燃料电池汽车技术转让，并在2015年推出试验车。 日产-雷诺集团、戴姆勒集团及福特汽车公司宣布，三方将合作推进FCV的开发，开发相同的系统，并于2017年发售量产车型。 本田和通用汽车发布联合声明，宣布将展开新一代氢燃料电池系统以及氢储存科技的长期合作。在发布联合声明之际，本田宣布将于2015年在日本和美国陆续推出接替FCX Clarity的新一代燃料电池汽车，而欧洲市场则紧随其后；通用汽车方面则表示会在另一个时间透露氢燃料电池汽车的量产时间点。  丰田燃料电池轿车和欧盟示范运行的燃料电池客车 另外，2012年，奔驰公司宣布世界上首个燃料电池电堆自动生产中心正式开业。2013年3月，巴拉德与大众集团签署了高达1亿美元的协议。协议有效期4年，主要工作是设计和制造大众HyMotion示范车使用的燃料电池。巴拉德将负责燃料电池设计、测试和集成工作等关键领域技术的开发与支持。 德国大众汽车推出了“途安HyMotion”燃料电池电动汽车。该车使用80kW电动机，14s之内便能使该车从静止状态加速到100km/h，其最高车速可达140km/h。该氢动力燃料电池系统是大众汽车集团整个驱动和燃料电池战略中的一个里程碑

（续）

应用方向	应用类别	描　　述
交通上的应用	燃料电池叉车	美国是目前燃料电池叉车示范运营程度最大的国家。截至 2013 年 5 月，累计有 618 辆燃料电池叉车在 13 个示范点运行，累计运行超过 140 万 h。 欧洲 HyLIFT 燃料电池叉车示范项目进入第二阶段。该项目第一阶段起始于 2011 年运行小规模的叉车运行项目。第二阶段计划运行 200 辆燃料电池叉车，投入 10～20 个加氢站。2013 年 1 月开始进行大规模的示范运行，推动欧洲 FC 叉车的发展，带动车辆制造商、基础设施运营商的发展。  正在运行的燃料电池叉车 2013 年 7 月，澳大利亚全球著名物流公司 DB Schenker 收到林德公司制造的首批燃料电池叉车，后续项目还会增加几十辆燃料电池叉车订单

2.1.2　几种典型的燃料电池

（1）质子交换膜燃料电池　质子交换膜燃料电池的关键材料与部件包括电催化剂、电极（阴极与阳极）、质子交换膜和双极板。目前最常见的是氢－氧型燃料电池，基本原理是氢氧反应产生的吉布斯自由能直接转化为电能。其工作过程包括：

1）氢气通过管道或导气板到达阳极。

2）在阳极催化剂的作用下，1 个氢分子解离为 2 个质子，并释放出 2 个电子。

阳极反应为

$$2H_2 \rightarrow 4H^+ + 4e^-$$

3）在电池的另一端，氧气（或空气）通过管道或导气板到达阴极。在阴极催化剂的作用下，氧分子和氢离子与通过外电路到达阴极的电子发生反应生成水。阴极反应为

$$O_2 + 4H^+ + 4e^- \rightarrow 2H_2O$$

总的化学反应为

$$2H_2 + O_2 \rightarrow 2H_2O$$

电子在外电路形成直流电。因此，只要源源不断地向燃料电池阳极和阴极分别供给氢气和氧气，就可以向外电路的负载连续地输出电能。

理想的燃料电池系统是可逆热力学系统，在不同的工作温度、工作压力条件下，可通过热力学计算得出在理想可逆情况下燃料电池发电效率及单电池电压的变化规律。

实际上，开始反应产生电流时，燃料电池的工作电压降低很多。其原因主要有以下三点：

① 在电极上，活化氢气和氧气的能量要消耗一部分电动势。

② 电极发生反应后，电池内部的物质移动扩散，所需能量消耗部分电动势。

③ 由于电极与电解质之间有接触阻抗，电极和电解质本身也有电阻，也要消耗与电流大小成正比的电动势。

由于活化阻抗、扩散阻抗和电阻的综合作用，燃料电池单体的实际工作电压一般为0.6～0.8V。

质子交换膜燃料电池的工作温度约为80℃。在这样的低温下，电化学反应能正常地缓慢进行，通常用每个电极上的高度分散的铂金颗粒进行催化。

质子交换膜燃料电池采用固态聚合物膜为电解质。该聚合物膜为全氟磺酸膜（例如美国杜邦公司的Nafion膜），这种膜包含大量强酸性的磺酸基团，质子可以在其内部进行迁移。质子交换膜燃料电池所用的燃料是高纯氢气，氧化剂可使用氧气或空气。

聚合物电解质膜被碳基催化剂所覆盖，催化剂直接与扩散层和电解质两者接触以求达到最大的相互作用面。催化剂构成电极，在其之上直接为扩散层。电解质、催化剂层和气体扩散层的组合称为膜电极组件。

质子交换膜燃料电池中的催化剂是决定电堆成本及寿命的关键点。在早期实践中，为了燃料电池的特定运行，需要很可观的铂载量。目前，在催化剂技术方面现已取得了巨大进展，使铂载量从$28mg/cm^2$减少到$0.2mg/cm^2$。由于燃料电池的低运行温度，以及电解质酸性的本质，故应用的催化剂层需要贵金属。因氧的催化还原作用比氢的催化氧化作用更为困难，所以阴极是最关键的电极。

在质子交换膜燃料电池中，另一关键性问题是水的管理。为了燃料电池的特定运行，聚合物膜必须保持湿润。事实上，聚合物膜中离子的导电性需要湿度。若聚合物膜过于干燥，就没有足够的酸离子去承载质子；若聚合物膜过于湿润。则扩散层的细孔将被阻断，从而反应气体不能扩展触及催化剂。

质子交换膜燃料电池一个比较大的问题是催化剂的毒化问题。铂催化剂极富活性，对一氧化碳和硫的生成物与氧相比有较高的亲合力。毒化效应强烈地约束了催化剂，并阻碍了扩展到其中的氢或氧，从而电极反应不能在毒化部位发生，而使燃料电池性能递减。假若氢由重整天然气提供，则气流中将含有一些一氧化碳；同样，若吸入的空气来自于被污染城市中的大气，则一氧化碳也可从空气的气流中进入燃料电池。空气中的硫氧化物会对电池造成更为严重的毒化效应。由一氧化碳引起的毒化是可逆的，但它增加了成本，且各个燃料电池需要单独处理。

（2）碱性燃料电池　碱性燃料电池采用氢氧化钾（KOH）溶液作为电解液，以传导电极之间的离子。因为电解液为碱性，故离子传导机理不同于质子交换膜燃料电池。被碱性电解液迁移的离子是氢氧根离子（OH^-），这对燃料电池其他若干方面产生影响。

其半反应式如下：

$$\text{阳极：}2H_2+4OH^-\rightarrow 4H_2O+4e^-$$

$$\text{阴极：}O_2+4e^-+2H_2O\rightarrow 4OH^-$$

不同于酸性燃料电池，水是在氢电极处生成的。此外，在阴极处，由于氧的还原需要水。水的管理问题往往按电极防水性和在电解液中保持含水量的需求予以分解。阴极反应从电解液中消耗水，而其中阳极反应则排出其水生成物。过量的水（每次反应2mol）在燃料电池堆外汽化。

碱性燃料电池可以运行在一个宽温度（80～230℃）和压力（2.2～45atm）范围内。高温的碱性燃料电池也可使用高浓度电解液，该高浓度致使离子迁移机理从水溶剂转换成熔融盐状态。

因由氢氧电解液所提供的快速动力学效应，故碱性燃料电池可获得很高的效率。尤其是氧的反应（$O_2 \rightarrow OH^-$）比酸性燃料电池中氧的还原反应容易得多，因此，活性损耗非常低。碱性燃料电池中的快速反应动力学效应使银或镍可用以替代铂作为催化剂。这样碱性燃料电池堆的成本显著下降。

通过电解液完全的循环，碱性燃料电池动力学特性得到了进一步的改善。当电解液循环时，燃料电池称为“动态电解液的燃料电池”。

这类结构的优点是：由于电解液被用作冷却介质，因此易于热管理；更为均匀的电解液集聚，解决了阴极周围电解液浓度分布问题；提供了利用电解液进行水管理的可能性；如果电解液已被二氧化碳过度污染，可以通过替换电解液得以解决；可从燃料电池内替换电解液，从而可显著延长燃料电池的使用寿命。

碱性燃料电池最大的问题在于二氧化碳的毒化，二氧化碳与反应气一起进入电池，碱性电解液对二氧化碳具有显著的化合作用，它们共同作用形成碳酸离子 CO_3^{2-}。生成物为 K_2CO_3，因为 K_2CO_3 的水溶液导电性远低于 KOH 溶液，所以会导致电池电阻极化增加，性能下降。且 K_2CO_3 水溶液的蒸汽压高，K_2CO_3 的生成会导致隔膜失水、盐结晶析出，严重时隔膜失去阻气性能，氢、氧互窜而导致电池失效，即碳酸的沉积和阻塞电极也将是一种可能的风险，但这一问题可通过电解液的循环予以处理。使用二氧化碳除气器是添加成本和复杂度的解决方法，它能从空气流中排除二氧化碳气体。

碱性燃料电池优点在于高效率和低温运行条件，且其所需的是廉价的催化剂、电解液。但是，它也有一些缺点，例如起因于腐蚀性的电解液，在其电极上生成水，且由于二氧化碳的毒化，损害了电池的延续工作时间。

（3）磷酸燃料电池　磷酸燃料电池和碱性燃料电池不同，它依靠酸性电解液传导氢离子，但其阳极和阴极反应同于碱性燃料电池的反应。磷酸（H_3PO_4）是一种黏滞液体，它在燃料电池中通过多孔硅碳化物基体内的毛细管作用进行储存。

磷酸燃料电池是商品化最早的燃料电池技术。许多医院、宾馆和军事基地使用磷酸燃料电池用于部分或总体所需的电力和热供应。但由于磷酸燃料电池功率密度很低，加上其工作温度的限制，导致系统过于庞大，使这一技术基本不可能在车辆中得到应用。

磷酸电解液的温度必须保持在 42℃（其冰点）以上。冻结的和再解冻的酸将难以使燃料电池堆激化。保持燃料电池堆在该温度之上，需要额外的设备，这就需增加成本、复杂性、质量和体积。大多数问题就固定式应用而言是次要的，但对车辆应用来说是不相容的。

另一起因于高运行温度（150℃以上）的问题是其与燃料电池堆升温相伴随的能量损耗。每当燃料电池起动时，一些能量（即燃料）必须消耗在加热燃料电池直至其运行温度，而每当燃料电池关闭时，相应的热量（即能量）即被耗损。对于市区内驾驶通常情况所相应的短时运行，该损耗是显著的。

磷酸燃料电池的优点是其应用了廉价的电解液，低温运行及其合理的起动时间；其缺点是采用了昂贵的催化剂（铂），酸性电解液的腐蚀性，二氧化碳的毒化和低效率。

（4）熔融碳酸盐燃料电池　熔融碳酸盐燃料电池为高温燃料电池（500～800℃），它依靠熔融碳酸盐（通常为锂－钾碳酸盐或锂－钠碳酸盐）传导离子。被传导的离子是碳酸根离子（CO_3^{2-}），离子传导机理类同于磷酸燃料电池或高浓度的碱性燃料电池中熔盐的相应机理。

熔融碳酸盐燃料电池的电极反应不同于其他的燃料电池，即

$$\text{阳极：}H_2 + CO_3^{2-} \rightarrow H_2O + CO_2 + 2e^-$$

$$\text{阴极：}\frac{1}{2}O_2 + CO_2 + 2e^- \rightarrow CO_3^{2-}$$

其主要差异在于阴极处必须供给二氧化碳。因二氧化碳可从阳极中回收，故不需要外部的二氧化碳供应源。熔融碳酸盐燃料电池从来不用纯氢，而是使用碳氢化合物。

高温燃料电池的主要优点是其具有几乎直接地处理碳氢化合物燃料的能力。这是由于高运行温度使其在电极处能分解碳氢化合物制氢。这是其应用于有轨电车或汽车的极大优点，因为当今碳氢化合物燃料获得了有效应用。此外，高运行温度增强了反应动力学达到采用廉价催化剂的程度。

但是，熔融碳酸盐燃料电池由于其电解液和所需运行温度的本质，也形成了许多问题。首先，碳酸盐是碱性物质，特别是在高温下腐蚀性极强。这不仅不安全，而且也会腐蚀电极。在车上安装有一个温度为500～800℃的大设备，显然是不安全的。与燃料电池升温相伴随的燃料消耗也是一个问题，它因很高的运行温度以及为熔融电解液所必需的潜热而变得更为严重。这些问题可能约束熔融碳酸盐燃料电池应用于固定式的或恒定功率需求的场合，如船舶上的应用。

熔融碳酸盐燃料电池的主要优点是加注碳氢化合物燃料，低价格的催化剂，因快速动力学效应所具有的完善的效率，毒化的低敏感性。其主要缺点是起动缓慢，因高温减少了材料的可选性，起因于CO_2循环的燃料电池系统的复杂性，电极易腐蚀和功率响应缓慢。

（5）无氢燃料电池　无氢燃料电池可直接处理除氢之外的燃料，如直接甲醇质子交换膜燃料电池、氨碱性燃料电池、直接碳氢化合物熔融碳酸盐或固态氧化物燃料电池等。其中，氨碱性燃料电池是替换氨热裂化的可供选择的方案。氨气直接供给燃料电池，并在阳极催化裂解。氨碱性燃料电池反应给出了稍低些的热力学电压，且与氢碱性燃料电池相比，其活性损耗较高。这一活性损耗可通过改进催化剂层予以减小。熔融碳酸盐燃料电池（MCFC）和固态氧化物燃料电池（SOFC）因工作温度高，故可直接裂化碳氢化合物在其内部提取氢。

2.1.3 燃料电池的优缺点

燃料电池的优缺点如表2-4所示。

表2-4　燃料电池的优缺点

优点	洁净	使用内燃机发电，燃料在缸内燃烧会释放CO_x、NO_x、SO_x气体和粉尘等污染物。而燃料电池用氢气和氧气作为燃料，唯一生成物质为水，不会产生有害物质，完全做到零排放
	节能、转换效率高	燃料电池通过电化学反应直接将燃料的化学能转化为电能，中间不经过燃烧过程，电效率可以达到40%～50%，比内燃机的热效率高出10个百分点
	温度低，噪音小	燃料电池系统中，配备有空压机、水泵、散热器等有限的转动部件，与内燃机相似，但电堆本身无运动部件，比内燃机的振动和噪声低。同时，电堆反应温度低，系统红外特性小

（续）

缺点	寿命较短	由于燃料电池内部的材料性能衰减，导致电堆输出性能逐渐变差，寿命尚不足以满足应用需求。目前电站应用的燃料电池使用寿命可达 4 万 h，车用燃料电池使用寿命可达到 15000h（以巴拉德为例）。按有轨电车运行服役期 30 年考虑，还需进一步完善电堆和系统以延长服役寿命。 此外，燃料电池辅助系统包含的空压机、水泵、过滤器等关键部件，其寿命比电堆还要低一些，属于定期更换产品
	成本较高	目前燃料电池系统还未形成批量化应用，电堆及其辅助部件的生产费用高昂，导致燃料电池系统的单位功率成本是内燃机的数十倍。 一般情况下，燃料电池电堆使用到 15000h 后，可以对电堆进行一次翻新，成本约为新电堆的一半左右，然后电堆即可视为报废。 氢能供应方面，氢的生产、储存、运输、加注等氢能网络设施建设还远未形成和柴油、汽油一样的从油井到加油站的便捷的网络，氢能使用成本高
	安全性要求很高	不论是液态氢、气态氢，其生产、储存、保管、运输、灌装或重整，都比较复杂，对安全性要求很高

2.1.4　燃料电池急需解决的关键问题

燃料电池是全世界公认的未来最佳车载能源。虽然燃料电池可以采用多种燃料，但是真正起电化学反应的，仅仅是其中的氢和氧化剂中的氧，因此，氢燃料电池在氢燃料制取、储存及携带等方面，以及非氢燃料电池重整系统的效率、体积、质量大小及反应速度等方面的技术还需进一步提高。

有轨电车用燃料电池急需解决以下关键问题。

1）开发和应用燃料电池系统配件和生产工艺，大幅削减燃料电池系统生产成本。在燃料电池系统中，核心部件是燃料电池电堆，需要通过改进双极板生产工艺、降低铂载量或使用非铂催化剂、使用新型质子交换膜等方法降低电堆的成本。系统中，还包括氢气循环泵、空气压缩机、加湿器等辅助部件，这些部件在系统成本中也占据了很大的部分，由于目前这些配件还未大规模生产，成本很高，可靠性也有待提高，需要开发燃料电池系统专用配件，降低辅助系统成本。

2）研究燃料电池性能衰减机理，研究低成本、长寿命燃料电池材料及燃料电池系统优化控制方法，大幅提升燃料电池系统寿命。燃料电池的寿命取决于每个单片电池的电化学活性，这种电化学活性会在多种因素下发生性能降低：燃料电池在工作中，催化剂的形貌和微观状态会发生变化，活性降低；空气中的杂质气体也会污染催化剂表面，造成催化剂失去活性；质子交换膜会在某些基团的作用下发生腐蚀，直至膜出现穿孔而造成电堆失效；气体扩散电极的特性会随着工作时间的延长而发生变化，使电池性能发生衰减；加湿水中的杂质离子会占据质子膜中的活性位使质子传导特性降低。因此，需要更加深入地研究燃料电池性能衰减和失效的机理以解决这些衰减和失效的材料、方法等，来大幅提高寿命。

3）采用系统模块化设计，优化系统结构，大幅提高燃料电池系统质量和体积功率密度。对于车用燃料电池发动机系统而言，需要在满足功能的情况下，将系统部件进行集成设计，提高集成度，降低体积和质量，类似汽车用汽油发动机系统，优化模块设计，完善模块功能。

4）必须开发质量轻、成本低、安全性高的车载储氢罐，提高续驶里程和车载用氢安全性。燃料电池反应所需的氧气可通过空气压缩机从空气中获取，而氢气则必须通过燃料储存系统供应。目前的储氢方法包括高压储氢、固态合金储氢、液氢等几种。高压储氢通过将氢气压缩到35～70MPa，储存在高压氢瓶中，体积能量密度和质量能量密度适中，适合交通应用。固态合金储氢的单位质量能量密度低，不适合用于燃料电池有轨电车。液氢的体积和质量能量密度都高，但需要绝热储氢罐在极低温度下储存氢气，成本高。氢气也可以通过一些液态燃料制备得到，例如甲醇重整、氨分解等工艺可以制氢。但液态燃料制氢系统体积、质量和成本都较高，不能很好满足燃料电池动态需要，因此奔驰公司经开发了数年的甲醇制氢－燃料电池汽车，由于无法将降低成本降低到可以接受的程度，最终放弃了该技术路线。从成本上看，储氢罐在燃料电池系统成本中占据了相当大的份额，铝内胆和高强度碳纤维的生产工艺都比较复杂，成本高；为降低成本，国际已使用塑料内胆储氢瓶。对于燃料电池系统应用而言，还需进一步研究储氢瓶的结构和性能，降低成本以满足应用需求。

2.2　燃料电池系统结构与工作原理

下文主要介绍目前应用于有轨电车，基于氢气和氧气发电的质子交换膜燃料电池系统技术。

2.2.1　燃料电池的工作原理

燃料电池同普通电池完全不同，之所以被称为燃料电池只是由于在结构形式上与电池有某种类似，外观、特性类似电池，随负荷的增加，输出电压下降。作为发电装置，它没有传统发电装置上的原动机驱动发电装置，而是由燃料同氧化剂反应的化学能直接转化为电能。只要不中断供应燃料，它就可以不停地发电。

燃料电池与普通化学电池类似，两者都是通过化学反应将化学能转换成电能。然而从实际应用角度，两者之间存在着较大差别。普通电池是将化学能储存在电池内部的化学物质中。当电池工作时，这些有限的物质发生反应，将储存的化学能转变成电能，直至这些物质全部发生反应。因此，实际上普通的蓄电池只是一个有限的电能输出和储存装置。

但是燃料电池与常规化学能源不同，更类似于发动机。其燃料（主要是氢气）和氧化剂（纯氧气或空气）不是储存在电堆内，而是储存在电堆外的储罐中。当电堆发电时，需连续不断地向电堆输送氢气和氧气，排出反应生成物——水。燃料电池本身只决定输出功率的大小，其发出的能量由储罐内氢气和氧气的量来决定。因此，确切地说，燃料电池是一个适合车用的、环保的氢氧发电装置。它的最大特点是反应过程不涉及燃烧，因此其能量转换效率不受卡诺循环的限制，能量转换效率高达50%以上。

燃料电池的基本原理相当于电解反应的可逆反应。图2-2为燃料电池结构与电化学反应原理。氢气和氧气在电池的阴极和阳极上借助催化剂的作用，电离成离子，由于离子能通过在两电极中间的电解质在电极间迁移，在阴电极、阳电极间形成电压。在电极同外部负载构成回路时就可向外供电（发电）。

燃料电池的电极通常做成平板，再附上一层薄电解质，如图2-3所示。电极结构通常是多孔的，这种多孔结构保证了两侧的电解质和气体可以顺利通过，这样的结构使电极、电解质和气体之间有了最大程度的接触。

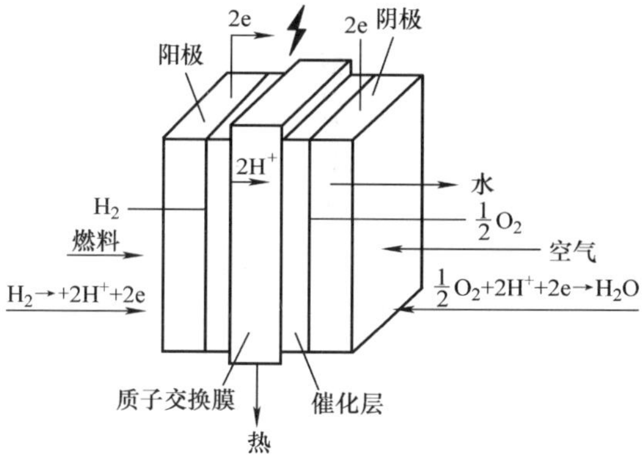

图 2-2　燃料电池结构与电化学反应原理图

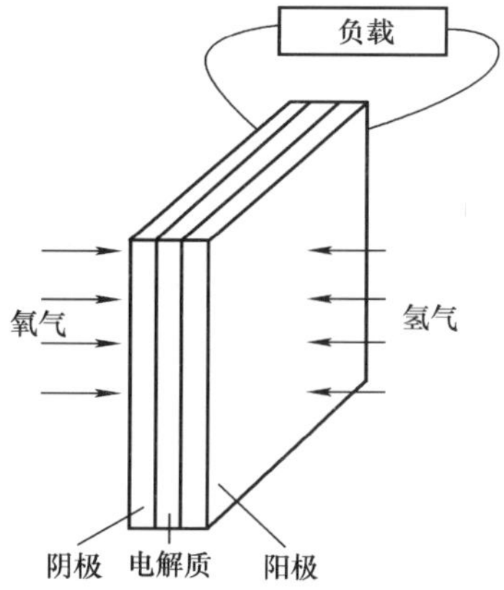

图 2-3　燃料电池阴极－电解质－阳极的基本结构图

燃料电池是一种原电池，借助于电化学过程，其内部燃料的化学能直接转换为电能。燃料和氧化剂持续且独立地供给到电池的两个电极，并在电极处进行反应。电解液的作用是辅助离子从一个电极传导至另一电极。

燃料供给阳极（或正极），在该电极处，依靠催化剂，电子从燃料中释放。在两电极间电位差的作用下，电子经外电路流向阴极（或负极），在阴极处，正离子和氧结合，产生反应物或废气。

燃料电池中的化学反应类似于蓄电池中的化学反应。燃料电池的热力学电压与反应中释放的能量和转移的电子数密切相关。被原电池反应所释放的能量由吉布斯自由能的变化量给出，通常以每摩尔克分子量表达。

理想情况下，燃料电池化学反应所释放出来的最大电能量为反应过程中的吉布斯自由能变化量，燃料电池输出电压和吉布斯自由能存在一一对应关系。但在实际应用时，燃料电池的输出电压要低于上述对应值，并且随着工作状态的变化而变化，尤其是随着电流的增大而降低。造成燃料电池输出电压和理想状态存在较大差异的原因，是燃料电池在电化学反应过程中存在以下几方面的能量损失，造成系统的不可逆性（又称为极化现象），分别为：活性极化、燃料的穿透和内部短路电流、欧姆极化、浓差极化。造成这些现象的原因各不相同，并且在不同的工作条件下，各种极化现象对系统的影响程度也不同。几种极化现象的影响机理如表 2-5 所示。

表 2-5　几种极化现象的影响机理

极化现象	影响机理
活性极化	指由于电化学反应过程中电极表面的反应速度过慢而导致的能量损失。在开路情况下已经存在，主要由燃料电池本身的特性决定。 活性极化现象在小电流工况下比较明显

（续）

极化现象	影响机理
燃料的穿透和内部短路电流	尽管理论上电解质只允许质子通过，但事实上总会存在一定数量的燃料扩散和电子流通过电解质而造成的能量损失，直接反映为开路电压的降低。也有观点认为该现象也属于活性极化
欧姆极化	指克服电子通过电极材料、各种连接部件及离子通过电解质的阻力引起的能量损失。欧姆极化在燃料电池正常工作情况下作用最为明显，输出电压的下降基本和电流密度呈线性关系变化，故又称阻抗损失。 欧姆极化现象在比较宽的范围内作用都比较明显
浓差极化	指由于电化学反应中，电极表面反应物被消耗，浓度下降，导致无法向电极表面提供足够的反应物而引起的电压损失。在正常的燃料电池中，要避免明显的浓差极化现象。 浓差极化现象一般出现在电流密度较大的工况，会造成输出电压急剧下降

2.2.2　质子交换膜燃料电池系统的组成

单独的燃料电池电堆是不能发电并用于有轨电车的，它必须和氢气供给与循环系统、氧气（空气）供给系统、热管理系统及一个能使上述各系统协调工作的控制系统组成燃料电池发电系统，简称燃料电池系统。燃料电池系统主要由燃料电池电堆和辅机系统组成，辅机系统包括氢气供给与循环系统、氧气（空气）供给系统、供给管道系统和调节系统（包括空压机、冷却水泵和管路等）、水/热管理系统。

燃料电池实际上是一个大的发电系统。对于质子交换膜燃料电池，需要有燃料供应系统、氧化剂系统、发电系统、水管理系统、热管理系统、电力系统以及控制系统等。下面以质子交换膜燃料电池系统为例进行讲解。

质子交换膜燃料电池（PEMFC）采用可传导离子的聚合膜作为电解质，所以也叫聚合物电解质燃料电池（PEFC）、固体聚合物燃料电池（SPFC）或固体聚合物电解质燃料电池（SPEFC）。

（1）系统组成　质子交换膜燃料电池是在电动汽车和有轨电车上最有应用前景的电力能源之一。组成质子交换膜燃料电池的基本单元是单体燃料电池。单体电池的电化学电动势大约1V，其电流密度约为100mA/cm^2。因此，一个实用化的质子交换膜燃料电池系统，必须通过单体电池的串联和并联形成具有一定功率的电池组，才能满足绝大多数用电负载的需求。此外，还要为系统配置氢燃料储存单元，空气（氧化剂）供给单元，电池组温度、湿度调节单元，功率变换单元及系统控制单元等，将燃料电池组成为一个连续、稳定的供电电源。

1）燃料电池组（堆）。质子交换膜燃料电池的单体电池，其化学电动势为1.0～1.2V，有负载时，输出端的电压为0.6～0.8V。为满足负载的额定工作电压，必须将单体电池串联起来构成具有较高电压的电池组。由于受到材料（如质子交换膜等）及工艺水平的限制，目前单体电池的输出电流密度约为300～600mA/cm^2。因此，欲提高燃料电池的输出电流，只有将若干串联的电池组并联，组成具有较大输出能力的燃料电池堆。由于燃料电池堆是由大量的单体电池串并联而成，因而，存在着向每个单体电池供给燃料与氧化剂的均匀性和电堆热管理问题。

2）燃料及氧化剂的储存与供给单元。为使质子交换膜燃料电池实现连续稳定的运行发电，必须配置燃料（H_2）及氧化剂（O_2或空气）的储存与供给单元，以便不间断地向燃料电池提供电化学反应所需的氢和氧。燃料供给部分由储氢系统及减压阀组成；氧化剂供给部分由储氧系统、减压阀或空气泵组成。

3）燃料电池湿度与温度调节单元。在质子交换膜燃料电池运行过程中，随着负载功率的变化，电池组内部的工况也要相应改变，以保持电池内部电化学反应的正常进行。对质子交换膜燃料电池运行影响最大的两个因素是电池内部的湿度与温度。因此，在电池系统中需要配置燃料电池湿度与温度调节单元，以便使质子交换膜燃料电池在负荷变化时仍工作在最佳工况下。

4）功率变换单元。质子交换膜燃料电池所产生的电能为直流电，其输出电压因受内阻的影响而随负荷的变化而改变。基于上述原因，为满足大多数负载对交流供电和电压稳定度的要求，在燃料电池系统的输出端需要配置功率变换单元。当负载需要交流供电时，应采用 DC/AC 变流器；当负载要求直流供电时，也用需要用 DC/DC 变流器实现燃料电池组输出电能的升压与稳压。

5）系统控制单元。由上述四个功能单元的配置和工作要求可知，质子交换膜燃料电池系统是一个涉及电化学、流体力学、热力学、电工学及自动控制等多学科的复杂系统。质子交换膜燃料电池系统在运转过程中，需要调节与控制的物理量和参数非常多，难以手动完成。为使质子交换膜燃料电池系统长时间安全、稳定地发电，必须配置系统控制单元，以实现燃料电池组与各个功能单元的协调工作。

由于燃料电池发电过程中需要不断地输入燃料和氧化剂，排出反应产物，一套燃料电池要正常工作，必须配备燃料储存装置、燃料/氧化剂输送装置，同时需要控制进入燃料电池电堆的反应物和氧化剂的量以及产生的产物，还要将其内部产生的热量导出并散发掉，且由于输出电压较低，伏安特性软，功率变化范围大，需要一套能量变换系统来为负载稳定供电，所以燃料电池发电系统与内燃机发电系统非常相似，需要包括燃料储存与调节系统、氧化剂输送与调节系统、燃料电池电堆、散热系统、电力变换系统、控制系统等。例如一套质子交换膜燃料电池系统，就需要包括氢气供应系统、空气供应系统、散热循环系统、电堆、控制系统等，其系统结构如图 2-4 所示。

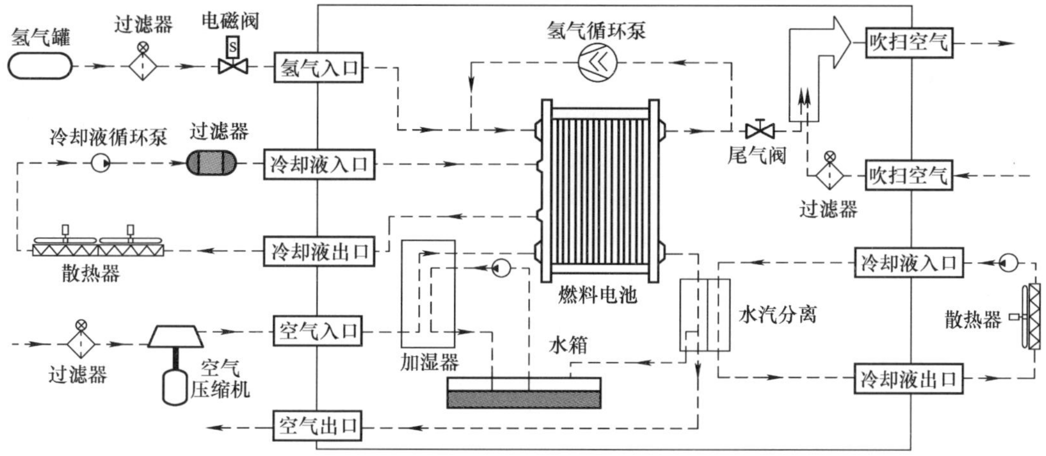

图 2-4　典型的燃料电池发电机系统

（2）国内关于质子交换膜燃料电池系统研发的一些问题　在我国，国家科技部将研发燃料电池客车和燃料电池汽车列为“十五”和“十一五”计划“863”重大科技项目，并已取得一系列重大科技成果。但是在多年科研实践中，也暴露出一些技术/经济问题。

1）燃料电池发动机的耐久性不良，一般仅 1000 ~ 1200h（国外达 2200h），燃料电池有轨电车行驶 4 ~5 万 km，功率即下降约 40%，和传统内燃机可普遍行驶 50 万 km 以上相比，差距很大。

2）燃料电池发动机的制造成本居高不下，一般估计 3 万元/kW（国外成本约 3000 美元/kW），与传统内燃机仅 200 ~ 350 元/kW 相比，差距巨大。由于其中如质子交换膜、炭纸、铂金属催化剂、高纯度石墨粉、氢回收泵、增压空气泵等关键部件均依靠进口，所以与国外相比，并没有成本优势。

3）燃料电池发动机对工作环境的适应性很差，国产仅可在 0 ~ 40℃ 气温下工作，低于 0℃ 有结冰问题，高于 40℃ 过热不能正常工作；此外对空气中的粉尘、一氧化碳、硫化物等都十分敏感，铂催化剂极易污染中毒失效。

4）燃料电池有轨电车的使用成本过于高昂。例如高纯度（99.999%）高压氢（ >200bar）售价约 80 ~ 100 元/kg。按 1kg 氢可发 10kW · h 电能计算，仅燃料费即约为 10 元/kW · h，按燃料电池发动机工作寿命 1000h 计算，折旧费为 30 元/kW · h，所以总的动力成本达 40 元/kW · h，高于各种动力电池。

尽管存在如此多的问题，但是燃料电池仍然是人类迄今为止，发明的最清洁、安静又可无限再生的能源，值得我们为实现燃料电池有轨电车的产业化付出更大的努力。

2.2.3 氢气系统概述

下面以巴拉德公司的 HD6 燃料电池模块为例进行介绍。

燃料电池系统工作过程中必须向燃料电池提供足够纯度和压力的氢气。所需的氢气流量由 HD6 控制，但是燃料输送系统必须能够实时输送所需的燃料。为了方便系统维修，在连接到系统氢气入口之前，输氢管道需设置阀门。

为满足反应需要，氢气子系统为燃料电池电堆供应适当压力和湿度的氢气。燃料电池电堆要求氢气压力为 0.5 ~ 1.2bar 以使反应有效进行，同时，需要维持氢气入口压力比空气入口压力高出 0.5bar，以避免空气渗透到氢气中（空气渗透到氢气中会降低电堆性能，同时存在着火风险）。

燃料电池系统氢气供应系统结构如图 2-5 所示，外部氢气储存在氢气罐中，进入燃料电池模块的氢气压力高达 18bar，氢气进入燃料电池系统之后先经过一个压力传感器检测氢气压力，然后再由氢气电磁阀控制进入燃料电池模块的氢气开启。燃料电池模块内部还有一个氢气电磁阀，控制进入燃料电池电堆的氢气，进入燃料电池系统的氢气经过压力调节模块将压力降低到 0.5 ~ 1.2bar 后再进入燃料电池电堆。大部分氢气在电堆中被消耗掉，剩余的氢气和燃料电池反应产生的液态水和气态水流出燃料电池后，经过分水器分离掉液态水，水蒸气和氢气经过氢气循环泵加压后返回到燃料电池入口，水蒸气起到了加湿氢气的作用。

一小部分未反应的氢气也通过排气阀周期性排放，以排出杂质气体和液态水。排气过程中将累积在电堆中的杂质排出，以确保氢气更有效地发生反应。排气会将一部分氢气排到电堆外部，降低氢气利用率，但排气过程是燃料电池操作中必备的步骤。排出的氢气进入到空气尾气中，电堆内部的氢气渗透也进入到空气尾气中，采用一个氢气传感器监测空气尾气中的氢气浓度不超过2%，低于氢气的着火下限。

当燃料电池内部氢气压力超过2.75bar时，泄压阀打开进行安全泄压。

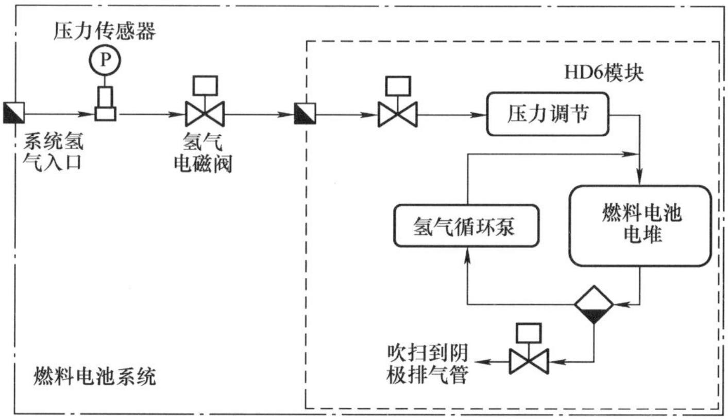

图 2-5 氢气供应系统原理图

（1）氢气纯度要求 燃料电池的工作对于氢气纯度要求极高，必须满足SAE J2719中规定的纯度要求，表2-6列出了该标准中各种杂质气体的含量范围。对于燃料电池系统而言，表2-6中所列平衡组分中一部分对于燃料电池性能的影响较小，例如水、惰性气体、二氧化碳等，但是另外一些杂质组分会对燃料电池性能造成严重毒化作用，主要包括硫化物、甲醛、氨、一氧化碳等，这些组分往往会对燃料电池性能造成不可恢复的影响，而这些组分在煤、天然气等重整法制得的氢气中是常见组分。因此，强烈建议用户使用水电解方法制备的高纯氢气。如果要使用重整氢气，例如天然气、甲醇等原料制备的氢气来操作燃料电池，需要确保杂质气体含量低于表2-6中要求的限值。

表 2-6 燃料电池系统氢气纯度要求

	规格	单位
水	<5	μmol/mol
碳氢化合物	<2	μmol/mol
氧气（O_2）	<5	μmol/mol
惰性气体（He、N_2、Ar）	<100	μmol/mol
一氧化碳（CO）	<0.2	μmol/mol
二氧化碳（CO_2）	<1	μmol/mol
硫化物	<0.004	μmol/mol
甲醛	<0.01	μmol/mol
蚁酸	<0.2	μmol/mol
氨	<0.1	μmol/mol
卤化物总量	<0.05	μmol/mol
微粒大小	<10	μm
微粒浓度	<1	μg/L

使用不符合纯度要求的氢气，可能会对燃料电池电堆中的电催化剂造成严重的毒化作用，可能对燃料电池电堆造成不可恢复的性能衰减，甚至有可能造成电堆发电能力完全丧失。

（2）供氢系统压力要求　燃料电池系统使用的氢气必须满足一定压力要求，燃料电池系统入口处的氢气压力要求如表 2-7 所示。

表 2-7　燃料电池系统氢气压力要求

压力	规格/bar
额定入口压力	12
最小入口压力	9
最大入口压力	19

对于用户的氢气供应系统而言，氢气减压阀往往与储氢罐距离较近，而减压阀与燃料电池系统氢气入口之间的距离有可能比较远。为了满足燃料电池系统入口氢气压力要求，用户需要考虑氢气供应系统管路对于压力的影响，控制变化量通常是三个因素的函数：

① 压力降：根据调压器特性和管压损失，调压器出口压力随着流量的增加而下降。

② 入口压力：调压器出口压力随着入口压力下降而上升。

③ 迟滞：由于调压器内部存在摩擦，流量上升和流量下降时的调压器出口压力曲线之间存在偏移。

用户在构建供氢系统时，需要考虑上述因素的影响，必须确保燃料输送系统的额定运行压力在表 2-7 规定的范围内。如果使用高压储氢罐，氢气系统可能需要两级减压。从表 2-7 中可以看到，氢气管路进入燃料电池系统后，安装有一个氢气压力传感器，用于监测氢气压力是否满足系统要求，在 HD6 燃料电池模块入口和燃料电池电堆入口处也安装有氢气压力传感器，当氢气压力低于表 2-7 中的限值时，系统会自动进入保护性停机。但是，如果氢气压力超过系统允许的压力限值，有可能会对系统造成影响，因此用户的供氢系统需要安装过压保护装置，建议组装人员提供电气和机械 2 级保护。

电气保护：如果调压器出口压力超过 23bar，燃料输送系统将被电气禁止（比如，使用压力开关切断常闭电磁阀电源）。该系统应设置为，当下游压力降低时，氢供应系统不会自动恢复。

机械保护：供氢系统需安装一个泄压阀，保持最大流量的压力在 25bar 以下。

（3）氢气输送系统流速　燃料输送系统必须能够实时地向 HD6 提供足够的燃料流速以避免燃料不足，如表 2-8 所示。

表 2-8　供氢系统氢气流速

流速	流速要求/（g/s）
最大暂态流速	3.0
最大连续流速	2.5
额定功率下预计 BOL 流速	2.1

（4）氢气系统清洁与排气　氢气储存系统第一次用于燃料电池模块时，使用前必须反复清洗，以确保首次起动的氢气浓度。

一个新的氢气供给系统运行造成电池堆电压过低通常是由于清洗不充分造成的。如果出现这些问题，建议进行额外的清洗，以进一步增加罐内的氢气浓度。

关机时，会有一部分加压氢气被截留在系统供气管道内。用户如果需要拆除进行维护或检修，必须排出残留在供气管道中的氢气。

2.3 燃料电池系统的失效分析

2.3.1 燃料电池系统失效方式

燃料电池系统失效包括本质失效和误用失效。本质失效是指燃料电池系统自身故障引起的失效；误用失效则是指由于外部原因（外部能量使用或其他因素）引起的失效。

（1）本质失效　燃料电池系统的本质失效包括电堆功能失效和辅助系统（含控制系统）失效。电堆功能失效主要是燃料电池电堆本身组成部件的失效，包括：

1）质子交换膜失效。主要是由于膜被腐蚀、老化、脱水等情况造成的导电能力下降，以及温度或压力差过高造成的膜穿孔、氢气和空气直接混合等原因造成的失效状况。

2）电极失效。主要是由于催化剂活性下降以及由于水淹、脱落、杂质阻塞等原因导致电极的导电性、扩散层的疏水性和气体扩散性下降等原因造成的电堆性能下降等失效状况。

3）双极板失效。主要是由于气体流场被液态水或杂质阻塞，引起燃料或空气供应不足，造成电堆性能下降等失效状况。

辅助系统失效主要是执行机构失效和控制器的失效，包括：

1）老化失效。由于阀门、电动机、管道以及系统安装固定等机构由于老化原因造成因设备工作异常或性能下降等原因引起的系统失效。

2）辅助系统匹配失效。主要是由于辅助设备的选择或使用不能满足燃料电池电堆工作的相关需求引起的系统失效。

3）控制品质失效。主要是控制算法本身或者硬件电路设计的不完善引起的系统参数控制精度和响应速度不足等原因引起的系统失效。

4）控制系统误动作。主要是控制系统受到干扰引起的控制软件失效、通信错误等导致控制系统发出错误的指令，从而引起系统失效。

电堆失效和辅助系统失效是息息相关的两个因素，一方面辅助系统失效会导致电堆失效，另一方面电堆失效也会引起辅助系统的失效。例如在输出相同功率的条件下，当电堆性能下降时，就会要求发动机输出更大的电流，引起风机负荷过大，甚至长期超负荷运行，导致风机加速老化甚至故障；相同输出功率的条件下，如果风机出现故障引起氧气供应不足，必然导致燃料电池极化程度加深，发热量急剧上升，极有可能导致双极板烧坏、变性，从而导致气体泄漏等电堆失效故障。为了避免本质失效以及减小失效情况给系统带来的负面影响，就要求控制系统必须具备完善的功能以及抗干扰的能力。

（2）误用失效　误用失效是指由于控制系统和外部设备之间的能量管理协调不当引起的燃料电池系统失效。误用失效主要存在以下几种情况：

1）在燃料电池电堆工作状态为达到相应输出功率条件下，外部设备强行增加输出功率，造成输出电流急剧上升，导致系统失效。

2）在未通知燃料电池电堆工作条件下，外部设备急剧降低输出功率，造成系统压力波动过大，导致系统失效。

3）在外部能量需求较小的情况下，要求燃料电池电堆长期运行在满负荷的状态引起的燃料电池电堆效率降低甚至失效的情况。

尽管本质失效和误用失效按照造成的系统失效不同的原因进行了划分，但是失效的最终表现还是本质失效，即由外部原因导致的系统本质失效。减少外部原因导致的系统本质失效的主要办法，就是提高包含燃料电池系统的能量管理策略、故障监测能力和容错控制策略。

2.3.2　燃料电池系统控制器

燃料电池系统控制器控制燃料电池系统工作在良好状态，尽量避免本质失效情况的出现，即保证系统的可靠性、安全性、动力性和效率处于良好的状态。其具体功能为：根据传感器提供的信息（空气、氢气和循环水各节点的温度和压力以及单电池电压值）控制当前燃料电池工作状态，达到快速准确地响应外界功率需求的目标，并且实时进行系统保护和故障诊断工作，确保燃料电池系统的正常高效工作。按照燃料电池控制系统的功能，具体可分为控制、通信和故障诊断及保护三个方面。

（1）控制功能　控制系统不仅要确保燃料电池系统的辅助系统按照适合的工作流程进行工作，还要根据功率输出目标调整电堆的工作温度和供应气体的温度、湿度、压力和流量。控制功能的设计目标是快速性、稳定性和鲁棒性。控制对象分别为空气供应系统、氢气供应系统、水热平衡系统以及能量输出管理控制。

（2）通信功能　燃料电池系统通过通信功能和上级管理系统进行信息交流，一方面汇报当前的工作状态和相关的工作参数，另一方面接受操作指令并获取当前功率需求的信息。通信装置是燃料电池系统和上级管理系统联系的纽带，其可靠性是避免误用失效的关键。通信功能的设计目标是实时性和可靠性，不仅需要具备足够的通信速率和数据处理的能力，而且必须具备高度的抗干扰能力。

（3）故障诊断及保护功能　控制系统对燃料电池系统的相关工作参数、执行机构和环境参数进行检测，确定燃料电池系统的工作状态，并对潜在的和既有的故障进行相应的处理。工作参数的检测包括对供应气体的温度、湿度、流量和压力，以及冷却液的温度、电导率等参数的采样。执行机构的检测包括离心风机、电磁阀、水泵等执行机构状态的检测。环境参数的检测包括测量环境空气的温度、压力和湿度。故障诊断功能是降低系统失效概率的重要手段，并且为调整燃料电池系统控制提供必要的参数。

2.4　国内外燃料电池技术及应用现状

国内外众多科研机构及研究人员均专注于燃料电池技术及新产品方面的研究。2014 年，美国科学家开发出一种直接以生物质为原料的低温燃料电池。这种燃料电池只需借助太阳能或废热就能将稻草、锯末、藻类甚至有机肥料转化为电能，能量密度比基于纤维素的微生物燃料电池高出近 100 倍。

目前，国际上燃料电池汽车技术已经达到商业化水平，国内以上汽集团为首的汽车企业也在大力开发燃料电池汽车。丰田汽车公司于 2014 年底发布了全新燃料电池轿车 FCV：未来（MIRAI）。新车价格为 723.6 万日元（约合 6.2 万美元/37.8 万人民币）。FCV 只需 3min 就可以完成燃料的补给，续航里程可以达到 700km（在 JC08 模式下行驶时测量的数据）。上汽集团在 2015 年北京车展上推出荣威 950 燃料电池汽车，搭载有两个压力为 700bar 的氢气瓶，通过优化车辆起动系统，即便是在 -20℃的环境中，依旧可以正常起动与行驶。宇通集团也开发了宇通新一代燃料电池客车，作为城市公交，满足公交工况续驶里程要求，客车满载耗氢 8.3kg/100km。以上举措将有力助推中国燃料电池汽车产业化发展，对加快中国燃料电池汽车产业化进程有着重要意义。

在轨道交通领域，各主机厂近两年也非常重视燃料电池技术。2011 年，西南交通大学开发了国内第一列燃料电池机车。2013 年开始，唐山轨道客车有限责任公司与西南交通大学开始合作开发燃料电池混合动力有轨电车，并联合申请了国家科技支撑项目，这一项目后续将进行重点介绍。此外，南车四方也开始跟进研究。市场方面，佛山、天津、丹阳等地政府和地铁公司也在重点研究燃料电池有轨电车应用的可行性。相信在国内燃料电池汽车的带动下，燃料电池轨道交通车辆也将很快实现突破。

2.4.1　国外燃料电池技术及应用现状

2.4.1.1　国外科研及应用现状

长期以来，世界各国政府和主要汽车集团都高度重视燃料电池汽车的研发，投入大量资金用于燃料电池汽车及氢能研发、试验考核和市场培育。

（1）美国　美国长期重视氢能与燃料电池技术的发展，已经形成了较为完整的推进氢能发展的国家法律、政策和科研计划体系，以引导能源体系向氢能经济过渡，将氢燃料电池确定为维系经济繁荣和国家安全至关重要的 27 项必须发展的技术之一，质子交换膜燃料电池就是其中的重点发展项目。

奥巴马政府在 2013 年初的国情咨文中提出设立能源安全基金（Energy Security Trust）计划，计划在未来十年，美国政府每年拨款 2 亿美元发展包括氢能与燃料电池在内的先进能源技术，以促进摆脱对石油和天然气的过度依赖。而作为美国新能源汽车发展的主导性地域之一，加州也积极响应了此次新能源政策的号召，通过了一项总额为 1700 万美元的规划，其中包括燃料电池汽车的示范推广和加氢站建设及部署等项目。美国能源部多年来持续投入经费，支持燃料电池、氢能（包括制氢、储氢、输氢）、系统分析、技术验证、安全与标准法规、市场转化等方面的研发与示范，其 2012 年至 2014 年的预算依次为 1.04 亿、0.98 亿和 1 亿美元。2013 年中期，美国能源部推出了影响力巨大的 H2USA 项目，大力支持氢能基础设施建设，并吸引了众多汽车制造商和经销商（目前有 27 个成员）的参与。

（2）日本　日本在 2003 年推出了投资 110 亿美元开发氢能的《WE-NET》计划。2004 年在国家《新产业创新战略》中将燃料电池列为国家重点推进的七大新兴战略产业之首，从国家层面上着力推进。日本经济产业省还起动了旨在加速质子交换膜燃料电池实用化的氢能与燃料电池计划。

2013 年，日本继续保持了对氢能与燃料电池的高强度投入。日本政府通过通产省（METI）和新能源产业技术综合开发机构（NEDO）对氢能与燃料电池的投入在 2013 年达到 359.6 亿日元（约 3.6 亿美元），2014 年达到 419.1 亿日元（约 4.2 亿美元）。

2014 年，丰田的氢燃料电池车 MIRAI 在日本上市，新车售价 723.6 万日元（约 37.8 万人民币），日本政府补贴后，实际价格520万日元（约27.1万人民币）。根据丰田自己的计划，仅仅过了7年，丰田就使氢燃料电池汽车的成本降幅高达94%之多。而到2020年，丰田计划将MIRAI的制造成本再次削减一半。届时，一辆MIRAI的售价，即使在没有政府补贴的情况下，也将降低到400万日元以下，约合人民币20万元以下。按照前几年丰田对于氢燃料电池成本的控制成果，在2020年实现氢燃料电池成本降低一半的目标，也许并不困难。

（3）欧盟　在欧盟，通过了FCH JU（Fuel Cells and Hydrogen Joint Undertaking）来推动氢能与燃料电池的研发与示范，其2013年投入的经费约6300万欧元。2014年到2020年，欧盟将起动Horizon 2020计划。在该计划中，氢能与燃料电池的投入预算将达到220亿欧元。荷兰、丹麦、瑞典、法国、英国与德国六国已经达成共同开发推广氢能源汽车的协议，各国将共同建设一个欧洲氢能设施网络，并协调能源传输。同时，欧盟还在评估讨论CPT项目（Clean Power for Transport）。该项目计划投入1.23亿欧元建设77座加氢站，针对15个已经建有加氢站的成员国实现国与国之间的互联互通。最终，欧洲大部分地区将建成连贯的氢能基础设施网络，以供燃料电池汽车使用。表2-9所示为德国氢燃料电池发展预测。

表2-9　德国氢燃料电池发展预测

	2020	2030	2050
氢－燃料电池乘用车及轻型载货汽车数/辆	35～58万	410～640万	2200～3800万
加氢站数/个	1296～2666	3794～8816	7275～12388
氢气价格/（欧元/kg）	3.5～4.5		

（4）加拿大　加拿大在氢能和燃料电池方面处于全球领先地位，体现在所有类型燃料电池相关技术、相关零部件的生产制造、系统供应和集成、加氢系统、燃料储存以及工程和资金服务方面。

加拿大政府积极支持燃料电池的研发。2004年，通过了实施“大不列颠哥伦比亚氢和燃料电池战略”，希望到2020年该省的氢经济处于世界领先地位，该战略包括“积极推动氢高速项目，从联邦和省政府以及企业界筹资1.35亿元支持氢经济，与阿尔伯特省合作使氢高速向南和向西延伸”等具体内容。

（5）其他国家　法国开发出使用“运程”燃料电池的电动汽车“Fever”，它以低温储存的氢和空气作燃料，发电功率达20kW，电压为90V，且采用先进的电子控制系统对电力系统进行控制，并把制动时产生的能量储存在蓄电池里，以备汽车起动或加速时使用。

英国成立了国家燃料电池开发中心。英国燃料电池技术的开发重点在燃料供应、重整炉、气体净化和空气压缩等方面。质子交换膜燃料电池的研究重点是改善催化材料的性能并探索铂（Pt）催化剂的涂覆方法，降低铂（Pt）含量，提高铂（Pt）的利用率和耐受CO的允许值。

目前，世界各大汽车制造商都已形成各自的燃料电池汽车量产及氢能设施网络建设计划。经过长时间、持续稳步的支持，国外燃料电池汽车产品的可靠性、环境适应性（如低温起动性能）取得了重大突破，示范运行不断深入，并陆续推出用于租赁商业化示范的燃料电池汽车，燃料电池汽车已经进入技术与市场示范阶段。

2.4.1.2 国外燃料电池电堆研发企业

目前在燃料电池电堆及系统产品方面，各大汽车公司均拥有自己的生产厂，除非建立公司级联盟，汽车公司不可能向第三方提供其燃料电池系统。同时，其技术指标和研究进展情况也很难通过公开渠道获得。

下面是对几家研发能力实力较强的燃料电池公司相关情况的介绍。

（1）加拿大 BALLARD（巴拉德）公司 巴拉德动力系统公司是一家成立于 1979 年的加拿大公司，公司从 1983 年开始研发燃料电池。从 2007 年到 2009 年，公司完成了从长期、高成本的汽车燃料电池研发转向清洁能源燃料电池产品的市场化。目前公司的主要业务是质子交换膜燃料电池产品（包括燃料电池堆、模块和系统）的设计、开发、制造和服务，专注于商用市场（电信备用电源、物料搬运和工程服务）和开发阶段市场（公车、分布式发电和连续电源等）。迄今为止，公司氢燃料电池的出货量接近 150MW，是目前当之无愧的氢燃料电池界翘楚。

巴拉德公司提供多种产品来覆盖不同的需求，其产品覆盖了固定式领域和交通运输领域的主要应用市场。巴拉德的客户面非常广，在备用电源领域，通过利益相关的 Dantherm Power公司以及合作伙伴 Cascadiant 和 InalaTechnologies，公司把产品销往了 SINE，Hutchison-Telecom 和 Vodacom 等公司；在物料搬运市场，其与 PlugPower 公司有着长久的合作关系，PlugPower 公司所有的 GenDrive 燃料电池系统系列产品全部采用巴拉德公司的燃料电池堆；公车领域的主要客户是 BAESystems 和 WanHool；分布式发电领域则主要是将完整的电池系统 ClearGen 销售给 TOYOTA 和 FirstEnergy 公司。

大众公司也与巴拉德公司结盟，设计和制造下一代的大众 HyMotion 燃料电池示范车。巴拉德负责燃料电池膜电极组件（MEA）、流场板、电堆的各种组件的设计以及测试和系统集成。

目前，该公司已开发出适用于城市客车运行工况的 HD7 燃料电池电堆模块，输出功率为 100kW，已批量运用到欧洲和中国。

（2）加拿大 Hydrogenics（HYGS）公司 Hydrogenics 公司在商用及工业用氢系统的设计、制造及安装领域有 60 多年的经验，其业务涵盖：工业生产及燃料加注站用氢电动机；电动车用氢燃料电池，比如用于城市运输车，叉车等；独立发电厂及不间断电源用燃料电池装置；储氢系统集成太阳能与风力发电系统，以调整后者的发电低谷及高峰。

Hydrogenics 公司是制氢系统及燃料电池系统领域的国际领导公司，总部位于加拿大多伦多市，在美国、德国、比利时都拥有分支机构。公司在氢能系统设计和集成领域拥有多年经验，参与了全球 45 个加氢站的设计与建设。

公司的燃料电池产品为 16kW 和 30kW 的燃料电池系统模块，其产品的特点是，工作压力较低，内部加湿，因此系统更加简单，可以在低温下起动停机，无需防冻保温。这种燃料电池模块可以通过多套串并联的方式构成功率更大的发电系统。安装 Hydrogenics 燃料电池系统模块的城市客车在洛杉矶、旧金山、夏威夷、柏林、亚琛等多个城市开展示范运行。

（3）美国 PlugPower 公司 PlugPower 是 1999 年成立的专注于设计、开发、制造和销售用于物料搬运叉车的燃料电池系统的供应商，是目前全球较大的燃料电池系统集成商。该公司在质子交换膜燃料电池和燃料加工技术，以及燃料电池/蓄电池混合动力技术方面拥有领先优势。公司的核心产品是氢燃料 PEMGenDrive 产品，主要用于大批量制造和高吞吐量的工业运输（叉车或材料处理），即属于交通运输领域的物料搬运市场。

从 Plug 的供应链来看，其上游的供应商包括燃料电池生产商 Ballard，燃气供应商 BASF 和 AirLiquide；下游客户包括雀巢、沃尔玛、联邦快递等货物量较大的公司。公司的主要客户为斯蒂尔、奔驰、宝马、沃尔玛、宝洁、可口可乐等公司，目前订单主要集中于 GenDrive 产品，即物料搬运叉车应用。

（4）美国 FuelCellEnergy 公司　FuelCellEnergy 是一家全球领先的综合性燃料电池公司，公司成立于 1969 年，前身为能源研究公司，1999 年更名为 FuelCellEnergy。公司主要从事固定式燃料电池的研究，主要产品是可用于现场发电、热电联产及分布式发电的 MCFC。产品主要服务于电力实业、商业和企业、政府机构等。目前公司产品 DFC 发电厂已在全球超过 50 个地点产生超洁净、高效和可靠的电力。公司已经生产超过 1.5 亿 kW · h 的超清洁电力，且拥有超过 300MW 的发电装机容量。

公司主要产品为 DFC 系列发电产品，主要用作热电联产以及分布式发电，公司产品的输出跨度极广，从几百千瓦到数兆瓦都有提供，而这样的输出在其他同类产品中又处于较高水平，因此 DFC 产品在固定式燃料电池领域极具竞争力。

2.4.2 国内燃料电池技术及应用现状

在国家《节能中长期专项规划》及相应的十大重点节能工程中，强调要“发展混合动力汽车、燃气汽车、醇类燃料汽车、燃料电池汽车、太阳能汽车等清洁汽车”。国家发展和改革委员会与科学技术部共同向社会公布的《中国节能技术政策大纲》中同样也强调要“研究电动汽车等新型动力”。我国政府高度重视交通能源动力转型，自“九五”规划以来，国家都把燃料电池汽车及相关技术研究列入科技计划，国家“863”电动汽车重大专项、“973”计划都设立了许多与此相关的科研课题，在燃料电池技术标准、材料、基础设施、燃料电池堆、整车集成以及其他关键总成技术等方面都取得了阶段性进展，并有多家企业与联合国开发计划署（UNDP）和全球环境基金（GEF）合作，开展燃料电池大客车的公交线路试运行。

尽管我国燃料电池技术取得了一定进展，但在国家战略层面，缺乏目标明确的燃料电池汽车发展战略与发展规划，缺少具体可行的技术法规和政策激励措施。燃料电池发展技术路线的不明确在一定程度上影响了政府和企业的战略决策和对新技术研发的及时投入。

国内正在研发车用燃料电池电堆的有大连新源动力、上海神力、北京航天 15 所等；正在研发燃料电池汽车的企业主要是上海汽车集团、奇瑞、一汽、长安等；正在研发燃料电池城市客车的有北京亿华通、北汽福田、宇通客车、成都客车等；做燃料电池基站电源的有弗尔赛、银泰、上海攀业等。

（1）大连新源动力股份有限公司　新源动力的研发、管理团队在中国工程院院士衣宝廉先生带领下，先后承担并完成了多项国家重点项目、省市重大项目，形成了自主知识产权专利技术，涵盖了质子交换膜燃料电池关键材料、关键部件、整堆系统各个层面，技术水平国内领先，部分关键技术已达到国际一流水平。新源动力通过推行现代化生产管理模式，在国内率先实现了燃料电池实验室科研成果向现实生产力的转化。燃料电池中试基地，生产、测试装备齐全，已实现燃料电池关键材料及关键部件、电堆组装的小批量生产。

新源动力公司作为上汽集团的供应商，是国内燃料电池模块技术发展得最为完善的企业，为上汽集团提供50kW的燃料电池动力模块，上汽集团进行动力系统总体集成。新源动力公司同时也生产燃料电池城市客车用的100kW燃料电池动力系统模块，提供给北京亿华通公司进行燃料电池城市客车动力系统集成。

（2）上海神力科技有限公司　神力科技经过十多年自主创新研发的高/低温燃料电池技术已具有世界先进水平，拥有完全自主知识产权，应用于移动式电站、UPS备用电源、小型发电站、叉车/游览车/船用燃料电池动力系统、轿车用燃料电池动力系统、客车用燃料电池动力系统、家庭用热电联供系统等领域。2008年起，神力科技开始全钒液流储能技术研发，通过技术合作和自主创新，采用完全不同的技术路线，研发出了强度高、透水性好、稳定可靠、成本低的可完全国产化的高性能离子膜。

（3）上海汽车集团股份有限公司　上汽集团于2014年正式推出的荣威950燃料电池汽车，是上汽集团在新能源领域的一个最新产品，也被作为新能源领域最终极的发展目标。上汽集团发展新能源的布局是采取多条腿走路的形式，包括混合动力、纯电动、燃料电池汽车。荣威950燃料电池汽车采用“动力蓄电池+氢燃料电池系统”作为双动力源；布置两个储氢量高达4.34kg的氢瓶，保证整车匀速续驶里程可以达到400km；在-20℃环境温度下也可以起动，将为消费者解决中长途及恶劣环境行驶的难题。

（4）北京亿华通科技有限公司　北京亿华通科技有限公司是为了适应科研成果转化的需要，在科技部、北京市政府及清华大学的支持下成立的，从事新能源交通技术研发及产业化的高新技术企业，是北京清华节能与新能源汽车工程中心的产业化实体。

北京清华节能与新能源汽车工程中心是北京市政府和清华大学联合建立的科研机构，在清华大学研究开发电动汽车的基础上专门从事节能与新能源汽车及其关键部件的研究开发工作。在“十五”期间，承担了国家电动汽车重大专项——“燃料电池城市客车整车技术的研究和开发”项目，主持规划了面向奥运的北京氢能交通示范园计划，负责中美、中欧、中加等新能源汽车及相关技术的主要国际合作事务。

（5）北汽福田汽车股份有限公司　北汽福田汽车股份有限公司（简称福田汽车）是一家跨地区、跨行业、跨所有制的国有控股上市公司。该公司已经具备燃料电池客车的生产技术，已经生产出了燃料电池客车样车。

（6）郑州宇通客车股份有限公司　郑州宇通客车股份有限公司是一家集客车产品研发、制造与销售为一体的大型现代化制造企业。目前，宇通客车已确立插电式混合动力、纯电动到燃料电池客车的战略发展路线，开展了一系列的燃料电池客车技术研究，在行业内遥遥领先，抢占新能源客车技术制高点。宇通客车在2009年和2012年分别研发燃料电池增程式纯电动客车和宇通新一代燃料电池城市客车。在两代燃料电池客车的研究和开发过程中，宇通积累了丰富的研发经验，形成了一支专业的燃料电池客车研发团队。在燃料电池整车集成及控制技术、燃料电池系统集成及控制技术、动力系统构型、参数优化及整车动力匹配优化控制技术、基于氢-电-结构耦合的高压安全技术等方面有着深入的研究。

2.4.3 国内外氢能及配套基础设施发展现状

2.4.3.1 国内外氢能及配套基础设施建设现状

（1）国外氢能及基础设施发展现状　截至2014年4月，世界有超过270座加氢站正在运营和规划中，主要集中在日本、欧洲、美国等国家或地区。各国运营中的加氢站数量统计如图 2-6 所示。

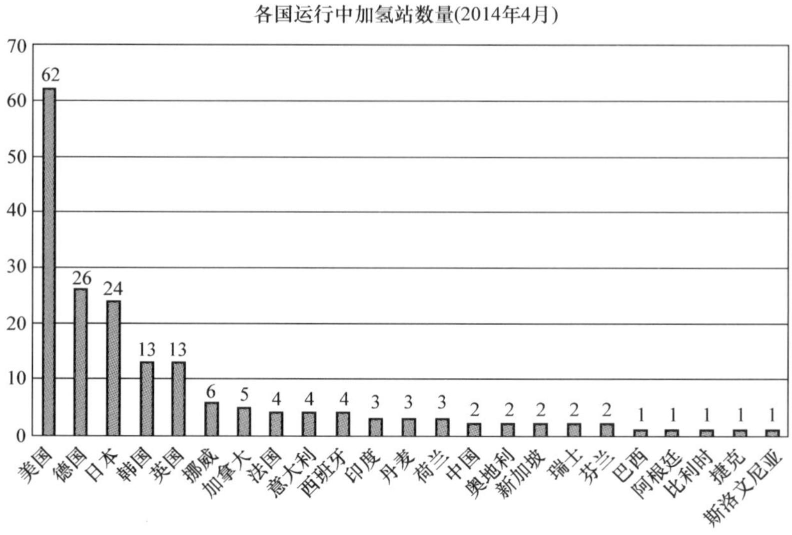

图 2-6　各国加氢站运行数量

目前大力发展燃料电池汽车加氢站的国家主要有日本、美国以及欧洲各国。

1）日本、韩国。日本政府不仅对汽车给予补助，在加氢站建设上也将给予资金支持，为早日实现燃料电池汽车的商业化提供帮助。日本经济产业省在 2014 年 8 月提出的 2015 年预算概要中，要求政府提供比 2014 年再多出 50% 的补助金来支援该项目的建设。同时，日本经济产业省成立的氢能/燃料电池战略协会也于 2014 年 8 月对外公布了日本《氢能/燃料电池战略发展路线图》，详细描述了未来日本燃料电池、加氢站等技术的发展计划。

2014 年，日本政府是全球范围内推进氢能与燃料电池技术的排头兵。日本经济产业省（METI）增加氢能及节能技术预算，并促进燃料电池的推广和安装更多的节能设施。由日本经济产业省（METI）成立的氢/燃料电池战略理事会还公示了日本氢气发展蓝图。该蓝图描述了氢能使用的三个阶段，并为每个阶段设定了目标。

第一阶段：预计持续到 2025 年左右，被认为是氢能使用范围迅速扩大阶段。该阶段的目标是增加家用 FC 单元的数量（2020 年增加到 140 万、2030 年增加到 5.3 亿），增加加氢站的数量。

第二阶段：预计从 2020 年中期持续到 2030 年左右，被认为是大规模供氢系统建立阶段。该阶段的目标是从国外以约 30 日元/m^3 的价格购买氢气，并扩大国内商业用途的供氢网络。

第三阶段：预计从 2040 年开始，被认为是建立无二氧化碳供氢系统的阶段。该阶段的目标是通过收集二氧化碳，在氢气的生产、运输和储氢阶段实现二氧化碳的零排放。

2）美国、加拿大。美国正在运营的加氢站有 69 座。仅加利福尼亚州经营的加氢站总数就达到了 27 座。加州燃料电池联盟计划到 2017 年要在加州部署 46 座加氢站，为预计在该日期之前能驶上道路的 50000 辆燃料电池汽车服务。

2013 年起，美国政府重新重视氢能与燃料电池技术的发展，加大了先进交通领域的资金投入。在美国加州地区，政府将为氢燃料电池动力车制造商和加氢站的运营商提供补助，以解决该技术面临的困难。加州政府希望到 2025 年能有 150 万辆零排放汽车上路。加州各机构通力合作，出台了一系列政策来确保 2025 年加州 150 万辆零排放汽车（ZEV）目标的实现。

空气化工公司（AP）在 2014 年 10 月 6 日宣布与第一元素燃料公司（FirstElement Fuel）签署合作协议，为其在加州新建的 19 座加氢站提供加氢站设备及技术服务。根据协议，空气化工公司将向第一元素燃料公司供应其 SmartFuel 加氢站设备（图 2-7），同时公司也将成为这 19 座加氢站的氢气供应商。

图 2-7　SmartFuel 加氢站设备

加拿大建有七座加氢站，这是加拿大氢能长期发展计划的一部分。

3）欧洲。整个欧洲目前拥有 22 座加氢站。德国、冰岛、挪威、丹麦在氢基础设施建设方面取得了不错的成绩。北欧国家一直站在氢能利用的前列，而且也引导着燃料电池技术的发展，正稳步地向氢经济迈进。

德国在氢能与燃料电池产业化方面一直扮演着领导者的角色。在 2007 年，德国出台了国家创新项目（NIP），明确支持氢能与燃料电池技术的发展，旨在加速其产业化程。德国政府希望到 2030 年能够全面建设加氢站服务网络。另一个规模较大的项目是北莱茵河至威斯特伐利亚氢公路项目（NRW），这是一个由六座加氢站组成的集群，可以很容易地延伸到汉堡。

冰岛首都雷克雅未克目前有两座加氢站，较大一座加氢站采用现场电解水制氢。

在挪威，挪威石油公司在全长 580km 的氢公路上建设的四座加氢站相继投入使用。

丹麦计划到 2016 年建成五座加氢站，与瑞典连成一体，有助于沟通挪威 HYDRO 氢公路到德国 HRW 和汉堡的氢公路项目。此外，挪威 Hynor、瑞典 Hyfuture 和丹麦 Hydrogen link 项目联合成立斯堪的纳维亚氢公路合作伙伴。

（2）国内氢能基础设施发展现状　我国自 2006 年在北京建成首座加氢站后，又先后在上海、广州、深圳等建设了几座加氢站（包括移动加氢站），先后为联合国 UNDP/GEF 氢能交通项目、北京奥运会、上海世博会、广州亚运会、深圳大运会等示范项目所运行的氢能燃料电池汽车提供氢气加注服务。

好消息是郑州宇通客车公司投资建设了国内首座商业化模式的加氢站，满足其自身开发的燃料电池客车示范运行的要求，同时计划为即将开展的联合国 UNDP/GEF 三期氢能交通示范项目提供服务。

储氢技术方面，国内也有新的突破和进展。中国地质大学（武汉）可持续能源实验室主任程寒松率队攻克有机液态储氢技术。2014 年 7 月，江苏上市公司富瑞特装公告与其合作合作，计划投资 1 亿元进行工程化试验。富瑞特装已向张家港保税区申请产业用地 70 亩，用于常温常压下液态储氢技术的大规模中试及后续产业配套。工程化试验一旦完成，液态储氢技术将就地产业化，建设年产 2250t 高纯氢气、5500 台移动电站备用电源供氢系统及 500

台氢气发动机供氢系统项目，二期计划总投资达5亿元。

但与国外氢能基础设施的快速发展相比，我国目前的差距还较大。

2.4.3.2　氢能源及加氢站产业化分析

（1）氢能源解决方案

1）工业副产氢。工业副产氢也是现有氢气主要来源。生产1t合成氨，施放气体约200Nm^3，其中氢气约占50%；生产1t烧碱，可副产氢约278Nm^3，其利用率仅约60%；1t焦炭约得400Nm^3焦炉煤气，氢气约占50%。

2）工业化制氢。几种方式的成本大致如表2-10所示。

表2-10　工业化制氢的几种方式及成本

	天然气蒸汽转化	甲醇蒸汽转化	水电解制氢
每立方米氢气成本	人民币1.5元	人民币2.0元	人民币5.0元
每千克氢气成本	人民币16.8元	人民币22.4元	人民币56元

3）廉价褐煤制氢。褐煤（Lignite）是水分和杂质含量大，质量较差的煤炭。褐煤直接燃烧，热效率偏低，还会造成较大污染。褐煤价格低廉，制氢是其一个合理有利的用途。

4）可再生能源制氢。包括太阳能光伏电制氢、太阳能热化学循环制氢、风能残电制氢，这些都是未来主要来源。

总体而言，目前的氢气来源需因地制宜，可根据目标用户城市具体情况选择制氢方案。

（2）加氢站建设方案　根据不同的建设要求，目前有以下四种常用的供氢解决方案，见表2-11。

表2-11　常用的供氢解决方案

供氢解决方案	描述	预算费用
简易临时加氢系统	包括高压储氢瓶组、增压机、加注单元等，可以为燃料电池试验车辆进行简易的加注	100万元
小型外供氢简易加氢站	包括储存及压缩瓶组，压缩机等设备。储氢（以氢气瓶组的形式）、压缩做成集装箱式的，35MPa加注机单独布置。项目定位为非正式加氢站，满足氢能试验示范基本要求，不需进行工程项目申报审批	250万元
小型简易制氢加氢站	包括5～10m^3/h的集装箱电解水制氢装置和储存及压缩瓶组，加注机等设备。制氢和储氢（以氢气瓶组的形式）、压缩做成集装箱式的（2个集装箱），35MPa加注机单独布置。制氢量每天最大250m^3，储氢量不到400m^3，估计可供2辆大巴每天试验运行（轿车用氢忽略不计），该项目定位为非正式加氢站，满足氢能试验示范基本要求，不需进行工程项目申报审批	500万元（设备投资约460万元，土建投资40万元）
正式加氢站	包括10～20m^3/h的集装箱电解水制氢装置和储存及压缩、加注机等设备。制氢做成集装箱式的，压缩机、6根高压储氢管束、35MPa加注机单独布置。制氢量每天250～500m^3，储氢量约1500～3000m^3，可供3～5辆有轨电车每天运行。该加氢站具有增容能力，后续可以通过氢气长管拖车引入外供氢模式，这样可供更多数量的有轨电车加氢运行。需进行工程项目正式规范的设计、申报审批、建设等	850万元（设备估计设备投资约750万元，土建投资100万元）

（3）氢能产业的市场前景分析　丰田和现代汽车公司的燃料电池汽车先后于 2015 年实现量产。我国上汽集团和郑州宇通也分别推出燃料电池轿车和客车。

为促进燃料电池汽车行业基础设施的发展，德国工业气体设备生产商——林德公司已建成加氢站设备生产线，用于生产加氢机及其他相关设备。该生产线被认为是世界首条专业加氢站设备生产线，每年可生产 50 座加氢站建设所需要的设备。截至 2015 年，林德公司已经收到来自日本岩谷公司的一份 28 座加氢站的设备采购合同。采购设备将用于未来日本商业化加氢站的建设。林德公司通过建成生产线能最大程度地降低加氢站的投入成本，这将对燃料电池汽车的推广起到很大的促进作用。

在国内，随着氢能交通示范的发展，对氢能基础设施（包括固定加氢站和移动加氢站等）的需求也会越来越多。

第3章 超级电容基础知识及应用技术

3.1 超级电容结构与工作原理

3.1.1 超级电容的种类

超级电容器（简称超级电容）又叫双电层电容器，是一种通过极化电解质来储能的电化学元件，但在储能的过程并不发生化学反应，其储能过程是可逆的，可以反复充放电数十万次。超级电容可以被视为悬浮在电解质中的两个无反应活性的多孔电极板，在极板上加电，正极板吸引电解质中的负离子，负极板吸引正离子，实际上形成两个容性存储层，被分离开的正离子在负极板附近，负离子在正极板附近。与传统的电容器和二次电池相比，超级电容器的比功率是电池的10倍以上，储存电荷的能力比普通电容器高，并具有充放电速度快、循环寿命长、使用温度范围宽、无污染等优点，是一种非常有前途的新型绿色能源装置。

超级电容器比同体积的电解电容器容量大2000～6000倍，可以大电流充放电，充放电效率高，充放电循环次数可达100000次以上，并且免维护。超级电容器的出现填补了传统的静电电容器和化学电源之间的空白，并以其优越的性能及广阔的应用前景受到了各个国家的重视。

超级电容的分类方式有以下几种：

（1）按照电极材料分类　根据所用电极材料的不同，可分为：

① 以活性炭粉末、活性炭纤维、炭气凝胶、纳米炭管、网络结构活性炭为电极材料的超级电容器；

② 以贵金属二氧化钌、氧化镍、氧化锰为电极材料的超级电容器；

③ 以聚吡咯、聚苯胺、聚对苯等聚合有机物为电极的超级电容器。

（2）按工作原理不同分类　根据工作原理的不同，超级电容器分为双电层型超级电容器和赝电容型超级电容器。

双电层型超级电容器的电极材料有活性炭电极材料、碳纤维电极材料、碳气凝胶电极材料和碳纳米管电极材料等，采用这些材料可以制成平板型超级电容器和卷绕型溶剂电容器。平板型超级电容器多采用平板状和圆片状的电极，也有采用多层叠片串联组合而成的高压超级电容器，可以达到300V以上的工作电压。卷绕型溶剂电容器采用电极材料涂覆在集流体上，经过绕制得到，这类电容器通常具有更大的电容量和更高的功率密度。

赝电容型超级电容器包括金属氧化物电极材料与聚合物电极材料，金属氧化物材料（包括 NiO_x、MnO_2、V_2O_5等）作为正极材料，活性炭作为负极材料制备超级电容器。导电聚合物材料包括 PPY、PTH、PAni、PAS、PFPT 等，经 P 型或 N 型或 P/N 型掺杂制取电极，以此制备超级电容器。这一类型超级电容器具有非常高的能量密度。

（3）按照结构形式分类　根据结构形式不同，超级电容器可分为对称型与非对称型。

两电极组成相同且电极反应相同，但反应方向相反的，称为对称型；两电极组成不同或反应不同的，称为非对称型。

（4）按电解质类型分类　根据电解质类型不同，超级电容器可以分为水性电解质类型的超级电容器和有机电解质类型的超级电容器。

水性电解质超级电容器又可分为以下三种：

① 酸性电解质：多采用36%的 H_2SO_4水溶液作为电解质；

② 碱性电解质：通常采用 KOH、NaOH 等强碱作为电解质，水作为溶剂；

③ 中性电解质：通常采用 KCl、NaCl 等盐作为电解质，水作为溶剂，多用于氧化锰电极材料的电解液。

有机电解质电容器通常采用以 $LiClO_4$为典型代表的锂盐、以 $TEABF_4$为典型代表的季铵盐等作为电解质，有机溶剂如 PC、ACN、GBL、THL 等作为溶剂，电解质在溶剂中接近饱和溶解度。

3.1.2　超级电容的结构原理

（1）超级电容器的结构与容量　超级电容器在电极与电解液接触面间具有极高的比电容和非常大的接触表面积，通过极化电解质来储能。

超级电容器主要利用电极/电解质界面电荷分离所形成的双电层，或借助电极表面快速的氧化还原反应所产生的法拉第准电容来实现电荷和能量的储存。它是一种电化学元件，但其储能的过程并不发生化学反应，这种储能过程是可逆的，因此超级电容器可以反复充放电数十万次。超级电容器具有功率密度大、充电时间短、使用寿命长、充放电效率高等优异特性，因此被广泛应用于动力系统储存能量。常用作动力电源的超级电容是以活性炭为电极材料、由碳电极和电解液界面上电荷分离产生电动势的双电层电容，其结构如图3-1所示。

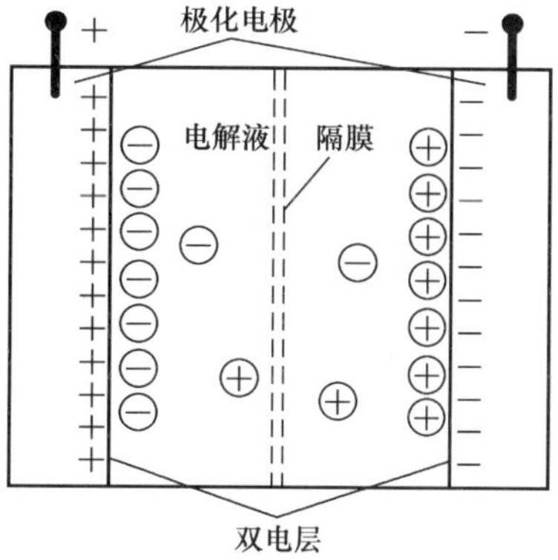

图3-1　典型的双电层超级电容的基本结构

超级电容单体主要由电极、电解质、集电极、隔离膜连线极柱、密封材料和排气阀等组成。

电极材料一般有碳电极材料、金属氧化物及其水合物电极材料、导电聚合物电极材料。材料要求电极内阻小、导电率高、表面积大、尽量薄。

电解质需有较高导电性（内阻小）和足够电化学稳定性（提高单体电压）。电解质可分为有机类和无机类，或分为液态和固态。

集电极要选用导电性能良好的金属和石墨等，如泡沫镍、镍网（箔）、铝箔、钛网（箔）以及碳纤维等。

隔离膜防止超级电容相邻两电极短路，保证接触电阻较小，尽量薄，通常使用多孔隔膜，有机电解质通常使用聚合物或纸作为隔膜，水溶液电解质可采用玻璃纤维或陶瓷作为隔膜。

电极的材料及制造技术、电解质的组成和隔离膜质量对超级电容器的性能有较大影响。

超级电容的电量 q 与电压成正比。电容的计量单位为法拉（F）。当电容器充上 1V 电压，如果极板上存储 1F 电荷量，则该电容器的电容量就是 1F。

电容器的电容量 C 为

$$C = \frac{\varepsilon A}{d} \tag{3-1}$$

式中 ε——电介质的介电常数，F/m；

A——电极表面积，m^2；

d——电容器间隙的距离，m。

电容器的容量取决于电容板的面积，与面积的大小成正比，而与电容板的厚度无关。另外，电容器的电容量还与电容板间的间隙大小成反比。

当电容元件充电时，电容元件上的电压增高，电场能量增大，电容器从电源上获得电能，电容器存储的能量 E 为

$$E = \frac{1}{2}CU^2 \tag{3-2}$$

式中 U 为外加电压，单位为 V。

当电容器放电时，电压降低，电场能量减小，电容器释放能量，可释放能量的最大值为 E。

（2）双电层型超级电容工作原理 双电层原理电容器的工作原理见图 3-2。当外加电压加到超级电容器的两个极板上时，与普通电容一样，极板的正电极存储正电荷，负极板存储负电荷，在超级电容器的两极板上电荷产生的电场作用下，在电解液与电极之间的界面上形成相反的电荷，以平衡电解液的内电场，这种正电荷与负电荷在两个不同向之间的接触面上，以正负电荷之间极小间隙排列在相反的位置上，这种电荷分布层叫做双电层，因此电容量非常大。当两极板间电势低于电解液的氧化还原电极电位时，电解液界面上电荷不会脱离电解液。

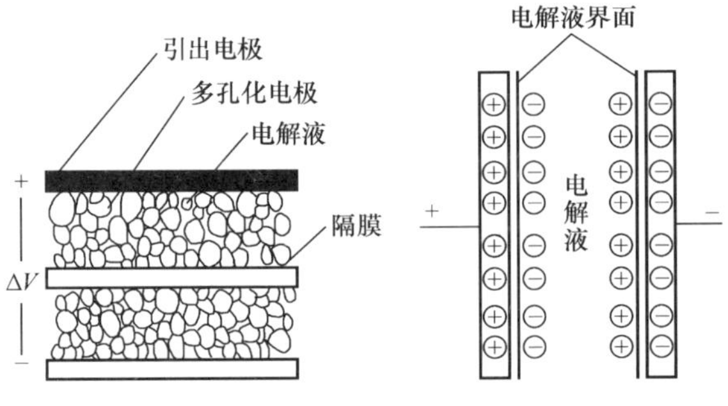

图 3-2 超级电容工作原理

超级电容器是一种与电池和传统物理电容器都不同的新型储能器件。本质上它的工作原理与电容器相同，因此要使超级电容器的电容达到法拉级，甚至上万法拉，就必须使极板的有效表面积尽可能大，极板之间的距离尽可能小。影响超级电容器性能的最核心因素是电极材料，常用的电极材料有如下几种：

1）活性炭电极材料。采用高比表面积的活性炭材料经过成形制备电极。

2）碳纤维电极材料。采用活性炭纤维成形材料，如布、毡等经过增强，喷涂或熔融金属增强其导电性制备电极。

3）碳气凝胶电极材料。采用前驱材料制备凝胶，经过炭化活化得到电极材料。

4）碳纳米管电极材料。具有极好的中孔性能和导电性，采用高比表面积的碳纳米管材料，可以制得非常优良的超级电容器电极。

碳电极材料的表面积很大，电容的大小取决于表面积和电极的距离，这种碳电极的大表面积再加上很小的电极距离，使超级电容器的容值可以非常大，大多数超级电容器可以做到法拉级，一般容值范围为15000F。

双电层介质在电容器两电极施加电压时，在靠近电极的电介质界面上产生与电极所携带电荷相反的电荷并被束缚在介质界面上，形成事实上的电容器的两个电极，很明显，两电极的距离非常小，仅几纳米，同时活性炭多孔化电极可以获得极大的电极表面积，可以达到200m^2/g。因而这种结构的超级电容器具有极大的电容量并可以存储很大的静电能量。

就储能而言，超级电容器的这一特性是介于传统的电容器与电池之间的。当两极板间电势低于电解液的氧化还原电极电位时，电解液界面上电荷不会脱离电解液，超级电容器为正常工作状态（通常为3V以下），如电容器两端电压超过电解液的氧化还原电极电位时，电解液将分解，为非正常状态。随着超级电容器放电，正、负极板上的电荷被外电路泄放，电解液界面上的电荷相应减少。

由此可以看出：超级电容器的充放电过程始终是物理过程，没有化学反应。因此性能是稳定的，与利用化学反应的动力电池是不同的。

（3）赝电容型超级电容工作原理　赝电容是在电极表面或体相的二维或准二维空间上，电活性物资进行欠电位沉积，发生高度可逆的化学吸附/脱附或氧化/还原反应，产生与电极充电电位有关的电容。由于赝电容不仅发生在表面，还可以深入内部，因而可获得比双电层电容更高的电容量和能量密度。相同电极面积下，赝电容电容量是双电层型的10～100倍。目前赝电容电极材料主要为一些金属氧化物和导电聚合物。

贵金属氧化物电容器是通过在氧化物电极表面以及体相中发生快速氧化还原反应而达到储存电荷的目的，因此，其电容也称为赝电容或法拉第准电容。

在法拉第电荷传递过程中，一些金属（Pb、Bi、Cu）在Pt或Au上发生单层欠电势沉积或多孔过渡族金属氧化物（如RuO_2、IrO_2）发生氧化还原反应时，其放电和充电过程有如下现象：两电极电位与电极上施加或释放的电荷几乎呈线性关系。如果该系统电压随时间呈线性变化，则产生几乎恒定的电流。此过程高度可逆，具有电容特征，但又和界面双电层电容形成过程不同，反应伴随有电荷的转移，发生了氧化还原反应，进而实现电荷与能量的储存。

最初研究的金属氧化物超级电容器主要以RuO_2为电极材料，由于RuO_2的电导率比碳大两个数量级，在硫酸溶液中稳定，因此性能比双电层电容更好。目前的研究重点在于采用不同的方法制备高比表面积的 RuO_2 电极材料，主要有热分解法、溶胶－凝胶法等。由于其价格昂贵，为了降低成本，一些研究者在探讨用其他金属氧化物取代或者部分取代 RuO_2 作为电极材料的可行性。

导电聚合物超级电容器是通过导电聚合物在充放电过程中的氧化还原反应，在聚合物膜上快速产生 N 型或 P 型掺杂，从而使聚合物储存很高密度的电荷，也是产生赝电容。聚合物电容器的比容量比以活性炭为电极材料的双电层电容器要大 2～3 倍，其中具有代表性的聚合物有聚吡咯、聚噻吩、聚苯胺、聚丙苯、聚对苯等。

（4）混合型超级电容器　超级电容器也可以在两极分别采用不同的电极材料，如一极是形成双电层电容的碳材料，另一极是利用赝电容储能的金属氧化物电极。在电压保持不变或略有提升的基础上，利用金属氧化物超级电容器的超大比能量与双电层超级电容器的有效配比，获得了比双电层超级电容器高 4 倍的比能量。

此类电容器在工作时，既有双电层电容的贡献，又包含准电容的作用，因而其比能量较单纯的双电层电容器大大提高，同时可以具备较高的比功率和循环寿命。根据使用条件的不同，充放电次数可达 12 万次，甚至高达 50 万次。

3.1.3 超级电容的基本特征与技术指标

超级电容器是一种比常规电容器的电容值大得多的独特电容器，具有优良的脉冲充放电性能以及传统电容器所不具备的大容量储能性能。

与其他储能设备相比，超级电容具有以下优点：

1）超级电容器在充放电过程中，能量形式没有发生转变；而动力电池及其他储能设备一般都是由电能转变成化学能，再由化学能转变成电能，由于存在转化效率问题，这种转变肯定会导致部分能量损失。

2）超级电容器比功率大。超级电容器的内阻很小，并且在电极/溶液界面和电极材料本体内均能够实现电荷的快速储存和释放，因而它的瞬间输出功率密度高达数 kW/kg，是一般动力电池的数十倍。

3）充放电电路简单，无须充电电池那样的充电电路，真正做到免维护。

4）由于不受充电电流大小的限制，充放电速度可以变得很快，充电时间约为 0.3s～1min，温升小，完全满足混合动力列车再生制动要求。

5）放电时，由于同样不受大电流的限制，可以大电流输出，瞬间输出功率比较大，可以满足混合动力列车起动瞬间的加速需要。

6）储存寿命长。超级电容器充电之后在储存过程中，虽然也有微小的漏电电流存在，但这种发生在电容器内部的离子或质子迁移运动是在电场的作用下产生的，并没有出现电化学反应，没有产生新的物质；另外，所用的电极材料在相应的电解液中也是稳定的，因而超级电容器的循环使用寿命最长，可达 40 万 h 以上。

7）超级电容器是绿色能源，不污染环境，而化学电池尤其是含有重金属的化学电池对环境存在着严重的污染。

8）超级电容器充放电效率高，达 95% 以上；化学电池的充放电效率低，约为 70%，超级电容器可以充电至其额定值以内的任何电压，并且可以完全放电后再存储电能而不会损坏，而电池组如果过度放电就会永久损坏。

9）工作温度范围宽（－40～50℃），容量变化小，混合动力列车用铅酸电池、锂离子电池等低温工作时，续驶里程在恶劣条件下甚至减少 90%，而超级电容器只减少 10% 左右。

超级电容的主要技术指标如表 3-1 所示。

表 3-1　超级电容的主要技术指标

技术指标	定义	单位
额定容量	指按规定的恒定电流（如 1000F 以上的超级电容器规定的充电电流为 100A，200F 以下的为 3A）充电到额定电压后保持 23min，在规定的恒定电流放电条件下，放电到端电压为零所需的时间与电流的乘积，再除以额定电压值	F
额定电压	超级电容的最高安全工作电压。 此外还有浪涌允许电压，通常为额定电压的 105%；击穿电压，其值应当高于额定电压的 1.53 倍	V
额定电流	额定电流指 5s 内放电到额定电压 1/2 的电流	A
等效串联电阻	当一个超级电容被模拟为包括电容、电阻的等效模拟电路时，其中的电阻部分即为等效串联电阻	Ω
最大存储能量	超级电容存储能量的理想值，是超级电容从额定电压起进行恒流放电至电压为零时止所累积放出的能量	J
能量密度	也称比能量，指单位质量或单位体积的电容器所给出的能量	W·h/kg 或 W·h/L
功率密度	也称比功率，指单位质量或单位体积的超级电容器在匹配负荷下产生电/热效应各 1/2 时的放电功率。它表征超级电容器所能承受电流的能力	kW/kg 或 kW/L
漏电流	指超级电容器保持静态储能状态时，内部等效并联阻抗导致的静态损耗，通常为加额定电压 72h 后测得的电流	A
使用寿命	指超级电容器的电容量低于额定容量的 20% 或等效串联电阻增大到额定值的 1.5 倍时的时间长度，此时可判断为其寿命终了	h
循环寿命	超级电容器经历 1 次充电和放电，称为 1 次循环或叫 1 个周期。超级电容器的循环寿命长，可达 10 万次以上	次
平均放电功率	平均放电电流和平均放电电压的乘积	kW
放电效率	一个特定的充放电循环中，电容器放出的能量占充入能量的百分比	%
电压保持能力	将超级电容恒流充电至额定电压，再以额定电压恒压充电至 30min，然后在室温条件下开路静置 72h 后，超级电容端电压与额定电压的比值	%
时间常数 RC	如果把一个超级电容模拟为一个电荷和一个电阻的简单串联组合，则电容和电阻的乘积便为时间常数	

3.1.4　超级电容的数学模型

超级电容的原理分析主要用图 3-3 所示的简化模型，在超级电容的储能应用中，也称此模型为经典模型。

图中，超级电容器等效为一个理想电容器 C 与一个较小阻值的电感（等效串联阻抗 R_S，一般为几毫欧）串联，同时与一个较大阻值的电阻（等效并联阻抗 R_L）相并联的结构。R_S

模拟热损失和充放电过程中电压的损失突变，R_L 模拟自放电的渗漏损失。

超级电容器的数学模型包括三个主要参数：电容量（其电位 V_C）、串联阻抗 R_S、绝缘材料的漏电阻 R_L。

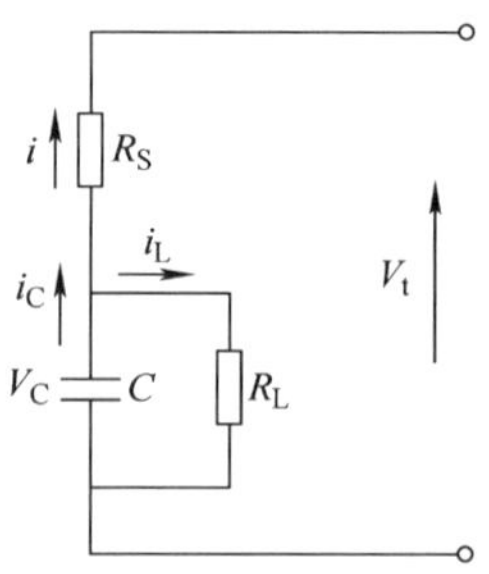

图 3-3　超级电容简化电路模型

超级电容器的电位可表示为

$$\frac{dV_C}{dt} = -\frac{i + i_L}{C} \tag{3-3}$$

漏电流 i_L 可表示为

$$i_L = \frac{V_C}{R_L} \tag{3-4}$$

由式（3-3）和式（3-4）可得

$$\frac{dV_C}{dt} = -\left(\frac{V_C}{CR_L} + \frac{i}{C}\right) \tag{3-5}$$

其解析解为

$$V_C = \left[V_{CO} \int_0^t \frac{i}{C} e^{t/CR_L} dt\right] e^{-(t/CR_L)} \tag{3-6}$$

在放电期间，超级电容器的端电压可表示为

$$V_t = V_C - iR_S \tag{3-7}$$

超级电容的充放电功率

$$P = V_t i \tag{3-8}$$

超级电容器储存的能量为

$$E_C = \int_0^t V_C I_C dt = \int_0^v CV_C dV_C = \frac{1}{2} CV_C^2 \tag{3-9}$$

式中　V_C 为超级电容器单元的电压。

在额定电压情况下，超级电容器中所储存的能量达到最大值。

超级电容器中可用的能量也可用其能量状态（*SOE*）来表示。*SOE* 被定义为其端电压为 V_C 时的能量与全充电电压 V_{CR}时对应能量的比值，即

$$SOE = \frac{0.5CV_C^2}{0.5CV_{CR}^2} = \left(\frac{V_C}{V_{CR}}\right)^2 \tag{3-10}$$

超级电容器在使用过程中寿命是应该要考虑到的一个重要方面，所以工作电压必须在 $[V_{min}, V_{max}]$之间，它的容量可由其容量状态（*SOC*）来表示，定义式为

$$SOC = \frac{V - V_{min}}{V_{max} - V_{min}} \tag{3-11}$$

3.1.5　超级电容的应用特性

与电池相比，超级电容具有以下优点：

① 输出功率密度高。超级电容器的内阻很小，并且在电池液界面和电极材料本体内均能够实现电荷的快速储存和释放，因而它的输出功率密度高达数 kW/kg，是一般动力电池的数十倍。

② 超级电容在其额定电压范围内可以被充电至任意电位，且可以完全放出。而电池则受自身化学反应限制工作在较窄的电压范围，如果过放可能造成永久性破坏。

③ 超级电容具有与电池不同的充放电特性，超级电容器的荷电状态（*SOC*）与电压构成简单的函数，而电池的荷电状态则包括多样复杂的换算。超级电容的放电曲线如图 3-4 所示。在相同的放电电流情况下，电压随放电时间呈线性下降的趋势。这种特性使超级电容器的剩余能量预测以及充放电控制相对于电池的非线性特性曲线简单了许多。

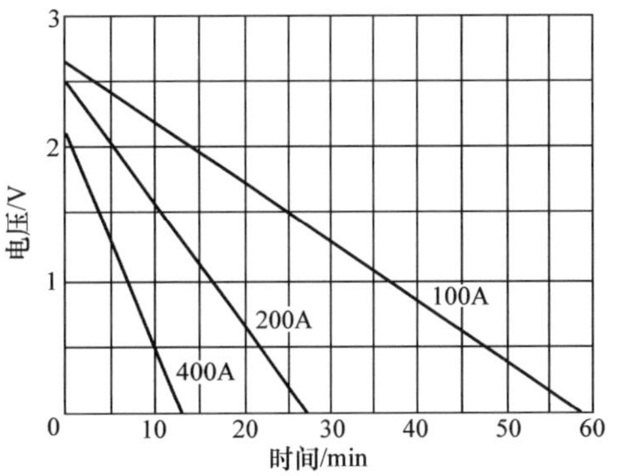

图 3-4 超级电容器放电曲线

④ 在容量定义方面，超级电容器也不同于电池。超级电容器的额定容量单位为法拉（F）。定义为规定的恒定电流（如 1000F 以上的超级电容器规定的充电电流为 100A，200F 以下的为 3A）充电到额定电压后保持 2～3min，在规定的恒定电流放电条件下放电到端电压为零所需的时间与电流的乘积再除以额定电压值。

⑤ 超级电容器与其体积相当的传统电容器相比可以存储更多的能量，在一些输出功率取决于能量存储器件尺寸的应用中，超级电容器是一种更好的途径。

⑥ 极长的充放电循环寿命。超级电容器可以反复传输能量脉冲而无任何不利影响，相反，如果电池反复传输高功率脉冲其寿命会大打折扣。超级电容器在充放电过程中没有发生电化学反应，其循环寿命可达 100 万次，这是最高只有数千次充放电循环寿命的动力电池无法比拟的。

⑦ 充电时间非常短，无须特别的充电电路和控制放电电路。超级电容器可以快速充电而电池快速充电则会受到损害。从目前已经做出的超级电容器充电试验结果来看，全充电时间只要 10～12min；而动力电池在这么短的时间内是无法完成充电过程的。

⑧ 储存寿命极长。超级电容器储存过程中，虽然也有微小的漏电电流存在，但这种发生在电容器内部的离子或质子迁移运动是在电场的作用下产生的，并没有出现化学或电化学反应，没有产生新的物质；而且所用的电极材料在相应的电解液中也是稳定的，故理论上超级电容器的储存寿命几乎可以认为是无限的。

与其他各类电池相比，超级电容的弱点主要在于：

① 比能量低是目前超级电容器的显著缺陷，在一定程度上限制了采用超级电容为电源车辆的续驶里程。

② 如果使用不当会造成电解质泄漏等故障。

在选择超级电容时，一般主要根据功率要求、放电时间及系统电压变化选择超级电容，超级电容器容量的大小由最高工作电压、工作截止电压、平均放电电流和放电时间等基本参数决定，可根据超级电容的数学模型进行估算。

超级电容器的输出电压降由两部分组成：一部分是超级电容器释放能量；另一部分是由超级电容器内阻引起。在非常快的脉冲放电中，内阻部分占主要，相反在长时间放电中，容性部分占主要。

3.2 超级电容器在新能源车辆上的应用

与燃料电池等高能量密度的装置相结合在新能源车辆上使用时，超级电容器能提供快速的能量释放，满足高功率需求，从而使燃料电池可以仅作为能量源使用。目前，超级电容器的能量密度可高达20kW/kg，已经开始抢占传统电容器和电池之间的这部分市场。

在那些可靠性要求高而对能量要求不高的应用中，可以用超级电容器来取代电池，也可以将超级电容器和电池结合起来，应用在对能量要求很高的场合，从而可以采用体积更小、更经济的电池。

超级电容器不但可以输出大电流，也可以快速吸收大电流。同化学充电原理相比，超级电容器的工作原理使这种产品的性能更稳定，因此，超级电容器的使用寿命更长。

超级电容器的容量大、成本低，对环境无污染。大功率的超级电容器对于车辆和轨道车辆的起动、加速和上坡行驶具有极其重要的意义。在车辆起动和爬坡时，快速提供大功率电流；在车辆正常行驶时，由动力电池快速充电；在车辆制动时，快速存储发电机产生的大电流，这些可以减少车辆对动力电池大电流充电的限制，大大延长动力电池的使用寿命，提高车辆的实用性。

3.2.1 超级电容器在纯电动公交车/有轨电车上的应用

目前，在国际上，污染小、节省能源的纯电动公交车/有轨电车已引起相当高的重视。在纯电动公交车/有轨电车的部件中，超级电容器凭借其使用寿命长、安全性高等优点，已成为车辆开发的重要方向之一。对于纯电动公交车/有轨电车，由于公交线路站点是固定不变的，超级电容在1min之内即可完成充电，所以可以利用车辆进站的时间充电，这样既不影响乘客的乘车时间，又省去了两站之间电网架设的费用，看起来也更美观一些。

这种以超级电容作为能源的电动客车无污染、低温特性好，适合于北方城市公交运行，具有良好的市场前景和社会效益。

超级电容对整车动力性能的影响主要在于对续驶里程的影响。由于超级电容器最大的缺点就是能量密度小、每次充电的行驶里程很短，但它的充电速度快，充完就可以接着运行，因而可以用于站间距离较短的线路运营。超级电容的容量、能量密度、放电深度、功率密度等性能参数都会影响车辆行驶的能量消耗和续驶里程。

3.2.2 超级电容器在油电混合动力车辆上的应用

油电混合电动车的动力系统是以燃油发动机作为主要动力，其电力能量储藏系统通常是二次电源，在内燃机车辆的电驱动系统中采用超级电容器辅助起动装置，显示了较突出的优势，其表现在：

1）由于起动功率的增加，缩短了柴油－发电机组的起动时间。柴油机旋转加速度增加，提高了燃油点燃质量。

2）降低了起动时动力电池组的最大电流负荷，有助于延长动力电池的使用寿命。

3）确保了起动的可靠性，特别是在低温以及动力电池组亏电或参数变差时尤为明显。

4）在现有动力电池技术状况下，可以有效减小动力电池容量。

但超级电容器并不能完全取代电池，因为它的能量密度比较低。超级电容器单体的工作电压较低，因此要通过多个电容器单体的串联才能得到较高的工作电压，而多个单体串联对单体的统一性要求比较高，且串联起来后体系的容量又会大幅度减少。现在这方面的很多工艺都还在研发当中。

超级电容的特性正好满足油电混合动力车辆的特殊要求。利用超级电容瞬时高功率特性，避免了要求发动机频繁起动和动力电池提供瞬间大功率的特殊要求，同时还可以对制动能量进行回收利用，从而可以节约能源、减少排放污染，尤其适合经常在城市行驶的油电混合动力车辆。

在回收制动能量方面，车辆在行驶过程中至少有 30% 的能量因热量散发和制动而消耗掉，特别是在城市行驶，经常遇到红灯，这样不仅造成能源浪费，而且增加环境污染。由于动力电池充电是通过化学反应完成，所需时间较长，但车辆的制动时间较短，因而回收能量效果不佳。目前各车辆厂商均将具有快速吸收电能这一独有特性的超级电容作为制动能量回收的储能装置，超级电容应用前景十分广阔。

此外，在为发动机冷起动时提供瞬时大功率方面，一般的动力电池无法提供瞬间大功率，且易损害使用寿命，因而不适用于在低温下起动发动机。研究发现，如果把超级电容和动力电池联合用于发动机起动系统，发挥超级电容的独有特性，构成新型的起动系统，这个问题就可迎刃而解。

3.2.3 超级电容器使用的注意事项

超级电容器使用的注意事项包括：

1）超级电容器具有固定的极性。在使用前，应确认极性。

2）超级电容器应在标称电压下使用。当电容器电压超过标称电压时，将会导致电解液分解，同时电容器会发热，容量下降，而且内阻增加，寿命缩短。

3）超级电容器不可应用于高频率充放电的电路中。高频率的快速充放电会导致电容器内部发热，容量衰减，内阻增加。

4）外界环境温度对于超级电容器的寿命有着重要的影响。因此超级电容器应尽量远离热源。

5）当超级电容器被用做后备电源时，由于超级电容器具有内阻较大的特点，在放电的瞬间存在电压降，$\Delta U = IR$。

6）超级电容器不可处于相对湿度大于 85% 或含有有毒气体的环境中，这些环境下会导致引线及电容器壳体腐蚀，引起断路。

7）超级电容器不能置于高温、高湿的环境中，应尽量在温度 −30 ~ 50℃、相对湿度小于 60% 的环境下储存，且应避免温度骤升骤降，因为这样会导致产品损坏。

8）当超级电容器用于双面电路板上，需要注意连接处不可经过电容器可触及的地方，由于超级电容器的安装方式，会导致短路现象。

9）当把电容器焊接在线路板上时，不可将电容器壳体接触到线路板上，不然焊接物会渗入至电容器穿线孔内，对电容器性能产生影响。

10）安装超级电容器后，不可强行倾斜或扭动电容器，这样会导致电容器引线松动，导致性能劣化。

11）在焊接过程中应避免使电容器过热。若在焊接中使电容器出现过热现象，会降低电容器的使用寿命，例如：如果使用厚度为1.6mm的印制线路板，焊接温度应为260℃，时间不超过5s。

12）在电容器焊接后，需要清洗线路板及电容器，因为某些杂质可能会导致电容器短路。

13）当超级电容器串联使用时，存在单体间的电压均衡问题，单纯的串联会导致某个或几个单体电容器过压，从而损坏这些电容器，整体性能受到影响，因此在电容器串联使用时，需得到厂家的技术支持。

14）在使用超级电容器的过程中出现其他应用上的问题，应向生产厂家咨询或参考超级电容器使用说明的相关技术资料。

3.3　超级电容的发展

3.3.1　超级电容技术的发展趋势

超级电容是为了满足车辆能量和功率实时变化要求而提出的一种能量存储装置，它是一种电化学电容，兼具电池和传统物理电容的优点。其充放电过程高度可逆，可进行高效率（0.85～0.98）的快速（s级）充放电，具有比功率高、循环寿命长、充放电时间短、免维护等优势，因此成为理想的车辆电源之一。

前几年，由于超级电容的比能量过低，放电时间太短，难以应用到车辆领域。而随着超级电容技术的迅速发展，目前已成为车辆、轨道交通领域研究和应用的新热点。超级电容不仅适合用作车辆发动机起动、动力转向等子系统的辅助能源，而且还可以与锂电池、镍氢电池、燃料电池等结合用作车辆、轨道交通的辅助能源，可以满足车辆对功率的要求，减少车辆对动力电池大电流放电的要求，从而减少动力电池体积并提高电池寿命，弥补燃料电池比功率不足的缺陷，最大限度地回收制动能量等。

目前，美国、欧洲和日本都在积极开展车辆用超级电容的研究开发工作，并越来越多地将其应用到电动车辆上。

目前，在该技术领域中处于领先地位的国家有俄罗斯、日本、德国和美国。俄罗斯专注于电容车技术和电动车制动能量回收的研究，取得了显著的发展。其起动型超级电容器的比功率已达到3000W/kg，循环寿命在10万次以上，领先于其他国家。在俄罗斯，曾有使用950kg超级电容驱动载客50人的电动巴士，其续驶里程可达8～10km。

在德国巴伐利亚州政府的支持下，MAN和Siemens、EPSOS公司合作建立了欧洲第一辆采用柴油－电驱动和双层电容器作为大功率储能装置的城市公交车。与常规柴油机驱动的车辆相比，燃料消耗减少10%～15%，而且舒适性提高，噪声和污染减少。

日本是将超级电容器应用于混合动力车辆的先驱，超级电容器是近年来日本车辆动力系统开发中的重要领域之一。本田的FCX燃料电池—超级电容混合动力车辆是世界上最早实现商品化的燃料电池车辆，该车已于2002年在日本和美国加州上市；日产公司于2002年6月生产了安装有柴油机、电动机和超级电容的并联混合动力货车，此外还推出了天然气—超级电容混合动力车辆，该车的经济性是原来传统天然气车辆的2～4倍；日本富士重工推出的车辆已经使用了日立机电制作的锂离子动力电池和松下电器制作的储能电容器的联用装置。

国内以超级电容作为车辆储能系统的研究也取得了一系列成果。2004 年 7 月，我国首部“电容蓄能变频驱动式无轨电车”在上海张江投入试运行，该公交车利用超级电容比功率大和公共交通定点停车的特点，当电车停靠站时在 30s 内快速充电，充电后就可持续提供电能，车速可达 44km/h。哈尔滨工业大学和巨容集团研制的超级电容器电动公交车，可容纳 50 名乘客，最高速度 20km/h。2010 年上海世博会期间，在世博园内也运行了采用超级电容器驱动的电动客车。

在纯电动车辆和混合动力电动车辆上采用超级电容—动力电池复合电源系统被认为是解决未来电动车辆动力问题的最佳途径之一。随着对车辆用超级电容的进一步研究和开发，超级电容—动力电池复合电源系统在满足性能和成本要求上更具有实用性，市场前景更广阔。

由于看好超级电容器的应用，我国一些企业也开始积极涉足这一领域，并已经具备了一定的技术实力和产业化能力，与发达国家的差距日益缩小。目前国内从事大容量超级电容器研发的企业有 50 多家，实现规模生产并达到应用水平的厂家有 10 多家，其中技术水平较高、产品应用较广的企业包括哈尔滨巨容、上海奥威、北京集星、北京合纵汇能、锦州百纳等企业。在车辆市场需求迅速增长的强力推动下，国内现有的超级电容器生产企业正积极融资扩产，国际超级电容器生产企业也把战略投资的目标锁定中国，进入我国市场的外资品牌主要有美国 Maxwell、韩国 Ness 等。

在新能源车辆领域，有极电容器主要应用在混合动力车辆上，无极电容器主要应用在纯电动车辆。在超级电容器车辆产量未达到批量的情况下，很多研发单位都倾向使用美国 Maxwell 生产的超级电容器，Maxwell 的有极电容器占我国 70% ~80% 的市场份额。

在无极电容器市场，我国自主品牌产品的市场占有率在 90% 左右。目前我国在有极电容器研发领域遇到的突出问题是电容器容量指标难以实现突破；国内自主品牌企业与外资企业在超级电容器技术方面的差距，主要是单体一致性差，产品安全性和使用寿命也有待进一步提高。

由于超级电容不仅能广泛应用于新能源公交车，而且也是混合动力、纯电动等其他类型新能源车辆的重要部件，因此我国政府对超级电容的研发和推广给予一定的关注和扶持。

3.3.2　国外的超级电容产品

（1）Maxwell 超级电容器　Maxwell 公司的 BOOSTCAP 超级电容器单元和多单元模块以及 POWERCACHE 电源备份系统可提供安全可靠电源解决方案，服务于消费类、交通运输、电信以及工业应用等领域。功率型的模块是专门为混合动力列车、车辆子系统及其他重工业产品的应用而设计开发的，能满足这些领域对最低等效内阻和最高可用效率的需求。除了在能量储备产品的瓦时需求和能量传递产品的每千克瓦特需求上满足甚至超越车辆和运输业应用的要求外，所有的这些产品都能可靠地运行一百多万个充放电周期。图 3-5 为 Maxwell 公司的 BMOD 超级电容组模块。

（2）俄罗斯 ECOND 超级电容器　俄罗斯 ECOND 公司的产品以大功率超级电容器产品为主，适用于作动力电源，且有价格优势。早在 1996 年，俄罗斯 Eltran 公司就已研制出了采用纯电容器作电源的车辆样品，采用 300 个电容串联，可载 20 人，充电一次可行驶

12km，速度达25km/h，该车已运行多年，并逐步改进。

（3）韩国NESS超级电容器　韩国的NESS公司已有一定批量的大容量超级电容器进入市场，并应用在燃料电池车、混合动力车中，取得了非常明显的燃油经济性和环保效果，在军事领域也得到了非常广泛地应用。NESS公司产品的有效比能量达到3～4W·h/kg，最大比功率达到了3000W/kg，产品主要用途是大功率辅助。

图3-5　Maxwell公司的BMOD超级电容组模块

（4）俄罗斯ESMA超级电容器　俄罗斯的ESMA公司是生产混合型超级电容器的代表，其产品的可用比能量可达到10W·h/kg以上，其中起动型超级电容器的比功率可达到3000W/kg，在固定线路的电动车中作为动力牵引电源具有较大优势，因此在电动公交车、电动货车、军事车辆中得到成功应用。

（5）美国EESTOR超级电容器　美国EESTOR公司研发的超级电容纯电动车辆已经实现充电5min，可储能52.22kW·h，以96km/h速度运行5h，可行驶480km。该公司的“EESTOR超级电容电池”，现在已经与美国第一大国防承包商洛克希德－马丁公司签定正式授权协议。美国EESTOR公司声明，已经做出基于钛酸钡材料的超级电容器，其在5min内充的电能，能让一辆车辆行驶500km。

EESTOR宣称其超级电容器电池技术已经能替代电化学电池了。

3.3.3　国内的超级电容产品

国内从事大容量超级电容器研发的厂家大多生产液体双电层电容器，主要企业有上海奥威、北京合众汇能、辽宁百纳、北京集星电子、哈尔滨巨容、宁波南车新能源等。

（1）上海奥威超级电容器　上海奥威科技开发有限公司成立于1998年，专业从事双电层电容器及超级电容器的开发、生产和销售。上海奥威的产品多集中在车用超级电容器上。自主研发的专利产品超级电容器，如图3-6所示，是利用电化学双电层制成的一种新型储能装置，其能量密度接近传统动力电池的水平。其主要特点是：

① 具有较高的功率密度；

② 在配备适当充电设备的情况下，充电时间仅需几分钟甚至几秒钟；

③ 使用温度范围宽，可在－40～60℃的范围内正常工作；

④ 充放电循环次数可达10万～50万次。

它有效地弥补了传统动力电池充放电时间长、寿命短的缺陷，属于免维护、绿色环保电源。其技术水平处于世界领先地位，产品用于各种车辆、内燃机的起动，以及轻型车、电动公交车的牵引和其他领域。

2006年8月28日，由奥威科技等单位参与的上海科技创新登山行动计划超级电容公交电车示范线11路正式开通，标志着我国乃至世界首条超级电容电动公交车线路迈出了商业化运行的步伐。这10辆“零污染”超级电容公交车看上去像是一辆无轨电车，所不同的是“剪”掉了头顶上累赘的两根大“辫子”，在车底部安装了一种超级电容器（图3-6）。车进站后趁着乘客上下车的间隙，车顶充电设备会自动垂直升起，搭到隐藏在候车站上方的电缆上，30s 即完成充电，能平稳行驶 3 ~ 8 千米，最高速度则可达 44km/h。与有轨、无轨电车相比，超级电容公交车没有地面轨道和空中触线网，有利于美化城市空间。据了解，在开启空调的情况下，超级电容公交车带空调耗电仅为 1.4kW · h/km，能耗费用仅为燃油车辆的 33%，在制动时，能量回收率达到 40%。虽然这种车的技术还不够完美，加上驾驶人的操纵还不到位，会出现各种小问题，但其运行前景不容置疑。

图 3-6　奥威超级电容器

（2）HCCCAP 超级电容器　北京合众汇能科技有限公司主要开发与生产 HCC 系列有机高电压型双电层超级电容器。HCCCAP 超级电容器产品具有体积小、容量大、功率高、寿命超长、温度特性好的特点，产品种类丰富，以卷绕圆柱式为主，兼顾方形、异型模组等多种超级电容器产品规格，涵盖了大、中、小型超级电容器，标准产品的容量为 0.06 ~ 10000F，可提供高达 10 万法拉大容量的特制超级电容器单体产品，并可为用户定制不同规格的单体电容器、组合模组和相关能源控制系统。

HCCCAP 超级电容器产品采用具有自主知识产权的独特技术和工艺进行生产，具有极高的性价比，广泛应用于智能电网、电动/混合动力车辆、大功率短时供能电源、太阳能储能、风力发电机变桨系统/储能缓冲系统、智能三表、电动自行车、电动玩具等领域，拥有广泛的客户基础，在各领域均拥有典型性的应用客户代表。

早在 2007 年，北京合众汇能科技有限公司就为上海神力燃料电池大巴车提供超级电容器系统作为起动与加速电源，目前该系统使用状况良好。图 3-7 所示为该公司超级电容模块组及参数。

品牌：HCC		
应用范围：储能电源	外形：长方形	功率特性：大功率
频率特性：低频	调节方式：固定	引线类型：同向引出线
允许偏差：±1(%)	耐压值：2000(V)	等效串联电阻(ESR)：根据串并数量(mΩ)
标称容量：根据串并数量(μF)	损耗：0	额定电压：根据串并数量(V)

图 3-7　北京合众汇能科技有限公司超级电容模块组及参数

（3）北京集星超级电容器　北京集星科技一直是国内研发和生产超级电容的先驱，也是目前国内具有最大规模和资本的超级电容专业制造商，多次获得国家奖项，最近奖项是2011年国家技术发明二等奖并由国家领导人颁奖。该公司产品从电极配料、极片、单体电容到模组等大的储能系统单元，全部是自身研发制造，在成本上具有不可比拟的优势，在技术性能上更是颇为领先。目前有北京总部和江苏常州单体生产工厂两个工厂。

北京集星的大容量超级电容器如图3-8所示。

图3-8　北京集星的大容量超级电容器

（4）辽宁百纳超级电容器　辽宁百纳电气有限公司2006年开始从事超级电容器应用技术的研究，为客户提供应用解决方案。从锦州搬迁至朝阳超级电容器产业基地后，主要从事超级电容器模组制造、系统制造和应用技术开发，是美国Maxwell公司中国区唯一授权技术集成商，是中国超级电容器行业品牌企业，被誉为行业风向标。

该公司的48V系列能量储存模块是一个完整的能量储存装备，它由18个独立的超级电容单体组成（基于Maxwell公司合作开发的超级电容器技术）。该模块的外包装是一个坚固的压制铝外壳。该外壳密封可靠、防水性能好（通过IEC529IP65），无须维护。主动电压管理电路有一个开路集电极逻辑输出口，可以及时反映出模块中的任意单体是否正处于过压工作状态；同样的，在该电路中也有一个相同的温度监控端口，以NTC热敏电阻的形式存在。辽宁百纳超级电容器单体及模组如图3-9所示。

BMOD0165模块的串联和并联方式如图3-10和图3-11所示。

图3-9　辽宁百纳超级电容器单体及模组

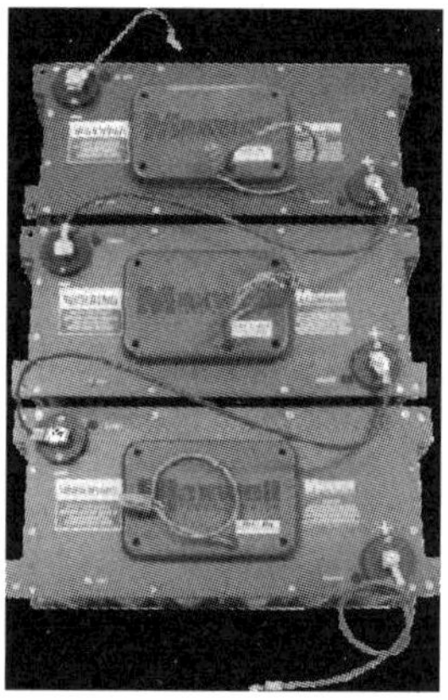

图3-10　BMOD0165模块的串联

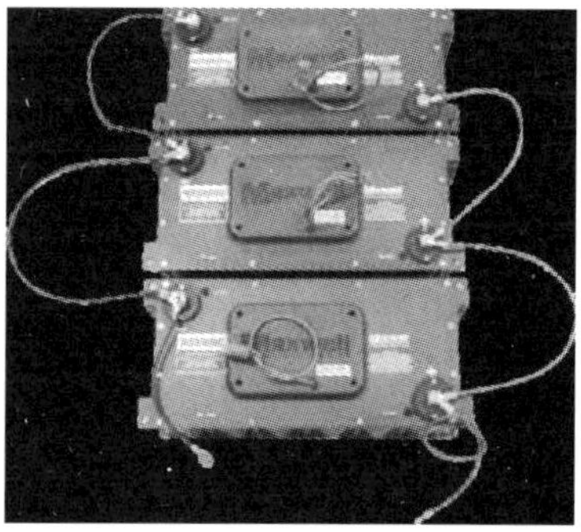

图3-11　BMOD0165模块的并联

（5）哈尔滨巨容新能源超级电容器　哈尔滨巨容新能源有限公司自主研究、开发、生产的国家专利产品——超级电容器及配套系列产品，拥有完全的自主知识产权。该产品具有充电速度快、使用寿命长、比功率高、耐低温、节能环保等特点，性能达到国内领先、国际先进水平，填补了国内同类产品的空白。产品广泛应用于港口起重设备电动车的牵引电源，车辆、坦克、装甲车等的起动电源，激光武器，电动工具，安全气囊，电磁开关电源，功率补偿系统，UPS 电源，电力峰谷平衡，风力发电机的能量储存装置。

哈尔滨巨容新能源超级电容器的技术特点包括：

① 起动电源充电速度快，15～30min 充电完毕；

② 循环使用寿命长，超级电容使用寿命可达 10 万～50 万次；

③ 低温特性好，在 -40℃ 条件下仍可以正常使用；

④ 充放电效率高；

⑤ 无污染、免维护、运行成本低。

超级电容器储能装置由电容器组件、电容器均衡充放电管理系统、电容器热管理系统和控制单元组成，如图 3-12 所示。

图 3-12　哈尔滨巨容新能源超级电容器

（6）宁波南车新能源超级电容器（图 3-13）　宁波南车新能源科技有限公司是由中国南车集团株洲电力机车厂投资组建的控股子公司。公司拥有完全自主知识产权的先进超级电容制造技术，设立有超级电容研究所、储能系统研究所，承担“863”等项目 10 余项，组建了强大的技术研发团队，公司成立以来已申请各项专利 70 余项。自主开发的 3000F 卷绕式超级电容，7500F、9500F 叠片式超级电容，16～125V 标准模组，其他非标模组以及储能系统广泛应用于城市公共交通、风力发电、混合动力客车、智能电网、重型工程机械等领域，受到客户好评。

公司建立的两条大容量超级电容自动化生产线达到国际先进水平，年产能达 100 万只。规划到 2020 年产值达到 50 亿元规模，实现世界领先的宏伟目标。

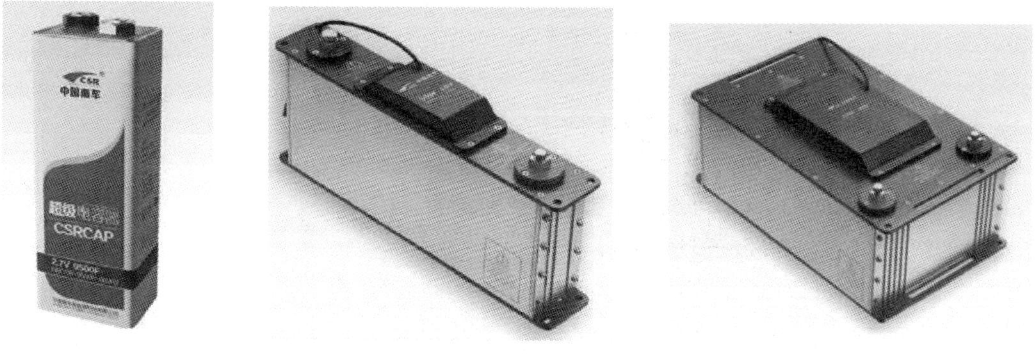

a) 9500F单体　　b) 16V 500F模组　　c) 60V 125F模组

图 3-13　宁波南车新能源超级电容器

国内超级电容器在新能源车辆上的应用概况如表 3-2 所示。

表 3-2 国内超级电容器应用概况

时间	主要事件
2005 年 9 月 29 日	烟台超级电容车辆示范线正式起动，两辆超级电容车投入运营
2006 年 8 月 28 日	上海 11 路超级电容公交电车，即“上海科技登山行动计划超级电容公交电车示范线”投入运营
2008 年 9 月 22 日	杭州公交集团购买的首批 45 辆金旅牌 XML6125HEVJ93C 超级电容油电混合动力公交车在 K290 上正式投入运营
2010 年 1 月 15 日	俄罗斯电气技术公司与中山大学科技研究院签订合作项目，研制采用超级电容的新能源车辆
2010 年 2 月 12 日	安凯客车获得 14 辆“安凯宝斯通”纯电动旅游客车（锂电池－超级电容）订单，用于上海世博会
2012 年	上海大众交通近 6000 辆公交车将全部换成这种电池＋超级电容的环保车

动力电池基础知识　第4章

4.1　电池的基本构成及性能指标

4.1.1　电池的类型

电池是电动车辆的动力源，是能量的存储装置，其分类方式主要有两种。

- 电池
  - 按电池工作性质及使用特征分类
    - 一次电池
    - 二次电池
    - 储备电池
    - 燃料电池
  - 按电池反应原理分类
    - 化学电池
    - 物理电池
    - 生物电池

（1）按电池工作性质及使用特征分类

1）一次电池。又称原电池（俗称干电池），即放电后不能再充电使其复原的电池，如锌锰电池、碱性锌锰电池等。电池由正极、负极，电解液以及容器和隔膜等组成。

2）二次电池。又称蓄电池，指在放电后可以通过充电的方法使活性物质激活而继续使用的电池，这种电池的充放电次数可以达数千次到上万次，如铅酸电池、镍镉电池、镍氢电池、锂离子电池、锂聚合物电池、铁锂电池等。

3）燃料电池。又称连续电池，指参加反应的活性物质从电池外部连续不断地输入电池，电池就连续不断地工作而提供电能，如质子交换膜燃料电池、碱性燃料电池、磷酸燃料电池、熔融碳酸盐燃料电池、固体氧化物燃料电池等。

4）储备电池。储备电池的正负极与电解质在储存期间不直接接触，使用前注入电解液或使用其他方法使电解液与正负极接触，此后电池进入待放电状态的电池，如镁电池、热电池等。

（2）按电池反应原理分类

1）化学电池。化学电池是利用物质的化学反应发电的电池。按工作性质不同，分为原电池、蓄电池、燃料电池和储备电池；按电解质不同，分为酸性电池、碱性电池、中性电池、有机电解质电池、非水无机电解质电池、固体电解质电池等；按电池的特性不同，分为高容量电池、密封电池、高功率电池、免维护电池、防爆电池等；按正负极材料不同，分为锌锰电池系列、镍镉镍氢系列、铅酸系列、锂电池系列等。

2）物理电池。物理电池是利用光、热、物理吸附等物理能量发电的电池，如太阳能电池、超级电容器、飞轮电池等。

3）生物电池。生物电池是利用生物化学反应发电的电池，如微生物电池、酶电池、生物太阳能电池等。

迄今已经实用化的车用动力电池有传统的铅酸电池、镍镉电池、镍氢电池和锂离子电池。在物理电池领域中，超级电容器已应用于车辆中。生物燃料电池在车用动力中应用前景也十分广阔。以氢为燃料的燃料电池和氧化物燃料电池的研发也已进入重要发展阶段。

4.1.2　电池的基本构成

电池是一种把化学反应所释放的能量直接转变成直流电能的装置。要实现化学能转变成电能的过程，必须满足如下条件：

① 必须实现将化学反应中失去电子的氧化过程（在负极进行）和得到电子的还原过程（在正极进行），分别在两个区域进行，这与一般的氧化还原反应存在区别。

② 两电极间必须具有离子导电性的物质。

③ 化学变化过程中电子的传递必须经过外线路。

为了满足构成电池的条件，电池需包含以下基本组成部分：

1）电解质。电解质拥有很高的、选择性的离子电导率，是提供电池内部离子导电的介质。大多数电解质为无机电解质水溶液，少部分电解质也有固体电解质、熔融盐电解质、非水溶液电解质和有机电解质。有的电解质也参加电极反应而被消耗。电解质对于电子来说必须是非导体，否则将会产生电池单体的自放电现象。

2）正极活性物质。正极活性物质具有较高的电极电位，电池工作即放电时进行还原反应或阴极过程。为了与电解槽的阳极、阴极区别开，在电池中称作正极。

3）负极活性物质。负极活性物质具有较低的电极电位，电池工作时进行氧化反应或阳极过程。为了与电解槽的阳极、阴极区别开，在电池中称作负极。

4）隔膜。设置隔膜是为了保证正、负极活性物质绝对不直接接触而短路，又要保持正负极之间尽可能小的距离，以使电池具有较小的内阻。隔膜材料本身都是绝缘良好的材料，如橡胶、玻璃丝、聚丙烯、聚乙烯、聚氯乙烯等，以防止正负极间的电子传递和接触。同时隔膜材料要求能耐电解质的腐蚀和正极活性物质的氧化作用，并且隔膜还要有足够的孔隙率和吸收电解质溶液的能力，以保证离子运动。

5）外壳。作为电池的容器，电池的外壳材料必须能经受电解质的腐蚀，而且应该具有一定的机械强度。铅酸电池一般采用硬橡胶，碱性蓄电池一般采用镀镍钢材。近年来由于塑料工业的发展，各种工程塑料诸如尼龙、ABS、聚丙烯、聚苯乙烯等已成为电池壳体常用的材料。

除了上述主要组成部分外，电池还常常需要导电栅、汇流体、端子、安全阀等零件。

4.1.3　电池及电池组的相关概念

（1）电池单体（Cell）　电池单体指直接将化学能转化为电能的基本装置和基本单元。

电池单体是构成电池的基本元件，包括电极、隔膜、电解质和外壳等。

（2）电池（Battery）　电池指由一个以上的电池单体并联或串联而成，封装在一个物理上独立的电池壳体内，具有独立的正极和负极输出的装置。

（3）电池组（Battery Pack）　电池组是由多块电池通过串联或并联构成的一个存储电能或对外输出电能的部件。通常意义上的电池组还包括动力电池管理系统、电池箱等元器件。不包含完整电池管理功能的电池组，通常称为电池模块（Battery Module）。

（4）电池系统（Battery System）　电池系统指由一个以上电池组通过串联或并联构成的具备完善电池管理系统的电能供给系统。

4.1.4　电池的性能指标

电池的性能指标主要有电压、容量、内阻、能量、功率、输出效率、自放电率、放电倍率、使用寿命等，根据电池种类不同，其性能指标也有差异。

（1）电压　电压分为电动势、端电压、额定电压、开路电压、工作电压、充电电压、充电终止电压、放电终止电压和电压效率等。电池电压各项性能指标的描述如表 4-1 所示。

表 4-1　电池电压各项性能指标的描述

性能指标	概念	备注
电动势	又称电池标准电压或理论电压，为组成电池的两个电极的平衡电位之差	电动势是根据热力学函数计算而得到的。电动势是电池在理论上输出能量大小的量度之一。如果其他条件相同，电动势愈高的电池，理论上能输出的能量就愈大，使用价值就愈高。 对于各种电池的电动势，充电后的铅酸电池的电动势一般为 4.1V，银锌电池的电动势为 1.85V，锂离子电池的电动势为 4.25V，镍氢电池的电动势为 1.5V
端电压	指电池正极与负极之间的电位差	由于电池内阻的存在，端电压一般低于电动势
额定电压	指电池在规定条件下工作时应达到的标准电压	额定电压是该电化学体系的电池工作时公认的标准电压。如锌锰干电池为 1.5V，镍镉电池和镍氢电池为 1.2V，铅酸电池为 2V，锂离子电池的额定电压为 3.6V
开路电压	指电池在没有负载情况下的端电压	电池的开路电压是实际测量出来的，开路电压不等于电动势
工作电压	电池在某负载下实际的放电电压	铅酸蓄电池的工作电压为 1.8～2V；镍氢电池的工作电压为 1.1～1.5V；锂离子电池的工作电压为 3.6～4.75V
充电电压	指外电路直流电压对电池充电的电压	一般的充电电压要高于电池的开路电压，通常在一定的范围内。例如，镍镉电池的充电电压为 1.45～1.5V，锂离子电池的充电电压为 4.1～4.2V，铅酸电池的充电电压为 4.25～4.7V
充电终止电压	蓄电池充足电时，极板上的活性物质已达到饱和状态，再继续充电，电池的电压也不会上升，此时的电压称为充电终止电压	例如，镍镉电池的充电终止电压为 1.75～1.8V，镍氢电池的充电终止电压为 1.5V，锂离子电池的充电终止电压为 4.25V

（续）

性能指标	概念	备注
放电终止电压	指电池放电时允许的最低电压	如果电压低于放电终止电压后电池继续放电，电池两端电压会迅速下降，形成深度放电，这样，极板上形成的生成物在正常充电时就不易再恢复，从而影响电池的寿命。放电终止电压和放电率有关，放电电流直接影响放电终止电压。在规定的放电终止电压下，放电电流越大，电池的容量越小。 例如，镍镉电池的放电终止电压一般为1.0～1.1V，镍氢电池的放电终止电压一般规定为1V，锂离子电池的放电终止电压为3.0V
电压效率	指电池的工作电压与电池电动势的比值	电池放电，由于存在电化学极化、浓差极化和欧姆压降，使电池的工作电压低于电动势。改进电极结构（包括真实表面积、孔率、孔径分布、活性物质粒子的大小等）和加入添加剂（包括导电物质、膨胀剂、催化剂、疏水剂、掺杂等）是提高电池电压效率的两个重要途径

实际运用过程中，应注意电池各性能指标对应的数值。以铅酸电池为例，电动势为4.1V，额定电压为2V，开路电压接近4.1V，工作电压为1.8～2V，放电终止电压为1.5～1.8V。在放电过程中，电压还将逐渐降低，如图4-1所示。

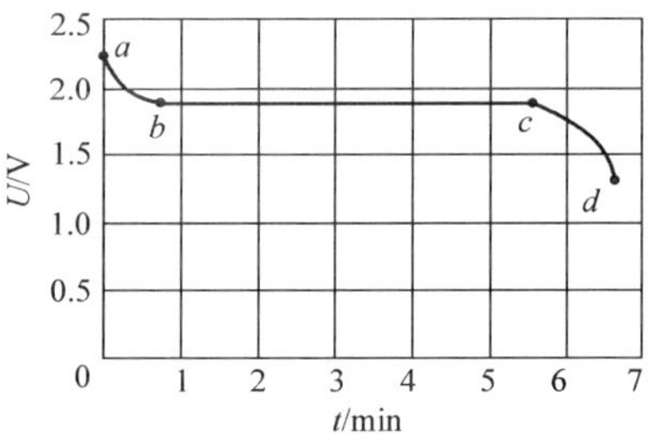

图4-1　铅酸电池放电特性

（2）容量　电池在一定的放电条件下所能放出的电量称为电池的容量。常用单位为安培·小时（A·h），它等于放电电流与放电时间的乘积。

电池的容量可以分为理论容量、实际容量、标称容量和额定容量等。

理论容量指假设电极活性物质全部参加电池的化学反应所能提供的电量，是按法拉第定律计算而得到的最高理论值。为了比较不同系列的电池，常用比容量的概念，即单位体积或单位质量电池所能给出的理论电量，单位为A·h/L或A·h/kg。

实际容量指电池在一定条件下所能输出的电量，它等于放电电流与放电时间的乘积，单位为A·h，其值小于理论容量。电池的实际容量主要与电池正负极活性物质的数量及利用的程度（利用率）有关，而活性物质利用率主要受放电制度、电极的结构和制造工艺的影响。放电制度是指放电速率、放电形式、终止电压和温度。电极的结构包括电极高宽比例、厚度、孔隙率以及导电栅网的形式。实际容量反映了电池实际存储电量的大小，电池容量越大，车辆的续驶里程就越大。

在使用过程中，电池的实际容量会逐步衰减。国家标准规定新出厂的电池实际容量大于额定容量值为合格电池。

标称容量是用来鉴别电池的近似A·h值。在指定放电条件时，一般指0.2C放电时的放电容量。

额定容量也称保证容量，是按国家或有关部门颁布的标准，保证电流在一定的放电条件下应该放出的最低限度的容量。

按照 IEC 标准和国标，镍镉电池和镍氢电池在（20±5)℃条件下，以 0.1C 充电 16h 后以 0.2C 放电至 1.0V 时所放出的电量为电池的额定容量，以 C 表示；锂离子电池在常温、恒流（1C）、恒压（4.2V）条件下充电 3h 后，再以 0.2C 放电至 4.75V 时所放出的电量为电池的额定容量。

荷电状态（*SOC*）是电池在一定放电倍率下，剩余电量与相同条件下额定容量的比值。它反映电池容量的变化。*SOC*=1，即表示电池充满状态。随着电池的放电，电池的电荷逐渐减少，此时电池的充电状态，可以用 *SOC* 的百分数相对量来表示电池中电荷的变化状态。一般电池放电高效率区为 50%～80% *SOC*。

（3）内阻　电流通过电池内部时受到阻力，使电池电压降低，此阻力称为电池的内阻。电池的内阻不是常数，在放电过程中随时间不断变化，因为活性物质的组成、电解液浓度和温度都在不断地改变，需要用专门的仪器才可以测量到比较准确的结果。

一般所指的电池内阻是充电态内阻，即电池充满电时的内阻（与之对应的是放电态内阻，指电池充分放电后的内阻。放电态内阻一般比充电态内阻大，并且不太稳定）。电池内阻越大，电池自身消耗掉的能量越多，电池的使用效率越低。内阻越大的电池在充电时发热越厉害，使电池温度上升越快，对电池和充电器的影响都越大。随着电池使用次数的增多，由于电解液的消耗及电池内部化学物质活性的降低，电池内阻会有不同程度地升高。

电池内阻包括欧姆电阻和极化电阻，二者之和为电池的全内阻。欧姆电阻主要由电极材料、电解液、隔膜的电阻以及各部分零件的接触电阻组成。极化电阻是化学电源的正极、负极在进行电化学反应时由于极化引起的内阻。极化内阻与活性物质的本性、电极的结构、电池的制造工艺有关，尤其与电池的工作条件有关，放电电流和温度对其影响很大。在大电流密度下放电时，电化学极化和浓差极化均增加，甚至可能引起负极的极化，极化内阻增加。低温对电化学极化、离子的扩散均有不利影响，故在低温条件下电池的极化内阻也增加。因此，极化内阻并非是一个常数，而是随放电率、温度等条件的改变而改变。

由于内阻的存在，使电池放电时的端电压低于电池电动势和开路电压，充电时端电压高于电动势和开路电压。

各种规格和型号蓄电池的内阻各不相同，一般说来，大型电池内阻小。通常生产厂家不进行内阻测定。在低倍率放电时，内阻对电池性能的影响不显著；但在高倍率放电时，电池全内阻明显增大，电压降损失可达数百毫伏，需要仔细考察电池各个部件对电压降损失的影响程度，然后予以解决。

（4）能量　电池的能量是指在一定放电制度下，电池所能输出的电能，单位是 W·h 或 kW·h。它影响车辆或轨道车辆的行驶距离。能量分为理论能量、实际能量、比能量和能量密度。

1）理论能量是电池的理论容量与额定电压的乘积。是指在一定标准所规定的放电条件下，即假设电池在放电过程中始终处于平衡状态，其放电电压保持电动势的数值，而且活性物质的利用率为 100% 时，电池所输出的放电容量。

2）实际能量是电池实际容量与平均工作电压的乘积，表示在一定条件下电池所能输出的能量。

3）比能量也称质量比能量，是指电池单位质量所能输出的电能，单位是 W·h/kg，常用比能量来比较不同的电池系统。

能量密度也称体积比能量，是指电池单位体积所能输出的电能，单位是 W·h/L。

电池的比能量是综合性指标，它反映了电池的质量水平。电池的比能量影响车辆的整车质量和续驶里程，是评价车辆的动力电池是否满足预定续驶里程的重要指标。

（5）功率　电池的功率是指电池在一定放电制度下，单位时间内所输出能量的大小，单位为 W 或 kW。电池的功率决定了车辆的加速性能和爬坡能力。功率分为比功率和功率密度。比功率是指单位质量电池所能输出的功率，也称质量比功率，单位为 W/kg 或 kW/kg；功率密度是指单位体积电池所能输出的功率，也称体积比功率，单位为 W/L 或 kW/L。

电池的比功率影响车辆的加速性能和坡道运行能力，是评价车辆的动力电池是否满足预定起动加速度和坡道运行能力的重要指标。

（6）输出效率　动力电池作为能量存储器，充电时把电能转化为化学能储存起来，放电时把化学能转化为电能释放出来。在这个可逆的电化学转换过程中，有一定的能量损耗，这通常用电池的容量效率和能量效率来表示。

1）容量效率是指电池放电时输出的容量与充电时输入的容量之比。影响电池容量效率的主要因素是副反应。当电池充电时，有一部分电量消耗在水的分解上。此外，自放电、电极活性物质的脱落、结块、孔率收缩等也会降低容量效率。

2）能量效率是指电池放电时输出的能量与充电时输入的能量之比。影响能量效率的原因是电池存在内阻，它使电池充电电压增加，放电电压下降。内阻的能量损耗以电池发热的形式损耗掉。

（7）自放电率　电池的自放电是指电池在存储期间容量降低的现象。自放电率指电池在存放期间容量的下降率，即电池无负荷时自身放电使容量损失的速度。自放电率用单位时间容量降低的百分数表示。

自放电通常主要在负极，因为负极活性物质多为活泼的金属粉末电极，在水溶液中可发生置换氢气的反应。若在电极中存在着氢超电势低的金属杂质，这些负极和负极活性物质能组成腐蚀微电池，结果负极金属自溶解，并伴有氢气析出，从而容量减少。在电解液中杂质起着同样的有害作用。正极为强氧化剂，若在电解液中或隔膜上存在易于被氧化的杂质，也会引起正极活性物质的还原，从而减少容量。一般正极的自放电不大。

自放电率用单位时间容量降低的百分数表示。

$$\text{自放电率} = \frac{C_a - C_b}{C_a T} \tag{4-1}$$

式中　C_a——电池存储前的容量，A·h；

C_b——电池存储后的容量，A·h；

T——电池储存的时间，常用天、月计算。

（8）放电倍率　电池放电电流的大小常用“放电倍率”表示，即电池的放电倍率用放电时间表示或用一定的放电电流放完额定容量所需的小时数来表示。放电时间越短，即放电倍率越高，则放电电流越大。放电倍率等于额定容量与放电电流之比。根据放电倍率的大小，可分为低倍率（<0.5C）、中倍率（0.5～3.5C）、高倍率（3.5～7.0C）、超高倍率（>7.0C）。例如，某电池的额定容量为 40A·h，若用 8A 电流放电，则放完 40A·h 的额定容量需用 5h，也就是说以 0.2 倍率放电，用符号 C/5 或 0.2C 表示，为低倍率放电。

（9）放电深度　放电深度指放电容量与总放电容量的百分比，简称 DOD（Depth of Discharge）。放电深度是表示放电程度的一种量度，其高低跟二次电池的充电寿命有很深的关系。二次电池放电深度越大，其充电寿命就越短，因此在使用时应尽量避免深度放电。

（10）寿命　电池的寿命分储存寿命和使用寿命。储存寿命又可分为“干储存寿命”和“湿储存寿命”。对于在使用时才加入电解液的电池，一般用干储存寿命来衡量。干储存寿命可以很长。对于出厂前已加入电解液的电池，一般用湿储存寿命来衡量。湿储存时自放电严重，寿命较短。使用寿命是指电池在规定条件下的有效寿命期限。电池发生内部短路或损坏而不能使用，以及容量达不到规范要求时电池使用失效，这时电池的使用寿命终止。

对于一次电池，其寿命是表征给出额定容量的工作时间（与放电倍率大小有关）。对于二次电池，其寿命分充放电循环寿命和湿搁置使用寿命两种。充放电循环寿命指在一定的充放电制度下，电池容量降至某一规定值之前，电池能耐受的充放电次数。充放电循环寿命越长，电池的性能越好。充放电循环寿命与放电深度、温度、充放电制式等条件有关。降低放电深度，即浅放电，可以有效延长二次电池的充放电循环寿命。

随着充放电次数的增加，二次电池容量衰减现象较为明显。这是因为在充放电循环过程中，电池内部会发生一些不可逆的反应，引起电池放电容量的衰减，这些不可逆的因素主要包括：

① 电极活性表面积在充放电循环过程中不断减小，使工作电流密度上升，极化增大；

② 电极上活性物质脱落或转移；

③ 电池工作过程中，某些电极材料发生腐蚀；

④ 隔膜的老化和损耗；

⑤ 在循环过程中电极上生成枝晶，造成电池内部微短路；

⑥ 活性物质在充放电过程中发生不可逆晶形改变，使得活性降低。

电池使用寿命包括使用期限和使用周期。使用期限是指电池可供使用的时间，包括电池的存放时间。使用周期是指电池可供重复使用的次数。

人们也常用电池的循环使用寿命作为电池使用寿命的一项重要评价指标。电池的循环使用寿命指电池以充放电一次为一个循环过程，在一定测试标准下，当电池容量下降到某一规定值以前，电池所经历的充放电循环总次数。

我国规定为达到额定容量的 80%，在实际的应用中常用使用年限和电池 *SOH* 反映电池使用寿命。

4.1.5　常用蓄电池

（1）铅酸电池　铅酸电池自 1859 年发明以来，其使用和发展已有 150 多年的历史。铅酸电池广泛用作内燃机车辆的起动动力源，也是成熟的车辆蓄电池。由于其比能量、深放电循环寿命、快速充电等方面均比镍氢电池、锂离子电池差，不适合用作车辆行驶动力源。但由于其价格低廉，国内外将它的应用定位在速度不高、路线固定、充电站设立容易规划的车辆上。铅酸电池的主要发展方向是提高比能量，增大循环使用寿命。

铅酸蓄电池分为免维护铅酸蓄电池和阀控密封式铅酸电池。免维护铅酸电池具有自身结构上的优势，电解液的消耗量非常小，在使用寿命内基本不需要补充蒸馏水。它具有耐震、耐高温、体积小、自放电小的特点，使用寿命一般为普通铅酸电池的两倍。市场上的免维护铅酸电池有两种：一种是在购买时一次性加电解液，以后使用中不需要添加补充液；另一种是电池本身出厂时就已经加好电解液并封死，用户根本就不能添加补充液。

阀控密封式铅酸电池在使用期间不用加酸加水维护，电池为密封结构，不会漏酸，也不会排酸雾。电池盖子上设有溢气阀（也叫安全阀），该阀的作用是当电池内部气体量超过一定值，即当电池内部气压升高到一定值时，溢气阀自动打开，排出气体，然后自动关闭，防止空气进入电池内部。

铅酸电池正负电极分别为二氧化铅和铅，电解液为硫酸。铅酸电池又可以分为注水式铅酸电池和阀控式铅酸电池两类。前者价廉，但需要经常维护，补充电解液；后者通过安全控制阀自动调节密封电池体内在充电或工作异常时产生的多余气体，免维护，更符合车辆的要求。

总体上说，由于铅酸电池具有可靠性好、原材料易得、价格便宜、技术比较成熟等优点，经过进一步改进后的铅酸电池仍将是近期车辆的主要电源。

小型铅酸电池主要用于便携式家用电器、计算机和小型不间断电源。中型铅酸电池多用于起动、照明、点火等。而大型铅酸电池也广泛应用于邮电通信、瞬时备用电源、大型 UPS 电源、太阳能和风能发电系统的配套能源，在负载调峰用电方面也有较多应用。同时，铅酸电池在国内广泛应用于电动自行车、电动客车等。

目前正在开发的车辆用铅酸蓄电池主要有水平密封铅酸蓄电池、双极型密封铅酸蓄电池、卷式电极铅酸蓄电池等。近年来，铅酸蓄电池的性能大大提高：容量为 1～20kA·h，质量比能量为 30～45W·h/kg，体积比能量为 80W·h/L，循环使用寿命约为 250～1600 次，无记忆效应。铅酸电池作为车载动力，占有主要的市场。

今后铅酸电池应由少维护向免维护方向发展，应向提高产品的综合性能、绿色环保方向发展，特别是提高密封铅酸蓄电池的可靠性。

（2）镍镉电池　目前在车辆上使用的镍金属电池主要有镉镍电池和氢镍电池两种。镍镉电池是一种碱性蓄电池，其比能量比铅酸电池高，比功率超过 190W/kg，可快速充电，循环使用寿命较长，可达到 2000 多次。

镍镉电池的应用仅次于铅酸电池，主要应用于通信工具、电动工具、数码仪器等仪器。航空碱性镍镉电池是飞机、直升机的机载应急电源。镍镉电池的性能在不断地提高，它作为空间飞行器电源系统主要的储能装置，占据着空间储能电源的主导地位。

目前镍镉电池正向两个方向发展：一是向高比容量方向发展，与镍氢电池和锂电池争夺市场；一是向低成本方向发展。

但由于镍镉电池含有重金属镉，使用中要注意做好回收工作，以免重金属镉造成环境污染，这严重制约了它的发展。

（3）镍氢电池　镍氢电池是 20 世纪 90 年代发展起来的一种新型电池。镍氢电池是一种碱性蓄电池，其正极活性物质主要是镍，负极活性物质主要是储氢合金。镍氢电池按照外形分为方形镍氢电池和圆形镍氢电池。

镍氢电池应用较为广泛，凡是应用镍镉电池的领域均可使用镍氢电池。镍氢电池可装配成多种电池组，可以满足电子设备日益增长的便携性需求。应用前景限定在不严格计较质量的重负载应用领域，如混合动力电动车辆、纯电动车辆、军事野营用电、抗灾现场用电等方面。

目前，在车辆领域，镍氢电池是商用化的主流，包括全球销量最高的丰田普锐斯在内的混合动力车辆都普遍使用了镍氢电池。从产业周期来看，镍氢电池已经进入成熟期，形成了规模化生产，具有价格上的优势。它也是目前混合动力车辆所用电池体系中唯一被实际验证并被商业化、规模化生产的动力电池。

镍氢电池具有高比能量、高功率、适合大电流放电、可循环充放电、可密封设计、无污染等优点，被誉为“绿色环保电源”。

1）比功率高。目前商业化的镍氢功率型电池能做到 1350W/kg。

2）循环次数多。目前应用在车辆上的镍氢电池，80% 放电深度（DOD）循环可以达 1000 次以上，是铅酸电池的 3 倍以上；100% DOD 循环寿命也在 500 次以上，在混合动力车辆中可使用 5 年以上。

3）无污染。镍氢电池不含铅、镉等对人体有害的金属。

4）耐过充过放能力强。

5）无记忆效应。

6）使用温度范围宽。正常使用温度范围 -30～55℃；储存温度范围 -40～70℃。

7）安全可靠。短路、挤压、针刺、安全阀工作能力、跌落、加热、耐振动等安全性及可靠性试验，无爆炸、燃烧现象。

镍氢电池的基本单元是单体电池，单体电压为 1.2V，按使用要求组合成不同电压和不同电荷量的镍氢电池总成。

（4）锂离子电池　锂离子电池是 20 世纪 90 年代发展起来的高容量可充电电池，它能够比镍氢电池存储更多的能量，且比能量大，循环寿命长，自放电率小，无记忆效应、无环境污染，是当今各国能量存储技术研究的热点。锂离子电池的研究主要集中在大容量、长寿命和安全性三个方面。目前锂离子电池的发展势头极为迅猛，在车辆、航空、航天、航海和军事领域对锂离子电池的应用研究也正在积极开展。目前锂离子电池最热门的应用是车辆领域。

锂离子电池的优点主要包括：

1）工作电压高。锂离子电池工作电压为 3.6V，是镍氢电池工作电压的 3 倍。

2）比能量高。锂离子电池比能量已达到 150W·h/kg，是镍氢电池的 1.5 倍以上。

3）循环寿命长。目前锂离子电池循环寿命已达到 1000 次以上，在浅充、浅放条件下可达几万次。

4）自放电率低。锂离子电池的自放电率仅为 6%～8%，远低于镍氢电池（15%～20%）。

5）无记忆性。可以根据要求随时充电，而不会降低电池性能。

6）对环境无污染。锂离子电池中不存在有害物质，是名副其实的“绿色电池”。

7）能够制造成任意形状。

锂离子电池的缺点主要包括：

1）成本高，主要是因为正极材料 $LiCoO_2$ 的价格高，但按单位瓦时的价格来计算，已经低于镍氢电池，与镍镉电池持平，但高于铅酸电池。

2）必须有特殊的保护电路，以防止过充。

（5）锌空气电池　锌空气电池是以空气中的氧气为正极活性物质，金属锌为负极活性物质的一种新型化学电池。锌空气电池是一种半电池半燃料电池。首先，负极活性物质同铅酸电池一样封装在电池内部，具有电池的特点；其次，正极活性物质来自电池外部的空气中所含的氧，理论上有无限容量，是燃料电池的典型特征。

锌空气电池具有高比能量（200W·h/kg）、价格低、性能稳定、放电平稳、储存寿命高、清洁安全可靠、无污染等优点，但是其具有比功率较小（90W/kg），不能存储再生制动的能量，寿命较短，不能输出大电流及难以充电等缺点。一般为了弥补它的不足，使用锌空气电池的车辆还会装有其他电池以帮助起动和加速。

表4-2为几款主流电池的技术参数对比情况。可以看出，由于锂离子电池具有工作电压高、比能量大、循环寿命长、自放电率低、无记忆效应、无污染等优点，已成为电动车辆生产厂家的首选。

表4-2　几款主流电池的技术参数

技术参数	铅酸电池	镍镉电池	镍氢电池	锂离子电池	磷酸铁锂电池
单体电压/V	2	1.2	1.2	3.6~3.7	3.6
电压工作范围/V	1.7~4.2	1.0~1.4	1.0~1.4	3.0~4.2	3.0~3.3
比能量/（W·h/kg）	40	30~50	50~80	100~125	105~140
能量密度/（W·h/L）	70	150	200	240~300	300
循环寿命	400	500	500	1000	1500
高温特性	差	好	差	好	好
低温特性	差	好	好	好	差
自放电率/月	5%	15%~30%	25%~35%	5%~8%	10%
记忆效应	有	有	有	无	无
环保	有毒	有毒	略有污染	无毒	无毒
安全性	良好	优秀	好	差	优秀

表4-3为各款电池价格的对比及发展趋势。

表4-3　电池价格对比及发展趋势

电池类别	价格	未来价格	备注（不含BMS）
镍氢电池	10~13元/W·h	目前价格的一半或更低	混合动力车辆
锂离子电池	4~9元/W·h	目前价格的一半或更低	混合动力车辆
锂离子电池	3~5元/W·h	目前价格的一半或更低	纯电动车辆

4.1.6　电动车辆对动力电池的要求

（1）电动车辆驱动力的主要影响因素　电动车辆（这里包括混合动力、纯电动车辆和混合动力有轨电车）由动力电池组输出电能给驱动电机，驱动电机输出功率，这些功率用于克服车辆机械装置的内阻力以及由行驶条件决定的外阻力，实现能量的转换和车辆的驱动。

电动车辆机械传动装置指与驱动电机输出轴有运动学联系的减速齿轮传动箱或变速器、传动轴以及主减速器等机械装置。机械传动链中的功率损失主要有：齿轮啮合处的摩擦损失、轴承中的摩擦损失、旋转零件与密封装置之间的摩擦损失以及搅动润滑油的损失等。

电动车辆行驶方程式为

$$F_t = F_f + F_w + F_i + F_j \tag{4-2}$$

式中　F_t——驱动力，N；

F_f——滚动阻力，N；

F_w——空气阻力，N；

F_i——坡度阻力，N；

F_j——加速阻力，N。

可见，车辆的驱动力应与其行驶阻力平衡。

电动车辆的滚动阻力为

$$F_f = fmg \tag{4-3}$$

式中　m——车辆质量，kg；

f——滚动阻力系数。

电动车辆的空气阻力为

$$F_w = \frac{C_D A u_a^2}{21.15} \tag{4-4}$$

式中　C_D——空气阻力系数；

A——迎风面积，m^2；

u_a——电动车辆的行驶速度，m/s。

电动车辆的坡度阻力为

$$F_i = G\sin\alpha \tag{4-5}$$

式中，α 为坡角。

电动车辆的加速阻力为

$$F_j = \delta m \frac{du}{dt} \tag{4-6}$$

式中　δ——电动车辆的旋转质量换算系数；

m——电动车辆的质量，kg；

$\frac{du}{dt}$——行驶加速度，m/s^2。

（2）电动车辆对动力电池的能量和功率需求　驱动车辆所需要的功率为

$$P_v = u_a(F_f + F_w + F_i + F_j) \tag{4-7}$$

动力电池组所需提供功率为

$$P_B = P_v / \varepsilon_M \varepsilon_E \tag{4-8}$$

式中　ε_M——电动车辆传动系统机械效率；

ε_E——电动车辆电气部件效率。

纯电动车辆行驶完全依赖动力电池组的能量，动力电池组能量越大，可以实现的续驶里程越长，但动力电池组的体积、质量也越大。纯电动道路车辆要根据设计目标、道路情况和运行工况的不同来选配动力电池。具体要求归纳如下：

1）动力电池组要有足够的能量和容量，以保证典型的连续放电不超过 1C，典型峰值放电一般不超过3C；如果电动车辆上安装了回馈制动，动力电池组必须能够接受高达5C以上的脉冲电流充电。

2）动力电池要能够实现深度放电（如80%DOD）而不影响其使用寿命，在必要时能实现满负荷功率和全放电。

3）需要安装电池管理系统和热管理系统，显示动力电池组的剩余容量和实现温度控制。

4）由于动力电池组的体积、质量大，电池箱的设计、动力电池的空间布置和安装问题都需要根据整车的空间、前后轴荷的配比进行具体的设计。

（3）车辆对动力电池的能量和功率需求　与纯电动车辆相比，混合动力车辆对动力电池的能量要求有所降低，但要能够根据整车要求实时提供更大的瞬时功率，即要实现“小电池提供大电流”。由于混合动力车辆构型的不同，串联式和并联式混合动力车辆对电池的要求又有差别。

1）串联式混合动力车辆完全由电动机驱动，内燃机—发电机与电池组一起提供电动机需要的电能，电池 *SOC* 处于较高的水平，对电池的要求与纯电动车辆相似，但容量要求小，功率特性要求根据整车需求与电池容量确定。总体而言，动力电池容量越小，对其大倍率放电的要求越高。

2）并联式混合动力车辆的内燃机和电动机均可直接对车轮提供驱动力，整车的驾驶需求可以通过不同的动力组合来满足。动力电池的容量可以更小，但是电池组瞬时提供的功率要满足车辆加速或爬坡的要求，电池的最大放电电流有时可能高达20C以上。

在不同构型的混合动力车辆上，由于工作环境、车辆构型、工作模式的复杂性，对混合动力车辆用动力电池提出统一的要求是比较困难的，但一些典型、共性的要求可以归纳如下：

1）动力电池的峰值功率要大，可短时、大功率充放电。

2）循环寿命要长，至少要满足5年以上的电池使用寿命，最佳设计是与车辆整车同寿命。

3）电池的 *SOC* 应尽可能保持在50%～85%的范围内工作。

4）需要配备电池管理系统，包括热管理系统。

可外接充电式混合动力车辆（PHEV）在应用上期望纯电动车辆工作模式的续驶里程达到40km以上，并且兼具混合动力驱动的功能，因此对动力电池的要求要兼顾纯电动和混合动力两种模式。同时，由于在应用模式上是在纯电动模式行驶到电量不足时，起动混合动力驱动工况，因此需要动力电池组在低 *SOC* 时也能提供很高的功率。

现有的燃料电池车辆由于燃料电池功率密度较低，一般采用与动力电池共同驱动的方式对外输出电能。在燃料电池与动力电池连接方式上也有并联和串联两种形式，在该类车型上对动力电池性能要求与混合动力电动车辆相似。

（4）新能源车辆用动力电池的评价参数　新能源车辆对动力电池组的要求主要有如下几点：

1）比能量高。高能量对于电动车辆而言，意味着更长的纯电动续驶里程。作为交通工具，延长续驶里程可有效提升车辆应用的方便性和适用范围。为了提高车辆的续驶里程，要求车辆上的动力电池组储存尽可能多的能量，但车辆又不能太重，而且安装电池组的空间也有限，这就要求电池组具有高的比能量。

2）比功率大。为了使车辆在加速能力、爬坡能力和负载行驶能力等方面可与燃油车辆竞争，就要求电池组具有高的比功率。长期大电流、高功率放电对于电池组的使用寿命和充放电效率会产生负面影响，甚至影响电池组使用的安全性，因此在功率方面还需要一定的功率储备，避免让动力电池组在全功率工况下工作。

3）充放电效率高，循环寿命长。电池组中能量的循环必须经过充电——放电——充电的快速充放电循环过程，高的充放电效率对保证整车效率具有至关重要的作用。要求充电技术成熟，充电时间短，且电池组的循环寿命不低于 1000 次。

4）使用成本低。除了降低电池组的初始购买成本外，还要提高电池组的使用寿命以延长其更换周期。

5）安全性好。电池组应不会引起自燃或燃烧，在发生碰撞等事故时，不会对乘员造成伤害。

6）工作温度适应性强。电动车辆应用一般不应受地域的限制，能在不同的空间和时间应用，需要电动车辆适应不同的温度。仅以北京地区的车辆应用为例，北京夏季地表温度可达 50℃以上，冬季可低至 -15℃以下，在该温度变化范围内，动力电池应可以正常工作。这就需要动力电池具有良好的温度适应性。在进行动力电池系统设计时，一般都需要设计相应的冷却系统或加热系统来保证动力电池的最佳工作温度，以解决电池的温度适应性问题。

7）可回收性好。按照动力电池使用寿命的标准定义，电池在其容量衰减到额定容量的 80% 时，确定为动力电池寿命终结。随着电动车辆的大量应用，必然出现大量废旧动力电池的回收问题。这就要求电池正负极及电解液等材料无毒，对环境无污染，电池内部各种材料可回收再利用。对于动力电池的再利用，还存在梯次利用问题，即按照动力电池寿命标准达到额定容量 80% 以下淘汰的电池组转移到对电池容量和功率要求相对较低的领域继续应用。

目前，虽然有些电池组的性能参数已经超过了开发目标，但距离大规模推广应用还有差距，还有很多问题需要解决。新能源车辆动力电池普遍存在安全性得不到保障、电池容量满足不了续驶里程的需要、电池循环寿命短、电池质量和尺寸较大、电池价格昂贵等问题，这些问题都有待进一步解决。

动力电池最重要的特点就是高功率和高能量。高功率意味着更大的充放电强度，高能量表示更高的质量比能量和体积比能量。这两个指标的要求其实是矛盾的，为了提高功率，就要提高充放电电流，电池结构要求设计为增大等效的反应面积和减少接触阻抗，要求增大体积和质量，从而降低了比能量。动力电池系统设计需要按照最优化的整车设计应用指标设计电池系统。

2010 年，工业和信息化部颁发了先进动力电池系统的规格和等级：

① 工作温度为 -20 ~ 55℃；

② 储存和运输温度为 -40 ~ 80℃；

③ 比能量≥90W · h/kg（以电池组总体计）；

④ 最大放电倍率≥5C；

⑤ 最大充电倍率≥3C；

⑥ 循环寿命≥2000 次（单体），1200 次（系统）。

美国能源部（DOE）/新生代车辆联合体（PNGV）对混合动力车用电池的性能要求见

表4-4。

表4-4 美国能源部（DOE）/新生代车辆联合体（PNGV）对混合动力车用电池的性能要求

性能	并联式（最小值）	串联式（最小值）
脉冲放电功率（18s）/kW	25	65
充电脉冲功率（10s）/kW	30	70
总能量/kW·h	0.3	3.0
最低效率（%）	90	95
使用年限	10	10
最大质量/kg	40	65
操作电压范围/V	300~400	300~400
操作温度范围/℃	-40~52	-40~52
最大允许自放电/（kW·h/天）	50	50

4.2 锂电池结构与工作原理

自锂离子电池问世以来，围绕它的研究、开发工作一直不断地进行着。由于相比铅酸电池、镍氢电池等其他电池，锂电池的比功率、比能量有明显的优势，因此被作为动力电池的首选。继20世纪90年代末开发出锂聚合物电池以来，2002年后则推出磷酸铁锂动力电池。

4.2.1 锂离子电池的种类与特点

（1）锂离子电池的种类 根据锂离子电池所用电解质材料不同，可以分为液态锂离子电池（Lithium Ion Battery）和聚合物锂离子电池（Polymer Lithium Ion Battery）两大类。

液态锂离子电池和聚合物锂离子电池所用的正负极材料都是相同的，电池的工作原理也基本一致。一般正极使用$LiCoO_2$，负极使用各种碳材料如石墨，同时使用铝、铜作集流体。表4-5进行了两种锂离子电池结构的对比分析。

表4-5 锂离子电池结构比较

类型	电解质	壳体/包装	隔膜	电流体
液态锂离子电池	液态	不锈钢、铝	25μPE	铜箔和铝箔
聚合物锂离子电池	胶体聚合物	铝/PP复合膜	没有隔膜或μPE	铜箔和铝箔

液态锂离子电池与聚合物锂离子电池的主要区别在于电解质的不同，液态锂离子电池使用的是液体电解质，而聚合物锂离子电池则使用固体聚合物电解质，这种聚合物可以是“干态”的，也可以是“胶态”的，目前大部分采用胶体聚合物电解质。其中，液态锂离子电池是指Li^+嵌入化合物为正、负极的二次电池。正极采用锂化合物$LiCoO_2$、$LNiO_2$或$LiMn_2O_4$，负极采用锂—碳层间化合物Li_xC_6。

锂聚合物电池（Li-polymer，又称高分子锂电池），具有能量密度高、体积更小、超薄化、轻量化和高安全性等多种明显优势。在形状上，锂聚合物电池具有超薄化特征，可以配合各种产品的需要，制作成任何形状与容量的电池；在安全性上，外包装为铝塑包装，有别于液态锂电的金属外壳，内部质量隐患可立即通过外包装变形显示出来，一旦出现安全隐患，不会爆炸，只会鼓胀。

由于聚合物锂离子电池使用了胶体电解质，不会像液体电液那样泄漏，所以装配很容易，使整体电池很轻、很薄，也不会产生漏液与燃烧爆炸等安全问题，因此可以用铝塑复合薄膜制造电池外壳，从而提高整个电池的比容量。聚合物锂离子电池还可以采用高分子做正极材料，其能量密度将会比目前的液态锂离子电池提高 50% 以上。此外，聚合物锂离子电池在工作电压、充放电循环寿命等方面比液态锂离子电池都有所提高。基于以上优点，聚合物锂离子电池被誉为下一代锂离子电池。

聚合物锂离子电池的主要结构包括正极、负极与电解质三项要素。在这三项主要结构要素中，至少有一项或一项以上使用高分子材料作为主要的电池系统。而在目前所开发的聚合物锂离子电池系统中，正极和电解质主要采用高分子材料。正极材料包括导电高分子聚合物或一般锂离子电池所采用的无机化合物，电解质则可以使用固态或胶态高分子电解质，或是有机电解液。一般锂离子技术使用液体或胶体电解液，因此需要坚固的二次包装来容纳可燃的活性成分，这就增加了质量，另外也限制了尺寸的灵活性。而聚合物锂离子工艺中没有多余的电解液，因此它更稳定，也不易因电池的过充电、碰撞或其他损害以及过量使用而造成危险情况。

新一代的聚合物锂离子电池在形状上可做到薄形化、任意面积化和任意形状化，大大提高了电池造型设计的灵活性，从而可以配合产品需求，做成任何形状与容量的电池，为应用设备开发商在电源解决方案上提供了高度的设计灵活性和适应性，以最大化地优化其产品性能。同时，聚合物锂离子电池的容量、充放电特性、安全性、工作温度范围、循环寿命与环保性能等方面都较锂离子电池有大幅度的提高。

（2）聚合物锂离子电池的优势和劣势

聚合物锂离子电池可分为三类：

1）固体聚合物电解质锂离子电池。电解质为聚合物与盐的混合物，这种电池在常温下的离子电导率低，适于高温使用。

2）凝胶聚合物电解质锂离子电池。即在固体聚合物电解质中加入增塑剂等添加剂，从而提高离子电导率，使电池可在常温下使用。

3）导电聚合物锂离子电池。采用导电聚合物作为正极材料，其比能量是现有锂离子电池的 3 倍，是最新一代的锂离子电池。

聚合物锂离子电池的优势在于：

① 超薄化，以致于电池能够组装进信用卡中；

② 质量轻，采用聚合物电解质的电池无须金属壳作为保护外包装；

③ 外形灵活，制造商不用局限于标准外形，能够经济地做成合适的大小；

④ 安全性能提升，过充时更稳定，电解液泄漏的几率更低。

聚合物锂离子电池的局限在于：

① 和锂离子电池相比，能量密度和循环次数都有下降；

② 制造成本很高；

③ 没有标准外形，大多数电池为高容量消费市场而制造，价格/能量比较高。

（3）磷酸铁锂动力电池　磷酸铁锂电池的全名是磷酸铁锂锂离子电池，指正极材料为磷酸铁锂（$LiFePO_4$）的锂离子电池，属于锂离子电池中的新兴产品。与较早应用的 $LiCoO_2$、$LiMnO_4$、$LiNiMO_2$等锂电池相比，磷酸铁锂电池在循环寿命和安全性等方面具有明显优势，目前已成为车辆行业和轨道交通行业应用较多的电池产品。由于它的性能特别适于作动力方面的应用，则在名称中加入“动力”两字，即磷酸铁锂动力电池，也有人把它称为“锂铁动力电池”。

$LiFePO_4$在自然界以磷铁锂矿的形式存在，属于橄榄石型结构。$LiFePO_4$实际最大放电容量可高达165mA·h/g，非常接近其理论容量，工作电压为3.2V左右。并且$LiFePO_4$中的强共价键作用使其在充放电过程中能保持晶体结构的高度稳定性，因此具有比其他正极材料更高的安全性能和更长的循环寿命。另外，$LiFePO_4$具有原材料来源广泛、价格低廉、无环境污染、比容量高等优点，使其成为现阶段各国竞相研究的热点之一。

$LiFePO_4$正极材料常用的合成方法有高温固相法、水热法。高温固相法工艺简单、易实现产业化，但产物粒径不易控制，形貌也不规则，并且在合成过程中需要惰性气体保护。水热法可以在水热条件下直接合成$LiFePO_4$，由于氧气在水热体系中的溶解度很小，所以水热合成法不需要惰性气体保护，而且产物的粒径和形貌易于控制。目前$LiFePO_4$正极材料的缺点主要是低电导率问题，有效的改进方法主要有表面包覆碳膜法和掺杂法。

目前，中国国内建设的大型锂离子动力电池生产厂家，如杭州万向、苏州星恒、天津力神、深圳沃特玛等，均以磷酸铁锂电池的产业化为主要目标。在国内装车示范的车辆中，该类型电池也已经成为主流产品之一。

4.2.2　锂离子电池的结构与工作原理

锂离子电池是分别用两个能可逆地嵌入与脱嵌锂离子的化合物作为正负极构成的二次电池。由于锂离子电池靠锂离子在正负极之间的转移来完成电池充放电工作，因此又被人们形象地称为“摇椅式电池”，俗称“锂电”。图4-2为锂离子电池原理图。图4-3所示为锂离子充放电过程。

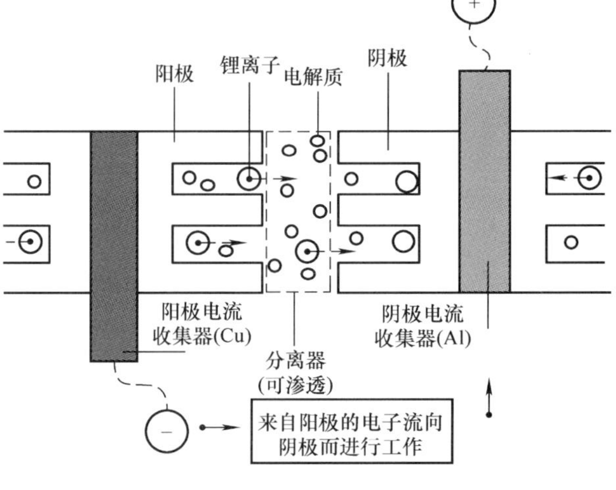

图4-2　锂离子电池原理图

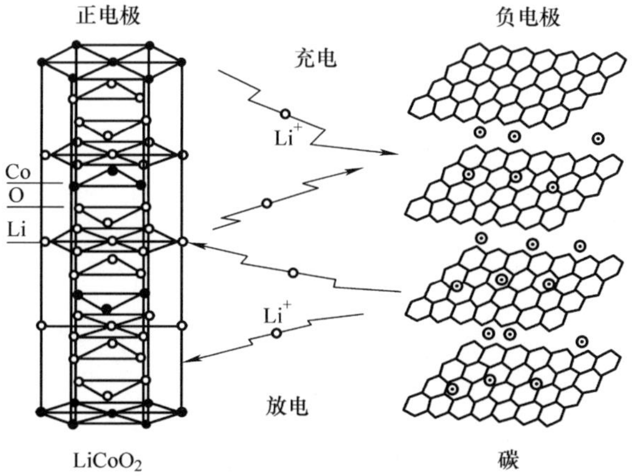

图 4-3　锂离子电池充放电过程

锂离子电池在原理上实际是一种锂离子浓差电池，正、负电极由两种不同的锂离子嵌入化合物组成，通过 Li^+ 在正负极间的往返嵌入和脱嵌形成电池的充电和放电过程。从充放电的可逆性看，锂离子电池反应是一种理想的可逆反应。锂离子电池的电极反应表达式分别为

正极反应式：

$$LiMO_2 \rightarrow Li_{1-x}MO_2 + xLi^+ + xe \tag{4-9}$$

负极反应式：

$$nC + xLi^+ + xe \rightarrow Li_xC_n \tag{4-10}$$

电池反应式：

$$LiMO_2 + nC \rightarrow Li_{1-x}MO_2 + Li_xC_n \tag{4-11}$$

式中，M 为 Co、Ni、W、Mn 等金属元素。

锂离子电池的工作原理主要包括以下几点：

1）当电池充电时，锂离子从正极脱嵌，在负极嵌入，放电时则相反。这就需要一个电极在组装前处于嵌锂状态，一般选择相对锂而言，电位大于 3V 且在空气中稳定的嵌锂过渡金属氧化物作正极，如 Li_xCoO_2、Li_xNiO_2、$Li_xMn_2O_4$。

2）作为负极的材料则选择电位尽可能接近锂电位的可嵌入锂化合物，如各种锂碳层间化合物 Li_xC_6，包括天然石墨、合成石墨、碳纤维、中间相小球碳素等，以及金属氧化物，包括 S_nO、S_nO_2、锡复合氧化物 $S_nB_xP_yO_z$ 等。

3）电解质采用 $LiPF_6$ 的乙烯碳酸酯（EC）、丙烯碳酸酯（PC）和低黏度二乙基碳酸酯（DEC）等烷基碳酸酯搭配的混合溶剂体系。

4）充电过程中，Li^+ 正极脱嵌经过电解质嵌入负极，负极处于富锂状态，正极处于贫锂状态，同时电子的补偿电荷从外电路供给到碳负极，保持负极的电平衡。

5）放电过程则相反，Li^+ 从负极脱嵌，经过电解质嵌入到正极，正极处于富锂状态，负极处于贫锂状态。放电过程中，负极材料的化学结构基本不变。

6）隔膜采用聚烯微多孔膜，如 PE、PP 或它们的复合膜，尤其是 PP/PE/PP 三层隔膜不仅熔点较低，而且具有较高的抗穿刺强度，起到了热保险的作用。

7）外壳采用钢或铝材料，盖体组件具有防爆断电的功能。

随着移动电子设备的迅速发展和能源需求的不断增大，人们对锂离子电池的需求也越来越大。锂离子电池的高容量、适中的电压、广泛的来源以及其循环寿命长、成本低、性能好、对环境无污染等特点，决定了它不仅可以应用于移动通信工具，还可能成为现在正迅速发展的电动车辆的动力电源。锂离子电池的使用类别见表4-6。

表4-6　锂离子电池的使用类别

电池类型	应用领域	特点	电池性能要求
便携式电器电池（高能量）	小型电器、信息、通信、办公、教学、数字娱乐	电器更新快、2～3年寿命周期、恒功率工作，对电池倍率性能、工作温度、成本、循环性能要求不高	电池能量密度高于150W·h/kg，100%DOD200～300次
储能电池（长寿命）	小型储能电源、UPS、太阳能、燃料电池、风力发电等独立电源系统储能	对电池功率和能量密度要求不高，体积和重量要求相对较低	0～20年使用寿命，免维护，性能稳定，价格低，较好的温度特性和较低的自放电率
动力电池（高功率）	各种电动车辆、电动工具、大功率器具	要求高功率密度、安全性、温度特性，低成本、自放电方面有较高的要求	目前水平：800～1500W/kg，目标2000W/kg以上
微型电器	无线传感器、微型无人飞机、植入式医疗装置、智能芯片、微型机器人、集成电器	电器维护困难，对稳定性，寿命要求很高	要求寿命长，稳定性好

4.2.3　锂离子电池的充放电特性

锂离子电池充电从安全、可靠及兼顾充电效率等方面考虑，通常采用两段式充电方法。第一阶段为恒流限压充电，第二阶段为恒压限流充电。锂离子电池充电的最高限压值根据正极材料不同而有一定的差别。

锂离子电池基本充放电电压曲线如图4-4所示。图中曲线采用的充放电电流均为0.3C。对于不同的锂离子电池，区别主要有两点：

1）第一阶段恒流值，根据电池正极材料和制造工艺不同，最佳值存在一定的差别。一般采用电流范围为0.2～0.3C。

2）不同锂离子电池在恒流时间上存在很大的差别，恒流可充入容量占总体容量的比例也存在很大差别。从车辆实际应用的角度，恒流时间越长，充电时间越短，更有利于应用。

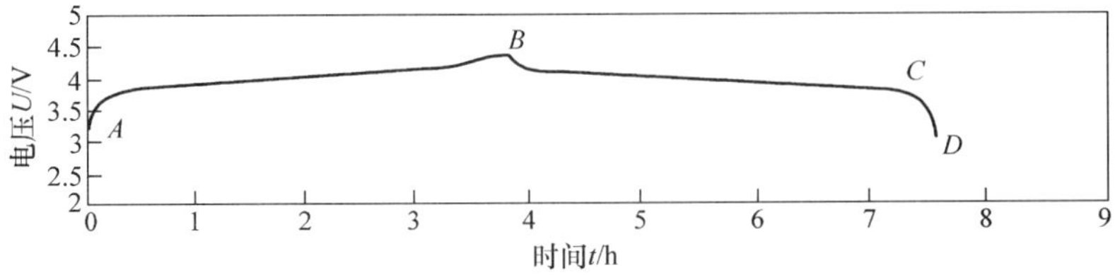

图4-4　锂离子电池基本充放电电压曲线

锂离子电池放电在中前期电压稳定，下降缓慢，但在放电后期电压下降迅速。在此阶段必须进行有效控制，防止电池过放电，避免对电池造成不可逆性损害。

（1）充电特性的影响因素

1）充电电流对充电特性的影响。在电池允许的充电电流之内，增大充电电流，虽然可恒流充入的容量和能量将减少，但有助于总体充电时间的减少。在实际电池组应用中，可以以锂离子电池允许的最大充电电流充电，达到限压后，进行恒压充电，这样在减少充电时间的基础上，也保证了充电的安全性。但充电电流的增加，也将带来电池内阻能量损耗的增加。

大量试验证明，在充电过程中锂离子电池的内阻变化在 0.4mΩ 之内，电池内阻能耗与充电时间基本呈线性关系，而同充电电流成平方关系。在充电初期，充电电流将是内阻能耗的主要影响因素，电流大的能耗大；在此之后，充电时间将是内阻能耗大小的主要影响因素，充电时间长的能耗大。对充电过程进行综合考虑，由于充电电流与内阻能耗成平方关系，是影响内阻能耗的主要因素，所以充电电流大的内阻能耗大。在实际电池应用中，应综合考虑充电时间和效率，选择适中的充电电流。

2）放电深度对充电特性的影响。大量试验证明：

① 随放电深度增加，充电所需时间增加，但平均每单位容量所需的充电时间减少，即充电时间的增加同放电深度不成正比增加。

② 随放电深度增加，恒流充电时间所占总充电时间比例增加，恒流充电容量占所需充入容量的比重增加。

③ 随放电深度增加，等安时充放电效率有所降低，但降低幅度不大。

3）充电温度对充电特性的影响。随环境温度降低，电池的可充入容量明显降低，而充电时间明显增加。低温（-25℃）同室温（25℃）相比，相同的充电结束电流，可充入容量和能量降低约 25%～30%。若以 5A 为充电结束电流，则电池仅充入在此温度下可充入容量或能量的 75%～85%。但降低充电结束电流，就意味着充电时间的大幅增加。在冬季低温情况下，电池可充入容量低，因此，为了防止电池过放电，必须降低单次充电电池的可用容量。

（2）放电特性影响因素　在室温情况下对电池充电，在不同温度下放电，对电池可放出的能量的影响大于对电池放电容量的影响。在放出容量占可放出容量 40%～50% 时，单位安时放出的能量最多。在低温情况下，电池的放电电压较低，尤其在放电初期同样的放电电流下，电池电压将出现一个急剧的下降，所以放电能量偏低；在放电中期，放电消耗在电池内阻上的能量使得电池自身的温度升高，锂离子电池活性物质的活性增加，电池电压有所升高，因此可放出的能量增加；在放电后期，电池电压降低，单位时间放出的能量随之降低。

在同一温度，同样的放电终止电压下，不同的放电结束电流，可放出的容量和能量有一定的差别。电流越小，可放出容量和能量越多。如上述放电试验，0.05C 比 0.5C 可放出容量和能量增加约为 5%～7%。

4.2.4　锂离子电池的充放电方法

电池充电通常应该完成三个功能：

① 尽快使电池恢复额定容量，即在恢复电池容量的前提下，充电时间越短越好；

② 消除电池在放电使用过程中引起的不良后果，即修复由于深放电、极化等因素对电池性能的破坏；

③ 对电池补充充电，克服电池自放电引起的不良影响。

20 世纪 60 年代中期，美国科学家马斯对开口蓄电池的充电过程做了大量的试验研究，并提出了以最低出气率为前提的蓄电池可接受的充电曲线，如图 4-5 所示。试验表明，如果充电电流按这条曲线变化，就可以大大缩短充电时间，并且对电池的容量和寿命也没有影响。原则上把这条曲线称为铅酸电池的最佳充电曲线。此后，以此为基础，众多研究人员开展了各种电池的最佳充电曲线和方法方面的研究。

（1）常规充电方法

1）恒流充电法。恒流充电方法是通过调整充电装置输出电压或改变与蓄电池串联电阻的方式使充电电流强度保持不变的充电方法。该方法控制简单，但由于电池的可接受电流能力是随着充电过程的进行而逐渐下降的，到充电后期，充电电流多用于电解水，产生气体，此时电能不能有效转化为化学能，多变为热能消耗掉了，因此常选用分段电流充电法。恒流充电曲线如图 4-6 所示。

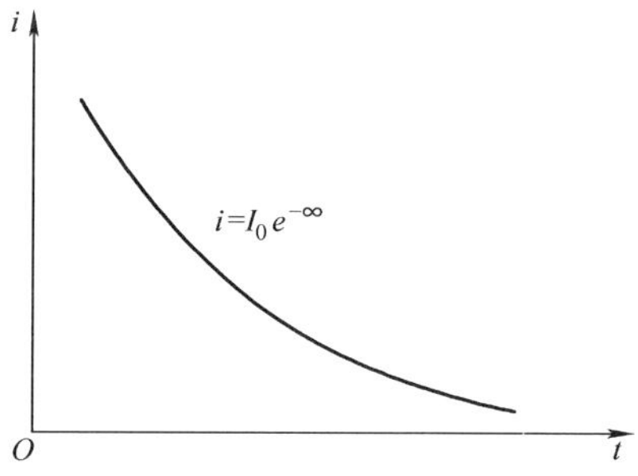

图 4-5 蓄电池的最佳充电曲线

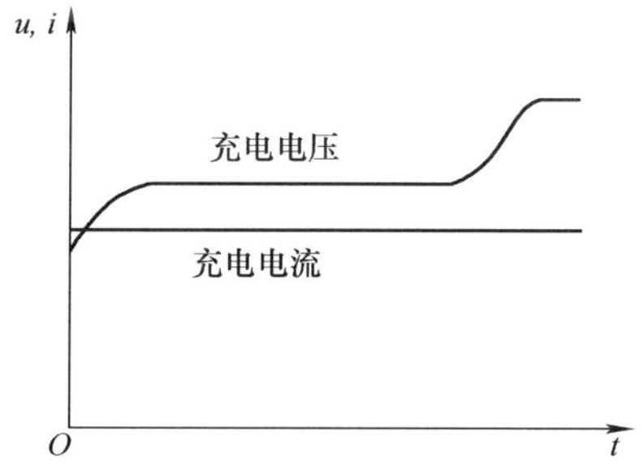

图 4-6 恒流充电法曲线

2）恒压充电法。在蓄电池充电过程中，充电电源电压始终保持一定，叫做恒压充电。

$$I=\frac{U-E}{R} \tag{4-12}$$

式中 U——电池的端电压，V；

E——电池电动势，V；

I——充电电流，A；

R——充电电路中内阻，Ω。

由式 4-12 可知，充电开始时，电池电动势小，充电电流很大，对蓄电池的寿命造成很大影响，且容易使蓄电池极板弯曲，造成电池报废；充电中期和后期，由于电池极化作用的影响，正极电位变得更高，负极电位变得更低，所以电动势增大，充电电流过小，形成长期充电不足，影响电池的使用寿命。鉴于这种缺点，恒压充电很少使用，只有在充电电源电压低、工作电流大时才采用。例如，车辆运行过程中，起动蓄电池就是以恒压充电法充电的。恒压充电法的充电曲线如图 4-7 所示。

3）阶段充电法。该方法包含多种充电方法的组合，如先恒流充电后恒压充电法、多段恒流充电法、先恒流再恒压最后恒流充电法等。常用的为先恒流再恒压的充电方式，如铅酸电池、锂离子电池常采用该种方式充电。

（2）快速充电方法　为了能够最大限度地加快电池的化学反应速度，缩短蓄电池达到充满电状态的时间，同时保证蓄电池正负极板的极化现象尽量少或轻，提高蓄电池使用效率，快速充电技术近年来得到了迅速发展。为了使充电曲线尽可能地逼进最佳充电曲线，研究者围绕着最佳充电曲线设计了电池的多种快速充电方法。

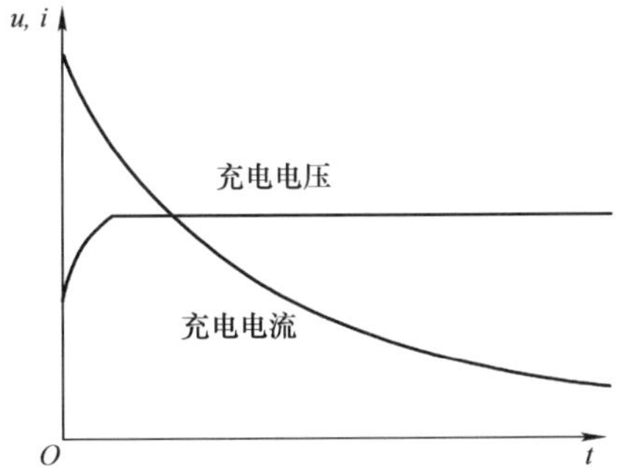

图 4-7　恒压充电法曲线

1）脉冲式充电法。脉冲式充电是指充电电流或电压以脉冲的形式加在蓄电池两端，如图 4-8 所示。脉冲快速充电方法的理论基础是通过在充电电流中叠加一定频率、宽度、高度的负脉冲或短时间的中途停充电，降低蓄电池的浓差极化，以加大充电电流，缩短充电时间。

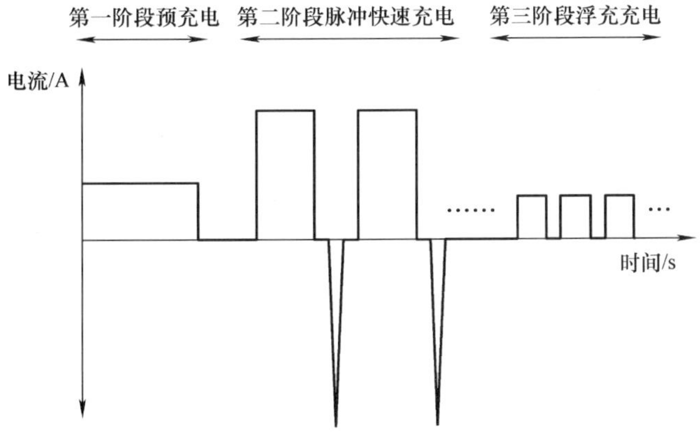

图 4-8　脉冲式充电法示意图

该方法是首先用脉冲电流对电池充电，然后停充一段时间，再用脉冲电流对电池充电，如此循环。充电脉冲使电池充满电量，而间歇期使电池经化学反应产生的氧气和氢气有时间重新化合而被吸收掉，使浓差极化和欧姆极化自然而然地得到消除，从而减轻了电池的内压，使下一轮的恒流充电能够更加顺利地进行，使电池可以吸收更多的电量。间歇脉冲使蓄电池有较充分的反应时间，减少析气量，提高电池的充电电流接受率。

通常在充电初期，由于极化现象不明显，可以采用大电流进行定流充电，使蓄电池在较短时间内充到额定容量的 50% ~60%。当蓄电池单体电压上升到一定的程度，水开始分解有微量出气时停止充电。停充后，欧姆极化消失，浓差极化也会因扩散而部分消失。为了消除电化学极化的电荷积累，消除极板微孔中形成的气体，并帮助浓差极化进一步消失。停充后应采用放电或反充使蓄电池通过一个与充电方向相反的大电流脉冲，然后再停充（约 10ms）。脉冲深度为充电电流的 0.5 ~2 倍，脉冲宽度为 5 ~30ms。以后的充电过程就一直按正脉冲充电—停充—负脉冲瞬间放电—停充—再正脉冲充电这种循环过程，直至充满为止。

这样就可以使极化程度显著减慢，从而解决快速充电影响蓄电池寿命的问题。

2）变电流间歇充电法。变电流间隙/定电压充电法是在限定充电电压条件下，采用变电流间歇方式加大充电电流，加速充电过程，达到缩短时间、充进更多电量的目的，充电曲线如图 4-9 所示。

这种充电方法建立在恒流充电和脉冲充电的基础上，其特点是将恒流充电段改为限压变电流间歇充电段。充电前期的各段采用变电流间歇充电的方法，保证加大充电电流，获得绝大部分充电量；充电后期采用定电压充电段，获得过充电量，将电池恢复至完全充电状态。通过间歇停充，使电池经化学反应产生的氧气和氢气有时间重新化合而被吸收掉，使浓差极化和欧姆极化自然而然地得到消除，从而减轻了蓄电池的内压，使下一轮的恒流充电能够更加顺利地进行，使电池可以吸收更多的电量。

该方法有 3 个要点：

① 限定充电电压，保证加大充电电流不损害电池；

② 用间歇分段充电方式加大充电电流值；

③ 为充进尽可能多的电量应采用逐次减少充电电流值的变电流模式。

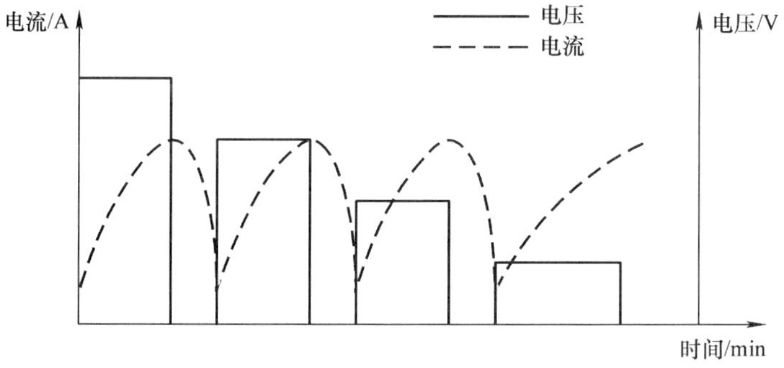

图 4-9　变电流间歇充电曲线

3）变电压间歇充电法。在变电流间歇充电法的基础上又有人提出了变电压间歇充电法，充电曲线如图 4-10 所示。变电压间歇充电法以变电流间歇充电为基础，把变流间歇充电中的变流改为变压，通过间歇停充，使蓄电池化学反应产生的氧气有时间被重新化合吸收掉，从而减小蓄电池的内压，使蓄电池可以吸收更多的电量。变电压间歇充电法与变电流间歇充电方法的不同之处在于充电的第一阶段不是间歇恒流，而是间歇恒压。

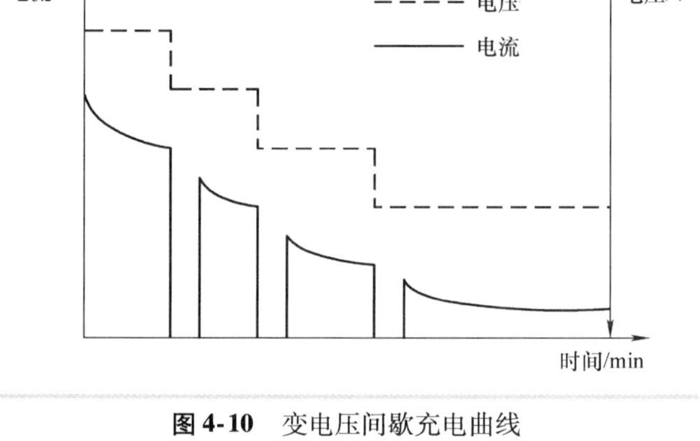

图 4-10　变电压间歇充电曲线

比较图 4-9 和图 4-10 的充电曲线可知，图 4-10 更加符合最佳充电的充电曲线。在每个恒压充电阶段，由于是恒压充电，充电电流自然按照指数规律下降，符合电池电流可接受率随充电过程逐渐下降的特点。

4）Reflex TM 快速充电法。这种技术是美国的一项专利技术，最早主要面对的充电对象是镍镉电池。这种充电方法缓解了镍镉电池的记忆效应问题，并大大缩短了蓄电池快速充电的时间。如图 4-11 所示，Reflex TM 充电法的一个工作周期包括正向充电脉冲、反向瞬间放电脉冲和停充维持三个阶段。与脉冲式充电相比，加入了负脉冲的思想，这种充电方法在其他类型电池上的应用近年也大量开展，用于提高充电速度并降低充电过程中的极化。

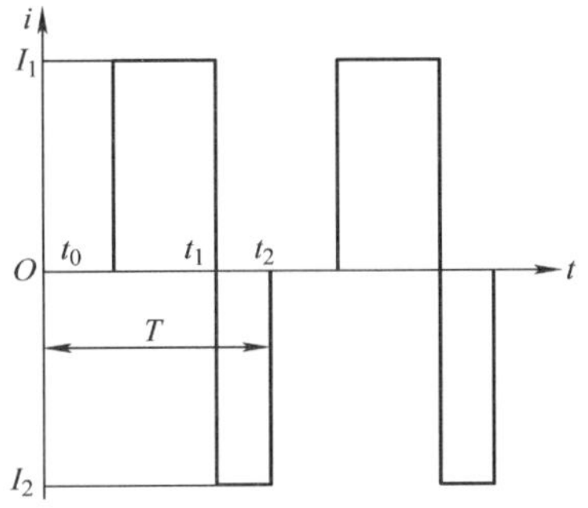

图 4-11　Reflex TM 快速充电法

5）变电压、变电流波浪式间歇正负零脉冲快速充电法。综合脉冲充电法、变电流间歇充电法、变电压间歇充电法及 Reflex TM 快速充电法的优点，变电压、变电流波浪式正负零脉冲间歇快速充电法得到发展应用。脉冲充电法充电电路的控制一般有两种：①脉冲电流的幅值可变，而 PWM（驱动充放电开关管）信号的频率是固定的；②脉冲电流幅值固定不变，PWM 信号的频率可调。

图 4-12 所示的波浪式间歇正负零脉冲快速充电法采用了一种不同于这两者的控制模式，脉冲电流幅值和 PWM 信号的频率均固定，PWM 占空比可调，在此基础上加入间歇停充阶段，以实现能够在较短时间充进更多的电量，提高蓄电池的充电接受能力。

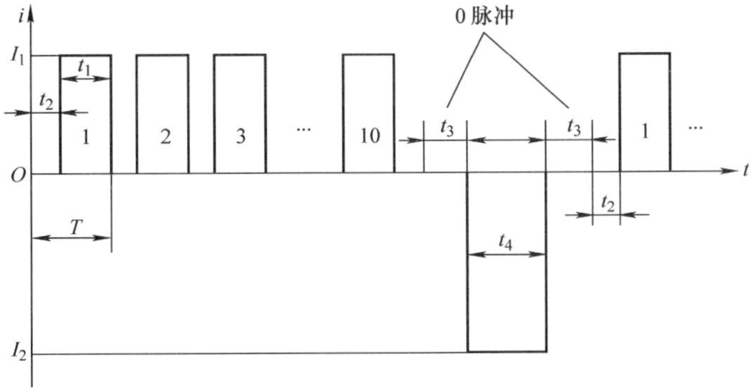

图 4-12　波浪式间歇正负零脉冲快速充电

（3）充电控制策略的选择原则　在充电控制策略上，成组电池与单体电池存在较大差异。现多采用电池管理系统与充电机通信的方式实现根据电池组中电池单体的典型参数进行充电控制。其基本控制思想是在保证电池组安全的前提下，提高电池组的可利用能量。电池单体参数对于保证充电安全极为重要。因此，充电参数控制策略常采用基于极端单体进行充电参数调整的方法，即根据不同的电池类型，关注电池系统中极端单体电池的参数。锂离子电池电动车辆充电常用参数的优先级原则，由高到低依次为单体最高端电压、单体最高温度、电池组端电压、充电电流，针对不同的工况，需进行总体充电参数调整，将电池组中极端参数控制在限定值范围内。

以锂离子电池为例，用限流恒压方法进行充电，在充电过程中，首先关注检测电池组电池单体电压，如发现有电池单体超过设定的最高允许电压（如4.25V），应降低总体充电限制电压，以控制单体电池电压上升。同时，间隔一定时间检测电池温度，如发现有电池单体温度超过电池组平均温度5℃，应降低充电限制电流，限制电池温度上升率。

在精细化管理和控制的情况下，对于电压上限的调整还可根据电池的充电温度变化进行。如电池温度在较低范围，提高充电电压上限以提高电池组的可充电容量，电池温度在较高的范围内，降低充电电压上限以保证电池的安全。

4.2.5　锂离子电池的模型

电池建模的意义在于确定电池的环境因素与各特征量之间的数学关系，所考虑的对象包括电动势、端电压、工作电流、温度、内阻、*SOC*及*SOH*等，找到它们之间的联系对于电池管理系统的开发具有重要的意义。一方面，通过所建立的电池模型可以对电池在工作中的各种表现进行估计，从而能对各种电池管理策略（如能量控制策略、电池均衡策略等）进行仿真，可以通过软件的方法快速检验策略的有效性，不但节约了硬件成本，而且缩短了验证的周期，节约了开发时间；另一方面，精确的电池模型对于剩余电量（*SOC*）的评估具有重要的意义。建立较为精确的外特性模型，对于寻找*SOC*与各种可直接测量的物理量之间的数值联系极为有利，从而能通过监测到的外部表现来评估内在的*SOC*。

这里所讨论的动力电池模型属于外特性模型。从本质上来说，就是要解决电池的伏安特性关系，即能够描述电池在工作过程中所表现出来的电压与电流之间的关系。这种关系一方面可以利用数值关系来表达，另一方面也可以把电池视为一个二端口的网络，而用一个电路网络来反映其伏安特性。从这个意义上来说，可以通过建立一个等效电路来描述动力电池在工作过程中的伏安特性关系。由于这种等效电路遵循Thevenin定律，因此有时候也被称作Thevenin模型。下面介绍几种具有代表性的等效电路模型。

（1）基于电子运动理论的等效电路模型　根据电池内阻和双电层理论，可以建立电池的等效电路模型，如图4-13所示。该等效电路模型较好地描述了电池的特点，但忽略了在电池工作过程中两个电极所表现出的不同电位差（两个电极偏离平衡电位的程度不同）。另外，对于锂离子电池，该等效电路没有很好地表现出电池的回弹电压特性。

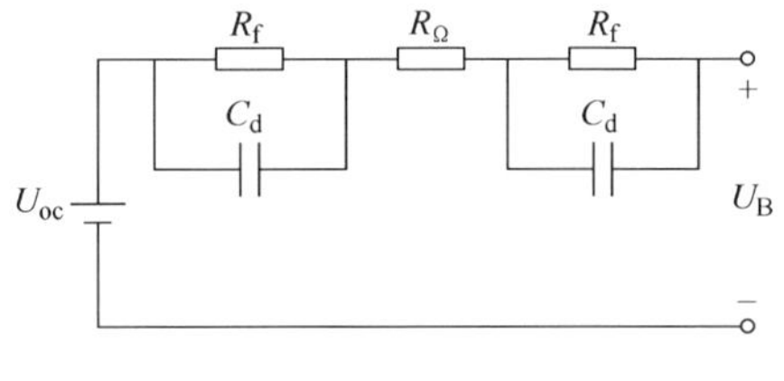

图4-13　基于电子运动理论的电池等效电路
R_f—电池的极化内阻　R_Ω—电池的欧姆电阻　C_d—双电层电容　R_f与C_d构成的两个RC回路代表电池的两个电极系统　R_Ω代表电池本身存在的欧姆电压降

（2）PNGV等效电路模型　PNGV模型是《FreedomCAR电池试验手册》中的标准电池性能模型，如图4-14所示。该电路模型虽然包括了电极的极化、电池的欧姆电阻等特性，但仍然没有体现电池的电压回弹特性，并且PNGV模型中的每个参数都会随电池的*SOC*和温度的改变而改变，模型参数的辨识较复杂，且不适合实时地估算*SOC*，实用性不强。

（3）带有滞回特性的电路模型　图4-15所示为考虑了电池滞回电压的等效电路模型。

该模型在阻容等效电路模型的基础上考虑了电池平衡电势，即用 U_h 表示电池的滞回电压，并作为电池平衡电势的一部分，这样能够比较准确地描述电池的电动势。但是对于韦伯阻抗参数值的求解，需要用到电池的内阻谱，而内阻谱的测定需要用特定电化学测量方法，并且此种测量方法所需要用到的仪器较难获得，这样就对模型的建立造成了一定的困难。另外，该模型尽管考虑到了电池滞回电压的影响，但没有直接反映出电池的剩余电量 *SOC*，需要分析计算等效电路后才能得到电池的 *SOC* 值。

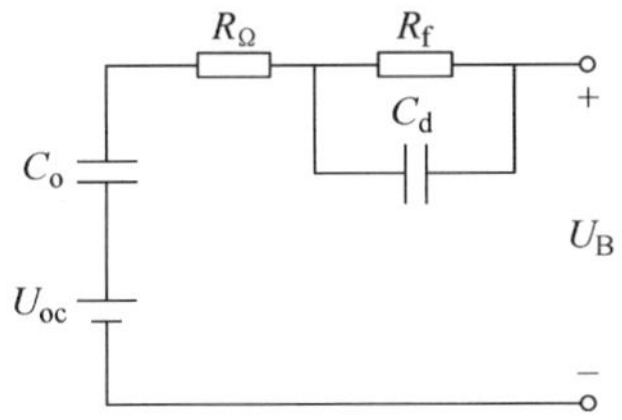

图 4-14　PNGV 等效电路模型

R_f—电池的极化内阻　R_Ω—电池的欧姆电阻　C_d—双电层等效电容　C_o—开路电压随着负载电流的时间累计而产生的变化

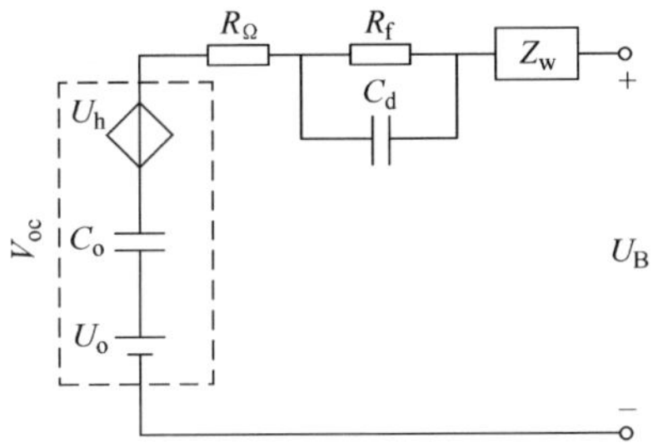

图 4-15　带有滞回特性的电路模型

图中虚线框部分表示的电池的平衡电势　R_Ω—电池的欧姆电阻　R_f—电池的极化内阻　C_d—双电层等效电容　Z_w称为韦伯阻抗，表示电池中带电粒子的扩散行为，为容性阻抗，类似表示电池的回弹持性的并联 RC 网络

综上所述，现有的几种常用电池模型存在以下不足：

① 电压源与 *SOC* 之间的关系不够明确；

② 有些模型过于简单，不能很好地描述电池的动态特性，如电压回弹特性；

③ 某些模型未能反映某些电池的滞回效应。

因此，在针对动力电池建模之前，一定要通过特性测试，充分了解电池的特性，并研究模型参数的确定方法，不能过分强调模型的形式，而应该相应地给出一套适合于该模型的参数估计方法。

4.2.6　锂离子电池的热特性与冷却方法

（1）热特性

1）生热机制。锂离子电池内部产生的热量主要是由四部分组成：反应热 Q_r、极化热 Q_p、焦耳热 Q_J和分解热 Q_s。反应热 Q_r表示由于电池内部的化学反应而产生的热量，这部分热量在充电时为负值，在放电时为正值。极化热 Q_p是指电池在充放电过程中，负载电流通过电极并伴随电化学反应时，电极会发生极化，电池的平均电压与开路电压有所偏差而导致产生的热量，这部分热量在充放电的时候均为正值。焦耳热 Q_J是由于电池内阻产生的，在充放电的过程中这部分热量均为正值，其中电池内阻包括电解质的离子内阻（含隔膜和电极）和电子内阻（包括活性物质、集流体、导电极耳以及活性物质/集流体之间的接触电阻），符合欧姆特性。分解热 Q_s表示在电池的电极中由于自放电的存在导致电极的分解而产生的热量，这部分热量在充放电的时候都很小，因而可以忽略不计。

由于反应热 Q_r 在充电时为负值，在放电时为正值，因此，电池在放电过程中的热生成率要大于充电过程中的热生成率，从而导致放电时电池温度比充电时电池的温度高。对于一个完全充满电状态下的锂离子电池，它在可逆放电过程中的总反应中呈现了放热效应。更进一步来说，电池的正电极反应表现出较大的放热效应，同时负电极反应表现出较小的吸热效应，所以综合正负电极反应热效应，最终导致了锂离子电池在充放电过程中总体呈现放热效应。

对单体电池的内部而言，热辐射和热对流的影响很小，热量的传递主要是由热传导决定的。电池自身吸热的大小与其材料的比热有关，比热越大，吸热越多，电池的温升越小。如果散热量大于或等于产生的热量，则电池温度不会升高。如果散热量小于所产生的热量，热量将会在电池体内积累，电池温度升高。

因此基于传热学原理，电池传热问题模型可简化为：在不同边界条件下，单体电池在电化学反应过程中根据工作状况以不同的生热速率生热。一部分热量经由电池外壳传到周围空气中，传导至空气中的热量与单体电池表面传热系数直接相关，另一部分热量加热单体电池导致自身温度上升。

2）放电温升特性。图 4-16 为常温下以 0.3C 倍率电流充满电，再在常温下分别以 0.3C、0.5C 和 1C 倍率放电时，某磷酸铁锂锂离子电池正极柱处的温升曲线，放电截止电压为 4.5V。

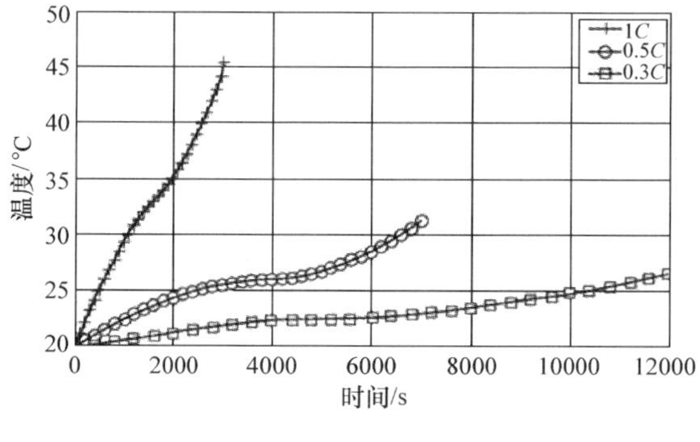

图 4-16　不同放电倍率正极柱处的温升曲线

可以看出，电池放电电流越大时，正极柱处的温度上升越快，并且温度极值越高。这说明放电电流越大时，损耗的热能就越多，降低了放电效率。0.3C 与 1C 倍率放电峰值温度相差 18.9℃，在环境温度不变并且采用没有散热措施的情况下，要减小温度升高的幅度，必须减少放电电流。因此，如果在环境温度较高，并且电池大功率放电的情况下，必须采用散热措施，以保证安全问题。

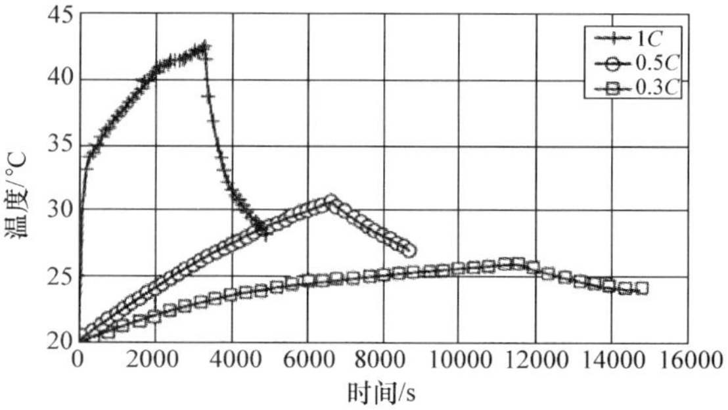

图 4-17　不同充电倍率正极柱处的温升曲线

3）充电温升特性。图 4-17 所示为在常温下以 0.3C 倍率电流放电结束后，再在常温下分别以 0.3C、0.5C 和 1C 倍率恒流和

3.8V 恒压采用恒流限压方式充电时，某磷酸铁锂锂离子电池的正极柱处的温升曲线。

可以看出，恒流充电开始阶段，电池正极柱处温升较快，这主要是因为 *SOC* 值较小，内阻较大，因而生热速率较大，温升较快；随后，恒流充电后期温升速率放缓，这主要是因为温度和 *SOC* 值上升后，电池内阻值减小，所以生热速率减小，温升放缓；等到恒流充电结束时刻，电池正极柱温度达到峰值。

图 4-17 表明，充电倍率越大，电池温度上升越快，并且温度峰值也越大。到了恒压阶段时，随着电流的下降，电池温度开始下降，直到电流下降至涓流为止，但充电结束时的温度高于充电前。

4）温度对锂离子电池使用性能的影响

① 温度对可用容量比率的影响。正常应用温度范围内，锂离子电池温度越高，工作电压平台越高，电池的可用容量越多。但是长期在高温下工作会造成锂离子电池的容量迅速下降，从而影响电池的使用寿命，并极有可能造成电池热失控。

低温状态锂离子电池放电效率低，主要原因在于：

a）电池电解液的电导率增加，导致 Li^+ 传输性能差；

b）负极表面 SEI 膜是锂离子传递过程中的主要阻力，表面膜阻抗 R_{SEI} 大于电解液本体阻抗 R_e，在 −20℃以下的温度范围内，R_{SEI} 随温度的降低骤增，与电池性能恶化相对应；

c）脱嵌 Li^+ 容量不对称性是由 Li^+ 在不同嵌锂态石墨负极中的扩散速度不同引起的，低温时，Li^+ 在石墨负极中的扩散速度慢；

d）正极与负极表面的电荷传递阻抗增大；

e）正极/电解液界面或负极/电解液界面的阻抗增大；

f）电极的表面积、孔径、电极密度、电极与电解液的润湿性及隔膜等均影响着锂离子电池的低温性能。

② 温度对电池内阻的影响。直流内阻是表征动力电池性能和寿命状态的重要指标。电池内阻较小，在许多工况常常忽略不计，但动力电池处于电流大、深放电工作状态，内阻引起的压降较大，此时内阻的影响不能忽略。

电池直流内阻一般通过 HPPC（Hybrid Pulse Power Characterization）试验标定。HPPC 是美国车辆动力电池检测手册（FreedomCAR Battery Test Manual）中推荐的复合脉冲功率特性测试工况试验，该试验的主要目的是测试电池工作范围（荷电状态、电压）内的动态功率特性，并根据电压响应曲线确定电池内阻和 *SOC* 的对应关系。

试验方法及步骤如下：

a）恒流 0.3C、限压 3.8V 将电池充满至额定容量；

b）用 1C 电流放电，放出额定容量 10% 的电量；

c）静置 1h，以使电池在进行脉冲充放电之前恢复其电化学平衡和热平衡；

d）然后进行脉冲测试，先以恒流放电 10s，停 40s，再以恒流充电 10s；

e）重复 b）~d）的步骤，直到 90% DOD 处进行最后的脉冲试验；

f）将电池放电至 100% DOD；

g）静置 1h。其中充、放电电流的大小取决于电池额定容量。

电池直流内阻遵循欧姆定律，可引起电池内部压降，并生热消耗放电能量。试验表明，低温状态下整个放电过程中直流内阻变化量明显，而高温状态下变化量则小得多。

但是，放电和充电直流内阻变化的趋势是相同的，均随温度的升高而降低，随 *SOC* 的增大而减小。

（2）冷却方法　冷却方法的选择对热管理系统的性能有很大影响，冷却方法要在设计热管理系统前确定。按照冷却介质分类，热管理系统可分为空冷、液冷及相变材料冷却三种方式，其优缺点如表 4-7 所示。

表 4-7　三种冷却方式的优缺点

冷却方法		优点	缺点
空气冷却		1）结构简单，质量相对较小； 2）没有发生漏液的可能； 3）有害气体产生时能有效通风； 4）成本较低	空气与电池壁面之间换热系数低，冷却、加热速度慢
液体冷却	直接接触（矿物油）	与电池壁面之间换热系数高，冷却、加热速度快，体积较小	存在漏液的可能，质量相对较大，维修和保养复杂，需要水套、换热器等部件，结构相对复杂
	非直接接触（水或防冻液）		
相变材料冷却		经济、安全、循环利用效率高	相变材料样件已应用于电池热管理系统

液冷必须通过水套等换热设施才能对电池进行冷却，这在一定程度上降低了换热效率。电池壁面和流体介质之间的换热率与流体流动的形态、流速、流体密度和流体热传导率等因素相关。

相变材料是指随温度变化而改变形态并能提供潜热的物质。相变材料由固态变为液态或由液态变成固态的过程称为相变过程。相变材料具有在一定温度范围内改变其物理状态的能力，既能实现动力设备在比较恶劣的热环境下对电池有效地降温，又能满足各电池单体间温度分布的均衡，从而达到动力设备的最佳运行条件，延长电池寿命的同时提高动力设备的动力性能。电池热管理系统所采用的相变材料应具有较大的相变潜热，以及理想的相变温度，经济、安全、循环利用效率高。

（3）测温点的布置与冷却风机的选择　在设计电池热管理系统时，需要选择风机的种类与功率、温度传感器的数量与测温点的位置。

以空冷散热方式为例，设计散热系统时，在保证一定散热效果的情况下，应该尽量减小流动阻力，降低风机噪声和功率消耗，提高整个系统的效率。可以用试验、理论计算和流体力学（CFD）的方法通过估计压降、流量来估计风机的功率消耗。当流动阻力小时，可以考虑选用轴向流动风扇；当流动阻力大时，离心式风扇比较适合。试验表明，在环境温度较高的情况下，动力电池组的流动阻力降增大，因此在选择冷却风机的压头时，要留有一定余量。当然，也要考虑到风机占用空间的大小和成本的高低。寻找最优的风机控制策略也是热管理系统的功能之一。

以电池箱的设计为例，电池箱的内部流动阻力为 600Pa，发热量约为 2kW，固此所选配风机的压头应高于 600Pa，并且流量选择应保证在较高环境温度下，仍能带走电池箱的发热量，且需留有一定余量。

同时，针对该电池箱的初始方案进行 3C 充放电温升试验，试验持续 2h，充放电循环过程中的平均温度、最高温度、最低温度的试验结果如图 4-18 所示。可以看出，电池箱内电池组的温度分布极为不均匀，因此需要知道不同条件下电池组热场分布以确定危险的温度点。本试验仅测取了 13 个位置的温度情况，一般测温传感器数量越多，测温越全面，但会增加系统成本和复杂性。根据不同的实际工程背景，理论上利用有限元分析、试验中利用红外热成像或者实时的多点温度监控的方法可以分析和测量电池组、电池模块和电池单体的热场分布，决定测温点的个数，找到不同区域合适的测温点。一般的设计应该保证温度传感器不被冷却风吹到，以提高温度测量的准确性和稳定性。在设计电池时，要考虑到预留测温传感器空间，比如，可以在适当位置设计合适的孔穴。

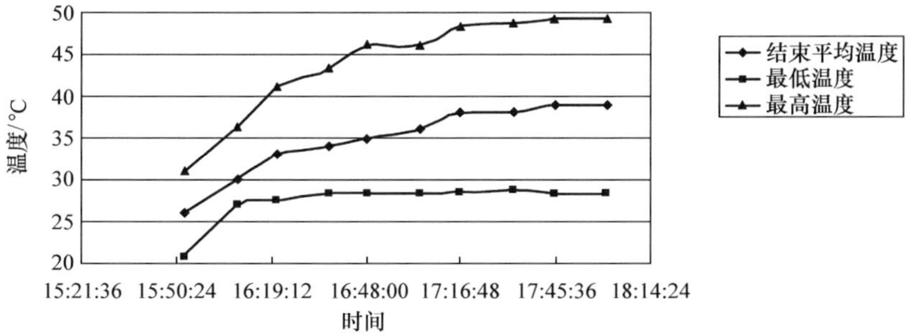

图 4-18　电池箱温升试验数据

4.2.7　锂离子电池的失效机理

理想的锂离子电池，锂离子除了在正负极之间嵌入和脱出外，不发生其他副反应，不出现锂离子的不可逆消耗。实际上，锂离子电池中每时每刻都有副反应存在，也有活性物质不可逆的消耗，如电解液分解，活性物质溶解，金属锂沉积等，只不过程度不同而已。实际电池系统的每次循环中，任何能够产生或消耗锂离子或电子的副反应，都可能导致电池容量平衡的改变。一旦电池的容量平衡发生改变，这种改变就是不可逆的，并且可以通过多次循环进行累积，对电池性能产生严重影响。

造成锂离子电池容量衰退的原因主要有：

（1）正极材料的溶解　以尖晶石 $LiMn_2O_4$ 为例，Mn 的溶解是引起 $LiMn_2O_4$ 可逆容量衰减的主要原因。Mn 的溶解沉积造成正极活性物质减少；溶解的 Mn 游离到负极时会造成负极 SEI 膜的不稳定，被破坏的 SEI 膜再形成时会消耗锂离子，造成锂离子的减少。Mn 的溶解是尖晶石锂离子电池容量衰减的重要原因，在这一点学界已经基本达成共识，但是对于 Mn 的溶解机理却存在多种不同的解释。

（2）正极材料的相变化　一般认为，锂离子的正常脱嵌反应总是伴随着宿主结构摩尔体积的变化，引起结构的膨胀与收缩，导致氧八面体偏离球对称性并成为变形的八面体构型。在 $LiMn_2O_4$ 电池中，J－T 效应所导致的尖晶石结构不可逆转变，也是容量衰减的主要原因之一。J－T 效应多发生在过放电阶段；在起始材料中加入过量的锂，掺杂 Ni、Co、Al 等阳离子或者 S 等阴离子可以有效地抑制 J－T 效应。

（3）电解液的分解　锂离子电池中常用的电解液主要包括由各种有机碳酸酯（如 PC、EC、DMC、DEC 等）的混合物组成的溶剂，以及由锂盐（如 $LiPF_6$、$LiClO_4$、$LiAsF_6$等）组成的电解质。在充电的条件下，电解液对含碳电极具有不稳定性，故会发生还原反应。电解液还原消耗了电解质及其溶剂，对电池容量及循环寿命产生不良影响。

（4）过充电造成的容量损失　电池在过充电时，会造成负极锂的沉积、电解液的氧化以及正极氧的损失。这些副反应或者消耗了活性物质，或者产生不溶物质堵塞电极孔隙，或者正极氧损失导致高电压区的 J－T 效应，这些都会导致电池容量衰减。

（5）自放电　锂离子电池的自放电所导致的容量损失大部分是可逆的，只有一小部分是不可逆的。造成不可逆损失的原因主要有：锂离子的损失（形成不可溶的 Li_2CO_3 等物质），电解液氧化产物堵塞电极微孔，自放电造成了内阻增大等。

（6）界面膜（SEI）的形成　因界面膜的形成而损失的锂离子将导致两极间容量平衡的改变，在最初的几次循环中就会使电池的容量下降。另外，界面膜的形成使得部分石墨粒子和整个电极发生隔离而失去活性，也会造成容量的损失。

（7）集流体　锂离子电池中的集流体材料常用铜和铝，两者都容易发生腐蚀，集流体的腐蚀会导致电池内阻增加，从而造成容量损失。

4.2.8　锂离子电池使用安全性的影响因素

锂离子电池在热冲击、过充、过放和短路等异常情况下，内部的活性物质及电解液等组分间将发生化学、电化学反应，产生大量的热量与气体，使电池内部压力升高，积累到一定程度可能导致电池着火，甚至爆炸。其主要原因包括：

（1）材料热稳定性　锂离子电池在一些异常情况下，如高温、过充、针刺穿透以及挤压等情况下，可以导致电极和有机电解液之间的强烈作用，如有机电解液的剧烈氧化、还原或正极分解产生的氧气进一步与有机电解液反应等，这些反应产生的大量热量如不能及时散发到周围环境中，必将导致电池内热的失控，最终导致电池燃烧、爆炸等事故。因此，正负电极、有机电解液相互作用的热稳定性是保证锂离子电池安全的首要因素。

（2）制造工艺　锂离子电池的制造工艺分为液态锂离子电池的制造工艺和聚合物锂离子电池的制造工艺。无论是哪种结构的锂离子电池，电极制造、电池装配等制造过程都会对电池的安全性产生影响。如正极和负极混料、涂布、辊压、裁片或冲切、组装、加注电解液的量、封口、化成等诸道工序的质量控制，都会影响电池的性能和安全性。浆料的均匀度决定了活性材料在电极上分布的均匀性，从而影响了电池的安全性。浆料细度太大，电池充放电时会出现负极材料膨胀与收缩比较大的变化，可能出现金属锂的析出；浆料细度太小，会导致电池内阻过大。涂布加热温度过低或烘干时间不足会使溶剂残留，黏结剂部分溶解，造成部分活性物质容易剥离；温度过高可能造成黏结剂炭化，活性物质脱落形成电池内短路。

以下为几项提高锂离子电池使用安全性的措施：

（1）使用安全型锂离子电池电解质　阻燃电解液是一种功能电解液，这类电解液的阻燃功能通常是通过在常规电解液中加入阻燃添加剂获得的。阻燃电解液是目前解决锂离子电池安全性最经济有效的措施。

使用固体电解质代替有机液态电解质，能够有效提高锂离子电池的安全性。固体电解质包括聚合物固体电解质和无机固体电解质。聚合物电解质，尤其是凝胶型聚合物电解质的研究近年来取得很大的进展，目前已经成功用于商品化锂离子电池中。干态聚合物电解质由于不像凝胶型聚合物电解质那样包含液态易燃的有机增塑剂，所以它在漏液、蒸气压和燃烧等方面具有更好的安全性。无机固体电解质具有更好的安全性，不挥发、不燃烧、不存在漏液问题，同时机械强度高、耐热温度明显高于液体电解质和有机聚合物，使电池的工作温度范围扩大。将无机材料制成薄膜，更易于实现锂离子电池小型化，并且这类电池具有超长的储存寿命，能大大拓宽现有锂离子电池的应用领域。

（2）提高电极材料热稳定性　负极材料的热稳定性是由材料结构和充电负极的活性决定的。对于碳材料、球形碳材料，如中间相碳微球（MCMB）相对于鳞片状石墨，具有较低的比表面积，较高的充放电平台，所以其充电态活性较小，热稳定性相对较好，安全性高。具有尖晶石结构的 $Li_4Ti_5O_{12}$，相对于层状石墨的结构稳定性更好，其充放电平台也高得多，因此热稳定性更好，安全性更高。因此，目前对安全性要求更高的动力电池中通常使用 MCMB或 $Li_4Ti_5O_{12}$ 代替普通石墨作为负极。通常负极材料的热稳定性除了材料本身之外（对于同种材料，特别对石墨来说），负极与电解液界面的固体电解质界面膜（SEI）的热稳定性更受关注，而这也通常被认为是热失控发生的第一步。提高 SEI 膜热稳定性的途径主要有两种：

① 负极材料的表面包覆，如在石墨表面包覆无定形碳或金属层；

② 在电解液中添加成膜添加剂，在电池活化过程中，它们在电极材料表面形成稳定性较高的 SEI 膜，有利于获得更好的热稳定性。

正极材料和电解液的热反应被认为是热失控发生的主要原因，因此提高正极材料的热稳定性尤为重要。与负极材料一样，正极材料的本质特征决定了其安全特征。$LiFePO_4$ 由于具有聚阴离子结构，其中的氧原子非常稳定，受热不易释放，因此不会引起电解液的剧烈反应或燃烧；在过渡金属氧化物中，$LiMn_2O_4$ 在充电态下热稳定性较好，所以这种正极材料的相对安全性也较好。此外，也可以通过体相掺杂、表面处理等手段提高正极材料的热稳定性。

4.2.9　磷酸铁锂电池的外特性

磷酸铁锂电池的外特性主要包括电动势特性和超电势特性。

（1）磷酸铁锂电池的电动势特性　*EMF*（Electro－Motive Force）指电池的平衡电势，即电池体系处于平衡状态时正负极的电势差，它是电池体系中客观存在的一个物理量。由于 *EMF* 是电池平衡时的电势，要想直接获得 *EMF* 值，必须在电池处于平衡状态时来测量电池两端的电压。因此，一般采取的方法是间歇充/放电，即将电池充/放电一定时间，再静置足够长时间后测量电池的开路电压，并认为此时的开路电压值为电池的 *EMF* 值。根据磷酸铁锂电池的特性，其静置时间约为 8h，此时电池基本处于稳定状态。然而，通过此方法获得的平衡电势曲线，其充电与放电曲线之间会存在差异。

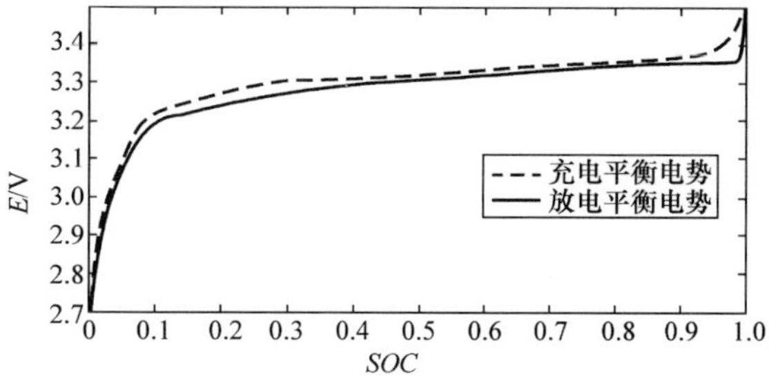

图 4-19　磷酸铁锂电池的充电与放电时的平衡电势曲线

图 4-19 为通过实验获得的磷酸铁锂电池的充电与放电时的平衡电势曲线。从图中可以

看出，磷酸铁锂电池存在滞回电压现象（之所以称为滞回电压，是由于电池的充放电曲线的形态类似磁导体的磁滞回性曲线），这种滞回电压现象不仅存在于磷酸铁锂动力电池，镍氢电池以及其他类型的锂离子电池也存在滞回电压现象。滞回电压的产生是由电池本身的电化学特性造成的。

（2）磷酸铁锂电池的超电势特性　当电池发生电极反应时，电极电势会偏离平衡电势，偏离平衡电势的值即为超电势。电池偏离平衡状态时的外特性表现为电池的等效阻抗与回弹电压。

1）电池的等效阻抗特性。电池在充放电时，放出的能量总会比充进电池的能量少。电池在充放电循环时，会有能量损耗，并且用损耗能量计算出的等效阻抗的值基本接近。因此可以认为，电池的内部存在一个等效电阻，在电池充放电时它会消耗一定的能量。

在电池工作过程中，由于电池的组成材料和电池的极化等原因，电流通过电池时会产生一定的电压降，这种现象对外表现为电池的等效内阻。电池内阻主要由欧姆电阻和极化电阻两部分组成。其中，欧姆电阻是由于电池体系结构特征以及组成电池的材料等原因产生的电阻，它包括电极、电解质溶液、隔膜等与各部分零部件之间的接触电阻、电极表面氧化膜产生的电阻以及隔膜电阻，其中各个零部件之间的接触电阻、隔膜电阻与电解质的电阻可以看作常数。在电池没有工作时，流过电极的电流为零，电极上的氧化反应速率和还原反应速率相等，净反应速率为零，电池体系处于动态平衡中；当有电流流过电极时，电池体系不再处于平衡状态，电极的净反应速率也不再为零，电极的电位也会偏离原来平衡时的电位，这种现象即电极的极化。造成电极极化的原因比较复杂，电极极化发生在电极/溶液界面，包括一系列吸附、脱嵌、电荷转移、电化学反应等步骤，这些步骤在电极反应中都是串联完成的，当某个步骤速率最慢，即所受阻力最大时，整个电极极化过程由这个步骤所控制，根据控制步骤的不同，电极极化可分为电化学极化、浓差极化以及电阻极化。

综合电池内阻的电化学机理以及实验测得的外特性曲线，对于一定的电池体系，其极化内阻主要受温度、电池的老化程度的影响，在一定的温度范围和循环寿命内，其值可以认为基本不变。

2）电池的回弹电压特性。对于电池回弹电压的外特性表现，可以通过测量电池由工作状态变为静置后的开路电压来获得。图 4-20 为在 20℃ 环境下同一放电倍率、不同 *SOC* 值处静置后的电池的开路电压变化曲线。图 4-20 所示的曲线形态基本一致，图中所示的不同 *SOC* 所对应的电压大小不同，主要是受不同 *SOC* - *EMF* 关系影响所致。

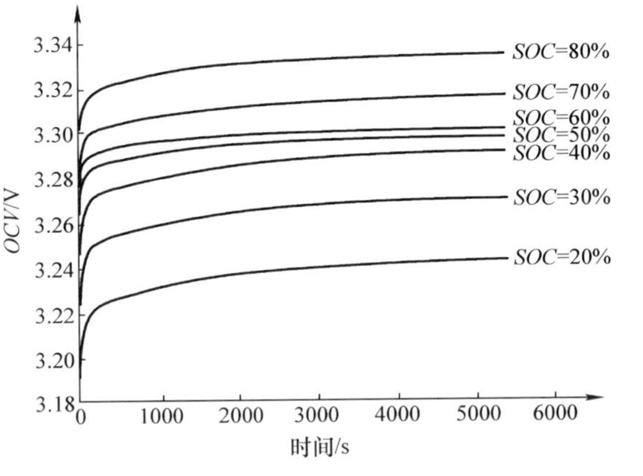

图 4-20　同一放电倍率、不同截止 *SOC*，放电后静置一段时间的电压曲线

电解液是电池的重要组成部分，水的理论分解电压为 1.23V，在以水为溶剂的电解液构成的电池中，最高的电池电压也只有 2V 左右（如铅酸电池）。然而，锂离子电池的电压为 3～4V，以水为溶剂的电解液不再适用于锂离子电池，因此，锂离子电池的电解液必须采用

非水溶剂的电解液。

电解液的电导率主要与溶剂的介电常数和黏度有关，介电常数越高，自由锂离子数越多，电解液的电导率越高；黏度越低，离子的移动速度越快，电解液的电导率相应地也越高。水的介电常数远远高于其他常见的非水溶剂的介电常数，这样就导致锂离子电池的电解液电导率较低，只有以水为溶剂的电解液（如铅酸电池、碱性电池的电解液）的电导率的几百分之一。较低的电导率使锂离子电池在较大电流放电时，来不及从电解液中补充和电流相当的锂离子，这样就会产生一个电压降。当电池停止放电，流过电池的电流为零时，来不及补充的锂离子会经过扩散和相位转变两个阶段，使电池体系回至平衡状态，对外表现为电池的开路电压先急剧上升后缓慢上升，直至上升到平衡时的电压，即电池的电动势，这种现象即为电池的电压回弹特性。

综上所述，磷酸铁锂电池的超电势所表现出的是既有阻性又有容性的特性，因此可以用阻容网络来实现电池的超电势特性。

4.2.10　动力电池使用寿命的影响因素

当动力电池单体寿命一定时，动力电池的连接方式、组内单体的块数及其不一致程度成为影响动力电池组寿命的最主要因素。

（1）电池单体寿命影响因素　动力电池单体在充放电循环使用过程中，由于一些不可避免的副反应的存在，电池可用活性物质逐步减少，性能逐步退化。其退化程度随着充放电循环次数的增加而加剧，其退化速度与动力电池单体充放电时的工作状态和环境有着直接的联系。

影响动力电池单体寿命的因素主要包括充放电速率、充放电深度、环境温度、存储条件、电池维护过程、电流波纹以及过充电量和过充频度等。

1）充电截止电压。动力电池在充电过程中一般都伴随有副反应，提高充电截止电压，甚至超过电池电化学电位后进行充电一般会加剧副反应的发生，并导致电池使用寿命缩短，并可能导致内部短路、电池损坏，甚至着火爆炸等危险的出现。

2）放电深度。深度放电会加速动力电池的衰退。浅充浅放可以有效地延长动力电池的使用寿命。

3）充放电倍率。动力电池单体的充放电倍率是其在使用工况下最直接的外界环境特征参数，其大小直接影响着动力电池单体的衰减速度。充放电倍率越高，动力电池单体的容量衰减越快。动力电池单体大倍率的充放电均会加快其容量的退化速度，如果充放电倍率过大，动力电池单体还可能会直接损坏，甚至出现过热、短路起火等极端现象。

4）环境温度。不同的动力电池均有最佳的工作温度范围，过高或过低的温度都将对电池的使用寿命产生影响。试验表明，在高温下运行的动力电池的容量衰减速度明显大于常温下工作的电池。

5）存储条件。在存储过程中，由于电池的自放电、正负极材料钝化、电解液分解蒸发、电化学副反应等因素，将导致电池产生不可逆的容量损失。以锂离子电池为例，在锂离子电池存储期间，石墨负极的副反应是引起锂离子动力电池容量衰减的主要原因。锂离子电池电极材料与电解液在固液相界面上发生反应后，其负极表面会形成一层电子绝缘且离子可导的固体电解质界面膜。其主要是由于电解液在负极表面的还原分解而形成的。这层膜的性质和质量直接影响着电极的充放电性能和安全性。

(2) 电池组寿命的影响因素 电池组寿命的影响因素除了单体电池本身所含因素以外，还包括不一致性、成组方式、温区差异和振动环境等。

在车辆上应用时，不一致性对电池组寿命的影响有三个方面：

1）车辆行驶距离相同，因容量不同，电池的放电深度也不同。在大多数电池还属于浅放电情况下，容量不足的电池已经进入深放电阶段；而当其他电池深放电时，低容量电池可能已经没有电量可以放出，成为电路中的负载。即容量不一致导致电池的放电深度不同。

2）同一种电池都有相同的最佳放电率，容量不同，最佳放电电流就不同。在串联组中电流相同，所以有的电池在最佳放电电流工作，而有的电池达不到或超过了最佳放电电流。即由于不一致性引起了电池在工作过程中的放电率差异。

3）在充电过程中，小容量电池将提前充满，为使电池组中其他电池也充满，小容量电池必将过充电，充电后期充电电压偏高，甚至超出电池电压最高限，形成安全隐患，影响整个电池组充电过程，并且过充电将严重影响电池的使用寿命。

电池在电动车辆上的安装位置根据总体布置的需要可能会有不同，这就导致电池所处的热环境存在差异，如某箱电池可能靠近电机等热源，而部分电池可能处于通风状况良好的区域。或在同一位置的电池内由于通风条件的差异导致单体间的温差。应尽量保证电池处在相同的工作环境，以避免电池在同种工况下以不同特性工作。

此外，车辆的振动也会对电池的机械特性、使用寿命和使用性能产生负面影响，如极耳断裂、电解液泄漏、电气连接件松动、活性物质脱落等。

4.3 动力电池管理系统

电池应用于小型消费电子产品（如手机）中时，以单体电池的形式存在，而在电动自行车、电动摩托车、纯电动车辆、混合动力车辆、燃料电池车辆中应用时，其要求的容量逐渐增大，需要通过串联、并联的方式组成电池组进行充放电。单体电池之间的性能差异，决定了其作为动力和储能电池时，都需要电池管理系统进行充放电的管理、监控和保护，以避免单体电池出现损坏或不一致性，影响整个电池组的性能。

动力电池管理系统（Battery Management System，BMS）是用于对动力电池组进行安全监控及有效管理，提高动力电池使用效率的装置。其作用包括：

① 实现对电池状态（电池的温度、单体电池电压、工作电流、电池和电池箱之间的绝缘）的在线监测；

② *SOC* 估算；

③ 状态分析（*SOC* 是否过高、电池温度是否过高/低、单体电池电压是否超高/低、电池的温升是否过快、绝缘是否故障、是否过电流、电池的一致性分析、电池组是否存在故障以及是否通信故障等）；

④ 电池箱的热管理。

对于电动车辆而言，通过动力电池管理系统对电池组充放电的有效控制，可以达到增加续驶里程，延长使用寿命，降低运行成本的目的，并保证动力电池组应用的安全可靠性。动力电池管理系统已成为电动车辆不可缺少的核心部件之一。

4.3.1　动力电池管理系统的基本构成和功能

电池管理系统是集监测、控制与管理为一体的复杂电气测控系统，也是车辆商品化、实用化的关键。电池管理的核心问题就是 *SOC* 的预估问题，在车辆电池操作窗中 *SOC* 的合理范围是 30% ~70%，这对保证电池寿命和整体的能量效率至关重要。车辆在运行时，电池的放电和充电均为脉冲工作模式，大的电流脉冲很可能会造成电池过充（超过 80% *SOC*）、深放（小于 20% *SOC*）甚至过放（小于 0% *SOC*），因此车辆的控制系统一定要对电池的荷电状态敏感，并能够及时做出准确的调整，这样电池能量管理系统才能根据电池容量决定电池的充放电电流，从而实施有效控制。根据各电池单体容量的不同，识别电池组中各电池间的性能差异，并以此做出均衡充电控制和电池是否损坏的判断，确保电池组的整体性能良好，延长电池组的寿命。

准确可靠地获得电池 *SOC* 是电池管理系统中最基本和最首要的任务，在此基础上才能对车辆的用电进行管理，特别是防止电池的过充和过放。蓄电池的荷电状态是不能直接得到的，只能通过对电压、电流、电池内阻、温度等电池特性参数来推断。这些参数与 *SOC* 的关系为复杂的非线性关系。

电池管理系统的主要工作原理可简单归纳为：数据采集电路采集电池状态信息数据后，由电子控制单元（ECU）进行数据处理和分析，然后电池管理系统根据分析结果对系统内的相关功能模块发出控制指令，并向外界传递参数信息。

在功能上，电池能量管理系统主要包括：数据采集、电池状态计算、能量管理、安全管理、热管理、均衡控制、通信功能和人机接口。图 4-21 为电池管理系统功能图。

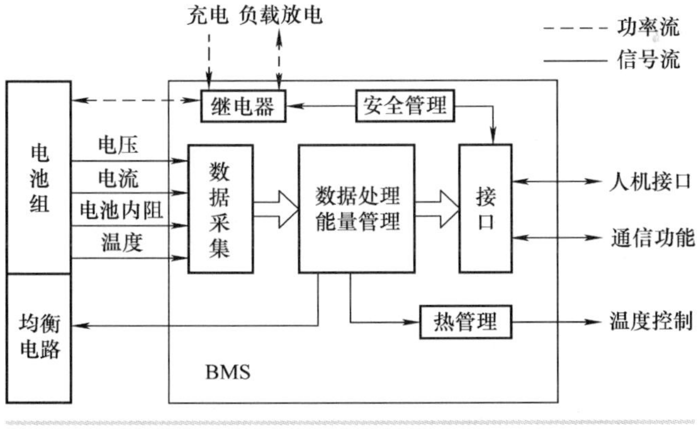

图 4-21　某车辆动力电池管理系统的基本功能框图

（1）数据采集　电池管理系统的所有算法都是以采集的动力电池数据作为输入。采样速率、精度和前置滤波特性是影响电池系统性能的重要指标。车辆电池管理系统的采样速率一般要求大于 200Hz（50ms）。

（2）电池状态计算　电池状态计算包括电池组荷电状态和电池组健康状态两方面。*SOC* 用来提示动力电池组剩余电量，是计算和估计车辆续驶里程的基础。*SOH* 用来提示电池技术状态、预计可用寿命等健康状态的参数。

（3）能量管理　能量管理主要包括以电流、电压、温度、*SOC* 和 *SOH* 为输入进行充电过程控制，以 *SOC*、*SOH* 和温度等参数为条件进行放电功率控制两个部分。

（4）安全管理　监视电池电压、电流、温度是否超过正常范围，防止电池组过充过放。现在在对电池组进行整组监控的同时，多数电池管理系统已经发展到对极端单体电池进行过充、过放、过温等安全状态管理。

（5）热管理　热管理系统的功能是通过风扇等冷却系统和热电阻加热装置使电池温度处于正常工作温度范围内。在电池工作温度超高时进行冷却，低于适宜工作温度下限时进行电池加热，使电池处于适宜的工作温度范围内，并在电池工作过程中总保持电池单体间温度均衡。对于大功率放电和高温条件下使用的电池，电池的热管理尤为必要。

（6）故障诊断与报警　当蓄电池电量或能量过低需要充电时，及时报警，以防止电池过放电而损害电池的使用寿命；当电池组的温度过高，非正常工作时，及时报警，以保证蓄电池正常工作。

（7）均衡控制　由于电池的一致性差异导致电池组的工作状态是由最差电池单体决定的，当电池之间有差异时，应该有一定措施进行补偿。在电池组各个电池之间设置均衡电路，实施均衡控制，以保证各单体电池充放电的工作情况尽量一致，提高整体电池组的工作性能。

（8）通信功能　通过总线实现电池参数和信息与车载设备或非车载设备的通信，为充放电控制、整车控制提供数据依据是电池管理系统的重要功能之一。根据应用需要，数据交换可采用不同的通信接口，如：模拟信号、PWM 信号、CAN 总线或 I2C 串行接口。

（9）人机接口　根据设计的需要设置显示信息以及控制按键、旋钮等。

某车辆动力电池管理系统的基本功能如图 4-22 所示。

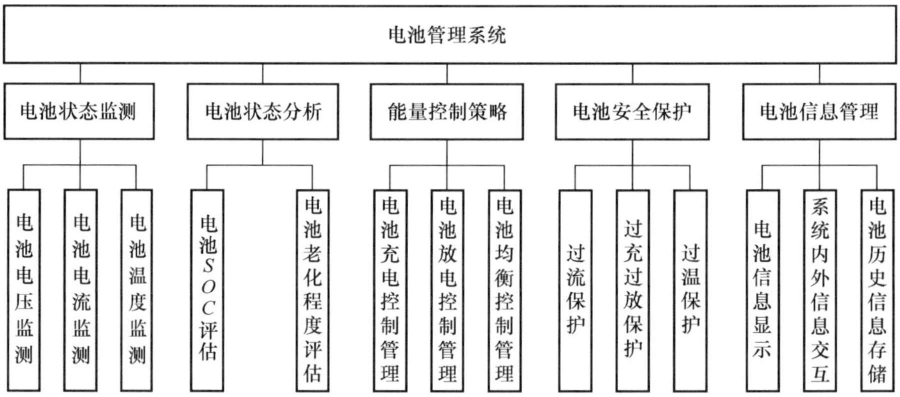

图 4-22　某车辆动力电池管理系统的基本功能框图

表 4-8 为动力电池管理系统的基本功能及描述。

表 4-8　动力电池管理系统的基本功能及描述

基本功能		功能描述	备　注
电池状态监测	电池电压监测	监测电池电压	
	电池电流监测	监测电池电流	
	电池温度监测	监测电池温度及电池箱环境温度	对电池剩余容量的评估、安全保护等方面具有非常重要的意义

（续）

基本功能		功能描述	备　注
电池状态分析	电池 *SOC* 评估	*SOC*，评估电源箱剩余的电量	可用百分比表示，也可换算为等效时间或等效里程来表示。 近年来，在电池管理系统领域超过一半的研究工作是围绕 *SOC* 评估进行的
	电池老化程度 *SOH* 评估	*SOH*，评估电池的老化状态	常用百分比表示。 *SOH* 受动力电池使用过程中的工作温度、充放电电流的大小等因素的影响，需要在使用过程中不断进行评估和更新，以确保驾驶人获得更为准确的信息
能量控制策略	电池充电控制管理	指电池管理系统在电池充电过程中对充电电压、充电电流等参数进行实时的优化控制	优化的目标包括充电时长、充电效率以及充电的饱满程度等
	电池放电控制管理	指在电池的放电过程中根据电池的状态对放电电流大小进行控制	在动力电池组剩余容量小于 10% 的状态下，可以适当地限制电池组的最大放电电流大小，尽管会对车辆的最高速度产生影响，但这有利于延长车辆的续航里程，且有利于延长动力电池组的使用寿命
	电池均衡控制管理	指采取一定的措施尽可能降低电池不一致性的负面影响，以达到优化电池组整体放电效能，延长电池组整体寿命的效果	由于受生产工艺不稳定、使用环境不一致等因素的影响，电池组内的各个单体电池总存在一定程度的不一致性。电池组中只要有一个电池的电压低于放电的门限值，就要对整个电池组进行保护，但此时电池组内其他电池往往还带有一定量的剩余电荷。因此，对电池进行均衡管理有利于把剩余电荷利用起来，从而提高电池组的放电效能
电池安全保护	过流保护	指在充放电过程中，如果工作电流超过安全值，则应该采取相应的安全保护措施	能量型的磷酸铁锂电池一般都支持 0.3～0.5C 倍率持续充放电。动力型的磷酸铁锂电池一般都支持 1C 倍率持续充放电
	过充过放保护	过充保护指在电池的荷电状态为 100% 的情况下，为了防止继续对电池充电造成的电池损坏，而采取切断电池的充电回路的保护措施。 过放保护指在另一方面，在电池的荷电状态是 0 的情况下，若继续对电池进行放电，也会对电池造成损坏，而采取切断电池的放电回路的保护措施	过充过放保护有一种简单的实现方式，即设定充、放电的截止保护电压，即如果检测到的电池电压高于或低于所设定的门限电压值，则及时切断电流回路以保护电池
	过温保护	指当温度超过一定限制值的时候对动力电池采取保护性的措施	过温保护需要考虑环境温度，电池组的温度以及每个单体电池本身的温度。由于温度的变化需要一个过程，温度控制往往也具有滞后性，因此，温度保护往往要考虑一些“提前量”

（续）

基本功能		功能描述	备注
电池信息管理	电池信息显示	通过仪表显示电池状态信息	电池状态信息一般包括以下三类： 1）实时电压、电流、温度信息：一般为整个电池组的总电压、总电流、最高电池电压、最低电池电压、最高电池温度、最低电池温度等信息 2）电池剩余电量信息：为驾驶人提供直观的驾驶感受和判断依据 3）告警信息：当电池组存在安全问题或即将发生安全问题的时候，需要及时通过仪表通知驾驶人
	系统内外信息交互	电池管理系统同时具有“内网”和“外网”两级网络。其中，内网用于传递电池管理系统的内部信息；外网用于电池管理系统与整车控制器、电机控制器等其他部件交互信息	外网应该是双工（支持双向通信）的。一方面，电池管理系统需要将电压、电流、温度等信息发送给其他部件；另一方面，整车控制器也需要将“是否有充电机接入”“是否允许进行充电”等信息发送给电池管理系统
	电池历史信息存储	先进的动力电池管理系统一般会考虑这项功能。信息存储从时效上具有两种方式，即“临时存储”与“永久存储”。其中，临时存储是利用RAM，暂时保存电池信息；永久存储可利用EEROM、Flash Memory等器件来实现，可保存时间跨度较大的历史信息	具有以下几个方面的意义： 1）数据缓冲，提高分析估算的精度。例如，由于存在干扰，实时监测到的电压、电流的数值存在错误，利用历史数据，有助于对可能存在错误数据进行滤波，以得到更精确的数据。 2）有助于电池状态分析。特别是能根据一段时间电池的历史数据，对电池的老化状态等进行评估。 3）有助于故障分析与排除。电池历史信息存储功能类似于飞机的黑匣子，当车辆发生故障以后，可以通过对历史数据的分析发现故障原因，利于故障排除

注：① 大多数磷酸铁锂动力电池都支持短时间的过载放电，能在车辆起步、提速过程中提供较大的电流以满足动力性能的要求。但不同厂家、不同型号的动力电池所支持的过载电流倍率、过载持续时间都是不一致的。例如，某型号的动力电池支持不超过1min的5C过载电流，这正是电池管理系统的过流保护功能所必须考虑的。

② 制动能量回收也是能量控制管理的重要内容之一。例如，在某些混合动力车辆中，需要通过充放电控制管理把电池的荷电状态维持在60%～80%，以留出足够的电荷容量空间来接收来自于制动而回收的能量。这样做的另外一个原因就是使电池工作在等效内阻较小的区间内，从而使充放电的效率更高。

③ 以上五大类功能只是电池管理系统的基本功能。根据用户需求和车辆设计要求，设计者还可以加入单独的“热管理与控制”“通信失效识别”“故障诊断与处理”“漏电检测与防护”等功能，提升电池箱的安全可靠性。

4.3.2 动力电池管理系统的设计

随着动力电池市场的高速扩张，电池管理系统的需求也将快速扩大。目前国内外电池管理系统已进入实际应用阶段，但研究还不够成熟，性能还不够理想。动力电池和电池管理系统的性能提升，是电动车辆发展亟待突破的瓶颈，也是最核心的关键技术之一，将直接决定新能源车辆的推广速度。

电池管理系统的硬件电路通常可被分为两个功能模块，即电池监测回路（Battery Monitoring Circuit，简称 BMC）和电池组控制单元（Battery Control Unit，简称 BCU）。

（1）BMC 与各个单元电池之间的拓扑关系　BMC 与各个单元电池之间的拓扑关系包括 1 个 BMC 对应 1 个单元电池（如图 4-23a 所示）和 1 个 BMC 对应多个单元电池（如图 4-23b所示）两种。

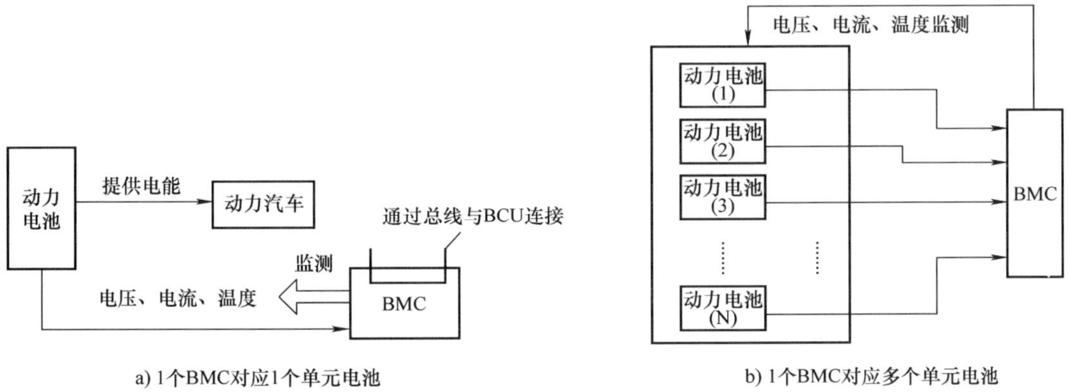

图 4-23　BMC 与各个单元电池之间的两种拓扑关系

两种拓扑关系的优劣对比如表 4-9 所示。

表 4-9　两种拓扑关系的优劣对比

BMC 与单元电池间的拓扑关系	优点	缺点
1 个 BMC 对应 1 个单元电池	BMC 与单元电池的距离较短，在一定程度上能减少采集线路的长度及复杂度，采集精度高，抗干扰性好	电路板的相对成本较高；同时，由于电池管理系统的工作电源往往由被监控的动力电池提供，因此可能使整个电池管理系统的能耗相对更大
1 个 BMC 对应多个单元电池	由于电路板由多个动力电池共享，因此平均成本较低	由于采集线路较长，可能导致连线的复杂度较高，抗干扰性相对较差。同时，较长的采集线路有可能降低了电压采集的精度，并且由于线材的成本也会导致这种结构的实际成本增加

（2）BCU 与 BMC 之间的拓扑关系　BCU 与 BMC 之间的拓扑关系有以下三种：

1）BCU 与 BMC 共板。在某些车辆的电源管理系统中，由于动力电池的个数较少，电池管理系统的规模相对较小，BCU 与 BMC 可以设计在同一块电路板上，对车上的所有动力电池进行统一管理。在某种特殊的情况下，BCU 和 BMC 的功能甚至可以合并到同一块集成电路芯片中完成。采用这种拓扑结构的电池管理系统成本相对较低，但不适用于电池数量较多、规模较大的车辆应用场合。

2）星型连接方式。相对于 BCU 与 BMC 共板的结构，其他的拓扑关系都属于 BMC 与 BCU 分离的方式，必然需要解决 BMC 与 BCU 之间的相互通信问题。一般地，其相互通信都会采用特定的通信协议来进行。然而，通信总线的物理连接可以采用不同的拓扑结构组合。

星型连接方式如图 4-24 所示。星型连接方式从外观上来看，BCU 位于中央位置而每一个 BMC 模块均以线束与之相连，通常 BCU 中还带有一个总线集中模块，使多个 BMC 能共享通信信道。星型连接方式的优点是：

① 便于进行介质访问控制；

② 某个 BMC 的退出或者故障不会对其他 BMC 的通信造成影响。

这种连接方式的缺点在于：

① 通信线路的长度较长，难维护；

② 可扩展性差，受总线集中模块端口的限制，不能够随意地增加多个 BMC 单元。

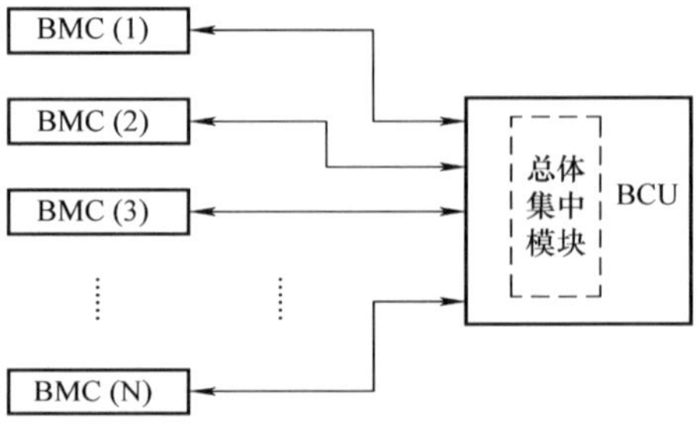

图 4-24 星型连接方式

3）总线型连接方式。图 4-25 为 BCU 与 BMC 以总线型的方式进行连接。

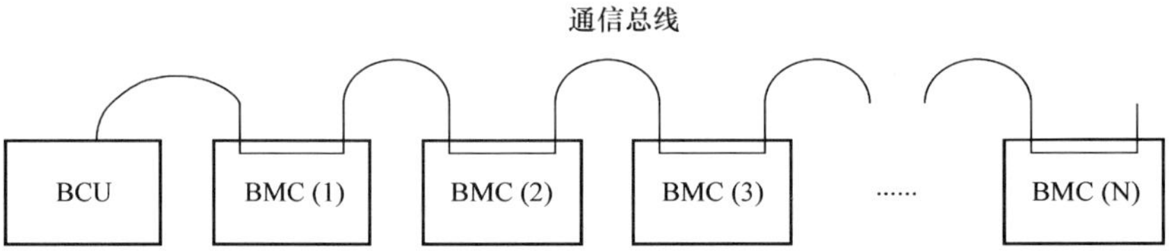

图 4-25 总线型连接方式

从图 4-25 中可见，每块电路板都是通信总线的一部分，与前面的星型连接相比，用于通信信道的线材开销相对较少，连接方式更为灵活，可扩展性强。若电池组内需要增加电池及相应的 BMC 的数量，只需要增加一小段通信线材即可；反之，若某一个 BMC 需要退出整个系统，则只需要把相邻的通信线路稍微延长即可。

总线型的连接方式最突出的缺点就是通信线路的相互依赖性，即第 N 块电路板要与 BCU 通信，需要利用前面 N－1 块电路板，若其中某一块电路板出故障，则后续的 BMC 与 BCU 之间的通信会立即受到影响。

值得一提的是，无论采用星型还是总线型的物理连接方式，都指的是其拓扑形式，而从通信网络的角度看，两种方式都存在“介质访问竞争”，BCU 与 BMC 之间常用总线通信协议进行信息交互，需要进行隔离设计。

4.3.3 动力电池状态监测的相关问题

（1）精度　从理论研究的角度而言，采集精度自然是越高越好的，然而在工程实践中，情况并非如此。一方面，精度高的器件自然会需要较高的成本，不利于产业化；另一方面，采集精度越高，对应的时延相对也越大，将会影响电池电压监测的实时性与同步性。由此看来，电压采集的精度并非越高越好的。

1）电池电压采集的精度问题。电池电压采集的精度需求，往往是与电压数据的服务对象相关的，也就是说，要看所采集到的电压数据是用来做什么的。如果电压数据是用于过压保护的，由于磷酸铁锂电池的电压平台区在 3.2～3.3V 附近，而高压保护门限在 3.6V 以上，因此对电压采样的精度要求相对较低。如果电压数据是用于显示的，那么精度要求也不高，因为“3.32V”和“3.33V”的差别对于驾驶人而言并不是太大。在电池管理系统的各种功能中，对电压采集精度要求较高的，应该是 *SOC* 估算环节了。

一般地，电池的 SOC 与其电动势（近似可以理解为开路电压）之间存在着对应关系，可以根据电池的开路电压求得电池的 SOC 值。那么，在这种情况下，对电压采集精度的要求就可以转化为对 SOC 估算精度的要求了。以某款电池为例，$\triangle SOC=5\%$ 所对应的最小电动势差值为 $\triangle EMF=0.0019\mathrm{V}$。由此可见，若系统要求 SOC 的评估误差小于 5%，则电压监测的误差应小于 0.0019V，即大概相当于 2mV。在确定电压采集的精度指标以后，就需要选择合适的电压采集方式和模/数转换器来实现了。

2）电池电流采集的精度问题。相对于电压、温度等其他物理量，电流监测具有以下特点：

① 电流的采样通道少。在动力电池组中，由于电池个数多，电压和温度采样点较多；而多个动力电池往往串联使用，各电池的工作电流相同，基本上只需要对串联后的总电流进行监测，故采样通道较少。

② 电流的采样频率高。电流的采样频率对于剩余电量的评估精度及系统安全性有着重要的影响。

可以从以下三个方面来确定电流监测的精度指标。

① 从安全性的角度考虑。尽管安全性对整个电池管理系统而言非常重要，但是，它对电流监测的精度要求并不高。一般而言，为了保证车辆的安全，电池管理系统对充放电电流设置门限，通过过流保护措施进行防护。一般设定的保护门限值要高于放电电流正常工作电流的最大值，因此即使电流监测存在一定的误差，也不会对过流保护功能造成过大的影响。

② 从仪表显示的角度考虑。在车辆运动过程中，因为车辆的工作电流通常较大，仪表显示的电流数值允许有较大的误差。但在车辆停车状态下，仪表所显示的误差应控制好，以免对驾驶人造成误导。

③ 从剩余电量评估的需求考虑。从剩余电量评估的需求所考虑的电流监测精度更需要侧重于考虑其相对误差。可以这样认为，在电流采样频率足够高（满足奈奎斯特采样定理）的前提下，利用电流积分法（称电荷累积法或者 CC 法）来评估剩余电量的精度直接取决于电流监测的精度。例如，在过去的 1h 内，电流监测的平均相对误差为 5%。那么，利用电流积分所估算的在过去 1h 内所消耗的电量的误差也是 5%。若电流监测存在系统误差，即固定地偏大或者偏小，那么所估算的电量消耗值也会相应地偏大或偏小。

3）温度采集的精度问题。温度测量的误差也将直接影响剩余电量评估的准确度，但 1～2℃的误差所造成的影响基本很小，而且不会随着时间的推移产生累积误差。从安全保护的角度来看，温度监测的误差基本不会造成严重的影响。从这个方面来讲，动力电池管理系统对温度监测误差的容忍程度是很高的。

（2）时延问题　在电池状态监测的问题上，状态信息的采集环节、信息的传递环节、信息的处理环节总会或多或少地存在着时延，因此“实时”是相对而言的。

造成状态信息时延的因素主要在于电池监测回路（BMC）的信息采集环节、通信网络的信息传递环节以及负责总体决策的电池控制单元（BCU）的信息处理环节。

1）BMC 造成的时延。BMC 是与所采集的物理量最接近的芯片及其辅助电路。根据不同的应用场合，前端芯片可以是单片机、模/数转换器以及某些专为电池管理系统而设计的芯片，它们负责把电池电压等模拟信号转成数字信息，造成时延的主要原因也就是模/数转换所需要的时间。通常对一个信号进行 8bit 的模/数转换大概需要 100μs 的时间，随着转换位数的增大，电压采集的时延随之增大。

2）通信网络造成的时延。如果电池管理系统中采用了总线网络来传递信息，那么通信的控制方式以及通信波特率的设置等因素将造成通信网络的时延。如果通信总线里面还有其他的节点，由于总线竞争而造成的时延将会更大。

3）BCU 造成的时延。BCU 内含有在电池管理系统中执行最高决策的芯片，包括安全管理、能量管理、均衡管理等功能均由主芯片负责实施。但在实际应用中，由于电池数量较多，位置分散，甚至需要分级管理，因而 BCU 与 BMC 之间存在协调问题，造成时延。

在电池状态监测的过程中，解决非实时与非同步问题的思路可以从必要性和可行性两个方面着手。首先，就必要性而言，就是要根据不同应用场合的需求，分析信息延迟的可容忍范围，明确对状态数据监测的实时性、同步性的要求，确定设计指标。然后，从可行性而言，就是根据设计指标的要求，综合成本、可靠性等因素来选择合适的拓扑结构、核心器件、网络参数等，进而得到一个合理的解决方案。比如，我们可以通过分析状态信号的特征，选择采样频率；也可以根据不同需求，对电流、电压、温度等不同的指标设定不同的采样频率。

（3）隔离问题　对于多电池检测的电路必须考虑通信隔离问题，原因在于两个方面：首先，检测电路由动力电池的局部供电，各个局部之间串接而非共地，但通信总线一般要求共地接法，因此存在矛盾；其次，检测电路与动力电池相连，而动力电池在工作过程中的电压非恒定，若直接与通信总线连接，将会对通信线路形成干扰。

目前通信隔离的常用手段是光隔离，也就是两个电路在线路连接上断开，只用光耦合器把信息从一个电路耦合到另外一个电路上。当然，为了实现双工通信，一般需要为每个通信单元配置两个光耦合器。随着技术的发展，解决通信隔离问题的手段也越来越丰富多样。有些单片机芯片有自带的 CAN 总线控制模块或支持其他总线协议的通信控制模块，甚至自带有光隔离模块。

4.4　动力电池的特性测试

动力电池测试是电池研制、出厂检测、产品评估等的必要手段。作为车辆的能量源，从保证交通工具必要的性能和安全性角度出发，车辆行业管理部门也针对动力电池、动力电池组甚至动力电池系统的测试制订了详细的测试规程和检验标准。虽然动力电池在车辆产业的应用尚处于初级阶段，标准也会随着应用的发展及对动力电池的认识逐步修改完善，但对于性能和安全性测试的基本方法和要求应该相对稳定。

4.4.1　动力电池特性测试的内容

从车辆实际应用角度出发，应用于车辆的动力电池需要以动力电池组作为测试对象，进行适合于车用的一系列测试。化学电源的电化学基本性能包括容量、电压、内阻、自放电、存储性能、高低温性能等，动力电池作为典型的二次化学电源还包括充放电性能、循环性能、内压等。

因此，对于动力电池单体而言，主要性能测试内容包括充电性能测试、放电性能测试、放电容量及倍率性能测试、高低温性能测试、能量和比能量测试、功率和比功率测试、存储性能及自放电测试、寿命测试、内阻测试、内压测试和安全性测试等。

动力电池的特性测试，一般包括以下内容：

（1）实际容量测试　实际容量指电池实际能放出电荷的多少。电池生产厂家在产品出厂时提供了电池的额定容量，这一容量是根据有关标准以特定的放电倍率在特定的温度条件下测得的。电池容量测试的放电方式有恒流放电、恒阻放电、恒压放电、恒压恒流放电、连续放电和间歇放电等。根据放电的时间和电流的大小可以计算电池的容量。在进行电池管理系统开发之前，应当选取电池样品，测量其在不同温度及不同放电倍率下的实际容量，从而使 BMS 中的 *SOC* 估算算法能在不同工况、不同环境温度下适用。不仅如此，这一特性测试，对于电池的均衡管理、电池的充放电能量控制等方面，都有非常重要的意义。

实际容量测试一般包括以下测试内容：

1）静态容量检测。该测试的主要目的是确定车辆在实际使用时，动力电池组具有充足的电量和能量，满足各种预定放电倍率和温度下正常工作。主要的试验方法为恒温条件下恒流放电测试，放电终止以动力电池组电压降低到设定值或动力电池组内的单体一致性（电压差）达到设定的数值为准。

2）动态容量检测。车辆行驶过程中，动力电池的使用温度、放电倍率都是动态变化的。该测试主要检测动力电池组在动态放电条件下的能力。其主要表现为不同温度和不同放电倍率下的能量和容量。其主要测试方法为采用设定的变电流工况或实际采集的车辆应用电流变化曲线，进行动力电池组的放电性能测试，试验终止条件根据试验工况以及动力电池的特性有所调整，基本也是遵循电压降低到一定的数值为标准。该方法可以更加直接和准确地反应车辆的实际应用需求。

3）静置试验。该测试目的是检测动力电池组在一段时间未使用时的容量损失，用来模拟车辆一段时间没有行驶而电池开路静置时的情况。静置试验也称自放电及存储性能测试，它是指在开路状态下，电池存储的电量在一定环境条件下的保持能力。

（2）充放电效率测试　充放电效率指从能量的角度考察动力电池所能有效放出的能量与充入能量的比例。在不同温度、不同放电倍率的前提下，这一指标有所区别，应该分别进行测试。

快速充电能力测试是充放电效率测试的一项重要内容。其目的是通过对动力电池组进行高倍率充电来检测电池的快速充电能力，并考察其效率、发热及对其他性能的影响。对于快速充电，USABC 的目标是 15min 内电池 *SOC* 从 40% 恢复到 80%。目前，日本的 CHADeMO 协会制定标准要求车辆动力电池组达到充电 10min 左右可保证车辆行驶 50km，充电时间超过 30min 可保证车辆行驶 100km。

（3）放电倍率特性测试　指测试一个动力电池在正常工作中，所能放出的最大电流的特性。所能放出的最大电流与工作环境温度及电池的剩余容量相关。一般来说，环境温度越高，电池内物质的活性越大，最大放电电流越大；同样，若电池的剩余电荷越多，所能放出的最大电流也越大。这一特性测试，对于电池的安全保护功能及充放电能量控制具有重要的意义。常用的电流检测方式有分流器、互感器、霍尔元件电流传感器和光纤传感器等四种，各种检测方式的特点如表 4-10 所示。

表 4-10　各种电流检测方式的特点

项目	分流器	互感器	霍尔元件电流传感器	光纤传感器
插入损耗	有	无	无	无
布置形式	需插入主电路	开孔、导线传入	开孔、导线传入	—
测量对象	直流、交流、脉冲	交流	直流、交流、脉冲	直流、交流
电气隔离	无隔离	隔离	隔离	隔离
使用方便性	小信号放大、需隔离处理	使用较简单	使用简单	—
适用场合	小电流、控制测量	交流测量、电网监控	控制测量	高压测量，电力系统常用
价格	较低	低	较高	高
普及程度	普及	普及	较普及	未普及

其中，光纤传感器昂贵的价格影响了其在控制领域的应用；分流器成本低、频响应好，但使用麻烦，必须接入电流回路；互感器只能用于交流测量；霍尔传感器性能好，使用方便。目前在电动车辆动力电池管理系统的电流采集与监测方面应用较多的是分流器和霍尔传感器。

（4）电池内阻、内压的测试　电池内阻指电池在工作时，电流流过电池内部所受到的阻力，一般分为交流内阻和直流内阻。由于充电电池内阻很小，测直流内阻时由于电极容易极化，产生极化内阻，故无法测出真实值；而测交流内阻可免除极化内阻的影响，得出真实的内阻值。

交流内阻测试方法是利用电池等效于一个有源电阻的特点，给电池一个 1000Hz、50mA 的恒定电流，对其进行电压采样、整流、滤波等一系列处理从而精确地测量其阻值，可用专门的内阻仪来测试。

电池的内压是由于充放电过程中产生的气体所形成的压力，主要受电池材料、制造工艺、结构、使用方法等因素影响。一般电池内压均维持在正常水平，在过充或过放情况下，电池内压有可能会升高。例如，过充电时，正极产生的氧气透过隔膜纸与负极复合，如果负极反应的速度低于正极反应的速度，产生的氧气来不及被消耗掉，就会造成电池内压升高。

（5）起动功率测试　由于电动车辆起动功率较大，为了适应不同温度条件下车辆的起动需要，对动力电池组进行低温（-18℃）起动功率和高温（50℃）起动功率测试。该项测试除了在设定温度下进行以外，为了能够确定电池在不同荷电状态的放电能力，一般还将 *SOC* 设定在不同值，以检测不同 *SOC* 值时电动车辆的起动加速能力等。

（6）电池寿命的测试　电池的循环寿命是指在一定的充放电制度下，电池容量降至某一规定值之前，电池所能承受的循环次数。电池的循环寿命直接影响电池的使用经济性。影响蓄电池循环寿命的因素有电极材料、电解液、隔膜、制造工艺、充放电制度、环境温度等，在进行寿命测试时，要严格控制测试条件。

电池寿命测试主要采用的测试方法是在一定的条件下进行充放电循环，然后检测电池容量的衰减，当电池容量低于额定容量的 80%（不同的电池有不同的规定，锂离子电池是 80%）时终止试验，此时的循环次数就是电池的循环寿命。由于动力电池的寿命测试周期比较长，一般试验下来需要数月甚至一年的时间，因此，在实际操作中，经常采用确定测试循环数量，测定容量衰减情况，并据此数据进行线性外推的方法进行测试。在研究领域，为了缩短动力电池的寿命测试时间，也在研究通过增加测试的温度、充放电倍率等加速电池老化的方式进行动力电池及动力电池组的寿命测试。

对于不同类型的电池，循环寿命的测试规定是不同的。具体可参考相应国家标准或国际电工委员会（IEC）制订的标准。电池的寿命也可以用专用的电池循环寿命检测设备来测试。

（7）自放电及储存性能的测试　电池的储存性能是指电池开路时，在一定的温度、湿度等条件下储存时容量下降率的大小，是衡量电池综合性能稳定程度的一个重要参数。电池经过一定时间储存后，允许电池的容量及内阻有一定程度的变化。

自放电又称荷电保持能力，是指在开路状态下，电池储存的电量在一定环境条件下的保持能力。一般而言，自放电主要受制造工艺、材料、储存条件的影响。自放电是衡量电池性能的主要参数之一。

一般而言，电池储存温度越低，自放电率也越低，但也应注意温度过低或过高均有可能造成电池损坏无法使用。电池充满电开路搁置一段时间后，一定程度的自放电属于正常现象。

（8）电池安全性能测试　电池的安全性能是指电池在使用及搁置期间对人和装备可能造成伤害的评估。尤其是电池在滥用时，由于特定的能量输入，导致电池内部组成物质发生物理或化学反应而产生大量的热量，如果热量不能及时散逸，可能导致电池热失控。热失控会使电池发生毁坏，如猛烈的泄气、破裂，并伴随起火，造成安全事故。在众多化学电源中，锂离子电池的安全性尤为重要。

电池的安全性测试项目非常多，不同类型的电池，安全性能测试项目也不同，可根据相关标准和技术需求选择测试。在 QC/T 743—2006《车辆用锂离子蓄电池》中，规定的电池安全性能测试项目主要包括过放电、过充电、短路、跌落、加热、挤压、针刺测试。

通用的动力电池安全测试项目见表 4-11。

表 4-11　通用的动力电池安全测试项目

类别	主要测试方法
电性能测试	过充电、过放电、外部短路、强制放电等
机械测试	自由落体、冲击、针刺、振动、挤压等
热测试	焚烧、热成像、热冲击、油浴、微波加热等
环境测试	高空模拟、浸泡、耐菌性等

其中，电池振动测试是一项重要内容。该测试的目的是检测由于道路引起的频繁振动和撞击对动力电池及动力电池组性能和寿命的影响。电池振动测试主要考察动力电池（组）对振动的耐久性，并以此作为指导改正动力电池（组）在结构设计上不足的依据。振动试验中的振动模式一般使用正弦振动或随机振动两种。由于动力电池（组）主要是装载于车辆上使用，为更好地模拟电池的使用工况，一般采用随机振动。

（9）温升测试　不管是充电还是放电过程，所有电池都是依靠电化学反应来工作的，这些化学反应的速率受温度影响。如果电池在较高或较低的温度下工作，实际的性能可能会有大幅度的偏离。在评估电池的剩余容量时，必须充分考虑温度因素，因为在不同的温度条件下，电池所能放出的电荷是不同的，所能提供的能量也是不一样的。

任何动力电池都有一个允许的工作温度范围。若电池的工作温度超过了允许范围的上限，则有可能导致以下不良情况的发生：

① 活性化学物质扩大导致单体电池膨胀；

② 电池组件机械变形，可能会导致电路短路或开路；

③ 可能会发生不可逆的化学反应造成活性化学物质的永久性减少，进而导致电池容量的减少；

④ 长时间在高温下工作可能会导致电池的塑料部分裂解；

⑤ 可能会溢出气体；

⑥ 电池内积聚压力；

⑦ 电池最终可能破裂或爆炸。

若电池的工作温度低于允许范围的下限，电解液可能会冻结，化学反应速率降低，电池性能会开始恶化。通常而言，磷酸铁锂电池在低于 -30℃的环境温度下，基本上不能正常工作。可见，采取电池组热管理措施是必要的。

电池组热管理的根本目的，就是尽量使电池始终工作在较为安全、高性能的温度区间内。热管理与普通的温度保护的区别在于普通的温度保护只是在电池可能发生或已经发生故障的时候，对电路进行控制或保护；而热管理更强调的是采取各种措施，使电池工作在比较合适的温度之下。目前，电池组的热管理已成为电池管理系统的一项重要功能。电池组的热管理牵涉到电化学与热化学等多个领域的知识，而且热管理的手段也根据具体的车辆应用差异较大。

在电池管理系统中，需要监测的温度信息主要包括环境温度、电池箱的温度以及电池本身的温度。其中，环境温度信息单一，更容易获取，可以通过监测不同位置的环境温度来推算不同位置电池的温度；同时，由于电池的热量是自内而外散发的，环境温度变化将影响电池热量的散发，若能提前监测到环境温度的变化，将可以预测电池外表温度的升高趋势。常见的温度采集方案有热敏电阻方式、热电偶方式、18B20 方式和专用的一体化芯片等。

4.4.2 动力电池特性测试的相关标准及主要测试项目

下面列举四个与车辆动力电池相关的测试标准，其中第一个可以归类为针对电池制造商的测试标准，后三个可以归类为针对车辆制造商的测试标准，如表 4-12 所示。

表 4-12 车辆动力电池相关的测试标准

标准名	适用范围	标准内容
中国车辆行业标准 QC/T 743—2006——车辆用锂离子蓄电池	该行业标准由国家发改委于 2006 年 3 月发布，2006 年 8 月正式实施，适用于车辆的、标称电压为 3.6V 的单体锂离子蓄电池及由此类电池组成的“$n\times3.6V$”的蓄电池模块	该标准分别描述了如何对单体电池和多个电池构成的电池模块做测试。测试项目涵盖了电池的外观、极性、尺寸质量、放电容量、荷电保持能力与容量恢复能力、循环寿命和安全性能测试。该测试标准对蓄电池模块还特意设置了能反映电池模块是否匹配车辆性能的简单模拟工况测试和耐振测试。QC/T743—2006 标准中，明确给出了各测试项目的具体步骤，并制订了电池及电池模块在各测试项目中所应达到的指标

（续）

标准名	适用范围	标准内容
SAE J1798——电动车辆蓄电池组性能评价的推荐规程	SAE（Society of Automotive Engineers，美国机动车工程师学会）成立于 1905 年，是国际上最大的车辆工程学术组织。SAE 所制订的标准具有权威性，广泛地为车辆行业及其他行业所采用，并有相当部分被采用为美国国家标准	SAE J1798 列出了一系列电池性能指标的测试实验，包括静态容量测试、荷电保持能量测试、充电接受能力测试、峰值功率能力测试和动态容量测试。该标准还规定了测试模块的选取、测试条件、测试温度、传感器位置、采样频率、测量精度等细节问题，是非常严谨的测试标准
IEC 61984—3——标准道路车辆用二次电池第三部分：性能和使用寿命测试	IEC 是国际电工委员会（International Electrotechnical Commission）的缩写，该委员会成立于 1906 年，是世界上成立最早的国际性电工标准化机构，负责有关电气工程和电子工程领域中的国际标准化工作。 IEC61984—3 标准的测试对象为城市用小型低速车辆上的电能储存系统，该标准不适用于特殊用途车辆比如公共交通工具、垃圾收集车辆、摩托车和大型商业用车的电能储存系统测试	该标准是根据测试对象车辆所要求的性能来制定的验证性测试。主要包括三个基础性试验：容量测试、功率性能测试和使用寿命测试。另外，还有一些可选的测试项目，如最大功率测试、电池电阻测试、充电测试、工作电压范围测试等。该测试标准，可以帮助车辆生产商判断所测电池能否满足待开发车辆的性能需求，并为车辆生产商在多个品牌的动力电池之间进行比较筛选提供依据
PNGV 电车测试手册	该测试标准是美国 Idaho 国家工程与环境实验室（INEEL，Idaho National Engineering and Environmental Laboratory）为美国新一代车辆合作计划（PNGV，Partnership for a New Generation of Vehic1es）制定的电池测试标准。 PNGV 计划针对功率辅助型和双模混合动力车辆分别制定了其能量储存系统性能目标。该标准所设计的电池测试，旨在验证待测电池是否能够满足 PNGN 计划制定的车辆性能目标	该标准定义了静态容量测试、混合脉冲功率特性测试、可用能量测试、自放电测试等项目。与其他测试标准不同的是，该标准除了定义上述测试项目的测试方法外，还详尽地给出了测试应该记录的数据，应该得到的结果并对结果作了一些分析。所以，这不仅是一个标准测试，也是一本讲述电池特性及原理的参考书

由于电池特性测试的部分项目与电池行业、车辆行业已有的测试项目重合，对于这些项目，应尽可能采用已有的测试标准，避免重复开发。

根据动力电池的不同类型，测试的具体参数与要求会有所差异。表 4-13 是常用的锂离子动力电池标准主要测试项目及指标。

表 4-13　车辆锂离子电池主要测试项目

项目	检测方法	指标要求
外观	检查标志、外观	
常温放电性能	(20±5)℃，终止电压 3.0V，$1I_3$(A) 放电	>110%
高温性能	(55±2)℃恒温 5h，$1I_3$(A) 放电，终止电压 3.0V，$1I_3$(A) 放电	>95%
低温性能	(−20±2)℃恒温 20h，$1I_3$(A) 放电，终止电压 4.8V	>70%
荷电保持能力	(20±5)℃搁置 28 天，$1I_3$(A) 放电，终止电压 3.0V	>80%

（续）

项目		检测方法	指标要求
环境适应性	恒定湿热性能	(40±2)℃，湿度90%～95%，搁置48h，20℃±5℃搁置2h $1I_3$（A）放电，终止电压3.0V	无明显变形、锈蚀、冒烟式爆炸
	振动	三维方向从10～55Hz循环扫频振动30min，扫频速率1oct/min 振动频率：10～30Hz，位移幅值（单振幅）：0.38mm 振动频率：30～55Hz，位移幅值（单振幅）：0.19mm	不出现放电电流锐变、电压异常等
	碰撞	三维方向固定，脉冲峰值加速度：100m/s² 碰撞次数：(1000±10）次，40～80次/min 脉冲持续时间：16ms	无明显变形、锈蚀、冒烟式爆炸
	自由跌落	最低点高度：1000mm；厚度18～20mm硬木板置于水泥地面； 三维六个方向各个自由跌落1次； $1I_3$（A）放电，终止电压3.0V； 可充放电循环次数不多于3次	不漏液、不冒烟、不爆炸
安全保护性能	过充电保护性能	恒流：$3I_3$（A）外接电流；充电主蓄电池电压达到5V或充电时间达到90min	不爆炸、不起火、不冒烟或漏液
	过放电保护性能	(20±5)℃，$1I_3$（A）充电，终止电压0V	不爆炸、不起火、不冒烟或漏液
	短路保护性能	外部短路10min，外部电路电阻应小于5mΩ	不爆炸、不起火、不冒烟或漏液
电池安全性能	重物冲击	10kg重锤自1m高度自由落下，冲击电池	不爆炸、不起火
	热冲击	(5±2)℃/min的速率升温至（130±2)℃，保温30min	不爆炸、不起火
循环寿命		充电：(20±5)℃下以$1I_3$（A）充电至电压达4.2V，转恒压充电，至电流小于$0.1I_3$（A）； 放电：在（20±2)℃下以$1.5I_3$（A）放电，直到放电容量达到额定容量80%	>500次
储存		样品电池生产日期至试验日期，在3个月内（20±5)℃，$0.2I_5$（A）充电至40%～50%容量； 搁置12个月，(20±5)℃，相对湿度45%～85%，$0.2I_5$（A）充电至限压，转恒压充电至电流<$0.01I_5$（A）； (20±5)℃，$0.2I_5$（A）放电，终止电压4.75V/节	>4h

注：① 上表主要参考QC/T 743—2006和GB/T18284—2000。
② I_3为3h率放电电流；I_5为5h率放电电流。

4.4.3 动力电池特性测试的相关仪器设备

动力电池检测仪器主要包括电池充放电性能试验台（充放电设备、温度测量设备、内阻检测设备）、环境模拟试验系统（温度、湿度、振动、温度冲击）、电池安全性检验设备（挤压试验机、针刺试验机、冲击试验机、跌落试验机）等。

（1）充放电性能试验台

1）充放电性能检测设备。电池充放电性能检测是最基本的性能检测，一般由充放电单元和控制程序单元组成，可以通过计算机远程控制动力电池恒压、恒流或设定功率曲线进行充放电。通过电压、电流、温度传感器可进行相应的参数测量以及实现动力电池容量、能量、电池组一致性等评价参数。

一般试验设备按照功率和电压等级分类，来适应于不同电压等级和功率等级的动力电池及电池组性能测试需要。例如，通用的电池单体测试设备，一般选择工作电压范围 0 ~ 5V，工作电流范围 0 ~ 100A，可满足多数车辆用动力电池基本性能测试的基本要求。对于大功率电池组的基本性能测试，电压范围需要根据电池组的电压范围进行选择，常用的通用测试设备要求为 0 ~ 500V，功率上限为 150 ~ 200kW。

2）内阻检测设备。电池内阻作为二次测量参数，测试方法包括方波电流法、交流电桥法、交流阻抗法、直流伏安法、短路电流法和脉冲电流法等。

直流放电法比较简单，并且在工程实践中比较常用。该方法是通过对电池进行瞬间大电流（一般为几十安培到上百安培）放电，测量电池上的瞬间电压降，通过欧姆定律计算出电池内阻。交流法通过对电池注入一个低频交流电流信号，测出蓄电池两端的低频电压和流过的低频电流以及两者的相位差，从而计算出电池的内阻。现在设备厂家研制生产的电池内阻测试设备多是采用交流法为基础进行的测试。

3）温度测量设备。电池在充放电过程中的温度升高是重要的参数之一，但一般的测试只能测量电池壳体的典型位置参数，一般在充放电的设备上带有相应的温度采集系统，具有进行充放电过程温度数据同步的功能。除此之外，专业的温度测试设备还包括非接触式测温仪及热成像仪。热成像仪可以采集电池一个或多个表面温度的变化历程，并可以提取典型的测量点的温度变化数据，是进行电池温度场分析的专业测量设备。

（2）环境模拟试验台　动力电池的应用环境模拟包括温度、湿度以及在车辆上应用时随道路情况变化而出现的振动环境。因此，在进行环境试验时主要考虑这三个方面。可采用独立的温度试验箱、湿度调节试验箱、振动试验台进行相关的单一因素影响的动力电池环境模拟试验。但在实际的动力电池应用时，是三种环境参数的耦合，因此，在环境模拟方面有温度、湿度综合试验箱以及温度、湿度和振动三综合试验台。为考核电池对温度变化的适应性，还需要设计温度冲击试验台，进行快速变温情况下电池的适应性试验。

（3）电池滥用试验设备　电池滥用试验设备是模拟电池在车辆碰撞、正负极短路、限压限流失效等条件下，是否会出现着火、爆炸等危险状况的试验设备。针刺试验机、冲击试验机、跌落试验机、挤压试验机等可以模拟车辆发生碰撞事故时，电池可能出现的损伤形式；短路试验机、被动燃烧试验平台等可以模拟电池被极端滥用情况下可能出现的损伤形式；采用充放电试验平台可以进行电池过充或过放等滥用测试。

4.4.4 动力电池特性仿真分析工具

仿真分析即为模拟实际的运行工况而进行的试验。根据仿真分析所采取的手段，可以分为硬件仿真和软件仿真。硬件仿真是根据实际运行工况设置一定的测试要求，并通过上述的测试设备进行模拟试验来达到仿真测试的目的。软件仿真是对研究对象进行数学建模，并根据实际工况设定模型参数，并通过仿真软件达到分析的目的。两者经常混合使用，来实现复杂的仿真测试。

针对不同的试验要求有不同的仿真软件。对于动力电池的性能仿真，常用的仿真软件有Labview、Matlab/Simulink等；对于动力电池系统与车辆的匹配与运行仿真，常用的软件有Advisor、Matlab/Simulink等；对于动力电池的被动安全性仿真，常用的仿真软件有ANSYS等有限元分析软件。

（1）Matlab/Simulink仿真平台　Matlab是美国MathWorks公司出品的商业数学软件，用于算法开发、数据可视化、数据分析以及数值计算的高级技术计算语言和交互式环境，主要包括Matlab和Simulink两大部分。

Matlab是当今最流行的通用计算软件之一，Simulink是基于Matlab的图形化仿真平台，是Mat1ab提供的进行动态系统建模、仿真和综合分析的集成软件包，Simulink和Matlab之间可以灵活进行交互操作。

Mat1ab语言由于其语法简洁，代码接近于自然数学描述方式，以及具有丰富的专业函数库等诸多优点，吸引了众多科学研究工作者，逐渐成为科学研究、数值计算、建模仿真，以及学术交流的事实标准。

Simulink是Matlab最重要的组件之一，它提供一个动态系统建模、仿真和综合分析的集成环境。Simulink作为Matlab语言上的一个可视化建模仿真平台，采用方框图建模的形式，更加贴近于工程习惯。Simulink是基于Matlab的框图设计环境，可以用来对各种动态系统进行建模、分析和仿真。它的建模范围广泛，可以针对任何能够用数学来描述的系统进行建模。在该环境中，无须大量书写程序，而只需要通过简单直观的鼠标操作，就可构造出复杂的系统。Simulink具有适应面广、结构和流程清晰及仿真精细、贴近实际、效率高、灵活等优点。基于以上优点，Simulink已被广泛应用于控制理论和数字信号处理的复杂仿真和设计，同时有大量的第三方软件和硬件可应用于或被要求应用于Simulink。

目前，Matlab/Simu1ink的应用已经远远超越了数值计算和控制系统仿真等传统领域，在几乎所有理工学科中形成了为数众多的专业工具库和函数库，已成为科学研究和工程设计中常用的工具。

电池模型可以在Matlab/Simulink的环境下编程，以此作为车辆的电源进行仿真。

（2）Labview测试仿真平台　Labview由美国国家仪器（NI）公司研制开发，是一种图形化的编程语言，它广泛地被工业界、学术界和研究实验室所接受，被视为一个标准的数据采集和仪器控制软件。Labview集成了与满足GPIB、VXI、RS－232和RS－485协议的硬件及数据采集卡通信的全部功能。它还内置了便于应用TCP/IP、ActiveX等软件标准的库函数。利用它可以方便地建立自己的虚拟仪器，其图形化的界面使编程及使用过程变得生动有趣。

（3）Advisor软件仿真平台　Advisor是由美国可再生能源实验室在Matlab和Simulink软件环境下开发的车辆仿真软件。该软件从1994年开始开发与使用，是目前世界上能在网站免费下载和用户数量最多的车辆仿真软件。

Advisor主要是在给定的驾驶循环下利用车辆的各部分性能，能快速地分析车辆的燃油经济性、动力性能及排放特性等。它也能为用户自定义的动力驱动系统组成以及整车控制策略进行详细的建模和仿真。其具体功能如下：

① 模拟整车在一个或多个循环工况下的经济性能和排放性能。根据输入零部件参数和

控制参数的不同，可以得到不同的仿真结果，还可以动态比较各种参数的变化对经济性能和排放性能的影响。

② 模拟整车的动力性能（加速性能、爬坡性能），并研究不同的零部件参数及控制参数的变化对车辆动力性能的影响。

③ 模拟各零部件的输入变量、输出变量（转矩、功率、速度等）对另一变量（循环时间、车速等）的变化历程。

④ 根据要求车辆达到的加速性能及爬坡性能，自动调整车辆的零部件参数。该功能可用于车辆设计过程的初步设计阶段，用于初步检查车辆零部件的匹配情况。

⑤ 评价混合动力车辆的能量管理策略（整车控制策略），即以车辆所要求的加速性能及爬坡性能作为约束条件，评价并优化车辆整车的控制策略。

Advisor 采用的是后向仿真和前向仿真相结合的建模方法，以后向仿真为主，附加了一些简单的前向仿真计算。在仿真过程中，按照计算步骤，先计算后向模型的结果，即各个仿真变量的需求值，然后计算前向模型的结果，即各个仿真变量的可能值。其最大优点就是各总成模块易于扩充和改进。Advisor 模型库里包含几十种车辆 Simulink 模型，用户可以根据自己的需要，通过修改已有的模型或建立新模型来建立自己所需要的车辆模型。

同时，Advisor 是一个图形化面向对象的环境，拥有良好的图形用户界面 GUI（Graphical User Interface），便于用户操作，而且各种仿真结果能够可视化。Advisor 有三个主要的 GUI：车型输入界面、仿真设置界面和结果输出界面。通过这三个界面，用户输入要仿真的车型和各种总成的相关参数，选择仿真的试验方案和具体项目，然后进行仿真计算，最后得到所需要的仿真结果。

（4）ANSYS 有限元仿真平台　ANSYS 软件是集结构、流体、电场、磁场、声场分析于一体的大型通用有限元分析软件，由世界上最大的有限元分析软件公司之一的美国 ANSYS 开发。它能与多数 CAD 软件接口，实现数据的共享和交换，如 NASTRAN、AutoCAD 等，是现代产品设计中的高级 CAD 工具之一。ANSYS 软件功能强大，包括结构静力学分析、结构动力学分析、结构非线性分析、动力学分析、热分析、电磁场分析、流体动力学分析、声场分析和压电分析等功能模块，可协助设计人员完成多学科仿真分析及产品优化设计。

4.4.5　动力电池特性测试平台实例

唐山轨道客车有限责任公司与西南交通大学合作开发的混合动力电源特性试验平台方案，如图 4-26 所示。该平台通过电压、电流、温度传感器采集来自蓄电池和超级电容的电压、电流、温度等数据传送至控制中心（由 DSP 嵌入式系统实现），对其状态进行估计，确定混合电源可输出的最大功率。同时，将 DC/DC 变流器的电压、电流信息一并传送至控制中心。通过控制中心发出 PWM 信号，控制 DC/DC 变流器输出相应的电压和电流给直流母线，从而控制负载输出一定的功率，实现测试混合电源特性的目的。

整个系统的控制是通过对 DC/DC 变流器的控制来实现的。该变流器各桥臂的上下两功率管采用互补方式驱动，通过不同的占空比实现电流的双向流动，因此两个方向电流可统一控制。控制电路结构如图 4-27 所示，基本的工作原理如下：每个模块的高压侧电压 U_1 反馈并与参考值 U_{ref} 相减，误差经补偿调节器后输出作为电流指令；电流指令与合成的电感电流 i_L 相减并经调节器调节后与三角载波交截，最终得到上管 PWM 信号，超级电容端电压 U_2

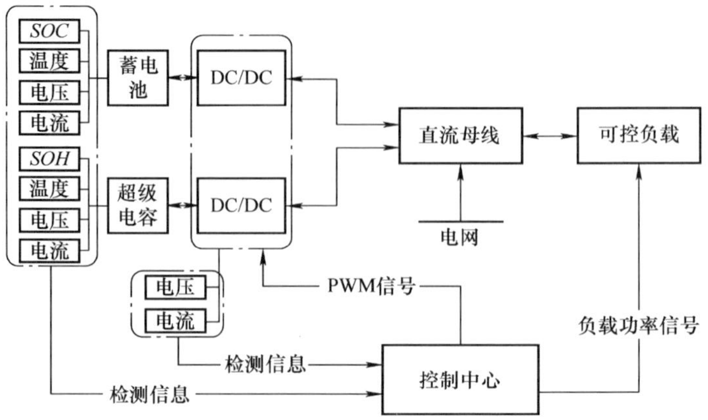

图 4-26　混合动力电源特性试验平台设计方案

与超级电容组的允许电压极值 U_{2max} 和 U_{2min} 相比较，构成低压侧电压限制闭环，分别为最高电压限制闭环和最低电压限制闭环，闭环调节器后输出分别作为电流指令 i_{ref1} 的最大电流 i_{max} 和最小电流 i_{min} 的限幅值，电流指令 i_{ref1} 经限幅后得到 i_{ref} 才作为电流闭环的输入。

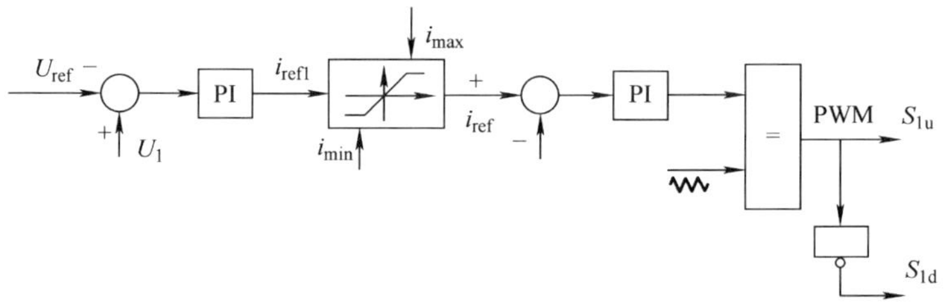

图 4-27　双向控制电路结构

混合动力电源特性试验平台可实现以下功能需求：

1）电池状态监测。对蓄电池的输出电流、电压、温度等进行实时检测，并估算其 *SOC*。

2）超级电容状态监测。对超级电容的输出电流、电压、温度等进行实时检测，并估算其 *SOE*。

3）DC/DC 变流器具有双向能量传递的功能。对两套 DC/DC 变流器的输出电压与电流进行实时监测。

4）信息传递。采集模块能够将采集到的各种信息传送至上位机。

5）实时调整。负载具有实时的可调整特性。

利用本测试平台可以进行国内外不同超级电容、动力电池产品充放电特性（充放电倍率、温升特性、电池内阻、循环寿命、线路运营适应情况等）及运用安全可靠性（热防护、防爆、运用寿命等）试验研究，通过对比研究试验分析产品性能，进而形成产品特性数据库，为混合动力系统的优化设计提供技术基础。具体功能有：

① 测试超级电容和蓄电池的充放电性能（电压、电流等参数）；

② 测试超级电容和蓄电池的容量；

③ 测试超级电容和蓄电池的高低温性能；

④ 测试超级电容和蓄电池的能量和比能量；

⑤ 测试超级电容和蓄电池的功率和比功率；

⑥ 测试超级电容和蓄电池的储存性能及自放电性能；

⑦ 测试蓄电池的循环寿命；

⑧ 测试蓄电池的内阻；

⑨ 测试超级电容和蓄电池的温度。

测试原理及方法如下。

（1）储能部件实时测量参数　储能部件测量的实时参数包括三个部分：电压、电流、温度。

1）电压测量。储能部件的电压实时监测，主要包括选通环节，前级处理环节，*U/I*、*I/U*（电压/电流、电流/电压）变换环节三个部分，如图 4-28 所示。DSP（数字信号处理器）给 CPLD（电池选通电路）适当的时钟时，由其内设计选通器，选通单个储能部件，送入前级处理电路。为了提高信号间的抗干扰和带负载能力，前级处理电路接入运算放大器组成的电压跟随器和滤波电路。它将电压信号送入 *U/I*、*I/U* 变换环节，实现储能部件电压的实时采样。

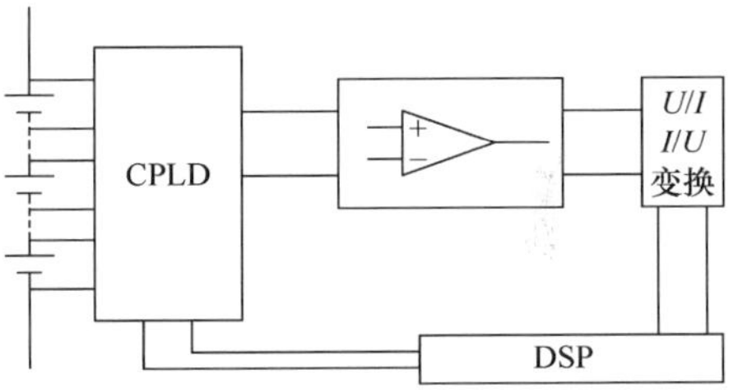

图 4-28　电压监测电路原理图

2）电流测量。储能部件的电流实时监测，是对混合动力电源系统储能部件的充放电电流进行实时监测。混合动力电源系统提供给用电负载的电流很大，所以在测量时所选用的电流传感器应将大电流转换为可供 DSP 直接采样的电压信号。其电路原理如图 4-29 所示。

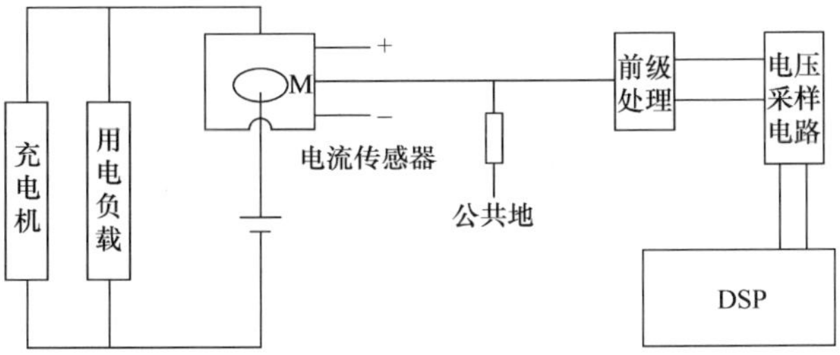

图 4-29　电流监测电路原理图

电流传感器只需外接正负直流电源，被测电流母线从传感器中穿过或接于原边端子，副边端子再做简单连接即可。前级处理电路能将充电和放电的电流通过电流型传感器产生的电压转换成可由 DSP 直接采样的正电压，直接送入 DSP 采用通道，实现电流采样。

3）温度测量。该平台需要监测的温度信息主要包括环境温度、电池箱的温度以及储能部件本身的温度。温度测量的常见方法是使用温度传感器，将温度信号转换为电压信号进行测量。常见温度传感器有热敏电阻、热电偶、模拟温度传感器以及数字温度传感器等。

电池的化学反应发生在每个单体电池的内部，但实际工作中，温度传感器不可能安放在电池内部而只能放置在表面。从已知的实验和经验可知，由于大容量的动力电池中间部分散热较慢，温度上升最明显，所以电池的正表面靠中部位置的温度较高。因此，要监测动力电池的极限温度，应该把传感器布置在电池正表面的中部位置。

（2）储能部件性能测试原理和方法

1）蓄电池充电性能测试原理和方法。蓄电池充电性能测试的基本原理如图 4-30 所示，将正负极分别与外电源的正负极相连接，并通过一定的方式对其进行充电，使外电路中的电能转化为化学能储存起来，同时记录充电过程中电池的充电电压或充电电流随时间的变化规律。在此过程中，需要重点研究的参数包括充电电压的高低及变化、充电终点电压、充电效率等，而这些参数同时又受到充电制度及充电条件等的影响。

在蓄电池充电性能测试的过程中，经常需要充满电池，以便能检测电池的最大放电性能。所谓充满就是电池内部所有能参与充电化学反应的物质均已充分进行反应，然后在实际过程中，不具有可操作性。因此，一般采用电气方面的指标来进行定义，就是在规定的上限电压的条件下，充电电流趋近于零。在我国行业标准 QC/T 743—2006 中规定充电电流小于 0.033C 就认为电池已被充满。

蓄电池传统的充电方式主要包括恒流充电、恒压充电、恒压限流充电和先恒流后恒压充电，其中恒流充电和恒压充电是最基本的。恒流充电是充电过程中充电电流维持在恒定值的充电方法，该方法可以实现迅速充电但很容易造成充电过度；恒压充电是在充电过程中，充电电压保持恒定，一般控制在相等或略低于蓄电池内产生氢气的电压水平，该方法极少产生过充电，但很容易引起充电不足。传统充电方式的充电机控制电路比较简单，但充电功率一般比较小，我们需要的是在列车进站时利用短暂的停车时间进行充电，所以要求充电功率较高，传统的充电方式不适用。

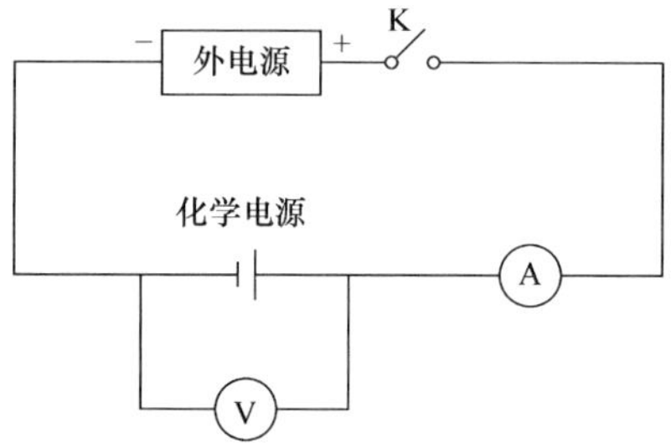

图 4-30　化学电源充电原理示意图

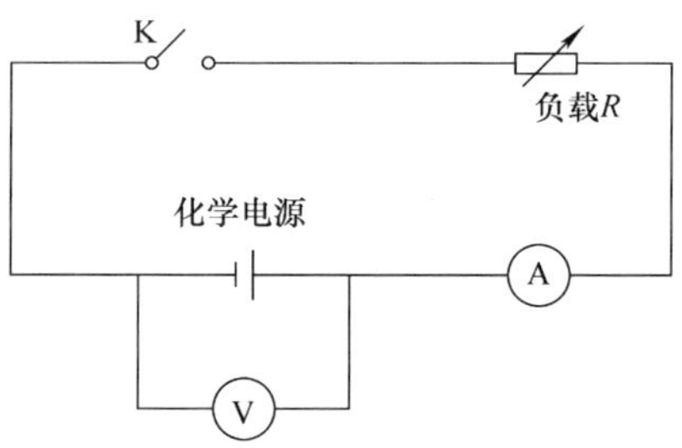

图 4-31　化学电源放电原理示意图

为了满足列车车载电源的充电要求，必须最大限度地加快蓄电池的化学反应速度，缩短蓄电池达到充满状态的时间，同时使蓄电池正、负极板的极化现象尽量地少。但是快速充电充电电流大，对蓄电池的性能和寿命都有一定的损害。为了解决充电时间和蓄电池性能、寿命的矛盾，我们在试验中采用了分级定流充电法、脉冲式充电法、变电流间隙充电法和定电压充电法四种充电方法，提高了充电效率。

2）蓄电池放电性能测试的原理和方法。蓄电池放电性能测试的基本原理如图 4-31 所示，将正极和负极与负载相连，使其中的化学能转化为电能供给负载工作，同时记录放电过程中电池的工作电压随时间的变化规律。

在蓄电池测试的过程中，需要对电池进行放空，以便对电池所储存的电荷量进行评估。

与充电过程一样，一般采用非常小的放电电流对电池进行放电（0.2C），直到电池电压达到生产商规定的电压下限。

常见的化学电源放电方法主要有恒流放电、恒压放电、恒电阻放电、连续放电和间歇放电等。其中恒电阻放电法常用于干电池的性能检测。对于锂离子电池，恒流放电是最常见的测试方法，而且还常常与连续放电或间歇放电结合使用，同时记录放电过程中的电池电压随放电时间的变化规律。

关于化学电源的放电截止电压，对于不同的电池类型及不同的放电条件，其规定值也有所不同。电池的放电性能受放电电流、环境温度、放电截止电压等多方面的影响。因此，在标注或讨论电池的放电性能时，一定要说明放电电流及放电截止电压的大小。一般情况下，如不特殊说明，放电性能指的是按充电性能测试中所述的方法充电并搁置0.5～1h后，在(20±5)℃按0.2C放电到放电截止电压所测得的放电曲线。

3）蓄电池的容量及充放电效率测试方法。蓄电池的容量测定方法与其放电性能测试方法基本一致，最常用的测量方法同样是恒流放电法，在测得放电曲线后通过放电电流对放电时间的积分即可计算出电池的实际容量。采用恒流放电法测得的化学电源的实际容量与充放电制度、充放电电流、环境温度、充放电时间间隔等有很大关系，任何一个因素的改变都会引起同一化学电源实际放电容量测试结果的不同。

运用恒流放电法对蓄电池放电，放电至截止电压时结束，得到放电曲线。通过放电电流对放电时间积分计算出电池的实际容量。如无特别说明，一般情况下所说的放电容量是指(20±5)℃下按0.2C充放电所得容量。

具体步骤如下：

① 测试的温度应分别控制为 $T=\{0℃\quad 20℃\quad 40℃\}$，测试的充放电倍率应分别控制为 $r=\{0.2C\quad 0.5C\quad 1.0C\}$，根据排列组合，在不同的温度及放电倍率下总共需要进行9次测试。

② 在测试过程中，被测电池周围的环境温度需要保持恒定，这可利用一个大小合适的恒温箱来实现。在测试过程中，电池的放电电流需要保持恒定，这可以利用一个有恒流放电功能的电子负载来实现。

③ 每个测试将按照以下步骤进行：

a）第一次充满。将电池充满，充电截止电压为3.6V（或由制造商指定）。

b）第一次暂停。停止充放电，直到电池负极柱的温度与指定的测试温度相差不超过2℃。

c）放电。以 r 为放电倍率对电池放电。当电池电压达到2.8V时停止放电（或由制造商指定）。

d）第二次暂停。停止充放电，直到电池负极柱的温度与指定的测试温度相差不超过2℃。

e）第二次充电。将电池充满，充电截止电压为3.6V（或由制造商指定）。

④ 记录每1s测得的电压、电流和温度数据。

⑤ 用下列公式计算放出电荷总量

$$Q_d=\frac{1}{3600}\int_0^{t_d}I_d(\tau)\mathrm{d}\tau(\mathrm{A\cdot h}) \tag{4-13}$$

其中，I_d（τ）表示放电过程中所监测到的实时电流的大小；t_d 表示放电所需要的时间。由于测试过程中采用恒流放电，因此，也可以这样计算放电的电荷值。

$$Q_d = \frac{I_d t_d}{3600}(\mathrm{A \cdot h}) \tag{4-14}$$

⑥ 用下列公式计算放电总能量

$$W_d = \int_0^{t_d} I_d(\tau) U_d(\tau) d\tau(\mathrm{J}) \tag{4-15}$$

其中，U_d（τ）、I_d（τ）分别表示放电过程中所监测到的实时电压、实时电流的大小；t_d 表示放电所需要的时间。由于测试过程中采用恒流放电，因此，也可以这样计算放电的总能量。

$$W_d = I_d \int_0^{t_d} U_d(\tau) \cdot d\tau(\mathrm{J}) \tag{4-16}$$

⑦ 用下列公式计算充电总能量

$$W_c = \int_0^{t_c} I_c(\tau) U_c(\tau) \cdot d\tau(\mathrm{J}) \tag{4-17}$$

其中，$U_c(\tau)$、$I_c(\tau)$ 分别表示放电过程中所监测到的实时电压、实时电流的大小；t_c 表示第二次充满电所需要的时间。

⑧ 用下列公式计算充放电效率

$$\eta = W_d / W_c \times 100\% \tag{4-18}$$

4）蓄电池的高低温性能测试方法。用电设备的工作环境和使用条件往往要求化学电源在较宽的温度范围内具有良好的性能，这通常称为化学电源的高低温性能。测试的目的是得到蓄电池的温度工作范围。

按照国家标准的规定，化学电源高低温性能的测试方法为：将化学电源在（20 ±5)℃下以 0.2C 充电后转移至低温箱或高温箱一定的时间（低温下锂离子电池 16 ~24h、MH－Ni 电池 4 ~8h、高温下一般都为 1 ~2h)，然后以 0.2C 放电到规定的截止电压。实际工作中，为了更充分地了解化学电源的实际工作情况，也常常测量化学电源在高低温环境下以不同倍率充电和放电的性能。

具体操作如下：

① 测试温度控制为（20 ±5)℃，测试的充放电倍率为 $r = \{0.2\mathrm{C}\quad 0.5\mathrm{C}\quad 1.0\mathrm{C}\}$。

② 在测试过程中，被测电池周围的环境温度需要保持恒定，这可利用一个大小合适的恒温箱来实现。在测试过程中，电池的放电电流需要保持恒定，这可以利用一个有恒流放电功能的电子负载来实现。

③ 每个测试按照以下步骤进行：

a）充满。将电池充满，充电截止电压为 3.6V（或由制造商指定）。

b）暂停。停止充放电，把蓄电池转移至低温箱或高温箱一定的时间。

c）放电。以 r 为放电倍率对电池放电。当电池电压达到 2.8V 时停止放电（或由制造商指定）。

④ 记录每 1s 测得的电压、电流和温度数据。

⑤ 得到蓄电池的工作温度范围。

5）蓄电池的能量和比能量测试方法。蓄电池在一定的条件下对外做功能输出的电能称为化学电源的能量，单位一般用 W · h 表示。蓄电池的比能量是指单位质量或单位体积的蓄电池所能输出的能量，分别称为质量能量密度（W · h/kg）和体积能量密度（W · h/cm^3）。

蓄电池的实际能量在数值上等于实际的放电容量与平均工作电压的乘积，即 $W = Q_d V$。所以只要测得蓄电池的实际放电容量和其平均工作电压即可计算出能量。实际放电容量可由前面所述的容量测试方法求得，平均工作电压常常由中点电压来代替（中点电压用放电到额定放电时间一半时所对应的工作电压来表示，有时也用放电到总放电时间的一半时所对应的工作电压来表示）。比能量则用实际能量与蓄电池的质量或体积的比值求得。

利用容量测试方法计算出蓄电池的放电容量 Q_d，在放电过程中采集到平均工作电压 E，结合公式 $W = Q_d E$ 计算出蓄电池的能量。

质量能量密度和体积能量密度分别由以下公式求得：

$$\text{质量能量密度} = W/m \tag{4-19}$$

$$\text{体积能量密度} = W/V \tag{4-20}$$

式中，m 和 V 分别代表被测蓄电池的质量和体积。

6）蓄电池的功率和比功率测试方法。蓄电池的功率是指在一定的放电制度下，单位时间内输出的能量，单位为 W。比功率是指单位质量或单位体积的蓄电池输出的功率，单位为 W/kg 或W/cm^3。

蓄电池实际功率的计算公式：

$$P = \frac{W}{t} = \frac{CU}{t} = \frac{ItU}{t} = IU \tag{4-21}$$

因此，只要测得与蓄电池的实际放电电流 I 相对应的平均工作电压 U，然后由两者的乘积便可求得其实际功率。比功率则用实际功率与蓄电池的质量或体积的比值求得。

运用恒流放电法得到蓄电池放电曲线，从放电曲线中得到实际放电电流 I 和平均工作电压 U，然后由两者的乘积便可求得其实际功率。

质量功率密度和体积功率密度分别由以下公式求得：

$$\text{质量功率密度} = P/m \tag{4-22}$$

$$\text{体积功率密度} = P/V \tag{4-23}$$

式中，m 和 V 分别代表被测蓄电池的质量和体积。

7）蓄电池的储存性能和自放电性能测试。蓄电池的储存性能指的是保持开路状态在一定的温度、湿度等条件下搁置的过程中，其电压、容量等性能参数的变化。

蓄电池的储存性能常用储存过程中的容量衰减速率或容量保持百分数（又称荷电保持能力）来表示；自放电性能则用自放电率（有时也用荷电保持能力）来表示，其计算公式如下

$$\text{容量衰减速率（自放电率）} = \frac{\text{存储前的放电容量} - \text{存储后的放电容量}}{\text{储存时间}} \times 100\% \tag{4-24}$$

$$\text{容量保持百分数（荷电保持能力）} = \frac{\text{储存前的放电容量} - \text{储存后的放电容量}}{\text{储存前的放电容量}} \times 100\% \tag{4-25}$$

按照国家标准规定，化学电源自放电性能测试的具体方法为：在（20 ± 5）℃下，首先运用恒流放电法以 0.2C 的倍率放电，测量其放电容量作为储存前的放电容量，然后同样以

0.2C 的倍率充电并搁置 28 天后，以 0.2C 的放电电流测量储存后的放电容量，再按照上述公式计算出自放电率或容量保持率。储存性能的测试方法与之类似，只是将储存时间延长为 18 个月。注意，在给出化学电源的储存性能和自放电性能时一定同时说明相关参数（包括环境温度、充放电电流）。

自放电性能测试具体操作如下：

① 测试温度控制为 (20 ±5)℃，测试的充放电倍率为 0.2C。

② 在测试过程中，被测电池周围的环境温度需要保持恒定，这可利用一个大小合适的恒温箱来实现。在测试过程中，电池的放电电流需要保持恒定，这可以利用一个有恒流放电功能的电子负载来实现。

③ 每个测试按照以下步骤进行：

a）放电。以 0.2C 为放电倍率对电池放电。当电池电压达到 2.8V 时停止放电（或由制造商指定），这次的放电容量作为储存前放电容量。

b）充满。将电池充满，充电截止电压为 3.6V（或由制造商指定）。

c）暂停。停止充放电，搁置 28 天。

d）搁置 28 天后，以 0.2C 为放电倍率对电池放电。当电池电压达到 2.8V 时停止放电（或由制造商指定），这次的放电容量作为储存后的放电容量。

④ 按照上述公式计算出自放电率或容量保持率。储存性能的测试方法与之类似，只是将步骤 c）中的搁置时间延长为 18 个月。

8）蓄电池充放电平衡电动势曲线及等效内阻测试。本测试内容的范围包括电动势曲线测试以及电池的等效内阻测试，即测量电池在不同温度、不同剩余容量情况下电动势的值以及等效内阻。由于动力电池等效内阻在充放电过程中可能存在差异，因此，所进行的测试将按照充电过程和放电过程分别进行。

放电过程电动势曲线及等效内阻的测试方法及具体操作步骤如下：

① 每个测试的温度应分别控制为 $T=\{0℃\quad 20℃\quad 40℃\}$。

② 在测试过程中，被测电池周围的环境温度需要保持恒定，这可利用一个大小合适的恒温箱来实现。在测试过程中，电池的放电电流需要保持恒定，这可以利用一个有恒流放电功能的电子负载来实现。

③ 每个测试将按照以下步骤进行：

a）充满。将电池充满，充电截止电压为 3.6V（或由制造商指定）。

b）暂停。停止充放电，直到电池负极柱的温度与指定的测试温度相差不超过 2℃。

c）大电流放电。以 0.5C 的放电倍率对电池进行恒流放电，放电 300s。若 300s 内电池电压低于 2.8V（或由制造商指定最低电压门限值），进入步骤 e，否则进入步骤 d。

d）暂停。停止充放电，持续 3600s，之后回到步骤 c。

e）涓流放电。以 0.01C 的放电倍率对电池进行恒电流放电，放电 300s；若 300s 内电池电压低于 2.8V（或制造商指定最低电压门限值），进入步骤 g，否则进入步骤 f。

f）暂停。停止充放电，持续 600s，之后回到步骤 e。

g）测试结束。

④ 记录在每 1s 测得的电压和电流数据。

⑤ 将每次步骤 c 最后 1s（例如第 300s，4200s，8100s…）的放电电压记为放电工作电

压 U_{dn}（$n=1, 2, 3\cdots$），将每次步骤 d 最后 1s（例如第 3900s，7800s，11700s…）的放电电压记为放电开路电压 U_{ocvdn}（$n=1, 2, 3\cdots$）。用下列公式计算蓄电池的等效放电内阻

$$R_{idn}=(U_{ocvdn}-U_{dn})/I_{d}(\Omega) \tag{4-26}$$

⑥ 用下列公式计算工作电压 U_{dn}（$n=1, 2, 3\cdots$）时放出的电荷量

$$Q_{dn}=\frac{1}{3600}\int_{0}^{t_{dn}}I_{dn}(\tau)\mathrm{d}\tau \tag{4-27}$$

其中，I_{dn}（τ）表示放电过程中所监测到的实时电流的大小；t_{dn}表示放电所需要的时间。由于测试过程中采用恒流放电，因此，也可以这样计算放电的电荷值。

$$Q_{dn}=\frac{I_{dn}t_{dn}}{3600}(\mathrm{A\cdot h}) \tag{4-28}$$

⑦ 绘制放电过程平衡电势曲线，以电流放出电荷量为横轴，电压为纵轴，绘制放电过程平衡电动势曲线。以电池放出电荷量为横轴，内阻为纵轴，绘制放电过程等效内阻谱曲线。

充电过程电动势曲线及等效内阻的测试方法及具体操作步骤如下：

① 每个测试的温度应分别控制为 $T=\{0℃\quad 20℃\quad 40℃\}$。

② 在测试过程中，被测电池周围的环境温度需要保持恒定，这可利用一个大小合适的恒温箱来实现。在测试过程中，电池的放电电流需要保持恒定，这可以利用一个有恒流放电功能的电子负载来实现。

③ 每个测试将按照以下步骤进行：

a）放空。将电池放空，放电截止电压为 2.8V（或由制造商指定）。

b）暂停。停止充放电，直到电池负极柱的温度与指定的测试温度相差不超过 2℃。

c）大电流充电。以 0.5C 的充电倍率对电池进行恒流充电，充电 300s；若 300s 内电池电压高于 3.6V（或由制造商指定最低电压门限值），进入步骤 e，否则进入步骤 d。

d）暂停。停止充放电，持续 3600s，之后回到步骤 c。

e）小电流充电。以 0.01C 的充电倍率对电池进行恒电流充电，充电 300s；若 300s 内电池电压高于 3.6V（或制造商指定的充电电压上限值），进入步骤 g，否则进入步骤 f。

f）暂停。停止充放电，持续 600s，之后回到步骤 e。

g）测试结束。

④ 记录在每 1s 测得的电压和电流数据。

⑤ 将每次步骤 c 最后 1s（例如第 300s，4200s，8100s…）的充电电压记为充电工作电压 U_{cn}（$n=1, 2, 3\cdots$），将每次步骤 d 最后 1s（例如第 3900s，7800s，11700s…）的充电电压记为充电开路电压 U_{ocvcn}（$n=1, 2, 3\cdots$）。用下列公式计算电池等效放电内阻

$$R_{icn}=(U_{ocvcn}-U_{cn})/I_{c}(\Omega) \tag{4-29}$$

⑥ 用下列公式计算工作电压 U_{cn}（$n=1, 2, 3\cdots$）时充入电荷量

$$Q_{cn}=\frac{1}{3600}\int_{0}^{t_{cn}}I_{cn}(\tau)\mathrm{d}\tau \tag{4-30}$$

式中　I_{cn}（τ）——放电过程中所监测到的实时电流的大小；

t_{cn}——放电所需要的时间。

由于测试过程中采用恒流放电，因此，也可以这样计算放电的电荷值。

$$Q_{cn}=\frac{I_{cn}t_{cn}}{3600}(\mathrm{A}\cdot\mathrm{h}) \tag{4-31}$$

⑦ 绘制充电过程平衡电动势曲线，以电池充入电荷量为横轴，电压为纵轴，绘制充电过程平衡电势曲线。以电池充入电荷量为横轴，内阻为纵轴，绘制充电过程等效内阻谱曲线。

9）蓄电池寿命测试。通常所说的蓄电池寿命指的是充放电寿命（或称循环寿命），即在一定的充放电制度下，化学电源的容量下降到某一规定值（常以初始容量的某个百分数来表示）以前所能承受的充放电循环次数。国标中规定的循环寿命为在（20±5）℃环境下以特定电流充放电的寿命，具体的测试标准因蓄电池种类而异。在实际的研究工作中，为了更全面地了解蓄电池的实际工作性能，还常常会测量蓄电池在不同环境或不同充放电制度下的循环寿命（充电电流、放电电流和充放电时间间隔）。

蓄电池循环寿命的测试方法同前文介绍的充放电性能及容量性能的测试方法基本一致，只是在寿命测试过程中要反复进行充放电测试过程，直到容量降低到规定值。对于不同种类的蓄电池，寿命终点的规定有一定的区别，一般为初始容量的60%左右。

（3）测试平台系统　本测试平台主要用于混合动力列车的混合动力电源系统测试，根据平台所要实现的功能，设计的系统总体硬件结构如图4-32所示。系统由控制模块、监测模块、相关软件和辅助部件构成。一个控制模块可以接入多个监测模块，完成对不同数量、不同规格储能部件的测试。

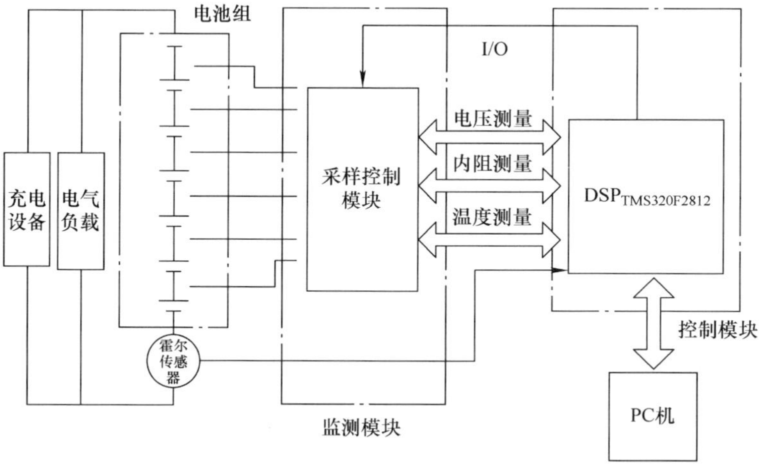

图4-32　系统硬件结构框图

1）控制模块。本模块用于数据传输、处理和人机界面操作，能实时显示储能部件数据，通过总线结构控制监测模块工作，收集监测模块采集的数据，并对发生的事件进行判断处理并发出声光报警，完成数据的通信、存储和查询等功能。

控制模块的选择要考虑CPU的处理能力、成本、功耗、内部资源和外围电路等问题。确定处理器之后，设计控制模块电路板时，采用分块设计思想。主要由以下子块组成：

① DSP及周边电路。与DSP密切相关的硬件主要有时钟电路、复位电路、JTAG仿真电路、锁相环外接滤波电路、存储器扩展电路等，用于驱动DSP正常工作。DSP也是控制程

序运行的载体，通过程序设置相应的寄存器，驱动相应的外围芯片和电池监测算法，使硬件协调运行。

② 电源电路。电源的性能直接影响到整个模块的稳定性，电源电压波动过高，可能烧坏电子器件；过低，电子器件又不能正常工作。设计时要选用较高精度的电源变换和隔离芯片，采用多次滤波电路。

③ 键盘和液晶驱动电路。DSP 的 I/O 口驱动能力有限，要实现键盘接受按键灵敏度高，液晶显示正常，刷新频率高，最好加上 74HC244 缓冲驱动，增强带负载能力。适当的地方可以加上拉电阻，增大驱动电流。

④ 通信接口电路。主从模块传输的是二进制数码，为防止数据间或外界信号干扰，信号强度因传输线路长而减弱等，传输之前常常加上光耦。

2）监测模块。本模块是用于储能部件数据的巡检，除进行常规电压、电流、温度等监测外，与内阻监测单元连接后可准确在线监测电池内阻。监测模块安装在储能部件附近，与控制模块、PC 机之间通信连接，方便现场接线安装。监测模块的处理器选择应考虑功耗、接口、定时器等。

监测模块的电路主要包括以下电路：

① 时钟发生电路。

② PWM 控制电路，微弱信号处理电路。该电路主要用于产生、处理、采集电池内阻信号。

③ 电源变换电路。电源变换电路将整组电池的电压经过滤波、变换、反馈变换形成稳定、可靠的电压。此电压为各个芯片提供电源。如果电源检测电路检测到变换后的电压不稳定，反馈变换电路将不稳定的电压反馈给变换电路，重新变换，直至稳定。

④ 其他电路。包括：单片机电路、通信接口电路、采样控制电路、共模电压测量电路、内阻测量电路等。

4.5 动力电池 *SOC* 的评估

4.5.1 动力电池 *SOC* 评估的作用

SOC 是防止动力电池过充和过放的主要依据，只有准确估算电池组的 *SOC* 才能有效提高动力电池组的利用效率、保证电池组的使用寿命。在车辆中，准确估算蓄电池 *SOC* 的作用包括以下四点：

（1）保护动力电池　对于动力电池而言，过充电和过放电都可能对动力电池造成永久性的损害，严重减少动力电池的使用寿命。如果可以提供准确的 *SOC* 值，整车控制策略可以将 *SOC* 控制在一定的范围之内（如 20% ~80%），防止对电池过充电或过放电，从而保证动力电池的正常使用，延长动力电池的使用寿命。

（2）提高整车性能　在没有提供准确的 *SOC* 值的情况下，为了保证电池的安全使用，整车控制策略需要保守地使用电池，防止动力电池出现过充电和过放电的情况。这样就不能充分发挥电池的性能，因而降低了整车的性能。

（3）降低对动力电池的要求　在准确估算 *SOC* 的前提下，电池的性能可以被充分使用。

选用电池时，针对电池性能设计的余量可以大大减小。例如，在准确估算 *SOC* 的前提下，只需要使用容量为20A·h的动力电池组。如果不能提供准确的 *SOC* 值，为了保证整车的性能和可靠性，可能需要选择30A·h甚至更高容量的动力电池组。

（4）提高经济性　选择较低容量的动力电池组可以降低整车的制造成本。同时，由于提高了系统的可靠性，后期的维护成本也大大降低。

4.5.2　动力电池 *SOC* 的评估方法

（1）电荷累积法　电荷累积法（Coulomb Counting Method，也称作CC法）又称容量积分法，是预先知道上一时刻电池剩余电量状态，并对一段时间内动力电池充入、放出的电荷进行统计，从而得到当前电池荷电状态的一种方法。

假设上一时刻 t_1 电池的剩余电量为 Q_{t_1}，当前时刻 t_2 电池的剩余电量为 Q_{t_2}，从 t_1 到 t_2 期间电池充入、放出的累计电量为

$$Q_{t_1}^{t_2} = \int_{t_1}^{t_2} i(t)\,\mathrm{d}t \tag{4-32}$$

那么

$$Q_{t_2} = Q_{t_1} - Q_{t_1}^{t_2} \tag{4-33}$$

式（4-32）中，$i(t)$可以取正也可以取负，当 $i(t)>0$ 时，表示电池在放电；当 $i(t)<0$ 时，则表示电池在充电。

同理，在式（4-33）中，若 $Q_{t_1}^{t_2}>0$，表示在 t_1 到 t_2 这段时间内，总体而言电池放出电量多于充入电量；反之，若 $Q_{t_1}^{t_2}<0$，则表示在 t_1 到 t_2 这段时间内，总体而言电池充入的电量多于放出的电量。

通过式（4-33）求得 Q_{t_2} 后，可以进一步通过比例运算求得此时的 *SOC* 值（%）。

然而，电荷累积法存在以下三个问题：

1）对初始值的依赖性。事实上，电荷累积法只能解决一段时间内电量变化的情况 $Q_{t_1}^{t_2}$，而我们最终关心的是电池的剩余电量 Q_{t_2}，这依赖于 Q_{t_1} 的准确性。若初始值 Q_{t_1} 存在误差，则利用式（4-32）和（4-33）是没有办法对其进行修正的。

2）累积误差的问题。由于电流传感器精度不足、采样频率低、信号受干扰等原因，用于积分的电流 $i(t)$ 与真实值相比存在一定的误差，多次循环之后会出现一些误差积累。目前的校正方法大多利用电池组电压来校正因电流积分导致的累积误差。通过电池组放电到放电终止电压时，无论 *SOC* 值为多少都置为0，这样可以避免长时间积分的累积误差。有的在电池组静态时采用电压法来校正 *SOC*，而在工作时用电流积分的方法。然而由于电压和容量的对应关系会受到温度和放电电流大小的影响，且电池组的电压和容量的对应关系受电池组均衡性的影响较大，因此仅仅通过电压校正的方法也需要做进一步的改进。另一种较为有效的校正方法就是把电池充至饱满或将电池的剩余电量全部放光。当然，这种方法会减少电池的循环使用寿命，实用性不强。

3）不能应对电池的自放电问题。几乎所有的二次电池都存在自放电问题，即电池中的电荷以极慢的速度放出来。电荷累积法对于这种现象几乎是无能为力的，其原因在于：

① 自放电的等效电流很小，一般的电流传感器无法准确测量；

② 相当一部分的自放电电流并不走工作电流的回路，设置在工作电流回路中的传感器

自然检测不到自放电电流；

③ 自放电可能发生在电池管理系统不工作的情况下，例如车辆熄火后，此时 BMS 工作，自然也无法监测电池的自放电情况。

除上述的三个方面以外，使用电荷累积法还要注意其他一些细节。例如要求 BMS 关闭时需要记录最后时刻的剩余电量值 Q_{t_1}，否则第二天重新起动车辆时，电量评估就缺少了初始值。另外，在更换了动力电池组以后，必须对电池剩余电量进行一次校正，这可以通过对电池组进行一次饱充来进行。

（2）开路电压法　开路电压法（Open - Circuit Voltage method，简称 OCV 法），就是当电池既不处于充电状态，也不处于放电状态，即工作电流为零的情况下，通过测量动力电池的开路电压（*OCV*）来估算电池的 *SOC*。使用开路电压法一般基于以下三个前提：

1）*SOC* 与电池的电动势（*EMF*）有一一对应关系。即给出 0～100% 之间的任意一个 *SOC* 值，存在唯一的一个电动势（*EMF*）值与之对应。

2）在工作电流为零的情况下，开路电压（*OCV*）与电池电动势（*EMF*）相等。

3）不考虑温度及电池老化程度等因素。即认为在不同的温度条件下，不同老化程度的电池具有相同的 *SOC - EMF* 曲线。

由电池的工作特性可知，电池组的开路电压和电池的剩余容量存在着一定的对应关系。随着放电电池容量的增加，电池的开路电压降低。由此可以根据一定的充放电倍率时电池组的开路电压和 *SOC* 的对应曲线，通过测量电池组开路电压的大小，插值估算出电池 *SOC* 的值。在车辆的实践应用中，OCV 法通常利用工作电流为零的时机，测量电池电压 U_0，然后反求出电池的 *SOC* 值。

该方法简单易行，但由于不同充放电倍率时电池组的电压不一致，因此在电流波动比较大的场合，这种计量方式将失去意义。在车辆的具体应用中，开路电压法存在以下不足：

1）关于工作电流为零的问题。由于开路电压法是基于工作电流为零的情况进行的，而往往在车辆的行驶过程或充电过程中，即工作电流不为零的情况下，也需要知道 *SOC* 的值是多少，这个时候开路电压法显然是不适用的。此外，即使车辆不起动、不充电，处于静止状态，仍然不能认为动力电池的工作电流为零，因为此时车辆的弱电系统仍在工作，例如整车控制器没有关闭，通信网络仍处于工作状态，仪表可能开启等，至少此时 BMS 本身仍在工作，这些都意味着车辆的工作电流不一定绝对为零。在实际应用中，可设定一个电流的门限值，当电流小于该门限值时，即认为可通过 OCV 法评估 *SOC*。

2）*EMF - SOC* 曲线的获取和利用。电池电压的滞回特性对用 OCV 法表示 *EMF* 产生很大的影响。虽然在电压的平台区内，电池的充放电平衡电动势相差不过十几毫伏，但由于 *SOC* 从 90% 降到 10% 的这个平台区内，整个电压降也不超过 200mV，因此，若忽略滞回特性，则所评估的 *SOC* 可能存在 10% 左右的误差。在实际应用过程中，由于用户更关注电池在放电过程中的 *SOC* 值，可以选择放电时的 *EMF* - SSO 曲线作为 *SOC* 评估的标准。但由于车辆使用过程中存在能量回馈制动、不同电池间的均衡控制等，可能造成放电与充电交替的情况，所以，滞回特性对开路电压法的影响只能减小，不能克服。另外，不同温度对电池组的放电平台电压影响也较大，因此，单靠电压来估算 *SOC* 的方法难以满足实际需求。

3）电压回弹问题。开路电压法必须考虑电池电压的回弹效应。当车辆由于某些原因（如等待绿灯）短暂停车时，是否可以用开路电压法对 *SOC* 做一次评估也是需要考虑的问题。如果停留时间过短，电压还没有回弹到稳定状态，估算出的 *SOC* 值必然偏小，并且误差的大小与停留的时间有关。针对电压回弹问题通常可以有两种解决办法：

① 设定一个时间阈值，当工作电流持续小于电流门限值的时间大于时间阈值时才用开路电压法对 *SOC* 的值做评估；

② 利用电池模型，通过 10 ~ 30s 内电压回弹的趋势来预估出电池电压回弹的极限值，再用这个极限值来估算 *SOC*。

综上所述，开路电压法对单体电池的估计要优于电池组，当电池组中出现的单体电池不均衡，会导致电池组的容量低时电压会很高，因此该方法不适合于个体差异大的电池组。然而，开路电压法也存在着许多不足，例如在电池正常工作时不能使用，而需要等到电池停止工作一段时间后才能使用。

（3）一种折中的方法　由于电荷累积法和开路电压法的优缺点存在明显的互补性，有学者提出了一种折中方法：当电池处于工作状态（工作电流大于设定的门限值）时，用电荷累积法实时更新 *SOC* 值，同时，为了消除电荷累积法的累积误差，并解决电荷累积法的初始 *SOC* 评估问题，在电池系统每次起动时或电池组短暂不工作时，利用开路电压法对 *SOC* 进行校准。

该方法能够在一定程度上弥补电荷累积法存在的不足，如每隔一段时间消除累积误差，并解决了电池应用长期静置不用后 *SOC* 的初值问题、自放电问题等。同时，该方法也解决了电荷累积法无法在电池组正常工作时估算 *SOC* 值的问题。

这种折中的方法在实际的 BMS 系统中得到了广泛的应用。但该方法并不能解决开路电压法本身所存在的不足，例如电流为零问题、电压滞回效应以及 *EMF* 受温度和使用历史影响等问题。因此，对 *SOC* 评估算法的改进依然是一个值得研究的课题。

4.5.3 动力电池 *SOC* 评估的难点

电池一致性是指同一规格型号的单体电池组成电池组后，其电压、荷电量、容量及其衰退率、内阻及其变化率、寿命、温度影响、自放电率等参数存在一定的差别。根据使用中电池组不一致性扩大的原因和对电池组性能的影响方式，可以把电池的一致性分为容量一致性、电压一致性和电阻一致性。

（1）电池状态监测不准确对评估造成的困难　剩余电量并非一个可以直接测量的值，而需要通过电压、电流等状态量的测量值来进行间接估算，但由于电池状态监测环节的误差是不可避免的，因此，电池剩余电量评估的误差也是不可避免的。电池状态监测的不准确性主要表现在两个方面：由传感器精度引起的状态监测不准确，以及由电磁干扰引起的状态监测不准确。

（2）电池的不一致性对评估造成的困难　动力电池在制造过程中，由于材料、工艺等各方面的差异，导致不同批次的电池之间，甚至同一批次的不同电池之间存在较大的差异性，这样的差异对电池剩余容量的评估造成了一定困难。原因主要在于以下两个方面：

1）样本与实际的不一致。目前的剩余电量评估算法基本上都是基于电池样本特性的，以样本的特性来类比实际工作中电池的特性。因此，样本电池与实际电池的不一致性，将会影响电量评估的精度。以下是两种常见的情况：

① 采用电荷累积法评估电池的剩余电量，其容量不一致性就会导致评估不准。例如样

本电池的容量是 100A · h，而实际电池的容量为 105A · h，那么当用 CC 方法算得某次实际过程中累计放出的电量为 95A · h 时，根据样本容量，剩余电量应该为 5A · h，而实际电池的剩余容量是 10A · h。

② 采用开路电压法来评估 *SOC*，其依据为电池样本的 *SOC* - *EMF* 曲线，即通过测量实际电池的开路电压，通过曲线反求实际电池的 *SOC* 值，然而，由于实际电池与样本电池的特性曲线的不一致性，用 OCV 法评估得到的 *SOC* 值将会存在误差。电池静态（电池静止 1h 以上）开路电压在一定程度上是电池 *SOC* 的集中表现。由于电池 *SOC* 在一定范围内还与电池开路电压呈线性关系，开路电压不一致也在一定程度上体现了电池能量状态不一致。

2）电池组内各电池不一致。在实际工作中，有以下三种情况值得注意：

① 电池生产制造过程导致的不一致是动力电池不一致的直接原因。在制造过程中，由于工艺上的问题和材质的不均匀，使电池极板活性物质的活化程度和厚度、微孔率、连条、隔板等存在很微小的差别，这种电池内部结构和材质上的不完全一致，就会使同一批次出厂的同一型号电池的容量、内阻等参数不可能完全一致。在电池管理系统中，如果对每个电池都进行评估，则需要耗费大量的时间。另外，如果对每个电池都进行较为精密的电压采样，则需要的器件费用较为昂贵。为了解决这两个矛盾，有些电池管理系统中仅对整个电池组内的若干个电池进行采样，从而推算出整个动力电池组的剩余电量。这种做法极大地节约了电池剩余容量的评估计算时间和器件成本，然而，由于组内电池存在一定的不一致性，其评估结果难免存在一定的误差。

② 工作环境是导致电池的不一致性的间接原因。在电动车辆的工作过程中，由于电池组中各个电池的温度、通风条件、自放电程度、电解液密度等差别的影响，在一定程度上增加的电池电压、内阻及容量等参数的不一致性。由于电池在电池箱内的位置差异，各电池的吸热、散热状况不一致，而温度又将对电池的剩余电量乃至循环寿命产生较大影响。因此，在某一时刻，电池组内电池的剩余容量、健康状况都存在一定的差异。如果用统一的方法对剩余容量进行评估将造成较大的误差。

一般地，电池组放电 40% ~50% 时，电池处于放电电压平稳阶段，因此，电池电压一致性良好。在放电后期，蓄电池停止放电是由于极少数单体电池电压偏低，达到甚至超过单体电池放电终止电压。在此情况下，最高与最低电池单体电压差可达 0.5V 以上。若继续使电池组放电，电压较低的电池因没有能量可以放出而过放电，产生永久性损坏。

由于各电池单体间的不一致性和串联动力电池组的短板效应，在动力电池组的使用过程中，电池组的最大可用容量与单体的可用容量下降速度不同步，也将导致各单体的 *SOC* 状态各不相同，使电池组寿命和电池单体相比，明显降低。过充电或过放电都会对电池造成额外的损伤，致使动力电池的容量衰减加剧，此时的动力电池组寿命降低更加明显。

③ 个别电池替换后也容易产生电池的不一致现象。车辆电池组在使用一段时间以后，有时需要对个别性能特别差的电池进行替换，一旦进行替换，新电池与组内电池的不一致会使 *SOC* 的评估更加困难。

电压不一致的主要影响因素在于并联组中电池的互充电，当并联组中某一节电池电压低时，其他电池将给此电池充电。这样，低压电池容量小幅增加，但同时高压电池容量将急剧降低，能量损耗在互充电过程中，造成达不到预期的对外输出。若低压电池和正常电池一起使用，将成为电池组的负载，影响其他电池的工作，进而影响整个电池组的寿命。所以，在电池组不一致明显增加的深放电阶段，不能再继续行车，否则会造成低容量电池过放电，影响电池组使用寿命。

（3）运行工况的不确定性对评估造成的困难　在车辆工作过程中，可能的工况是千变万化的。驾驶人无法预知下一时刻的工作状况，这对剩余电量或 *SOC* 的评估造成了一定的困难：

1）受多种因素影响，剩余电量并不能完全释放。例如，在实际工作中，若未来时刻需要放出的工作电流较大，则电池组实际可放出的电荷较少；反之，若未来车辆所需的工作电流较小，且工况稳定，则电池组实际可放出的电荷较多。除工作电流外，电池组的工作温度也将对电池可以释放的最大电荷产生影响。

2）在剩余电量一定的前提下，电池组实际可以放出的能量是不一样的。定性的情况是：电池工作温度不变，内阻维持不变，工作电流越大，电池组可以放出的能量就越少，车辆的续航里程就越短；同时，若电池的工作电流一定，工作温度越高，电池内阻越小，电池组可以放出的能量就越多，续航里程就越长。

4.5.4 提高动力电池一致性的措施

由前文可知，电池组的一致性是相对的，不一致性是绝对的。为提高电池组的利用效率和性价比，在应用过程中，需要采取一定的措施，减缓电池不一致性扩大的趋势或速度。根据动力电池应用经验和试验研究，常采用如下措施，保证电池组寿命逐步趋于单体电池的使用寿命。

（1）提高电池制造工艺水平，保证电池出厂质量，尤其是初始电压的一致性。同一批次电池出厂前，以电压、内阻及电池化成数据为标准进行参数相关性分析，筛选相关性良好的电池，以此来保证同批电池的性能尽可能一致。

（2）在动力电池成组时，务必保证电池组采用同一类型、同一规格、同一型号的电池。

（3）在电池组使用过程中检测单电池参数，尤其是动、静态情况下（车辆行驶或停驶过程中）的电压分布情况，掌握电池组中单电池不一致性发展规律，对极端参数电池及时进行调整或更换，以保证电池组参数不一致性不随使用时间而增大。

（4）对使用中发现的容量偏低的电池，进行单独维护性充电，使其性能恢复。

（5）间隔一定时间对电池组进行小电流维护性充电，促进电池组自身的均衡和性能恢复。

（6）尽量避免电池过充电，尽量防止电池深度放电。

（7）保证电池组良好的使用环境，尽量保证电池组温度场均匀，减小振动，避免水、尘土等污染电池极柱。

（8）采用电池组均衡系统，对电池组充放电进行智能管理。

4.6 动力电池的均衡控制

为了平衡电池组中单体电池的容量和能量差异，提高电池组的能量利用率，在电池组的充放电过程中需要使用均衡电路。动力电池的能量控制管理包括充电控制管理、放电控制管理以及电池的均衡控制管理，这些并不属于电池管理系统必须的功能，但对于整个动力电池组的整体性能有着重要的意义，能量控制管理功能的好坏体现出动力电池管理系统的水平。

4.6.1　动力电池均衡控制管理的意义

大量实践经验和实验数据表明，由于电池组中的各个单体电池之间客观存在着不一致性，加入均衡控制管理的电池组，整体性能将得到一定程度的提高，其优点在于：

（1）有助于提升电池组的整体容量　如果不对电池进行均衡控制，电池管理系统的保护机制会在电池组中的某个电池充满电时就对整个串联电池组停止充电；同样，在剩余电量最小的电池放完电时就对整个串联电池组停止放电。也就是说，电池组的有效容量符合木桶理论，这样就会造成整个电池组的容量不能有效发挥。

（2）有助于控制动力电池的充放电深度　如果把电池从完全放空到完全充满的整个过程中 SOC 的变化记为 0～100%，则在实际应用中，最好让每个电池都工作在 5%～95% 的区间。因为荷电状态大于 95%，电池容易形成过充，同时也容易发生一些不可逆转的化学反应，从而影响电池的寿命；类似地，当荷电状态小于 5%，电池容易形成过放，同时也容易发生一些不可逆转的化学反应，进而影响电池的寿命。

理论分析及实验数据表明，对电池组实施均衡控制管理，减小动力电池的充放电深度对提高电池的安全性、延长电池寿命，有着重要的意义。

4.6.2　动力电池均衡控制管理的难点

（1）单体电池荷电状态 SOC 的评估　过去某些简单的电池均衡算法往往以电池的电压作为均衡依据，即认为电压较高的电池需要失去电荷，电压较低的电池需要补充电荷。而实际上，电池均衡的最佳依据应该是电池的剩余电量或荷电状态。电压的监测和判断较为简单，但电池的剩余电量或荷电状态的评估却相对困难。

（2）单体电池的容量的获取　要获取单体电池的容量，困难在于以下两个方面：

1）电池容量受 SOH 的影响。一般来说，电池一旦装车使用，其性能会不断衰减，有效容量不断减少。然而，每个电池的有效容量均有差异，要获得其 SOH 的值，必须要对每个电池单独进行一次充满并马上进行放空，对于已经装车使用的电池，这样的评估难以经常对每个电池单独进行。

2）实际的容量受运行工况限制。即使能知道每个单体电池的 SOH，由于难以预计车辆的运行工况，电池实际的有效容量难以获取。

4.6.3　动力电池均衡控制管理的方法

（1）集中式均衡与分布式均衡　按均衡电路的拓扑结构分类，可以分为集中式均衡方案和分布式均衡方案。集中式均衡方案是指整个电池组共用一个均衡器，通过逆变分压等技术对电池组能量进行分配，以实现单体电池与电池组之间的能量均衡。而分布式均衡方案中，均衡模块是由个别电池专用。

图 4-33 所示为一个典型的集中式均衡拓扑结构。该结构中，电池组内所有的电池都可以利用同一个均衡器（均衡电容）进行均衡操作。

图 4-34 为一种典型的分布式电池均衡拓扑结构。该结构通过在每个电池上并联一个旁路电阻，并利用一个电子开关控制均衡操作。

比较以上两种均衡方式，集中式均衡方案能迅速地集整个电池组之力为待均衡的个别电

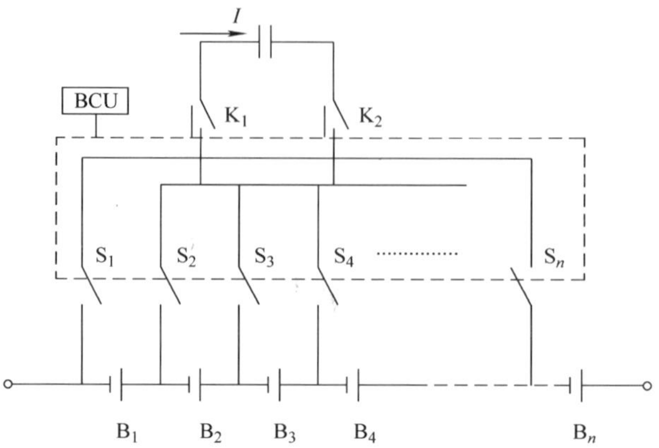

图 4-33　一个典型的集中式均衡拓扑结构

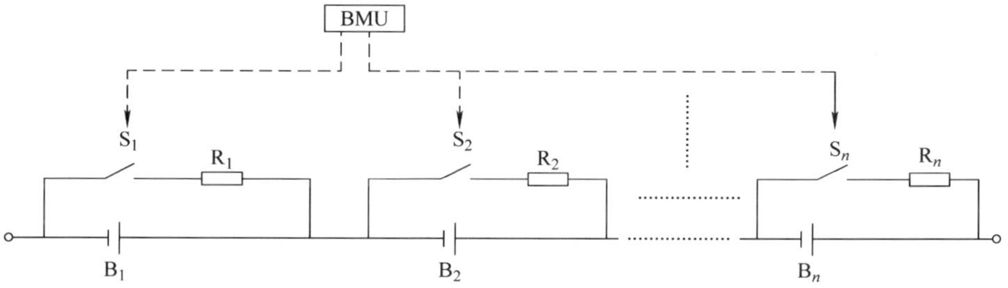

图 4-34　一种典型的分布式电池均衡拓扑结构

池转移能量，所配置的公用均衡器的性能较好，故均衡速度较快，而且从整体来说，集中式的均衡模块的体积也比分散式的（总和）更小；然而，集中式均衡方案中，各个电池之间形成竞争关系，多个电池的均衡操作不能并行地进行，而且各电池与均衡器之间需要大量的线束连接。可见，集中式均衡方案不太适用于电池数量较多的电池组。

（2）放电均衡、充电均衡与双向均衡　按照均衡的作用过程不同，可以将均衡控制管理分为放电均衡、充电均衡和双向均衡。放电均衡是指在放电过程中实现各单体电池间的均衡，以保证放电过程中能够将电池组中每个电池的剩余容量放至0，而不会出现有的电池已放电完全而有的电池尚有电量的情况。放电完全之后，用恒定电流以串联充电的方式对电池组进行充电，直到电池组中出现任意一个电池的剩余容量达到100%时结束充电。整个过程可以用图4-35来表示。

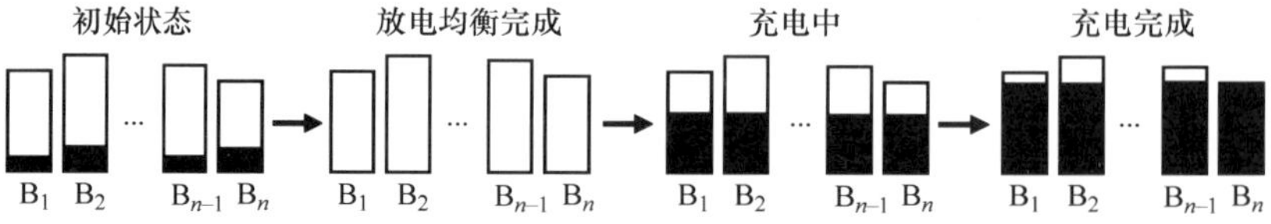

图 4-35　放电均衡方式

从图4-35可以看出，放电均衡方式可以保证每一次充进电池的电量都可以完全释放出来。但在充电过程中，根据“短板原理”，只能以最小容量的电池为截止上限。在充电过程中就并不能完全利用电池组的容量。

放电均衡的缺点是能量损耗过多，不便于在任意时刻开始进行（例如在电池剩余容量还比较多的情况下，进行放电均衡代价过大）；而且，放电均衡需要把电池剩余容量放空，从而提高了放电深度，有可能影响电池的循环寿命。

充电均衡是指在充电过程中采用上对齐均衡充电方式实现各个单体电池间的均衡，以保证充电过程中能够将电池组中每个电池的容量都充至100%，如图 4-36 所示。

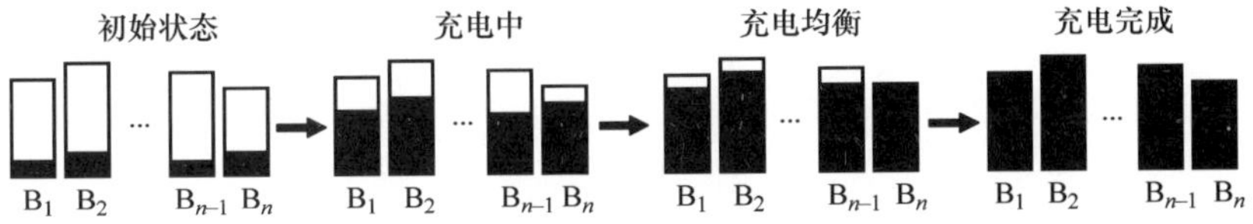

图 4-36　充电均衡方式

充电均衡方式可以保证每一个单体电池的实际容量在充电过程中都发挥出功效。但充电均衡方式对放电过程没有做任何控制，其放电过程满足木桶原理，整个电池组的放电容量取决于容量最小的电池。与放电均衡相反，充电均衡对于在电池组处于任何荷电状态前提下都适用。

双向均衡方案则是综合了放电均衡方案和充电均衡方案两者的优点，在充电和放电过程中都引入均衡控制，这样既能保证每一个电池都能放电到 SOC 为 0，又能保证每一个电池都充电到 SOC 为 100%。由于加入了放电均衡过程，这种方案同样存在能量损耗过多，容易损害电池等问题。但这种方法有利于对电池的最大容量进行评估（即有助于得到每个电池的最大容量），可以在对车辆进行保养的过程中，利用这种方法来对电池的健康状况进行诊断。

（3）耗散型均衡与非耗散型均衡　按照在均衡过程中，是否努力尝试按照对电池组的能量进行保护，可以将均衡控制方案分为耗散型均衡和非耗散型均衡两种。

1）耗散型均衡。耗散型均衡方案指利用并联电阻等方式将电池组中荷电状态较多的电池的能量消耗掉，直到与组内其他电池达到均衡。该方法的实现过程如下：定时检测各个单体电池的电压，当某些单体电池的电压超过电池组平均电压时，接通这些高能电池的并联电阻，使它们的一部分能量消耗在并联电阻上，直到它们的电压值等于电池组平均电压。

耗散型均衡方案控制逻辑简单，硬件上容易实现，成本较低，是早期均衡控制最常用的方案。但是，这种方法就是以消耗电池组的部分能量为实施手段的，均衡过程一般在充电过程中完成，对容量低的单体电池不能补充电量，存在能量浪费和增加热管理系统负荷的问题，对于车辆而言，存在通风不好导致过热的安全隐患。

能量耗散型均衡充电电路一般又分恒定分流电阻均衡充电电路、开关控制分流电阻均衡充电电路两类，其优缺点如表 4-14 所示。

表 4-14　两种能量耗散型均衡充电电路的优缺点

	优点	缺点	备注
恒定分流电阻均衡充电电路	可靠性高，分流电阻的值大，通过固定分流来减小由于自放电导致的单体电池差异	在于无论电池充电还是放电过程，分流电阻始终消耗功率，能量损失大，一般在能够及时补充能量的场合使用	每个电池单体上都始终并联一个分流电阻

（续）

	优点	缺点	备注
开关控制分流电阻均衡充电电路	可以对充电时单体电池电压偏高者进行分流	由于均衡时间的限制，导致分流时产生的大量热量需要及时通过热管理系统耗散，尤其在容量比较大的电池组中更加明显	分流电阻通过开关控制，在充电过程中，当单体电池电压达到截止电压时，均衡装置能阻止其过充并将多余的能量转化成热能

2）非耗散型均衡。非耗散型均衡（也称无损均衡）是指利用中间储能元件和一系列的开关元件，将电池组中荷电状态较高的电池的能量转移到荷电状态较低的电池中去，以达到均衡目的的方案。无损均衡方案用到的中间储能元件一般有电容和电感两种。无损均衡正好可以弥补耗散型均衡的缺点，但它也存在着控制逻辑电路复杂等方面的缺点，且由于器件损耗，非耗散型均衡并不能做到真正的无损。

非能量耗散型电路的耗能相对于能量耗散型电路小很多，但电路结构相对复杂，可分为能量转换式均衡和能量转移式均衡两种方式。

① 能量转换式均衡。能量转换式均衡是通过开关信号，将电池组整体能量对单体电池进行能量补充，或者将单体电池能量向整体电池组进行能量转换。其中单体能量向整体能量转换，一般都是在电池组充电过程中进行。该电路是通过检测各个单体电池的电压值，当单体电池电压达到一定值时，均衡模块开始工作。把单体电池中的充电电流进行分流从而降低充电电压，分出的电流经模块转换把能量反馈回充电总线，达到均衡的目的。还有的能量转换式均衡可以通过续流电感，完成单体到电池组的能量转换。

电池组整体能量向单体转换也称为补充式均衡，即在充电过程首先通过主充电模块对电池组进行充电，电压检测电路对每个单体电池进行监控。当任一单体电池的电压过高，主充电电路就会关闭，然后补充式均衡充电模块开始对电池组充电。通过优化设计，均衡模块中充电电压经过一个独立的DC/DC变流器和一个同轴线圈变压器，给每个单体电池上增加相同的次绕组。这样，单体电压高的电池从辅助充电电路上得到的能量少，而单体电压低的电池从辅助充电器上得到的能量多，从而达到均衡的目的。

此方式的问题在于次级绕组的一致性难以控制，即使副边绕组匝数完全相同，考虑到变压器漏感以及副边绕组之间的互感，单体电池也不一定获得相同的充电电压。同时，同轴线圈也存在一定的能量耗散，并且这种方式的均衡只有充电均衡，对于放电状态的不均衡无法起作用。

② 能量转移式均衡。能量转移式均衡是利用电感或电容等储能元件，把电池组中容量高的单体电池，通过储能元件转移到容量比较低的电池上。该电路是通过切换电容开关传递相邻电池间的能量，将电荷从电压高的电池传送到电压低的电池，从而达到均衡的目的。另外，也可以通过电感储能的方式，对相邻电池间进行双向传递。此电路的能量损耗很小，但是均衡过程中必须有多次传输，均衡时间长，不适于多串的电池组。改进的电容开关均衡方式，可通过选择最高电压单体与最低电压单体电池间进行能量转移，从而使均衡速度增快。能量转移式均衡中能量的判断以及开关电路的实现较困难。

除上述均衡方法外，在充电应用过程中，还可采用涓流充电的方式实现电池的均衡。这是最简单的方法，不需要外加任何辅助电路。其方法是对串联电池组持续用小电流充电。由于充电电流很小，这时的过充对满充电池所带来的影响并不严重。由于已经充饱的电池没办法将更多的电能转换成化学能，多余的能量将会转化成热量。而对于没有充饱的电池，却能继续接收电能，直至到达满充点。这样，经过较长的周期，所有的电池都将会达到满充状态，从而实现了容量均衡。但这种方法需要很长的均衡充电时间，且消耗相当大的能量来达到均衡。另外，在放电均衡管理上，这种方法是不能起任何作用的。

4.7 电池组的匹配设计

4.7.1 电动车辆能耗经济性评价参数

动力电池组是电动车辆的重要能量来源，是纯电动车辆的唯一能量来源。在车辆与电池系统的匹配中，首先需要关注并了解电动车辆的能耗评价指标。

能耗经济性是车辆的主要使用性能之一，可以定义为车辆在一定的使用工况下，以最小能量消耗完成单位运输工作的能力。在内燃机车辆上称为燃料经济性，在电动车辆上以电能消耗为指标。车辆能耗经济性常用的评价参数都是以一定的车速或循环行驶工况为基础，以车辆行驶一定里程的能量消耗量或一定能量可使车辆行驶的里程来衡量。为了使车辆能耗经济性评价指标具有普遍性，可以适用于不同类型的车辆，其评价指标应该满足以下三个条件：

① 可比性：可以对不同类型的车辆经济性进行比较；

② 独立性：指标参数数值与整车储存能量总量无关；

③ 直观性：可以直接从参数指标进行能耗经济性判断。

（1）续驶里程　续驶里程是指纯电动车辆动力电池组充满电后可连续行驶的里程，可分为等速续驶里程和循环工况续驶里程。等速通常采用 40km/h 或 60km/h 作为标准；循环工况则根据车辆的使用环境进行选择，常用的有欧洲 15 工况、日本 10 工况、中国客车 6 工况等。此项指标对于综合评价车辆动力电池组、电机、传动系统效率及车辆实用性具有重要意义。但由于此项指标同车辆电池组装车容量及电压水平有关，因此在不同车型和装配不同容量电池组的同种车型间不具有可比性。即使装配相同容量同种电池的同一车型，续驶里程也会受到电池组状态、天气、环境因素等使用条件影响而有一定幅度的波动。

续驶里程还可以分为理论续驶里程、有效续驶里程和经济续驶里程，如表 4-15 所示。

表 4-15　续驶里程的三种表达方式

表达方式	定义	放电深度
理论续驶里程	根据电池组能量存储理论值和车辆单位里程能量消耗理论值计算所得的续驶里程	指充放电深度均为 100% 情况下车辆可行驶的里程
有效续驶里程	是电池组在保证经济性和实用性，使电池组能够可靠稳定工作前提下的续驶里程	指放电深度 70% ~80% 时车辆可行驶里程
经济续驶里程	最大限度保证电池组使用经济性和使用寿命，有利于电池组最佳状态下工作的续驶里程	指充电至 *SOC* 为 90%，放电深度不超过 90% 时的车辆可行驶里程

在经济续驶里程的充放电机制下，可以最大限度地保证电池组稳定可靠工作，减少电池组不一致性对整个电池组系统工作带来的影响，提高电池组寿命，并且电池的充放电效率最高，车辆运行的总体能耗经济性最好。

（2）单位里程容量消耗　电池及电池组以容量作为能量存储能力的标准之一。以电池组作为唯一动力源的纯电动车辆单位里程的容量消耗定义为车辆行驶单位里程消耗的电池组容量。

电池组放电深度不同时，总电压有明显的变化，因此在相同放电功率下电池组放电电流有相应的变化。在相同车辆使用条件下，不同的电池组放电深度，单位里程消耗的电池组容量不同。单位里程容量消耗作为经济性评价参数存在一定的误差。因此单位里程容量消耗指标参数值的获得必须以多次不同条件下行驶试验为基础，取试验结果的平均值。基于上述特点，此项指标在不同的使用条件下，不同的车型间不具有可比性，仅适用于电压等级相同，车型相似情况下能耗经济性能的比较或同一车型能耗水平随电池组寿命变化历程的分析。

（3）单位里程能量消耗　单位里程能量消耗又可分为单位里程电网交流电量消耗和单位里程电池组直流电量消耗。其中，交流电量消耗受到不同类型充电设备效率的影响，有一定的误差，并且充电设备是独立于车辆的服务性设备，不应作为车辆效率的一部分。在不同的充电设备情况下，车辆的经济性在一定程度上不具有可比性。单位里程电池组直流电消耗量，仅以车载电池组的能量状态作为标准，脱离了充电机的影响，所以可以直接、可靠地反映车辆的实际经济性能。

（4）单位容量消耗行驶里程和单位能量消耗行驶里程　这两种车辆能耗经济性的评价指标分别是单位里程容量消耗和单位里程能量消耗的倒数，单位分别为 km/(A·h) 和 km/(kW·h)。

（5）等速能耗经济特性　车辆等速能耗经济性是指车辆在额定载荷下，在水平良好路面上以最高挡等速行驶单位里程的能耗或单位能量行驶的里程。通常可以测出每隔 5km/h 或 10km/h 速度间隔的等速行驶能耗量，然后在速度—能耗曲线图上连成曲线，称为等速能耗经济特性。通过此曲线可以确定车辆的经济车速。但这种评价方法不能反映车辆实际行驶中受工况变化的影响，特别是市区行驶中频繁加减速的行驶工况。

（6）比能耗　不同车型车辆的总质量相差很大，跨度从几百千克到十余吨，因此单位里程能量消耗也有很大差别。为了进行不同车型间能耗水平的分析和比较，引入直流比能耗的概念，即单位质量在单位里程上的能量消耗，单位为 kW·h/(km·t)。此参数可以体现不同车型间传动系统匹配优化程度和能量利用效果。以直流比能耗作为车辆能耗经济性的评价标准，可以直观地评价各种不同车型的能耗水平，可比性强。现在主流车辆企业研制的车辆直流比能耗在 40～80W·h/(km·t)。

在电压等级相同的情况下，与比能耗指标评价类似，可以引入比容耗的概念，即单位质量在单位里程的容量消耗，单位为 A·h/(km·t)。

纯电动车辆能耗经济性评价的各个参数之间存在相互转换的计算关系，如图 4-37 所示。电池组可放出的有效能量、有效容量、单位里程能耗及单位里程容耗是车辆续驶里程的决定性因素。车辆的整备质量把单位里程能耗、容耗与比能耗、比容耗联系起来。单位里程能耗、容耗与单位能量、容量行驶里程之间的倒数关系说明这两个参数只是同一概念的两种不同表达方式。单位里程容耗和能耗区别在于计算中是否考虑电池组电压变化的影响。

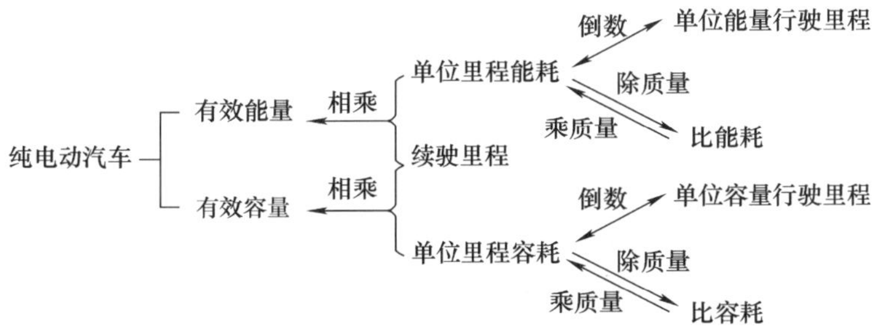

图 4-37　纯电动车辆能耗参数关系示意图

4.7.2　电池组的功能要求

电池组是电池系统在电动车辆上安装的基本单元。对于整车而言，电池组的结构直接关系到整车的布置和安装。电池组的内部尺寸确定了单体电池的布置和结构形式，对于车辆的能源供应商而言，电池组的安装固定形式直接决定了电池能量补给的方式（充电、更换还是充换兼容）。因此，电池组的结构和功能受到电动车辆整车及部件设计者、能源供应商、使用者的普遍关注。

总体而言，对电池组的要求应该包括满足车辆应用需要的电气性能要求以及防水、防尘、防火、防震、对车体绝缘等防护要求，具体如下：

（1）电气性能

1）电压。电池组由各单体电池通过串、并联形式构成，要求各支路单体电池电压的总和应为电动车辆驱动系统要求的电压。

2）能量。电池组的比能量有别于电池单体，在计算电池组的比能量时需要包含电池箱、电池管理系统、电池间的连接件等辅助部件。因此，**电池组的比能量（质量比能量和体积比能量）应低于单体电池的比能量，并且比能量与单体电池比能量越接近，说明电池组的总体设计越合理，轻量化越好。**

3）温控能力。电池组内应具有电池冷却、加热、保温等部件构成的电池热管理系统，具备控制电池组内温度在电池适宜工作温度范围的能力。

（2）机械强度　动力电池组在电动车辆上安装应用，因此必须满足车辆部件的耐振动、耐冲击、耐跌落、耐盐雾等强度要求，保证可靠应用。

（3）安全要求

1）IP 防护等级。为满足防水、防尘要求，电池组应满足一定的 IP 防护等级，根据车辆的总体要求，对于电池组，一般的 IP 防护等级要求不低于 IP55。

2）电气绝缘性能。现阶段电池组外壳多采用金属材料制成，电池组正极和负极与金属外壳之间的绝缘电阻应大于 10MΩ。

3）电气保护功能。在极端工况下，通过电池管理系统实现电池组的高压断电保护、过流断开保护、过放电保护、过充电保护等功能。

（4）接口与通信协议　电池组具有对外的电能输出能力，需要与电动车辆的用电设备进行连接和通信。相应的电气接口和机械接口在满足安全、可靠的前提下，需要满足国家和行业相关标准要求。

4.8 动力电池的梯次利用与回收

4.8.1 动力电池梯次利用

动力电池梯次利用是指当动力电池不能满足现有电动车辆的功率和能量需求时，继续将其转移应用到对动力电池能量密度、功率密度要求低一个等级的其他领域，达到充分发挥其剩余价值的目的。动力电池的梯次应用也就是通过电池在不同性能要求的领域的传递使用，达到充分利用电池性能，实现动力电池在动态应用中报废，以降低电池使用成本的目标。

例如，考虑城市电动公交客车、市政电动特种用途车以及遍布全国各地的风景旅游区用电动观光车对于整车续驶性能、加速性能、最高车速等性能要求的差异导致的在动力电池组配备上对储能容量、功率需求呈现递减梯度。在前一种应用形态下，动力电池经过一定的充放电循环后，电池容量衰退到本梯次应用的最小容忍值，可转移应用为下一梯次车辆作为动力源。以100A · h锂离子动力电池单体为例，可将应用梯次依据容量划分为四个梯次，见表4-16。

表4-16　车辆梯次划分（按电池使用容量）

项目＼梯次	①	②	③	④
电池容量/A · h	80～100	60～80	40～60	<40
适用车型	大型公交客车、高速车辆	城市特殊用途用车、市政用车等	低速电动微型车、旅游观光车	电站UPS储能

电池梯次利用理论研究处于刚刚起步阶段，其关键技术包括：

① 电池梯次分类的判定技术；

② 应用于多级转运的电池组的模块化；

③ 标准化设计技术；

④ 在管理上梯次利用供应链的形成机制等。

4.8.2 动力电池回收

动力电池回收是指动力电池在功率和能量方面均完全失去使用价值之后，通过一定的途径由相关机构或企业收集，并采用化学或物理方法分离出各种有利用价值的元素，减少或消除对环境带来的负面影响的行为。

由于电动车辆尚未普及，世界上仅有一些大的车辆公司针对特定市场开展了动力电池的回收处理工作。日本丰田（Toyota）车辆公司生产的普锐斯（Prius）混合动力汽车，采用的是镍氢电池，其电池回收处理模式已经基本形成。丰田在欧洲已经建立了电池回收处理网络，电池回收工作相当规范。

部分发达国家也开展了一些有关动力电池回收处理的研究工作，如美国能源部从1990年开始立法要求回收车辆电池，美国三大车辆公司已经开始联合研发镍氢电池和锂离子电池回收处理技术，美国的阿岗实验室也一直在开展车辆电池回收的研究工作。

我国动力电池的回收技术和回收体系尚在研究和建设过程中，随电动车辆的大量应用，废旧电池的回收利用问题必将在不久的将来成为电动车辆产业发展带来的负面效应之一，应尽快建立起有效的电池回收体系，实现工程化，以市场为主导，建立专业的动力电池回收处理机制。

4.9 国内外动力锂电池产品发展现状及主要生产厂家

4.9.1 国外主要动力锂电池产品生产厂家

国外动力锂电池产品生产厂家主要有：

（1）LG 动力锂电池　韩国的 LG 是锂电池市场占有率处于全球前几名的公司，在动力锂电池领域扩张迅速，LG 赢得了最多的车辆厂商供货合同，包括通用、福特、沃尔沃、现代、起亚、雷诺、中国长安。通用和福特是美国两大车辆厂商，现代和起亚是韩国的主要车辆厂商，沃尔沃和中国长安是中国的两大重要车辆厂商。2012 年，该公司在韩国和美国密西根州设厂，保证福特车辆的产量。基于现有国际 9 大车辆厂商的合作关系，预计到 2020 年在车用动力电池市场的占有率将达到 25%。

（2）加拿大 Corvus 动力锂电池　加拿大温哥华的 Corvus 能源公司专业制造大型的锂电池，能够为拖船、起重机、帆船等超大型机器提供动力，曾为一家中国火电公司度身打造一个容量 2200kW · h 的锂离子电池，作为火电厂的备用电源。此外，锂离子电池配备独有的电子管理系统，以实现其充、放电率的最优化。其生产的锂离子电池可以在 30min 之内实现完全充电，而其最快的放电速度则仅为 6min。

（3）日产动力锂电池　日产的动力锂电池从新神户电机开始，早在 2000 年，新神户电机就开发出了第 1 代动力锂电池，用于叉车等方面。2003 年春季，新神户电机研发的车用动力锂电池应用到了全球首次批量生产的电动 Scooter（踏板车、滑板车）中，开始积累车用经验。2006 年，三菱扶桑就开始生产混合动力卡车 ACG－FE74BV，使用的就是日产的第 2 代车用动力锂电池。

（4）东芝动力锂电池　东芝的动力锂电池负极材料采用钛酸锂（LTO）。东芝在 2007 年就宣布，其开发的锂电池通过采用基于钛酸锂（$Li_4Ti_5O_{12}$）的负极材料，获得了与此前不同的特性。东芝动力锂电池以高安全性为基础，除了可实现 6000 多次的充放电、具有出色的低温特性外，还具有可大量获得充放电深度、输出功率高的特点。另外，东芝动力锂电池快速充电时，所需时间极短，仅 5min 左右即可。电池在经过 6000 次充放电后仍可将容量维持在初期的 90%。东芝称，这些优点大都源于其开发的负极材料。东芝以“标准型号（Standard Type）”制造了电流容量为 4.2A · h 的单元，并已开始面向混合动力车样品供货输出特性更高的 3.3A · h 产品。该公司目前正在积极开发以 150W · h/kg 能量密度为目标的单元。

（5）SAFT 电池　SAFT 公司是世界领先的电池供应商，在可再生能源储存、运输和电信网络市场产品占有一定份额。2013 年第二季度交付铁路混合动力电池和叉车电池，2015 年开始给欧洲主要客车和货车厂商供应电池组。

4.9.2 国内主要动力锂电池产品生产厂家

（1）ATL 动力锂电池 ATL 是一家全球知名的聚合物锂电池制造和销售公司，致力于大密度和可变形的聚合物锂电池的研发、生产和销售，公司总部在香港，生产基地在东莞。以生产规模而言，ATL 在中国锂电池企业中位列前五，也是全球屈指可数的锂电池供应商。其研发的动力锂电池已在印度、英国车辆公司以及 2008 北京奥运大巴及相关环卫车辆上试用。

（2）合肥国轩动力锂电池 合肥国轩高科动力能源股份公司是一家专业从事新型锂离子电池及其材料的研发、生产和经营，拥有自主知识产权核心技术的大型高新技术企业。公司成立于 2006 年 5 月，2012 年 11 月改制为股份公司。其生产的磷酸铁锂正极材料、BMS 管理系统以及储能型和功率型铁锂电池等十多个系列产品已在新能源车辆、电动自行车、风光互补路灯、大型储能基站等战略性新兴产业领域得到广泛应用。

公司拥有 1000t/年磷酸铁锂正极材料生产线，1.25 亿 A · h/年的电芯生产线及 4 亿 kW · h/年的电池成组生产能力。公司设有工程研究院，分别在电池材料、电池技术、产品应用、电池管理系统等方面展开全方位的研究工作，先后开发出储能及动力型磷酸铁锂材料系列多个品种电池（3.2V 50A · h 电池单体如图 4-38 所示），多款电动自行车电池组以及电动客车电池组（图 4-39）、电动轿车电池组和相应的电池管理系统等。

图 4-38 合肥国轩 3.2V 50A · h 电池

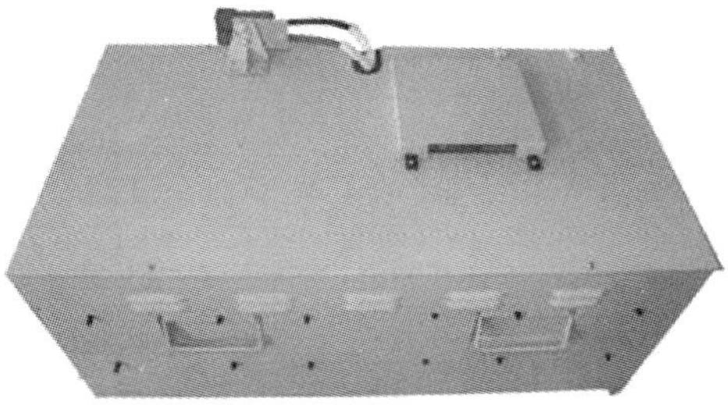

图 4-39 合肥国轩电动客车动力锂电池箱

（3）天津力神动力锂电池 天津力神电池股份有限公司是一家拥有自主知识产权核心技术的，专业从事锂电池技术研发、生产和经营的股份制高新技术企业。力神承担了 2006 年国家重点新产品项目“新型高比容量锂离子动力电池”，该电池由于具有高比容量、高安全、一致性强、优良的放电特性、倍率特性、环保特性等，广泛用于车辆等领域。2008 年 7 月 29 日，天津市首条节能环保的混合动力公交示范线路开始投入运营，共投放 2 辆豪华混合动力公交车，搭载 4 缸柴油发电机和由力神自主研制生产的动力锂电池，担任内环公交 600 路的运营任务。车辆低速运行时靠电力驱动，最高时速可达 80km/h。美国迈尔斯下属公司 Coda Automotive 对外推出的纯电动车，采用的就是力神自主研发的 34kW · h 容量的动力锂电池组，最高车速可达 120km/h，一次充电续驶里程约为 144 ~ 192km。在 220V 电压下，电池组完全充电时间小于 6h，充电 2h 则可以行驶 64km。

天津力神动力锂电池公司的典型产品如表 4-17 所示。

表 4-17　天津力神动力锂电池公司的典型产品

型号	标称电压 /V	标称容量 /mA・h	电芯尺寸/mm 厚×宽×高	温度/℃			内阻 mΩ	质量/g
				充电	放电	储存		
LP46153274	3.2	120000	47.5×153×274	5~45	-20~60	-20~35	≤1	≤4400
LP40120193	3.2	55000	41×120×193	5~45	-20~60	-20~35	≤2	≤2200

LP46153274（LP40120193）电池的产品外观如图 4-40 所示。

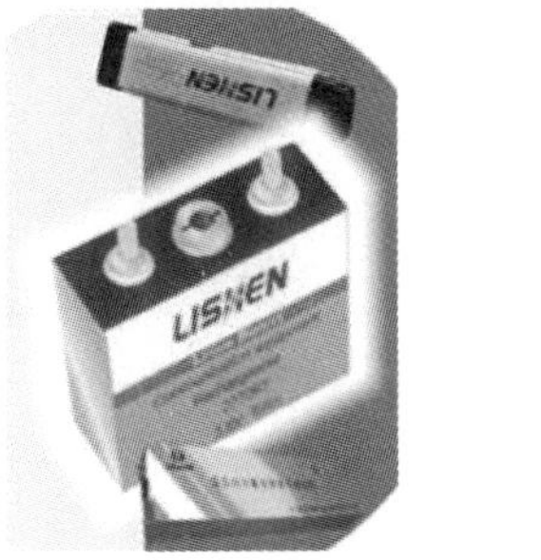

图 4-40　LP46153274 电池

（4）苏州星恒动力锂电池　苏州星恒电源有限公司曾承担多项相关国家项目。

2004 年星恒公司制造的高功率混合车辆用锂离子电池全面通过了“863”车辆重大专项组织的统一测试，比功率达到 1200W/kg，性能居国际先进水平，星恒 10A・h 高能量型和 7.5A・h 高功率型锂离子动力电池通过美国 UL 安全测试，成为中国本土第一个通过 UL 认证的锂离子动力电池，为该类电池进入国际市场铺平了道路。2009 年，星恒作为全球首家 40A・h 大容量磷酸铁锂电池通过美国 UL 认证。

2010 年~2012 年，星恒 40A・h 大容量磷酸铁锂电池通过国内 201 所、18 所、中国铁道科学研究院、泰尔等认证。

星恒动力锂电池在轨道交通领域的应用比较多。针对铅酸电池维护难、重污染等弊端，武汉、广州铁路局在 SS6、SS8、SS9 等车型电力机车上使用了星恒锂电池，大幅减轻了列车负载和营运维护成本，累计改造机车 28 列。针对铅酸、镍镉电池维护难、重污染等弊端，武汉、广州铁路局对 DF7、DF11G 等内燃机车车型使用了星恒锂电池，大幅减轻了列车负载和营运维护成本，累计改造机车 10 列。南京地铁车辆用后备电源，采用星恒锂电池替换原进口镍镉电池，成本不变的情况下增加使用寿命 8 年以上。京沪线高速检测列车使用星恒锂电池后，相比以前镍镉电池质量由 1.7t 减少为 500kg，由车下悬挂安装改为车内机柜安装。

苏州星恒动力锂电池公司的典型产品如表 4-18 所示。用于轨道交通的 XH61-3300-35JC-B 模块如图 4-41 所示。

表 4-18　苏州星恒动力锂电池公司的典型产品

型号	标称电压 /V	标称容量 /A・h	电芯尺寸/mm 厚×宽×高	温度/℃			内阻 /mΩ	循环寿命	质量 /kg
				充电	放电	储存		常温 1C 循环至 80%，100% DOD	
IFP33/101/192（50）HA	3.2	40	33×101×192	0~45	-20~55	-10~35	≤2	5000	≤1.2
IFP37/101/192（50）HA	3.2	50	37×101×192	0~45	-20~55	-10~35	≤2	5000	≤1.4

（5）深圳比克电池　中国比克电池股份公司成立于 2001 年 8 月，是一家集锂离子研发、生产、销售为一体的国家级高新技术企业。公司产品包括圆柱和方型电芯、聚合物电芯，以及电池的封装，产品运用于手机、数码相机、笔记本、后备电源、便携式 DVD、蓝

牙耳机、GPS 等日常数码用品以及电动工具、电动自行车、车辆等。目前日产能约 150 万只，2010 年销售额为 15 亿元，已跻身世界专业锂离子电池制造商前列。

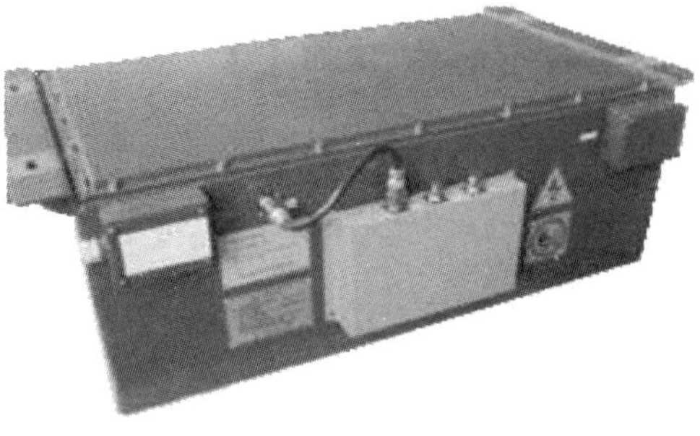

图 4-41　XH61 - 3300 - 35JC - B 模块

图 4-42　车辆充电站

（6）比亚迪动力锂电池　比亚迪锂电池的研发和生产主要集中在比亚迪锂电池有限公司，该公司是比亚迪全资子公司。比亚迪在 2003 年，就开始了车用动力锂电池的研究和开发工作。能够体现比亚迪锂电池技术最高水平的，就是其推出的插入式混合动力车辆和纯电动车辆上使用的动力锂电池。目前，比亚迪已经在北京、上海、深圳、西安等四大基地完成了内部车辆充电站（图 4-42）的建设，比亚迪计划在企业内部先进入“电动车辆”时代。

比亚迪电池有限公司的经营范围包括铁电池、锂离子电芯、电池 Pack、聚合物电池等，主要应用于手机、无绳电话、笔记本、数码产品、后备电源、UPS、电动工具、EV/HEV 等；规划中的产品包括太阳能电池、硅 - 铁模块、UPS、DPS 等。

第5章 超级电容/动力电池混合动力有轨电车

5.1 发展混合动力轨道交通车辆的背景及意义

5.1.1 背景及意义

（1）国家政策的需要　《国家中长期科学和技术发展规划纲要（2006～2020年）》、《产业结构调整指导目录》等政策文件，均将轨道交通行业列为鼓励类产业并且扶持企业自主创新。现阶段，我国经济正处于快速发展时期，城市发展向城市群（带、圈）扩张，城市交通拥堵整体处于上升趋势，急需加快发展轨道交通。2012年10月10日，国务院常务会议研究部署在城市优先发展公共交通的举措，提出未来将公共交通放在城市交通发展的首要位置。

（2）城市发展的需要　随着经济的发展和物质的丰富，人们对城市交通的要求提高，不仅仅满足于能够准时地到达目的地，还要求安全、舒适、美观、快捷、更多的人文关怀等。因此发展绿色、智能、人文一体化的城市交通势在必行。高效、便捷、环保、节能的轨道交通运输方式已经成为世界各国的共识。

（3）技术发展的需要　传统的城市轨道交通占地空间巨大，且需架设电网或铺设带高压电的第三轨，成本高且存在安全隐患。近年来高速发展的新能源轨道车辆，如超级电容/动力电池+内燃机混合动力车、超级电容混合动力车、动力电池混合动力车、超级电容+动力电池混合动力车等（部分区段架设电网，或是全线无网、站点设置充电装置），很好地解决了与汽车共享路权、优化城市交通、维护城市景观的问题，是世界各国大力提倡的新型交通运输方式。

本章所讲的储能式混合动力有轨电车包括采用内燃机+超级电容或动力电池供电技术、电网供电+超级电容或动力电池供电技术以及纯粹用超级电容或动力电池供电技术的有轨电车。

5.1.2 国内外混合动力轨道车辆

在新能源技术应用方面，目前国外轨道交通车辆采用的地面供电技术有APS（地面受流，Alstom公司）、TRAMWAVE（地面受流，Ansaldo公司）、PRIMOVE（感应受电技术，Bombardier公司）等，这些技术受天气影响较大，且线路成本较高。而近年发展最快的是由供电电网和动力电池、超级电容联合供电的混合动力有轨电车，在技术研究和产品、市场开发方面，做得最好的是欧洲诸国和日本。其中，德国、法国、日本、西班牙等国已成熟掌握电网+超级电容（动力电池）、电网+动力电池+超级电容、内燃机+超级电容（动力电池）等多种混合动力技术及产品开发技术。

几种混合动力方案的对比如表5-1所示。受限于目前动力电池的技术水平，仅方案二、方案三具备可实施性。

表5-1　几种混合动力方案的对比

无网区	储能部件方案	可行性
方案一：全程无网	超级电容+动力电池	中
方案二：站间无网	超级电容+动力电池	高
方案三：平交道口无网	超级电容	高

早在20世纪初，德国已经采用以动力电池为动力源的电力机车（电力火车）用于长途运输人员和货物。到1979年，大约20%的德国长途轨道车辆为电力机车拖动，这些车辆工作中由沿途的100个充电站提供能源。车上使用的是VARTA AG公司制造的铅酸动力电池。每列机车的电池系统由220块电池单体组成，重21t，存储能量650kW·h，单日运行250~400km。动力电池的平均寿命为4年。根据德国的实践经验，电力机车的优点包括可靠性高、噪声低、无污染、使用成本低、便于操作和维修等。

以动力电池为动力源的电力机车多年来也广泛应用于采矿业中的矿石运输。由于采矿环境的潜在危险比较大，可能存在各种易燃、易爆的气体，同时在封闭矿井或作业空间内应用，内燃机机车容易造成严重的空气污染，不利于作业。为了保证矿用机车的安全，各国都制定了严格的法规甚至法律，以保证电力机车动力电池以及电气辅助设备（如充电器）能够达到防爆、防火要求。

近年来，随着超级电容和动力电池技术的飞速发展，世界各国都加紧对混合动力有轨电车的开发工作。2002年，美国Vehicle Projects LLC公司和Fuel cell Propulsion协会联合开发了世界第一辆燃料电池动力拖运机车，清洁、节能、低噪声、高安全性是这辆燃料电池动力拖运机车的最大特点。该车是在原型机（铅酸电池作为动力源）的基础上改造完成，采用两个质子交换膜燃料电池堆串联组成动力源，并设有附加其他电能存储设备作为牵引电源。储氢系统的容量可以维持该车在14kW的功率下连续运行8h，同时装备有增湿器和热交换器等设备。

为降低环境负担及提高列车性能，从2000年起东日本铁路公司的研发中心一直致力于进行新能源（New Energy，NE）列车的开发，以减少铁路动车对环境的负面影响。自2003年起进行柴油机混合式列车的开发，确立了实用化目标；2006年开始实施NE列车的第2步计划，即世界首创的燃料电池混合式铁道列车的开发。

2007年7月31日，东日本铁路公司正式将混合动力有轨电车Kiha E200投入运营，运行路线为日本本州中部长野县山地度假区的一条山地短途路线。这也是世界上首列用于商业运营的混合动力火车。这一混合动力火车能把能源效率提高20%，同时将二氧化碳排放率降低近60%。列车配有一台柴油发动机，每节车厢下分别装置两台电动机，车厢顶层有多个锂离子电池。爬坡或电动机的电力不足时，起动柴油发动机；当火车减速时，柴油发动机会渐渐停止工作，其因惯性作用产生的动能正好可以用来为电池充电，从而达到降低能量无谓消耗的目的。混合动力有轨电车还为司机配备了触碰式控制面板。司机可以在驾驶过程中，通过面板上指针所显示的能量流动方向，及时在柴油发动机、发电机、起动机和电池间组合切换使能量达到平衡。

目前国外轨道交通车辆在采用供电电网和动力电池、超级电容联合供电的混合动力有轨电车技术研究和产品、市场开发方面，做得最好的是欧洲诸国。其中，德国、法国等已成熟掌握电网+动力电池、电网+超级电容、电网+动力电池+超级电容等多种混合动力技术及产品开发技术。他们在世界上已占据100%低地板车市场的大部分份额，其先进设计技术和市场营销理念均值得学习。目前国际各大公司都有相关的产品研发，如庞巴迪的MITRAC项目，为采用内燃机+超级电容的供电模式。西门子的Sitras－HES系统、CAF公司的ACR系统、Alstom公司的STEEM系统，为采用超级电容和的动力电池的供电模式。

（1）庞巴迪的MITRAC项目 庞巴迪的MITRAC车辆如图5-1所示。MITRAC每个单元的质量为450kg，1900mm长，950mm宽，455mm高。充足电时容量为300kW，可以利用的能量为60%，装置的总质量为477kg。该车能以26km/h的速度离开架空线行驶500m。40m长的有轨电车配备3套装置。此超级电容技术的车辆，在德国的曼海姆完成了试验。

图5-1 MITRAC车辆

（2）西门子Sitras－HES系统 Sitras－HES系统由两个储能装置组成，如图5-2所示。由一套750V DC/DC变流器充电的超级电容器箱，另外增加一套牵引动力电池箱，形成类似混合动力的方式。

西门子Sitras－HES参数如表5-2所示。西门子Sitras－HES采用空气冷却Maxwell 0.85kW·h超级电容器，工作电压为190～480V DC，组成2套144kW的装置，总质量为820kg。动力电池为水冷SAFT NiMH，容量为18kW·h，功率为105kW，质量为826kg。所有设备质量约2.2t，且具备功能可扩展性。

试验结果表明，在正常制动的情况下，再生的电能有1/3反馈到架空线，1/3被超级电容器吸收，1/3用于车上的辅助设备或消耗在制动电阻器。如果将超级电容器的容量增加一倍，则可消除制动电阻器的损耗。储能装置充满电后，正常线路条件下车辆可独立行驶2.5km，正常充电时间仅需20s。该车辆已经在葡萄牙的Almada完成试验。

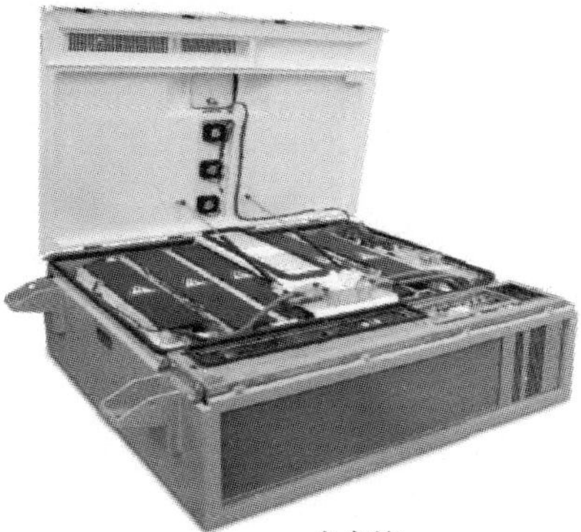

电容箱

电池箱

图5-2 西门子Sitras－HES电容箱、电池箱

表 5-2 西门子 Sitras – HES 参数

参数	电池参数	电容参数
所选产品	Maxwell	NiMH（SAFT）
容量	0.85kW·h	18kW·h
最大功率	2×144kW	105kW
电压范围	190～480V	400～528V
冷却方式	强迫风冷	水冷
尺寸	2000mm×1520mm×630mm	1670mm×1025mm×517mm
质量	820kg	826kg

（3）CAF 公司 ACR 有轨电车　CAF 公司的 ACR（Rapid Charge Accumulator）有轨电车配备了两个混合动力模块，可实现全程无接触网供电运行，如图 5-3 所示。该车型于 2011 年 11 月在 zaragasa（萨拉戈萨）正式运营（整条线路设两段无网区），迄今为止运行良好。

图 5-3 CAF 公司的 ACR 车辆

ACR 有轨电车混合动力系统的技术参数如表 5-3 所示。ACR 系统能够实现 1000m 无供电区运行，商业运行在辅助用电系统工作的情况下可保证 500m 运行距离。

超级电容在只需车辆停靠站充电 20s 即可全部充满。超级电容失效时配备的镍氢动力电池可充当备用电源。系统可实现再生制动能量的回收。

表 5-3 ACR 有轨电车混合动力系统的技术参数

额定功率	226kW
最大功率	400kW
能量	18.1kW（最多 5 个独立电池或电容的支路串并联）
电容每个支路	0.775kW·h（正常）/1kW·h（总）
电池每个支路	15kW·h
电压（额定/运行）	750V/500V～900V
ACR 箱子尺寸	不大于 2455mm×1600mm×750mm
ACR 箱子质量	
1 个支路	800kg
2 个支路	1150kg
3 个支路	1500kg
4 个支路	1850kg
5 个支路	2200kg
工作温度	−25～50℃
冷却	强迫风冷
通信接口	
车辆网络	TCN – MVB
维修网络	Ethernet

此外，CAF 公司研制的超级电容车于 2010 年在西班牙的 Vélez－Málaga 进行了为期一年的测试，并于次年在西班牙的 Seville 投入了商业运营。

（4）Alstom 公司的 STEEM 系统　Alstom 公司开发的 STEEM（Maximal Energy Efficiency Tramway System）应用在法国巴黎 T3 线上 Citadis 有轨电车上。车顶安装的 1.4t 超级电容由 48 个模块组成。通过接触网、地面充电站充电 20s，在 300 个乘客的情况下可行驶 300m，速度可达 23km/h。该超级电容模块可实现再生制动能量的吸收，充电容量达到设计容量的 30%，车辆就能行驶到下一站。

国外开展混合动力轨道车辆研究工作的这些公司的技术研究现状如表 5-4 所示。

表 5-4　各大公司的技术研究现状

代表产品	西班牙－CAF	阿尔斯通	日本川崎重工		西门子	庞巴迪	德国福斯罗	日本
	ACR	STEEM	SWIMO 有轨电车	新能源列车	Avenio	Primove 系统	Vossloh	
混动储能装置	高速充电超级电容，以及 ACR 系统	高速充电超级电容	镍氢电池	燃料电池	双层电容器和牵引电池	无接触网应用技术－超级电容储能	油电混合动力	以动力电池作为动力
开始运行时间	2010 年	2010 年	2007 年	2007 年	2015 年	2010 年	2014 年	2014 年

国内开展轨道交通行业混合动力技术研究工作的单位主要有浦镇（与庞巴迪合作）、株洲（与西门子合作）、大连（与安萨尔多合作）、长客、四方和唐山轨道客车有限责任公司，均完成了样车研制。

目前国内已成功研制超级电容供电的有轨电车。株洲于 2012 年推出超级电容车，已运用于广州市海珠线和江苏淮安。长客的超级电容车也在 2013 年沈阳浑南线投入使用。这种超级电容车站间距不能超过 2km，需要停站时充满电方可继续运行。

唐车公司研制的动力电池＋超级电容混合动力车在此基础上更进一步，引入能量更高的动力电池，这样车辆可以在长于 5km 的平直道上持续运行，无需在此线路上架设电网或设置充电站。

在混合动力机车方面，中国南车集团资阳机车有限公司于 2008 年研制成功 CKD6E5000 型混合动力交流传动内燃调车机车。该车由柴油机驱动主发电机发电，将产生的能量驱动牵引电机，同时给动力电池组充电。由动力电池组在发电机停止工作时提供能量。此外，株洲电力机车厂进行了地铁电动工程车的研究，第三轨有电时，由第三轨受流对工程车进行牵引，同时给车辆上的动力电池充电；当第三轨无电时，由动力电池驱动工程车辆。

5.1.3　混合动力轨道车辆技术分析

（1）混合动力轨道车辆上超级电容和动力电池的优缺点　综合近年国内外混合动力轨道车辆采用的超级电容和动力电池的应用情况，总结得出超级电容和动力电池的优缺点如表 5-5 所示。

表 5-5 超级电容和动力电池应用于混合动力轨道车辆的优缺点

	优点	缺点
动力电池	1）维修性好，电池进行了模块化封装，利于维修人员进行更换。 2）采用电池的车辆密封性好，因为采用了电池驱动，免掉了与外界高压结构，因此整车的密封和防水性能更高。 3）噪声低，舒适度高，避免了高压设备高频率的开关，电池充放电无噪声状态，因此系统舒适度更高。 4）节省接触网、支撑杆等基础设施建设等，节省量的费用，同时美化城市环境	1）电池的功率密度低，同样容量的电池需要空间大。 2）电池在低温和高温情况下无法正常工作，受温度影响大。 3）采用电池驱动车辆只能运行在低速情况下。 4）电池的寿命普遍寿命短，大概 2～3 年更换一次。 5）电池的快速充电性能差，不允许深度放电，深度充放电对其性能和寿命有很大的影响。 6）部分电池含有重金属，对环境的污染极大。 7）电池的循环使用寿命短（200～1000 次），且易损坏。 8）电池的充电时间长，一般要 0.5～10h。 9）化学电池功率密度低（300W/kg）。 10）化学电池的效率低（70%）。 11）制动时，化学电池能量回收效率仅为 5%
超级电容	1）电容循环使用寿命长（约 100 万次）。 2）电容的充电速度快（0.3s～15min）。 3）电容的充放电效率高（98%）。 4）电容的功率密度高（1000～10000W/kg）。 5）超级电容器彻底免维护，工作温度范围宽（-40～70℃），容量变化小。 6）超级电容器制动时再生能量回收效率高，常规制动时回收高达 70%，相对成本低。 7）超级电容器的价格比铅酸电池高一倍，但由于超级电容器的寿命比化学电池高 10～100 倍，所以超级电容器电动车的综合运营成本大大低于化学电池	1）超级电容器能量密度低，续驶里程较短。 2）车辆体积和质量增加较大。 3）需要不间断充电

混合动力车辆的优缺点如表 5-6 所示。

表 5-6 混合动力车辆的优缺点

	优点	缺点
城市环境	不需要安装接触网等基础设施，美化城市环境	
车辆方面	不需要受电弓等接触受流器件，杜绝摩擦损耗	受电池和电容技术限制，续驶能力较小，一般小于 5km。因此暂时不能实现真正意义的无弓受流。 电容或者电池体积大，环境适应差，质量大，且电池寿命较短，如采用高性能电池，则成本较高
节能环保	噪声低，舒适度高	采用柴油机发电驱动技术的车辆的效率低，且柴油机质量大，不环保

（2）典型混合动力系统分析　根据目前的发展，存在两种为主流的混合动力方式，如图 5-4、图 5-5 所示。

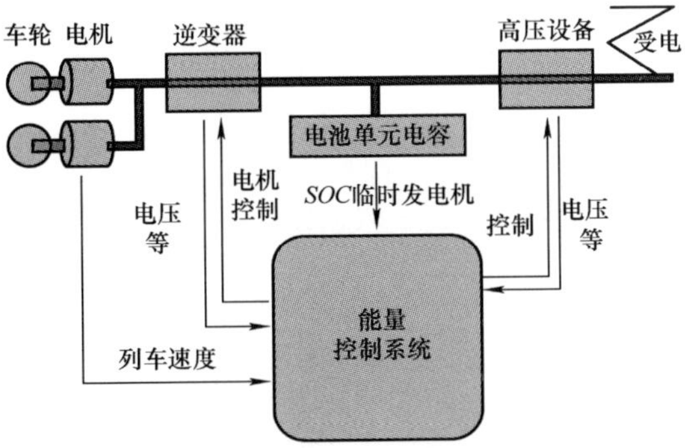

图 5-4　接触网 + 超级电容/动力电池混合动力车

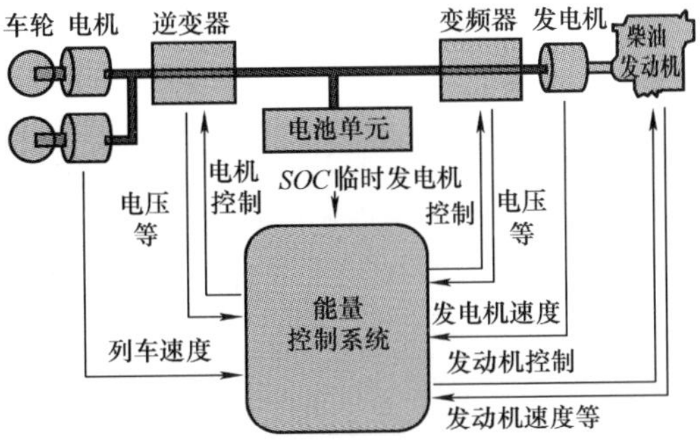

图 5-5　柴油机 + 电池混合动力车

图 5-4 为车上同时装有受电弓和储能装置，如动力电池、超级电容或二者兼有，此类车辆一般能够运行在两种区域，即可以架设接触网的区域，如城市郊区，同时能够运行在无法架设接触网的区域，如城市的闹市区。在郊区运行时，通过接触网受流驱动列车前进，同时给车载动力电池充电；在闹市区无接触网区域，动力电池放电驱动列车前进。

接触网 + 超级电容/动力电池混合动力车辆上装配有牵引变流器、DC/DC 变流器、超级电容箱/动力电池箱、辅助电源箱和控制系统。该系统能够完成接触网和车载储能装置共同供电驱动牵引电机的功能。在接触网有电时，由接触网为牵引变流器供电；在脱离接触网或接触网无电时，由超级电容或动力电池通过 DC/DC 变流器分别向牵引变流器器提供电源，用以驱动牵引电机。

其主电路电气原理如图 5-6 所示。

其中，750V DC 为直流电网供电电源，动力电池及充电电路和超级电容及充电电路将供电电网电压转换成电池组能接收的电压，且其充电电流可控，牵引逆变器将直流电压转换成电压和频率变化的交流电压，用于驱动牵引电机。

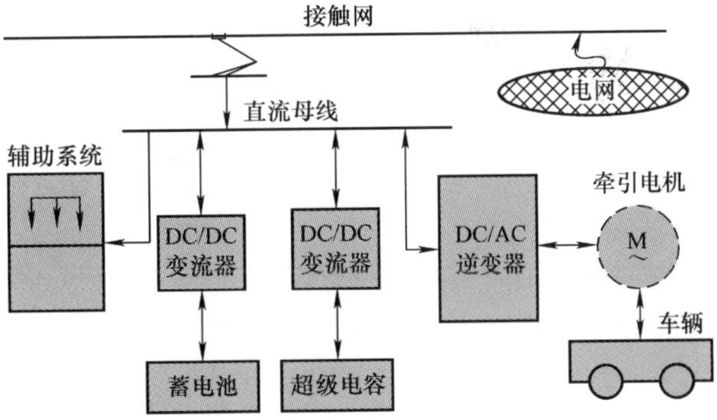

图 5-6　混合动力主电路框图

DC/DC 变流器在有电网且电网有电的情况下向超级电容组和动力电池充电；在无电网或电网无电的情况下，由超级电容和动力电池组通过 DC/DC 变流器为牵引变流器供电。

在充电工况时，DC/DC 变流器是将电网电压转化成超级电容或动力电池所能接收的电压，同时其充电电流可控，电池组有专用的充电电流传感器，当充电电流超过其限值，DC/DC 变流器电压将自动降低，将充电电流控制在限值以内。由于牵引变流器不需要电气隔离，电路结构简单，控制方便，工作效率能达到 90% 以上。

在放电工况时，由动力电池供电将电压升至 750V 左右，能量实现了反向流动。

图 5-5 为车上同时装有内燃机和储能装置如动力电池、超级电容或二者兼有。在城市郊

区，内燃机驱动车辆前进，同时给车载超级电容/动力电池充电；在城市的闹市区，由超级电容/动力电池放电驱动列车前进。

5.1.4 混合动力轨道车辆应用前景分析

资源节约型、环境友好型、技术创新型和安全便捷型的轨道交通系统是未来的发展方向。国家“十二五”规划中也明确指出“大力发展和建设资源节约型、环境友好型、技术创新型和安全便捷型城市轨道交通系统”。城市轨道交通是解决城市交通最为有效的交通方式，其中地铁交通已经在国内外很多城市投入使用或在建，但地铁施工成本高、难度大，因此轻轨交通在很多城市也有应用，国内武汉、长春、大连、重庆应用情况良好，国外部分国家也比较青睐轻轨交通，如伊朗、沙特等国家。

当前，我国城市轨道交通已经进入高速发展时期。中国众多城市发展呈现多样化，大型城市和中小型城市的发展模式呈现出不同的趋势。目前大型城市在地铁项目上已取得显著成效，但中小城市依然存在交通方式发展尚未定型、建设成本难以承受的问题，而这一问题急待解决。

研制混合动力车辆的目的是为了减少车辆的能耗，城轨车辆的特点是站间距短，车辆起停频繁，其运行轨迹基本上是加速——惰行——制动减速，且制动减速时间比加速时间短不了太多，常规城轨车辆制动时基本采用能耗制动方式，能量损失严重。

与仅由电网供电的城轨车辆相比，混合动力轨道车辆具有以下优势：

① 其线路条件与既有线路兼容，可在既有铁路线上运行；

② 该变流器能运用于不便建设牵引供变电系统和接触网系统的城郊及隧道等场所；

③ 减少了牵引供电系统及弓网系统的投资，并可减小隧道截面，大大降低工程造价；

④ 避免了牵引供电系统和弓网故障引起的事故，提高了列车运行的可靠性；

⑤ 能回收大部分制动时的能量，基本杜绝能耗制动，提高了能量的利用效率；

⑥ 受气候条件影响小，尤其是在军事、灾难等紧急情况时，具有快速、高效的应急作用；

⑦ 在不影响市容的情况下可以极大地减轻城市交通压力，绿色环保，适合现在城市发展的需要。

综合估计，采用混合动力模式，运行能耗至少能减少20%。

混合动力轨道车辆可提供较强的无电网续驶能力，这对于城市内某些拥挤地域可以不用架设电网，既美观了环境，又减少了成本投入。因此，混合动力技术及车辆的研究有良好的经济和社会利益。作为城轨交通的重要组成部分，研究轻轨的低碳化应用非常有意义，尤其是带电网供电的轻轨列车的低碳化研究，在城市轨道交通中可能更受欢迎。

目前，世界各国都在加紧研发新一代更加安全可靠、节能环保的轨道交通系统。混合动力有轨电车是未来列车发展的趋势，混合动力源供给和能量回收系统则是列车的核心。作为一种高效、环保、节能的新型列车，混合动力有轨电车是一种潜力巨大的新型轨道交通工具，将极大地促进轨道交通系统的重大改革和发展。

5.2 混合动力系统的组成及技术参数

以唐车公司研制的100%低地板有轨电车（图5-7）上装备的动力电池+超级电容混合

动力系统为例，讲解城市轨道交通车辆的混合动力技术。

图 5-7　100%低地板有轨电车

混合动力技术是唐车公司设计研发的 100%低地板有轨电车的核心关键技术之一，具备低噪声、低能耗、能量可回收、城区无网运行、维护城市景观等优良特性。车辆设置有超级电容和动力电池，车辆使用超级电容和牵引动力电池组作为能量回收装置。车辆制动时，优先将制动能量存储在超级电容中，以备车辆牵引或辅助设备用电使用，待超级电容和牵引动力电池充电完成后，再将能量反馈到电网当中，以减少制动能量损耗。当列车通过无电区时，车辆使用超级电容和动力电池作为车辆驱动电源。车辆能以 30km/h 的速度运行 10min 以上。

本混合动力系统**主要包括牵引逆变器、牵引电机、DC/DC 变流器、超级电容和动力电池**。该混合动力系统能够完成接触网和车载储能装置（包括超级电容和动力电池）共同供电进行驱动牵引电动机功能。其主电路原理框图如图 5-8 所示。

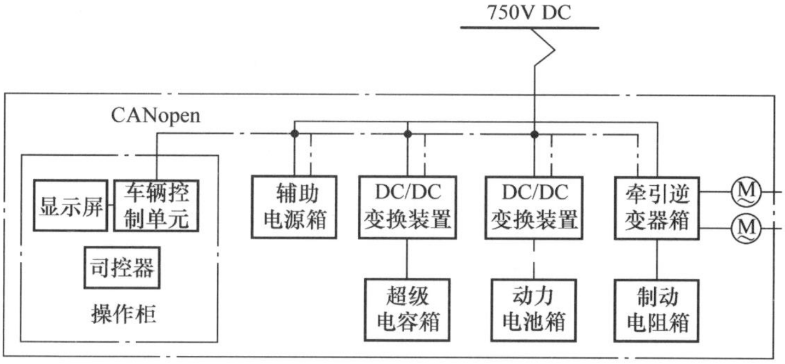

图 5-8　主电路原理框图

混合动力电源箱采用模块化设计，包括 1 个 DC/DC 电源箱（含 2 个双向 DC/DC 斩波器）、1 个超级电容箱（含 2 组超级电容及能量管理系统）和 1 个动力电池箱（含 1 组动力电池及能量管理系统）。当电网有电时，混合动力电源箱将 DC750V 网压转换成两路 DC480V 的电压分别给超级电容、动力电池充电。当电网断电时，混合动力电源箱可通过 DC/DC 变流器，将超级电容、动力电池的电压转换成 DC750V 的电压分别向牵引逆变器提供电源，用以驱动牵引电机，保证车辆的正常运行。

5.2.1　DC/DC 变流器主要技术参数

（1）当 DC/DC 变流器作为充电机对动力电池充电时

主电压：	DC750V（范围 DC500～DC950V，来自电网）
控制电压：	DC24V（范围 DC17～30V，来自电池）
输出特性：	
输出电压：	DC480V（范围 DC340～518V）
输出电流：	80A
输出电压纹波系数	≤1%（接动力电池负载）

充电机有充电特性管理功能（含温度补偿），能根据动力电池的状态来控制充电电流和充电电压，使动力电池的使用寿命增加。

（2）当动力电池侧 DC/DC 变流器作为供电电源对外放电时

主电压：	DC480V（范围 DC340～DC518V）
输入最大电流：	200A
控制电压：	DC24V（范围 DC17～30V，来自动力电池）
输出特性：	DC750V ±5%

（3）当 DC/DC 变流器作为充电机对超级电容充电时

主电压：	DC750V（范围 DC500～DC950V，来自电网）
控制电压：	DC24V（范围 DC17～30V，来自动力电池）
输出特性：	
输出电压：	DC480V（范围 DC340～518V）
输出最大电流：	400A

（4）当超级电容侧 DC/DC 变流器作为供电电源对外放电时

主电压：	DC480V（范围 DC288～DC518V）
输入最大电流：	700A
控制电压：	DC24V（范围 DC17～30V，来自动力电池）
输出特性：	DC750V ±5%

5.2.2　混合动力电源箱主要技术参数

安装方式：	车顶安装
环境温度：	-25～+50℃
存储温度：	-40～+70℃
相对湿度：	≤95%
海拔高度：	<2500m
冷却：	强迫风冷（外部供 DC24V，自带风扇）
是否隔离：	否
外形尺寸：	≤2000mm×2000mm×600mm（长×宽×高）
重量要求：	≤1500kg

保护功能：	输入过、欠压保护，输出过流保护、输出路保护、内部散热器过温保护
通信方式：	采用标准 CANopen
防护等级：	IP65
坡道运行要求：	≮50‰

5.2.3　牵引逆变器

牵引逆变器主要包括线路接触器组、IGBT 逆变器及斩波器功率单元、逻辑控制单元及滤波电容器等部件，其作用是通过将直流电压变换成可变电压可变频率的三相交流电，驱动牵引电机带动车辆运行（牵引工况），将牵引电机发出的三相交流电变换成直流电回馈到电网或其他储能设备（再生制动工况），或通过斩波器将发出的直流电能消耗在制动电阻上（电阻制动工况）。

牵引逆变器的功能包括：

① 列车运行状态、运行模式的判别和控制，至少包括运行方向、牵引、制动、惰行、快速制动、紧急制动、紧急牵引；

② 牵引力、制动力的计算和控制；

③ 对牵引逆变器实际值的检测、计算和对牵引逆变器的控制；

④ 负载补偿，判别负载信号的大小，调节牵引力、制动力的大小；

⑤ 防空转/防滑；

⑥ 冲动极限控制，对牵引加速度和制动减速度的变化率进行限制；

⑦ 牵引逆变器、制动电阻、牵引电机各种参数的监控和保护；

⑧ 同控制系统时钟同步功能；

⑨ 实际黏着系数的检测，以利用最大的黏着力，从而可以充分利用电制动；

⑩ 列车超速保护；

⑪ 控制系统自诊断（包括硬件与软件）；

⑫ 故障评估、储存、处理功能。

5.2.4　制动电阻

有轨电车每套牵引逆变器配 1 套制动电阻，每套制动电阻内部包含了 2 组制动电阻模块。制动电阻在牵引逆变器的电阻制动工况下使用，用于消耗制动工况下牵引电机产生的能量中混合动力系统不能回收的部分。通过与牵引逆变器的电气参数匹配设计，确定了制动电阻的相关参数。

制动电阻采用强迫风冷方式进行冷却，进风口设网罩，以防止落叶或纸片等杂物吸入。网罩便于快速拆卸与清洗。制动电阻冷却系统采取降噪控制，并根据制动电阻的工作状态对冷却系统进行分级控制，以降低噪声。

集中控制单元对制动电阻的温度、电流和冷却系统的风量进行监控，配备独立的温度传感器监测温度。

制动电阻箱内的电阻元件及安装架、绝缘子等安装牢固、稳定、有良好的耐热性，又有足够的电气间隙和爬电距离。

电阻元件及安装架、绝缘子等容易清洁，容易更换。电阻元件能在制动电阻箱不落车的前提下由维修人员方便地拆卸。

5.2.5　牵引电机

牵引电机采用交流三相异步电动机。牵引电机用于车辆牵引和制动，牵引工况由牵引逆变器供电，牵引电机通过齿轮传动装置为车轴提供动力，制动工况由牵引电机发电，对电网进行反馈（再生制动），或将能量消耗在制动电阻上（电阻制动）。

电机的保护：电机过流、过压、过热、超速时由牵引控制单元监测并保护。

5.2.6　控制系统

混合动力系统的控制系统包含主处理单元 VCU、显示屏单元 IDU 和司控器。

5.3　混合动力系统性能参数估算

储能部件是混合动力有轨电车电源系统的能量来源，储能部件的特性直接影响其动力性能。常用的储能部件有动力电池、超级电容、燃料电池等，这些储能部件产品众多，参数均不一致。此外，由于产品充放电过程中的众多非线性因素，相同型号产品间的参数也经常存在着不小的差异。混合动力系统需要大数量的储能部件，若仅仅按照产品的额定参数进行计算和组合应用，可能无法保证混合动力系统性能最优。

因此，混合动力系统参数匹配计算是一个多目标、多变量的优化问题，需要通过合理确定混合动力系统中各动力部件的参数和整车控制策略，来实现整车动力性、经济性的优化。

5.3.1　混合动力系统相关参数

（1）列车配置　列车布局如图 5-9 所示。列车由四个模块编组，其中三个模块装有动车转向架，一个模块装有拖车转向架，两个中间车车顶布置混合动力电源箱。

编组方式：－Mc＋M×Tp＋Mc－

Mc：安装动力转向架和驾驶室的动车模块

M：安装动力转向架的动车模块

Tp：安装受电弓和拖车转向架的拖车模块

＋：风挡铰接结构

＊：风挡双铰结构

—：前端车钩

（2）车体主要尺寸

Mc 车	9200mm
M 车	7800mm
Tp 车	7200mm
列车长度	37340mm

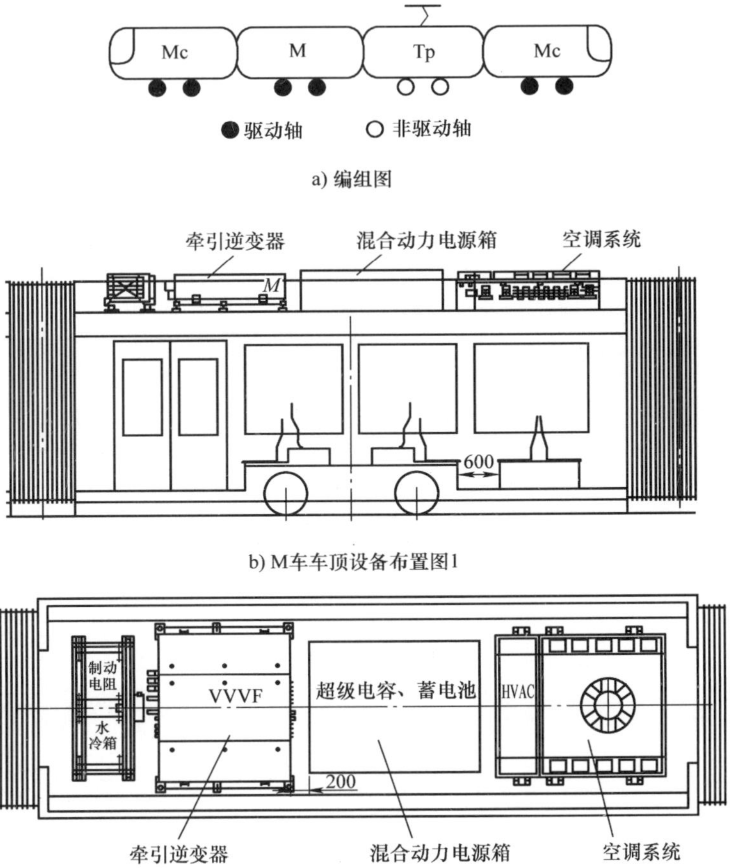

a) 编组图

b) M车车顶设备布置图1

c) M车车顶设备布置图2

图 5-9　列车布局图

车辆高度	3500mm
车体宽度	2650mm
客室地板面距走行轨顶面高度	350mm
客室内净高（中间站立区/最低处）	2160mm

（3）质量配置

列车质量：52t

轴重：车辆动力转向架每根动轴实际测得的轴重与该车各动轴平均轴重之差，不超过实际平均轴重的 2%。

车辆载荷能力：载客能力如表 5-7 所示，乘客人均质量按 60kg 计算。

表 5-7　载客能力表

工况	列车载员
AW0	0
AW1	80
AW2	316
AW3	394

(4) 混合动力系统设计参数　列车基本参数、电气设备参数以及动力性能指标分别见表5-8、表5-9和表5-10。列车编组采用“3动1拖”结构，每节动车由4个牵引电机提供动力，整车共12个牵引电机。

表5-8　列车基本参数

参数		符号	取值	单位
整车质量	AW0（载员0人）	m_{aw0}	52	t
	AW1（载员0人）	m_{aw1}	65	t
	AW2（载员336人）	m_{aw2}	79	t
	AW3（载员474人）	m_{aw3}	84	t
车轮滚动半径（半磨耗）		r	0.315	m
迎风面积		A	9	m^2
风阻系数		C_w	0.5	—
机械传动系统效率		η	0.97	—
传动系统的传动比		i_0	5.0	—
惯性质量系数		γ	0.09	—

表5-9　电气设备参数

参数	含义	取值	单位
P_n	牵引电机的额定功率	60	kW
P_m	牵引电机的最大功率	120	kW
n_n	牵引电机的额定转速	1800	RPM
n_m	牵引电机的最高转速	4377	RPM
N_m	整车电机数量	12	—
λ	电机过载系数	1.23	—
η_0	电机效率	0.85	—
η_1	牵引逆变器的效率	0.90	—
η_2	DC/DC变流器的效率	0.92	—
P_a	整车辅助功率	40	kW

表5-10　动力性能指标（无电区）

参数	符号	取值	单位
持续运行车速	v_c	30	km/h
持续运行里程	t_c	10	km
最大驱动加速度	a_{dmax}	1.2	m/s^2
最大制动减速度	a_{bmax}	2.5	m/s^2
最大爬坡度	i_{max}	70	‰
持续运行车速匀速行驶的续驶里程	s_{max}	10	km

5.3.2　车辆纵向动力学分析模型

(1) 列车纵向动力学模型　以一节车辆为例，车辆前后轮轴在同一个平面上并与地面平行。假设列车行驶在一个倾角为β的坡道上。图5-10为车辆动力学模型。

图5-10中，$g=9.81m/s^2$为重力加速度，m为列车质量，v_x为列车纵向速度，F_{xf}与F_{xr}

分别为前后轮的轮周与地面接触点处的纵向牵引力。

列车运动是列车受到的力与转矩共同作用的结果。轮周的纵向力使其前进或后退。

列车的重力始终作用在车身重心（CG）上。车辆动力学方程为

$$m\dot{v}_x = F_x - F_d - mg\sin\beta \qquad (5\text{-}1)$$

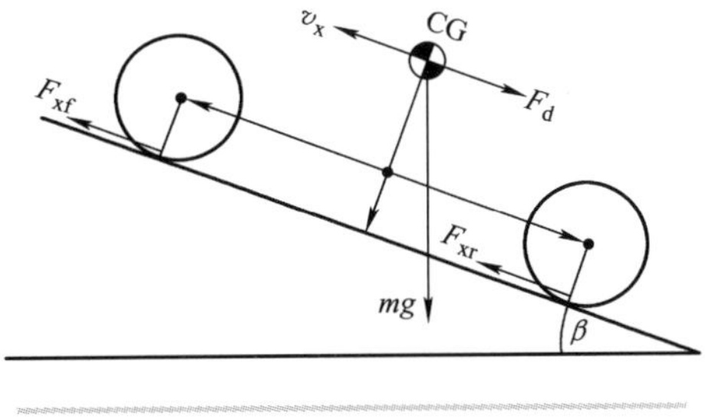

图 5-10　车辆纵向动力学模型

纵向牵引力为前、后轮轴力之和

$$F_x = F_{xf} + F_{xr} \qquad (5\text{-}2)$$

阻力 F_d 分为基本阻力和附加阻力，在后文中将详细介绍。

列车的位移为

$$x = \int v_x \mathrm{d}t \qquad (5\text{-}3)$$

（2）列车阻力的计算　阻力分为基本阻力和附加阻力，二者之和为有轨电车受到的总阻力。

1）基本阻力。常用单位基本阻力公式为

$$\omega_0' = A + Bv_x(t) + C \cdot v_x^2(t) \qquad (5\text{-}4)$$

列车受到的基本阻力为

$$f_{bz} = \omega_0' mg \qquad (5\text{-}5)$$

其中质量 m 的单位为 t。

公式（5-4）中的常数项“A”与速度无关，可认为是与最大静摩擦力有关。当列车的速度为 0 时，列车受到的最大静摩擦力为

$$f_{sz} = Amg \qquad (5\text{-}6)$$

根据以上分析，可得列车静止与运动时的通用基本阻力公式为

$$f_z = \begin{cases} \mathrm{sat}_A(f_t(t)) & v_x(t)=0 \\ (A + B|v_x(t)| + C \cdot v_x^2(t))mg\mathrm{sgn}(v_x(t)) & v_x(t) \neq 0 \end{cases} \qquad (5\text{-}7)$$

其中，sgn（·）为标准符号函数，sat_A（·）为饱和函数。

$$\mathrm{sat}_A(f_t(t)) = \begin{cases} Amg, & f_t(t) > Amg \\ f_t(t), & -Amg \leqslant f_t(t) \leqslant Amg \\ -Amg, & f_t(t) < -Amg \end{cases} \qquad (5\text{-}8)$$

列车的基本阻力是经验公式，它包含了各种因素造成的阻力。

2）附加阻力

① 风阻。正面迎风时列车受到的阻力可以用下式表示

$$f_{wd} = -\frac{1}{2}C_D \rho v_a^2 A\mathrm{sgn}(v_x) \quad (\mathrm{N}) \qquad (5\text{-}9)$$

式中　C_D——风阻系数；

ρ——空气密度，在 20℃以及一个标准大气压下的值大约为 1.205kg/m^3；

A——列车正面投影面积，m^2；

v_a——风速在垂直指向列车正面方向的分量，m/s。

② 坡道阻力。列车在坡道上时，重力沿坡道下坡方向的分力形成坡道阻力。根据上、下坡情况的不同，坡道阻力有正负之分。理论上来说负坡道阻力实际上起牵引力的作用。

当列车位于坡度角为 β 的斜坡上时，重力 G 可以分为两个分量：垂直分量 $G\cos\beta$ 与平行分量 $G\sin\beta$。垂直分量垂直于轨道，并被轨道的反作用力抵消；平行分量与列车运行方向平行，成为由坡道产生的附加阻力。

由于坡道阻力 $mg\sin\beta$ 已经在列车运动方程式（5-1）中有描述，因此附加阻力的计算中去除了坡道阻力项。

工程上一般用“坡度”来定义坡道的倾斜程度。通常把坡面的铅直高度和水平宽度的比值叫做坡度，通常用百分数表示。比如，坡度 30% 是指水平距离上前进了 100m 的情况下，垂直高度上升了 30m。

坡度角与坡度的关系是

$$\beta = \arctan(\theta) \tag{5-10}$$

式中 β——坡度角；

θ——坡度，%。

（3）传动系统 列车采用变频控制策略，牵引电机与轮轴的齿轮齿数比（变速器传动比）为一固定常数。牵引力与牵引电机转矩的关系为

$$F_t = \frac{i_0}{r} T_{motor} \tag{5-11}$$

式中 F_t——列车轮周牵引力，N；

T_{motor}——牵引电机转矩，N·m；

i_0——变速器传动比；

r——列车轮周半径，m。

（4）速度控制器 速度控制器的作用是控制牵引电机的转速。它的输入是期望转速和实测转速，通过 PI 调节器调节，输出牵引电机的期望转矩指令值。电机控制系统作为执行机构根据期望转矩指令值输出相应的牵引转矩，牵引转矩作用于列车，列车开始运行。

速度控制器的输出期望转矩指令值由 PI 控制器获得

$$T_e^* = K_P(\omega_r^* - \omega_r) + K_I\int(\omega_r^* - \omega_r)\mathrm{d}t \tag{5-12}$$

式中 K_P、K_I——PI 参数；

ω_r^*、ω_r——分别为期望转速和实测转速，r/m。

期望转速按照列车自动控制系统计算得到的运行曲线查表得到。由运行曲线得到的速度为列车速度（km/h），而速度控制器中的输入速度为电机转速。它们之间的关系为

$$\omega_r^* = \frac{3.6 v_x^* i_0}{0.377 r} \tag{5-13}$$

式中 v_x^*——列车期望速度，km/h。

有轨电车电力牵引系统的电气装置有一定的功率限制，当功率达到最高限制 $\overline{P}$ 时，列车功率将不能再升高。由于功率等于牵引电机转速与转矩的乘积，此时列车如果仍需加速，则需要降低转矩。于是输出转矩等于

$$T_e = \mathrm{sat}_T(T_e^*) \tag{5-14}$$

其中，

$$\mathrm{sat}_T(T_e^*)=\begin{cases}|\overline{P}/\omega_r|, & T_e^*>|\overline{P}/\omega_r|\\ T_e^*, & -|\overline{P}/\omega_r|\leqslant T_e^*\leqslant|\overline{P}/\omega_r|\\ -|\overline{P}/\omega_r|, & T_e^*<-|\overline{P}/\omega_r|\end{cases}\tag{5-15}$$

图 5-11 所示为牵引电机转矩随时间的变化情况，图 5-12 所示为转矩与列车速度的对应关系。由图中可以看出，列车在 36km/h 左右进入恒功区，随着列车行驶速度的增加，牵引转矩开始减小。

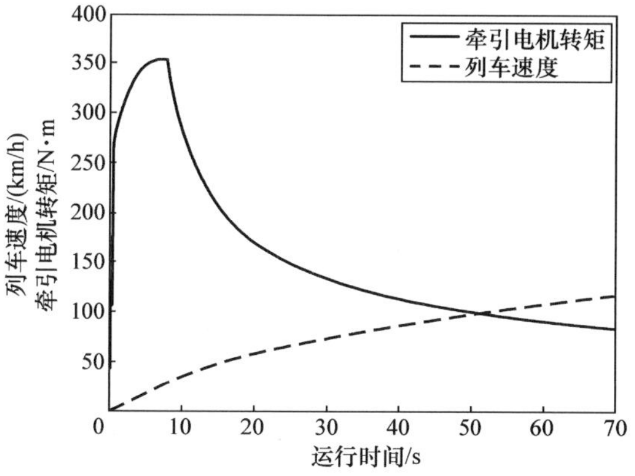

图 5-11　牵引电机转矩、列车速度的响应曲线

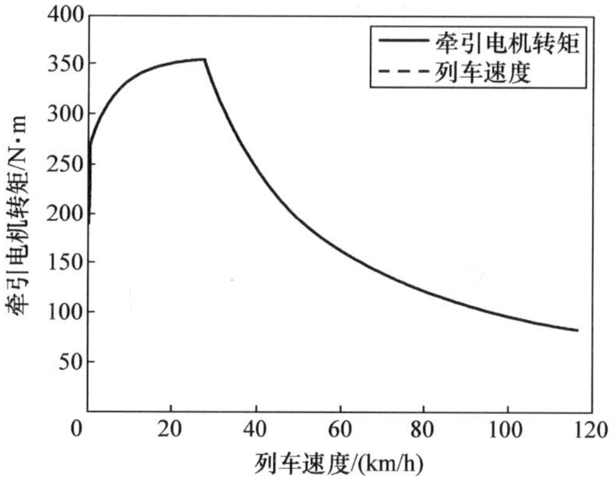

图 5-12　牵引电机转矩—列车速度关系曲线

5.3.3　系统参数匹配计算方法

为了下文描述方便，给出一些符号的定义说明，如表 5-11 所示。

表 5-11　相关符号定义

参数	含义	单位
w_0	单位基本阻力	N/kN
m	列车整车质量	t
G_d	包含回转质量在内的列车总质量	t
v	列车车速	km/h
a	列车加速度	m/s^2
α	坡度角	rad
F_t	列车驱动轮的驱动力	kN
F_b	列车基本阻力	kN
F_g	列车爬坡阻力	kN
F_f	由大风引起的附加阻力	kN
P_t	整车轮周功率	kW
P	全部牵引电机总输出功率	kW

（1）牵引系统特性计算　根据列车牵引理论，整车驱动轮的驱动力 F_t（kN）可由式（5-16）计算

$$F_t = F_b + F_g + F_f + \frac{G_d}{3.6}\frac{dv}{dt} \tag{5-16}$$

式中，$F_b = \frac{mgw_0}{1000}$，$F_g = mg\sin\alpha$。

整车轮周功率 P_t 为

$$P_t = F_t \frac{v}{3.6} \tag{5-17}$$

牵引电机总输出功率 P（含整车全部电机的总功率）为

$$P = P_t/\eta \tag{5-18}$$

式中，η 为传动系统的效率。

牵引电机总输出转矩 T_t（kN·m）为

$$T_t = \frac{F_t r}{i_0 \eta} \tag{5-19}$$

牵引电机转速 n（r/min）为

$$n = \frac{v i_0}{0.377r} \tag{5-20}$$

电机的牵引特性曲线如图5-13所示。当牵引电机进入恒功率区后，列车为了进一步提速，必须降低牵引电机转矩，列车的加速度会持续降低。列车会以逐渐减小的加速度提速，在牵引力曲线与基本阻力曲线相交处，列车达到最高速度。若两条曲线在牵引电机达到最大转速前无交点，则列车的最高速度由电机的最高转速决定。

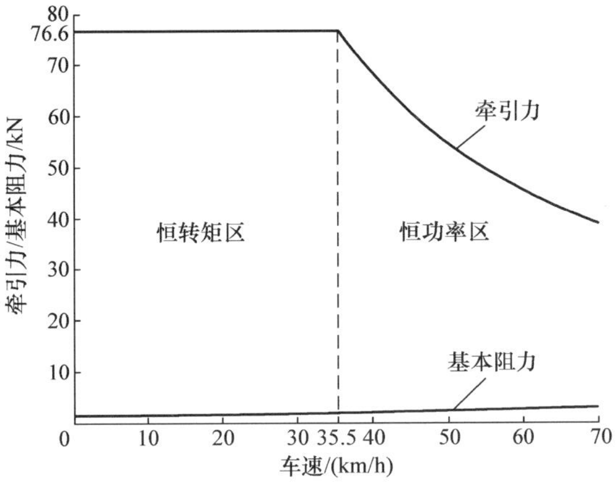

图5-13　牵引特性曲线示意图

牵引电机总输入功率 P_0 可由式（5-21）计算

$$P_0 = P/\eta_0 \tag{5-21}$$

式中，η_0 为电机效率。

牵引电机可以提供的额定转矩 T_n 为

$$T_n = 9.550 \frac{P_n}{n} \tag{5-22}$$

牵引逆变器所需输入功率 P_1 为

$$P_1 = P_0 / \eta_1 \tag{5-23}$$

式中，η_1 为牵引逆变器的效率。

DC/DC 变流器所需输入功率 P_2（即储能设备所需输出功率）为

$$P_2 = (P_1 + P_a) / \eta_2 \tag{5-24}$$

式中　P_1——DC/DC 变流器所需输出功率，即为牵引逆变器所需输入功率，W；

P_a——列车照明、空调等除牵引电机之外的电气设备所需的辅助功率，W；

η_2——DC/DC 变流器的效率。

（2）混合动力系统性能指标　通过动力性能指标可以确定列车的各种动力参数。常用的指标有最高车速、最大爬坡度、加速性能。确定了这些指标的具体值，就可以确定牵引电机的动力需求，为牵引电机选型提供依据，进而得到电源的功率和能量需求。

为简化计算，一般可以将 $\sin\alpha$ 近似为坡度 i，即 $i \approx \sin\alpha$，此时牵引力为

$$F_t = mgi + \frac{mgw_0}{1000} \tag{5-25}$$

将最大坡度值 i_{max} 代入上式，即可求出满足最大爬坡度要求所需的牵引力。将求得的牵引力代入式（5-17）和式（5-18）中就可进一步求得电机所需峰值功率的一个最小值。

车辆在平直轨道匀加速行驶时，车辆的加速度 a 可表示为

$$a = \frac{dv}{3.6dt} = \frac{1}{G_d}\left(F_t - \frac{mgw_0}{1000}\right) = \frac{1}{G_d}\left(\frac{3.6P_x\eta}{v_a} - \frac{mgw_0}{1000}\right) \tag{5-26}$$

式中，P_x 为加速时电机对应车速 v_a 的实际输出功率，W。

根据驱动电机工作的外特性，得到恒转矩区每一车速对应的电机输出功率 P_x 以及恒功率区的电机输出功率 P_3，进而得到电机所需峰值功率的最小值。

综合以上三个方面就可初步选择电机，确定电机的额定功率、峰值功率、额定转矩、额定转速等相关参数。

5.3.4　储能设备能力计算

（1）电池电容数量计算　电池电容数量的确定需遵循表 5-12 中的原则。

表 5-12　电池电容数量确定原则

约束条件	动力电池	超级电容
功率约束（最大功率需求）	由最高速度决定电池最大输出功率，确定满足此功率的最小电池数量	由车辆以指定加速度匀加速到指定速度过程中的峰值功率，确定满足该功率需求的电容数量
能量约束（最大能量需求）	由最大续驶里程决定的动力电池总输出能量，可以确定一个满足此总能量需求的最小电池数量	由车辆以指定加速度匀加速到指定速度过程中所需总能量，确定满足该能量需求的电容数量
串联电压约束（总输出电压需求）	由动力电池相连器件（DC/DC）的工作电压决定动力电池组串联总电压，确定动力电池的串联数	由超级电容相连器件（DC/DC）的工作电压决定超级电容组串联总电压，确定超级电容的串联数

（2）超级电容器的参数　选用 Maxwell 超级电容能量储存模块 BMOD0165，其基本参数如表 5-13 所示。

表 5-13　Maxwell 超级电容模块 BMOD0165 详细参数

超级电容参数	
额定电容量/F	165
电容量容差（%）	-0.2 ~ +0.2
额定电压/V	48
最低工作电压/V	28.8
浪涌电压/V	50.4
可用比功率密度/（W/kg）	3300
最大电流/A	98A（持续）；1900A（1s）
最大储存能量/W·h	52.8
比能量密度/（W·h/kg）	3.9
最大漏电流/mA	5.2
重量/kg	13.9
体积/L	14.515
外形尺寸(H×W×D)/mm	418×194×179
运行温度/℃	-40 ~ +70
寿命/年	10
内阻/mΩ	5.3

（3）电池的参数　假定采用苏州星恒电源有限公司型号为 IFP32/101/192 -40HAl 的锂电池电芯，详细参数如表 5-14 所示，其放电特性曲线如图 5-14 所示。

表 5-14　IFP32/101/192 -40HAl 的锂电池电芯参数

型号	IFP32/101/192 -40HAl	
厚×宽×高	33mm×100mm×192mm	
额定电压	3.2V	
额定容量	40A·h	
内阻	≤2mΩ	
放电截止电压	2.5V	
最大充电电压	3.8V	
持续放电电流	120A	
最大放电电流	200A	
充电方法	CC/CV（恒流恒压）	
重量	<1200g	
工作温度	充电	0 ~45℃
	放电	-20 ~45℃
常温容量 C_1	≥40A·h	
倍率放电	3C	>85% C_1
循环寿命	2000 次 （常温 1C 循环至 70%，100% DOD）	

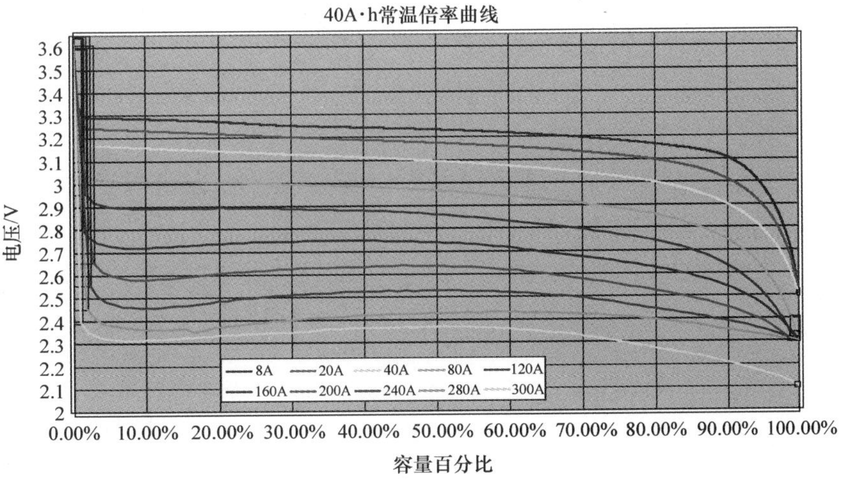

图 5-14　IFP32/101/192－40HAl 的锂电池电芯放电特性曲线

单体动力电池能够提供的最大输出能量（J）为

$$E_{bmax} = U_{b\_imax} C_b D_b K_b \tag{5-27}$$

式中　U_{b_imax}——电池以最大持续放电电流工作时的电压，V；

C_b——单体电池容量，A · h；

D_b——电池放电深度；

K_b——电池容量冗余系数。

根据星恒公司提供的数据，$D_b = 0.8$，$K_b = 0.7695$。

由图 5-13 中的放电特性曲线可知，当电池以最大持续电流 120A 放电时，其工作电压约为 2.8V，取 $U_{b\_imax} = 2.8\text{V}$。由式（5-27）即可计算出单体电池能提供的能量约为 245950J，约合 0.0683kW · h。

单体动力电池能够提供的最大输出功率（W）为

$$P_{bmax} = I_{max} U_{b\_imax} \tag{5-28}$$

式中，I_{max}为电池最大持续放电电流，A；U_{b_imax}为电池以电流 I_{max}放电时对应工作电压，V。

取 $I_{max} = 120\text{A}$，$U_{b\_imax} = 2.8\text{V}$，由式（5-28）可计算得出：$P_{bmax} = 336\text{W} = 0.336\text{kW}$。

单体超级电容模块可利用的有效能量（J）为

$$E_{cmax} = \frac{1}{2} C_c (U_{cmax}^2 - U_{cmin}^2) \tag{5-29}$$

式中　C_c——超级电容模块的额定容量，F；

U_{cmax}——超级电容的最高工作电压，V；

U_{cmin}——超级电容的最低工作电压，V。

一般取超级电容额定电压 60% 以上的电压范围为有效工作范围，故取 $U_{cmax} = 48\text{V}$，$U_{cmin} = 48\text{V} \times 0.6 = 28.8\text{V}$，$C_c = 165\text{F}$，由式（5-29）可计算得出：$E_{cmax} = 109490\text{J} = 0.0304\text{kW} \cdot \text{h}$。

单体超级电容模块的最大输出功率（W）为

$$P_{cmax}=P_{spe}m_c \tag{5-30}$$

式中，P_{spe}为超级电容模块的可用比功率密度；m_c 为超级电容模块的质量。

由式（5-30）计算，可得 $P_{cmax}=3300\text{W/kg}\times 13.9\text{kg}=45.87\text{kW}$。

5.3.5　动力电池及超级电容数量的确定

动力电池及超级电容数量的计算思路如图 5-15 所示。根据持续运行车速、加速度、爬坡度等性能指标，可计算出不同工况下的电机输出功率，由电机效率、牵引逆变器的效率、DC/DC 变流器的效率等计算出电源输出功率，然后得出相应所需的电池或电容的数量。

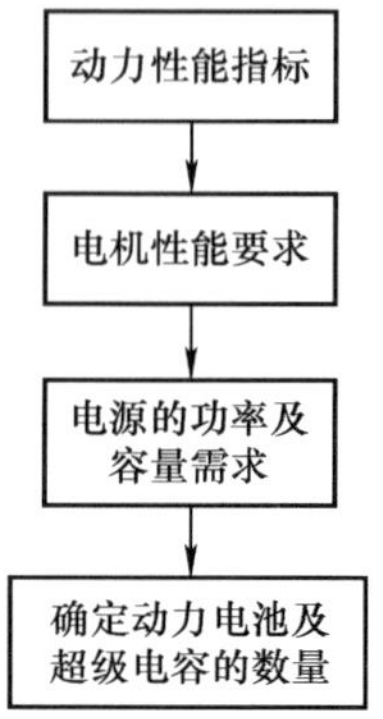

图 5-15　动力电池及超级电容数量的计算思路

（1）持续运行车速对动力电池数量的要求　列车在平直轨道上匀速运行时，对电源的输出功率相对较低，而对电源的输出能量要求较高。动力电池比能量高、比功率低，而超级电容比能量低、比功率高。因此只考虑用动力电池做持续运行动力电源，用超级电容做加速、坡道运行等工况下的高功率电源。

① **功率约束**：对平直轨道上匀速行驶的列车，车速越高，电源需要输出的功率越大，相应需要的电池数量也越大，如图 5-16a 所示。其中曲线节点处的数字代表不同车速下电源输出功率对最小动力电池数量的要求。

② **能量约束**：图 5-16b 的曲线分别为不同速度级别下行驶 5km、10km、15km 所需要的总能量。其中曲线节点处的数字代表不同车速下行驶相应里程所需能量对最小动力电池数量的最低要求。

③ **串联电压约束**：若 DC/DC 变流器输出的最高端电压为 480V，为保证电池能充满，选择 136 节串联，每节平均电压 3.53V（480/136 = 3.53），最低保护电压 2.5V。136 节串联电池的工作电压范围为 340 ~ 480V，其额定工作电压是 435V（额定电压 3.2V × 136 = 435.2V）。按此串联方案，136 个动力电池能够提供的最大输出功率理论值为：0.336kW × 136 = 45.7kW，最大输出能量理论值为：0.0683kW · h × 136 = 9.29kW · h。

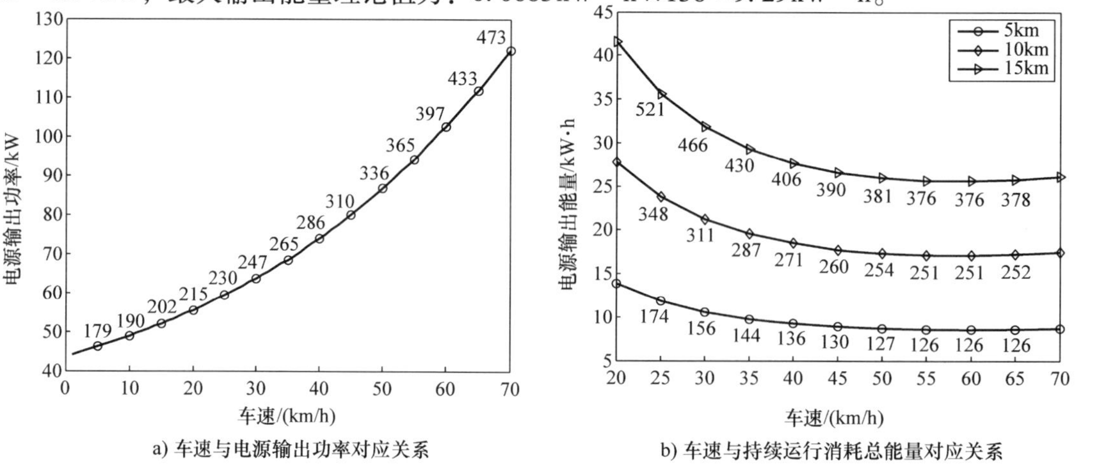

a) 车速与电源输出功率对应关系　　b) 车速与持续运行消耗总能量对应关系

图 5-16　车速对电源功率和能耗的影响及对应的最小电池数量需求

在平直轨道上以 25km/h 匀速行驶时：

④ 从功率约束考虑：牵引力为 1.556kN，电机转矩为 0.0842kN·m，电源输出功率 59.3kW（其中，牵引功率 15.8kW，辅助功率 43.5kW），对应需要的电池数量为 177 个（每个电池提供 0.336kW），考虑 30% 的设计冗余为 230 个。

⑤ 从能量约束考虑：每个电池提供的能量为 0.068kW·h，持续运行 24min（10km）电源输出能量为 23.72kW·h，需要的电池数量为 348 个。

（2）起动加速度对超级电容参数的影响　当列车加速到一定车速时，电机的输出功率达到额定功率后将进入一个恒功率区。图 5-17a 为不同加速度下车速与牵引电机输出功率的关系曲线。图 5-17b 为不同加速度下由静止加速到指定车速过程中总能量的需求对应关系。图 5-17 中曲线节点处的数字代表从静止加速到相应车速所需的超级电容的最小数量。

由图 5-17 中可以看出，加速需要的超级电容数量随着功率需求的增大而增大；每节动车配置 2 并 10 串的 Maxwell BMOD0615 超级电容模块，能够满足列车能以 0.2～1.2m/s^2 等不同加速度从静止加速到 25km/h 的要求（最大可达到 32km/h）。

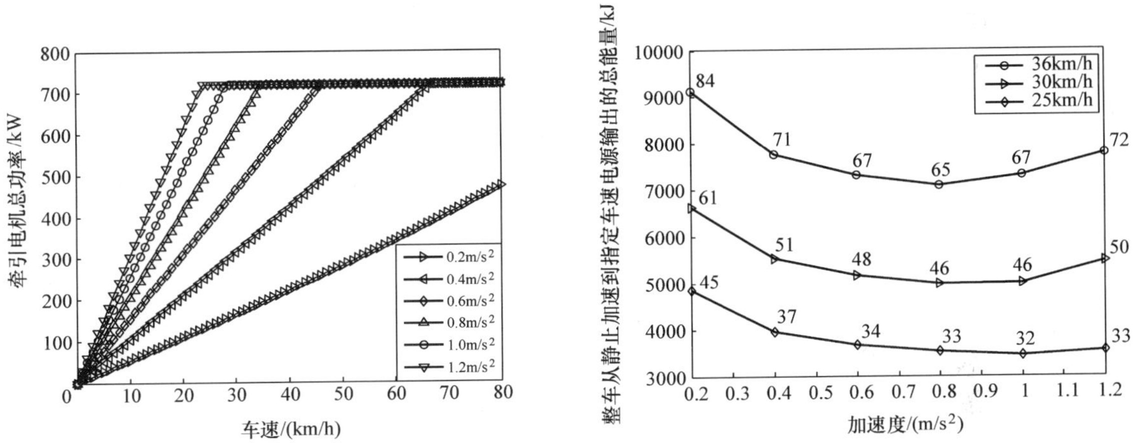

a) 不同加速度下车速与电机输出功率的关系曲线　　b) 加速度与消耗总能量对应关系

图 5-17　加速度对电源功率和能耗的影响及对应的超级电容最小数量需求

（3）最大爬坡度对超级电容参数的影响　假定坡道运行时完全由超级电容提供牵引电能。

① **功率约束**：假定在爬坡工况下，完全由超级电容组提供驱动能源。在不同坡度的坡道上以不同车速爬坡时对应所需的牵引功率和超级电容数量由图 5-18a 所示。由图可见，坡度的大小对牵引功率的大小影响也很大，但超级电容可以满足功率需求。若动车均配置 10 串 2 并超级电容模块，则可满足 7% 坡度的爬坡功率需求。

② **能量约束**：若爬坡完全由超级电容供电，以整车 10 串 6 并共 60 个超级电容为例，计算了一组在满足功率前提下对应的续驶里程，标注在图 5-18b。可见，超级电容仅能满足较短距离的爬坡需求。若坡道长度过大，则完全由超级电容供电难以满足整个爬坡过程的能量需求。

由不同坡度对应的功率、能量需求来看，不论是只用动力电池还是只用超级电容驱动列车在坡度上行驶，均需要较大的数量。其原因在于，在坡度较大时，列车爬坡时对功率和能

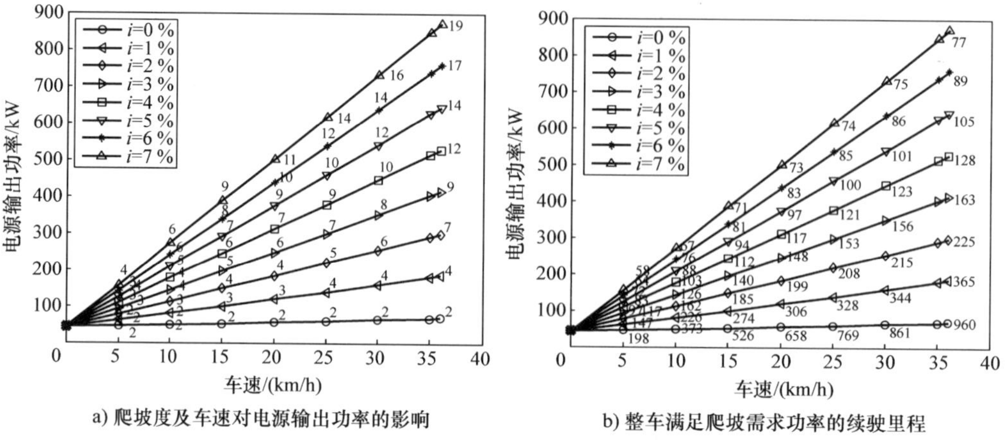

图 5-18　在不同坡度的坡道上以不同车速爬坡时对应所需的电源输出功率和超级电容数量

量的要求都非常大。动力电池组能够提供足够大的能量需求，而不能提供足够大的功率需求；相反，超级电容组能够提供足够大的功率需求，却不能提供足够大的能量需求。因此，需要对动力电池组和超级电容组的功率和能量分配控制进行研究，同时发挥两者能力上的优势，互相弥补各自的功能缺陷。

5.3.6　混合动力有轨电车的制动能量回收

混合动力有轨电车的制动能量回收系统是一种能量回收装置，其目的在于通过将有轨电车的动能转化为其他形式的能量，使有轨电车或者其他对象减速，而转化的能量可以进行再利用或者储存。

具有制动能量回收功能的混合动力有轨电车，可充分地将制动能量储存回收，大大降低能量消耗。储存的回收能量又可在电网断电时驱动有轨电车，维持有轨电车的正常运行，节约能源，并增加城市轨道交通系统的可靠性。此外，具有一定续驶能力的混合动力有轨电车可以使得在某些特定区域取消供电电网，减少了建设投入，在保证安全性的同时，维持了城市美观。这种新型混合动力有轨电车因具有可靠、高效、环保、节能的优点，将是未来城市轨道交通发展的方向。

在混合动力有轨电车系统中，能量供给和制动能量回收是通过能量管理系统实现的，该系统负责采集储能设备、能量传递电路、机电系统等信息，通过某种机制的决策进行车辆加减速、储能设备充放电控制等各种控制。因此能量管理系统是极为重要的，它关系到列车的稳定高效运行和储能设备的能源平衡。

东日本铁路公司针对开发的燃料电池混合动力有轨电车，开发了符合燃料电池特性的能量管理系统。停车时，燃料电池向动力电池充电；高速运行时，所需能量由燃料电池和动力电池同时提供；慢行时，燃料电池在提供驱动能量的同时向动力电池充电；制动时，将再生制动电力回收到动力电池。

西门子、卡福等国外车辆则优先采用超级电容吸收制动能量，试验证明，利用超级电容吸收制动能量，效率更高，节能效果更好。

目前，国内外新能源列车也在研究采用超级电容为主、动力电池为辅的制动能量吸收策略。

5.4 双向 DC/DC 变流器工作原理

双向 DC/DC 变流器在混合动力有轨电车的电源系统与驱动系统之间起着双向能量转换的重要作用，可以根据系统的运行需求完成相应的功能。本节主要根据混合动力有轨电车大功率应用场合，以超级电容和动力电池作为储能元器件，研究对比各种适用的非隔离型拓扑结构，主要通过电路中功率器件数量和电气应力等多方面的比较，着手选择适合混合动力有轨电车的双向 DC/DC 变流器，并给出主电路的参数设计。

5.4.1 混合动力有轨电车双向 DC/DC 变流器的工作要求

在混合动力有轨电车系统中通过加入超级电容和双向 DC/DC 变流器可以增加瞬时功率，从而优化列车的加速和减速性能。如何选择高效率的双向变流器拓扑结构以及合理控制策略是决定混合动力有轨电车性能的关键因素之一。

根据列车的实际应用情况，双向 DC/DC 变流器应满足以下工作要求：

① 列车用于安装双向 DC/DC 变流器及其储能元件的体积十分有限，在输出功率一定的条件下选用的双向 DC/DC 变流器应具有很高的功率体积比；

② 混合动力有轨电车采用超级电容和动力电池组合作为储能模块以满足有轨电车起动加速需求，但随着频繁的充放电过程，超级电容端电压变化范围很大，这要求双向 DC/DC 变流器具有稳定输出电压的功能，再生能量回馈时能快速安全地将机械能送到复合电源系统储存起来；

③ 混合动力车用储能模块输出功率受车辆体积、质量的限制无法设计得太宽裕，所以双向 DC/DC 变流器具有很高的工作效率，以有效延长车辆行驶里程。

5.4.2 混合动力有轨电车双向 DC/DC 变流器拓扑结构的选择

双向 DC/DC 变流器主要可以分为两类：变压器隔离型双向 DC/DC 变流器和非隔离型双向 DC/DC 变流器。其中隔离型双向 DC/DC 变流器是在非隔离型双向变流器中插入高频变压器，构成隔离型拓扑，变压器的原副边可以由全桥、半桥、推挽等电路拓扑构成。

隔离型双向 DC/DC 变流器拓扑主要有双反激拓扑、双推挽拓扑、双半桥拓扑、双全桥拓扑。

典型非隔离型的单向 DC/DC 变流器有六种基本拓扑：BUCK、BOOST、BUCK - BOOST、CUK、SEPIC、ZETA，把它们当中的二极管替换为开关，可以组成五种双向 DC/DC 变流器拓扑结构（BUCK 和 BOOST 替换后为同一种拓扑）。

混合动力有轨电车选用超级电容和动力电池构成复合电源，从超级电容储能体积及成本上考虑，其端电压值一般低于电机驱动逆变器的工作电压。要求双向 DC/DC 变流器在正向工作时具有升压斩波能力，在电机处于再生发电状态时，通过降压电路将制动回馈能量转换为电能储存在超级电容中。根据此条件，所用的双向 DC/DC 变流器仅需单方向工作时具有一种变换功能即可。

隔离型与非隔离型变流器都能满足以上要求，但是隔离型变流器的控制方式和结构都比较复杂，所用的元器件数量和种类比较多，功率密度和性价比都不太高，体积也无法得到最优化，所以应从非隔离型变流器中选择适合的拓扑结构。

考虑到实际应用中功能的需要，结合结构和操作简单的原则，选择了如图5-19所示的双向DC/DC变流器。其中左端是低压端，接动力电池或超级电容等储能装置；右端是高压端，接直流母线。当储能装置放电时，DC/DC变流器升压，将电压从低压端U_1升压至高压端U_2，此时储能装置向负载传送其功率；当车辆进行能量回馈时，DC/DC变流器降压，将电压从高压端U_2降至低压端U_1，以便使储能装置吸收回馈的能量。

变流器正向工作时，G_1作为PWM开关管工作，G_2截止，储能电感L、开关管G_1、二极管D_1、D_2、滤波电容C_2，组成一个Boost电路，其等效电路如图5-20所示。

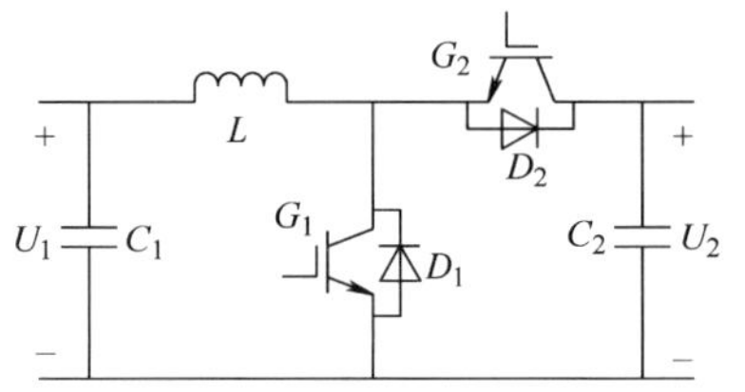

图5-19　双向DC/DC变流器拓扑

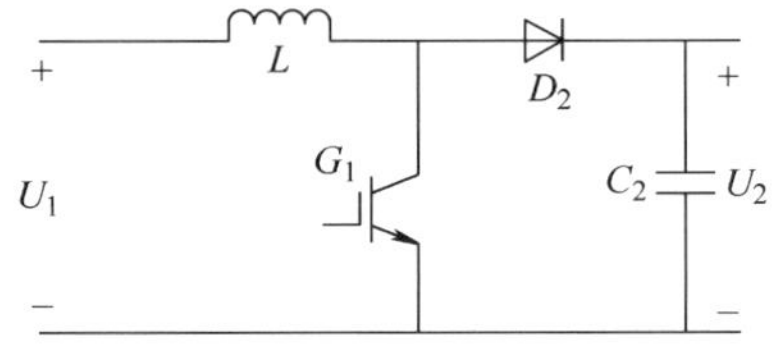

图5-20　正向Boost电路

在实际应用中，开关频率比较高，所以这里只考虑电感电流连续的情况。设一个周期内开关的开通时间为$t_{on}=DT$，关断时间为$t_{off}=(1-D)T$，那么输入与输出电压的关系为：$U_2=\frac{U_1}{1-D}$，根据输入电压U_1，调节占空比D，就可以得到期望的输出电压U_2且$U_2>U_1$，所以达到了电源放电时升压的目的。

变流器反向工作时，G_2作为PWM开关管工作，G_1截止，储能电感L、开关管G_2、二极管D_1、D_2、滤波电容C_1，组成一个Buck电路，其等效电路如图5-21所示。

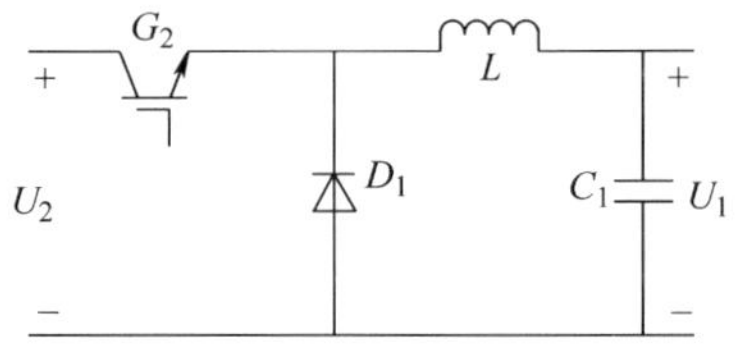

图5-21　反向Buck电路

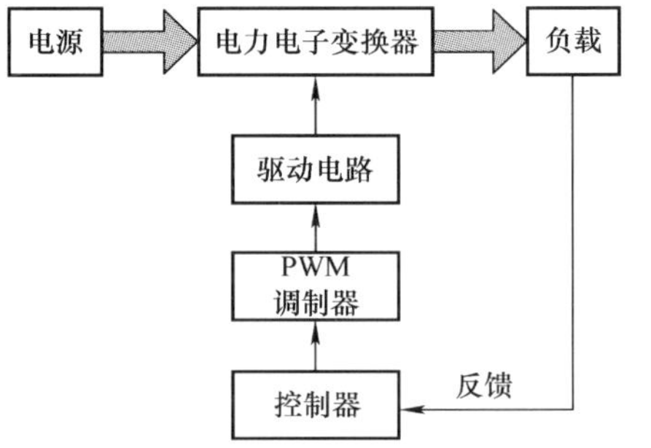

图5-22　电源系统结构

设一个周期内开关的开通时间为$t_{on}=DT$，关断时间为$t_{off}=(1-D)T$，那么输入与输出电压的关系为：$U_1=DU_2$，根据输入电压U_2，调节占空比D，就可以得到期望的输出电压U_1且$U_1<U_2$，所以达到了给电源充电时降压的目的。

5.4.3　混合动力有轨电车双向 DC/DC 变流器模型

复合电源系统由电力电子变流器、PWM 调制器、驱动电路、反馈控制单元构成，如图 5-22 所示。由控制理论的知识，复合电源系统静态和动态性能的好坏与反馈控制设计密切相关。要进行反馈控制设计，首先要了解被控对象的动态模型。图 5-22 中，在进行反馈控制设计前，首先需要获得电力电子变流器的动态模型，从而得到其传递函数。一旦获得被控对象的传递函数，就可以利用自动控制理论的知识来进行反馈控制设计。

（1）大信号模型　由于 DC/DC 变流器中包含功率开关器件或二极管等非线性元件，因此是一个非线性系统。采用小信号分析法在工作点附近线性化建模，则系统在工作点附近运行可能是稳定的，但受到较大的扰动时，却有可能不稳定。因此，在较大的干扰或较大的参数变化时，建立大信号模型是十分必要的。

在复合电源释能时，双向 DC/DC 变流器相当于图 5-23 所示的常规 BOOST 变流器运行。电感电流连续，一个开关周期可以分为两个阶段。在阶段 1，开关 G_1 闭合，电感处于充磁阶段；在阶段 2，开关 G_1 打开时，电感处于放磁阶段，相应时段的等效电路见图 5-23。

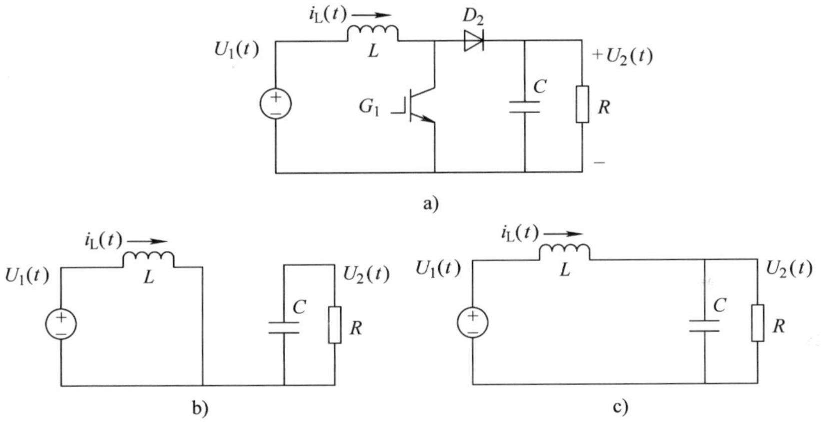

图 5-23　双向 DC/DC 变流器 BOOST 运行模态等效电路图

互补驱动方式下电感电流连续，则相应的分段状态微分方程如下：

开关 G_1 导通状态（$0 \leqslant t \leqslant t_{on}$）

$$\begin{cases} L\dfrac{\mathrm{d}i_L(t)}{\mathrm{d}t} = U_1(t) \\ C\dfrac{\mathrm{d}U_2(t)}{\mathrm{d}t} = -\dfrac{U_2(t)}{R} \end{cases} \tag{5-31}$$

开关 G_1 断开状态（$t_{on} \leqslant t \leqslant T$）

$$\begin{cases} L\dfrac{\mathrm{d}i_L(t)}{\mathrm{d}t} = U_1(t) - U_2(t) \\ C\dfrac{\mathrm{d}U_2(t)}{\mathrm{d}t} = i_L(t) - \dfrac{U_2(t)}{R} \end{cases} \tag{5-32}$$

根据基本的状态空间平均方法，对以上两式进行综合得到大信号平均方程

$$\begin{cases} L\dfrac{\mathrm{d} < i_{\mathrm{L}}(t) > T_{\mathrm{S}}}{\mathrm{d}t} = < U_1(t) > T_{\mathrm{S}} - \mathrm{d}'(t) < U_2(t) > T_{\mathrm{S}} \\ C\dfrac{\mathrm{d} < U_2(t) > T_{\mathrm{S}}}{\mathrm{d}t} = \mathrm{d}'(t) < i_{\mathrm{L}}(t) > T_{\mathrm{S}} - \dfrac{< U_2(t) > T_{\mathrm{S}}}{R} \end{cases} \tag{5-33}$$

式中，$\mathrm{d}(t) = t_{\mathrm{on}}/T$，表示占空比；$\mathrm{d}'(t) = 1 - \mathrm{d}(t)$。

在复合电源储能时，双向DC/DC变流器相当于图5-24所示的常规BUCK变流器运行。电感电流连续，一个开关周期可以分为两个阶段。

在阶段1，开关G_2闭合，电感处于充磁阶段；在阶段2，开关G_2打开时，电感处于放磁阶段，相应时段的等效电路见图5-24。

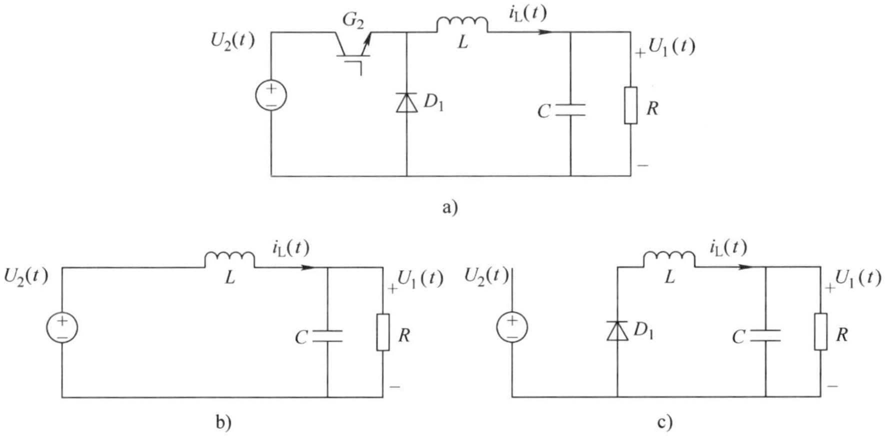

图5-24　双向DC/DC变流器BUCK运行模态等效电路图

互补驱动方式下电感电流连续，则相应的分段状态微分方程如下：

开关G_2导通状态（$0 \leqslant t \leqslant t_{\mathrm{on}}$）

$$\begin{cases} L\dfrac{\mathrm{d}i_{\mathrm{L}}(t)}{\mathrm{d}t} = U_2(t) - U_1(t) \\ C\dfrac{\mathrm{d}U_1(t)}{\mathrm{d}t} = i_{\mathrm{L}}(t) - \dfrac{U_1(t)}{R} \end{cases} \tag{5-34}$$

开关G_2关断状态（$t_{\mathrm{on}} \leqslant t \leqslant T$）

$$\begin{cases} L\dfrac{\mathrm{d}i_{\mathrm{L}}(t)}{\mathrm{d}t} = -U_1(t) \\ C\dfrac{\mathrm{d}U_1(t)}{\mathrm{d}t} = i_{\mathrm{L}}(t) - \dfrac{U_1(t)}{R} \end{cases} \tag{5-35}$$

根据基本的状态空间平均方法，对以上两式进行综合得到大信号平均方程：

$$\begin{cases} L\dfrac{\mathrm{d} < i_{\mathrm{L}}(t) > T_{\mathrm{S}}}{\mathrm{d}t} = \mathrm{d}(t) < U_2(t) > T_{\mathrm{S}} - < U_1(t) > T_{\mathrm{S}} \\ C\dfrac{\mathrm{d} < U_1(T) > T_{\mathrm{S}}}{\mathrm{d}t} = < i_{\mathrm{L}}(t) > T_{\mathrm{S}} - \dfrac{< U_1(t) > T_{\mathrm{S}}}{R} \end{cases} \tag{5-36}$$

（2）小信号模型　为了使电源系统的输入输出值达到所需的指标，需要引入反馈控制。

自动控制理论中关于控制器的设计方法只适用于线性系统。由于 DC/DC 变流器中包含功率开关器件或二极管等非线性元件，因此属于非线性系统。但当其运行在某一稳态工作点附近时，电路状态变量的小信号扰动量之间的关系呈现线性系统的特性。尽管电源系统为非线性电路，但在研究它在某一稳态工作点附近的动态特性时，仍可以近似把它当做线性系统。因此，建立 DC/DC 变流器线性化小信号模型是反馈控制设计的基础。

在大信号模型的基础上，叠加较小的干扰信号，即可获得小信号模型。采用灵活的小信号分析方法，可以转化变流器的非线性，使其成为一个简单的等效线性电路。小信号分析法既保持了变流器运行性能不变，又便于采用制动控制理论对变流器进行分析和设计控制器。

双向 DC/DC 变流器运行于 BOOST 模态时的线性化小信号模型为

$$\begin{cases} L\dfrac{\mathrm{d}\,\hat{i}_{\mathrm{L}}(t)}{\mathrm{d}t} = \hat{U}_1(t) - D'\hat{U}_2(t) + U_2\hat{\mathrm{d}}(t) \\ C\dfrac{\mathrm{d}\,\hat{U}_2(t)}{\mathrm{d}t} = D'\hat{i}_{\mathrm{L}}(t) - \dfrac{\hat{U}_2(t)}{R} - I_{\mathrm{L}}\hat{\mathrm{d}}(t) \end{cases} \tag{5-37}$$

式中　D——稳态占空比，$D'=1-D$；

U_2——高压侧稳态电压，V；

I_{L}——稳态电感电流，A。

由以上小信号模型可得到，输入至输出的传递函数为

$$\begin{cases} \left.\dfrac{\hat{U}_2(s)}{\hat{U}_1(s)}\right|_{\hat{\mathrm{d}}(s)=0} = \dfrac{D'}{LCs^2+\dfrac{L}{R}s+D'^2} \\ \left.\dfrac{\hat{i}_{\mathrm{L}}(s)}{\hat{U}_1(s)}\right|_{\hat{\mathrm{d}}(s)=0} = \dfrac{Cs+\dfrac{1}{R}}{LCs^2+\dfrac{L}{R}s+D'^2} \end{cases} \tag{5-38}$$

控制至输出的传递函数为

$$\begin{cases} \left.\dfrac{\hat{U}_2(s)}{\hat{\mathrm{d}}(s)}\right|_{\hat{U}_1(s)=0} = \dfrac{U_2\left(D'-\dfrac{Ls}{RD'}\right)}{LCs^2+\dfrac{L}{R}s+D'^2} \\ \left.\dfrac{\hat{i}_{\mathrm{L}}(s)}{\hat{\mathrm{d}}(s)}\right|_{\hat{U}_1(s)=0} = \dfrac{U_2\left(Cs+\dfrac{2}{R}\right)}{LCs^2+\dfrac{L}{R}s+D'^2} \end{cases} \tag{5-39}$$

双向 DC/DC 变流器运行于 BUCK 模态时的线性化小信号模型为

$$\begin{cases} L\dfrac{\mathrm{d}\,\hat{i}_{\mathrm{L}}(t)}{\mathrm{d}t} = D\hat{U}_2(t) + U_2\hat{\mathrm{d}}(t) - \hat{U}_1(t) \\ C\dfrac{\mathrm{d}\,\hat{U}_1(t)}{\mathrm{d}t} = \hat{i}_{\mathrm{L}}(t) - \dfrac{\hat{U}_1(t)}{R} \end{cases} \tag{5-40}$$

由以上小信号模型可得到，输入至输出的传递函数为

$$\begin{cases} \left.\dfrac{\hat{U}_1(s)}{\hat{U}_2(s)}\right|_{\hat{d}(s)=0} = \dfrac{D}{LCs^2+\dfrac{L}{R}s+1} \\ \left.\dfrac{\hat{i}_L(s)}{\hat{U}_2(s)}\right|_{\hat{d}(s)=0} = \dfrac{D\left(Cs+\dfrac{1}{R}\right)}{LCs^2+\dfrac{L}{R}s+1} \end{cases} \tag{5-41}$$

控制至输出的传递函数为

$$\begin{cases} \left.\dfrac{\hat{U}_1(s)}{\hat{d}(s)}\right|_{\hat{U}_2(s)=0} = \dfrac{U_2}{LCs^2+\dfrac{L}{R}s+1} \\ \left.\dfrac{\hat{i}_L(s)}{\hat{d}(s)}\right|_{\hat{U}_2(s)=0} = \dfrac{U_2\left(Cs+\dfrac{1}{R}\right)}{LCs^2+\dfrac{L}{R}s+1} \end{cases} \tag{5-42}$$

5.5 复合电源系统工作原理及仿真研究

混合动力有轨电车的车载电源是由动力电池与超级电容组成，并通过双向 DC/DC 变流器升压后与直流母线相连。DC/DC 变流器除了升压给母线供电的功能，还具有反向给电池电容充电的功能。

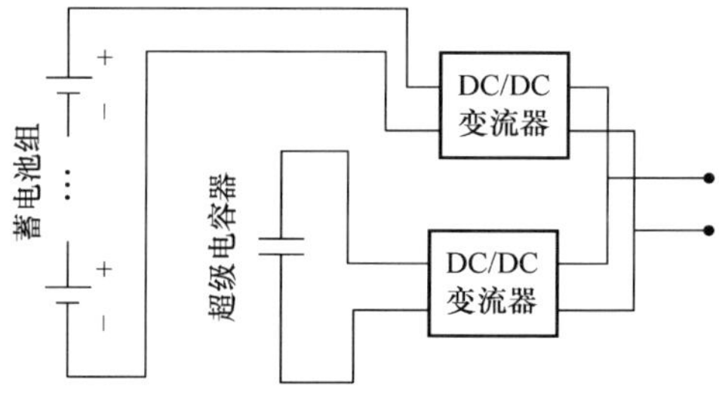

图 5-25　复合电源结构

图 5-25 所示为复合电源的结构，这种结构的优势在于：通过对 DC/DC 变流器的控制可以间接控制动力电池组和超级电容，并且通过控制使两种电源各自的不足得到弥补，更好地发挥出各自的优势。

复合电源系统可将两个或多个不同类型的能量储存装置组合在一起，充分利用每一种能量储存装置的优势。例如，动力电池与超级电容组成的复合电源可克服动力电池比功率低、超级电容比能量低的缺点，从而获得高比能量和高比功率。本质上，复合电源系统由两个基本的能量储存组成：一个具有高比能量，而另一个具有高比功率。该系统运行状态如图5-26所示。

通过对 DC/DC 变流器电压、电流的控制，能够控制动力电池和超级电容的输入输出功率。基于此功能，根据复合电源系统功率流分配的方法，能量管理系统能够对动力电池和超级电容进行协调控制，使其在工作中发挥出各自的优势。

在高功率指令控制下，例如加速和爬坡，这两个能量储存装置都向负载传送功率，如图

5-26a 所示。

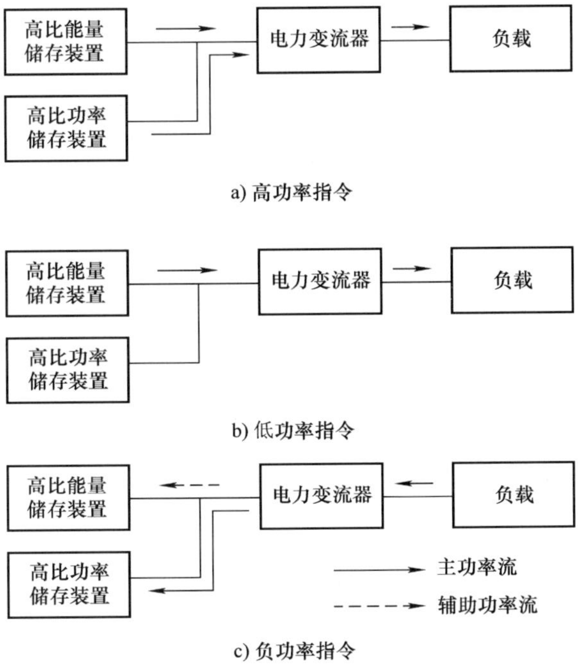

图 5-26　复合电源系统基本运行状态示意图

另一个方面，在低功率指令控制下，例如恒速运行，高比能量的能量储存装置将向负载传送功率，高比功率的储能装置不工作，如图 5-26b 所示。

在再生制动运行时，峰值功率将由高比功率的能量储存装置吸收，而仅有限部分为高比能量的能量储存装置所吸收，如图 5-26c 所示。以这样的方式，整个系统将比其中任何一者单独作为能量储存装置时，在质量和体积方面要小得多。

基于各种能量储存装置的可用技术，可用于混合动力车辆的复合电源系统有多种，最典型的即为由动力电池与超级电容组成的复合电源。因为超级电容比动力电池有高得多的比功率，而且能与各种动力电池相协调，构成动力电池与超级电容的复合电源系统。

5.5.1　超级电容与动力电池模型

功率流分配完毕后，根据能量传递效率的估算，超级电容与动力电池的输出电流 i_c、i_b 可知。通过电源模型的计算，可以得出储能设备的端电压、*SOE*、*SOC* 等值。

（1）超级电容模型　超级电容的简化模型如图 5-27 所示。图中，超级电容器等效为一个理想电容器 C 与一个较小阻值的电阻（等效串联阻抗 R_S，一般为几毫欧）串联，同时与一个较大阻值的电阻（等效并联阻抗 R_L）相并联的结构。R_S 模拟热损失和充放电过程中电压的损失，R_L 模拟自放电的渗漏损失。

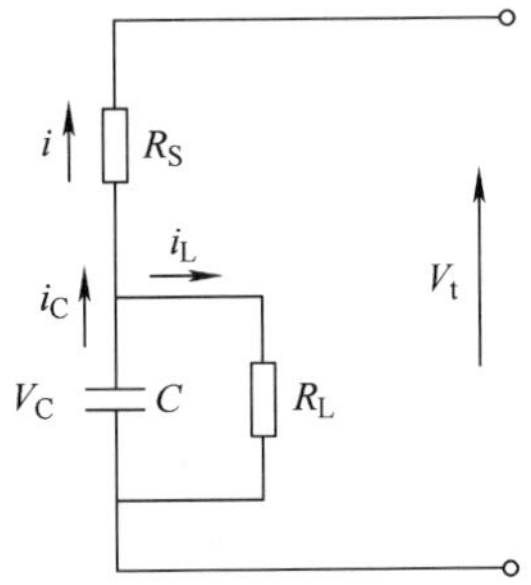

图 5-27　超级电容简化模型

在超级电容器中给出三个参数：电容量（其电位 V_C）、串联电阻 R_S、绝缘材料的漏电阻 R_L。

超级电容的输出电压为

$$V_t = V_C + R_S i \tag{5-43}$$

超级电容的荷电状态 SOE

$$SOE = 100\left(\frac{U_C}{U_{max}}\right)^2 \tag{5-44}$$

式中，U_{max} 为超级电容的最高电压，V。

超级电容的电容量 U_C 为

$$U_C = \sqrt{\frac{2Q}{C}} \tag{5-45}$$

式中

$$Q = \begin{cases} 0.5CU_{max}^2 & Q > 0.5CU_{max}^2 \\ 0.5CU_{C0}^2 - \int i_c U_C dt & 0 \leqslant Q \leqslant 0.5CU_{max}^2 \\ 0 & Q < 0 \end{cases} \tag{5-46}$$

根据图 5-27 可知

$$i_c = i + i_L \tag{5-47}$$

式中

$$i_L = \left|\frac{U_C}{R_L}\right| \mathrm{sgn}(i) \tag{5-48}$$

（2）动力电池组模型　动力电池的结构如图 5-28 所示。

动力电池输出电压为

$$U_{batt} = E - iR_s \tag{5-49}$$

式中

$$E = E_0 - K\frac{Q}{Q - it} + A\exp(-Bit) \tag{5-50}$$

式中　E_0——固定电压，V；

K——极化电压，V；

Q——电池容量，A · h；

A——指数电压，V；

B——指数容量，A · h

$$it = \frac{1}{3600}\left[\left(\frac{1 - SOC_0}{100}\right)Q3600 + \int i dt\right] \tag{5-51}$$

it 的上下界限为电池容量 Q 和 0。

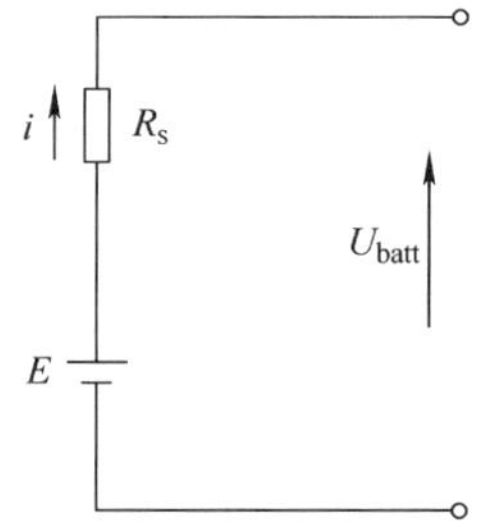

图 5-28　动力电池简化模型

E—无负载电压

R_s—动力电池串联内阻

U_{batt}—动力电池输出电压

i—动力电池输出电流

动力电池的 SOC 为

$$SOC = 100\frac{1 - it}{Q} \tag{5-52}$$

（3）复合电源能够输出的最大功率　列车运行时牵引电机所能输出的最大功率受到两方面的限制，一个是电力牵引系统的最大功率限制（恒功区），另一个是复合电源能够输出的最大功率。其中牵引系统的最大功率限制是在系统设置阶段确定的，而复合电源能够输出的最大功率与其运行状态有着紧密联系。

假设动力电池的输出功率截止状态为

$$SOC \leqslant \overline{SOC} \tag{5-53}$$

超级电容的输出截止状态为

$$SOE \leqslant \overline{SOE} \tag{5-54}$$

式中，$\overline{SOC}$、$\overline{SOE}$分别为动力电池和超级电容工作截止状态的阈值。

假设动力电池能够输出的最大功率为

$$\overline{P}_{\mathrm{b}} = U_{\mathrm{b}} i_{\mathrm{b\_up}} \tag{5-55}$$

超级电容能够输出的最大功率为

$$\overline{P}_{\mathrm{c}} = U_{\mathrm{c}} i_{\mathrm{c\_max}} \tag{5-56}$$

混合动力电源箱能够输出的最大功率见表 5-15。

表 5-15　复合电源最大输出功率

SOE / SOC	$\geqslant \overline{SOE}$	$< \overline{SOE}$
$\geqslant \overline{SOC}$	$\overline{P}_{\mathrm{b}} + \overline{P}_{\mathrm{c}}$	$\overline{P}_{\mathrm{b}}$
$< \overline{SOC}$	$\overline{P}_{\mathrm{c}}$	0

表 5-15 中 SOE、SOC 分别表示超级电容的能量状态和动力电池的荷电状态，第一行与第一列为复合电源的状态信息，对应的是复合电源的最大输出功率。

设复合电源的最大输出功率为

$$\overline{P}' = \overline{P}_{\mathrm{b}} + \overline{P}_{\mathrm{c}} \tag{5-57}$$

电力牵引系统的最大功率限制为$\overline{P}''$，则在列车运行过程中，牵引电机能够输出的最大功率为

$$\overline{P} = \min(\overline{P}', \overline{P}'') \tag{5-58}$$

在仿真分析中，功率限制的目的在于限制某一速度级别下的牵引转矩正输出。在制动回馈时，电源能够回收的最大功率对牵引转矩的负输出也有限制。由于电力牵引系统通常都配备有制动电阻，它能够消耗掉无法吸收的回馈能量，从而保证回馈制动中制动力不受电源功率吸收能力的限制。因此，本节在仿真时只设置了电源输出功率对牵引力大小的限制。

5.5.2　复合电源系统控制方式

（1）直接并联连接方式　最简单的复合方式就是将超级电容和动力电池直接并联，如图 5-29 所示。在这一结构形式中，超级电容简单地相当于一个电流滤波器，它能显著地使电池的峰值电流均匀化，并减小了电池的电压降。这一结构形式的主要缺点在于其功率流不能主动控制，而且超级电容的能量不能充分利用。

（2）采用双向 DC/DC 变流器控制方式　图 5-30 展示了另一种复合电源结构，其中一个 DC/DC 变流器配置于动力电池与牵引变流器之间，另一个 DC/DC 变流器配置于超级电容与牵引变流器之间。这一设计使动力电池和超级电容可具有不同的电压，两者之间的功率流能够主动地加以控制和分配，而且超级电容的能量可以充分利用。本节所研究的混合动力系

统即采用此复合电源结构。

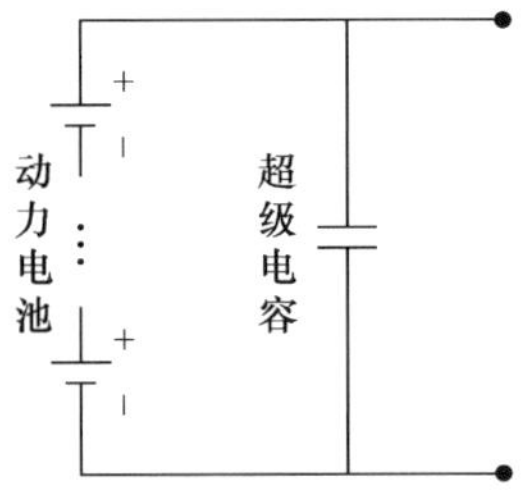

图 5-29　动力电池与超级电容的直接并联连接

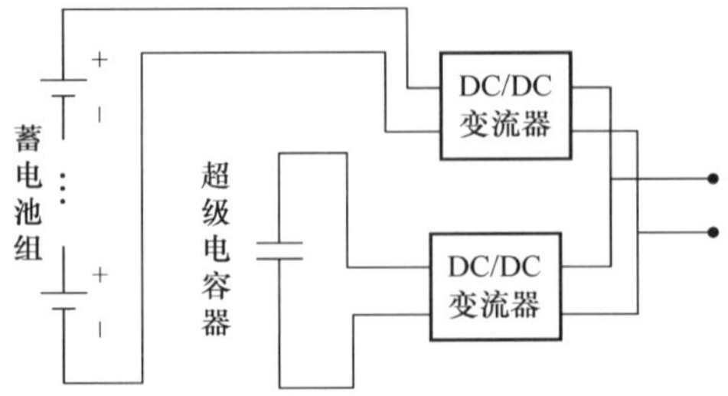

图 5-30　具有主动控制的复合电源系统

(3) 动力电池和超级电容的量值设计　假设该复合电源系统的整体能量和功率容量恰好满足车辆的能量和功率需求，那么车辆对能量储存装置的能量和功率需求可由能量/功率比予以描述。能量/功率比 $R_{e/p}$定义为

$$R_{e/p} = \frac{E_r}{P_r} \tag{5-59}$$

式中　E_r 为车辆所需的能量，J；P_r 为车辆所需的功率，W。

能量和功率需求主要取决于车辆驱动系统的设计及其控制策略。当 $R_{e/p}$给定时，可设计复合电源系统中的动力电池和超级电容，使该复合电源系统的能量/功率比等于 $R_{e/p}$，即应有

$$\frac{W_b E_b + W_c E_c}{W_b P_b + W_c P_c} = R_{e/p} \tag{5-60}$$

式中　W_b 和 W_c——动力电池和超级电容的重量，kg；

E_b 和 E_c——动力电池和超级电容的比能量，W·h/kg；

P_b 和 P_c——动力电池和超级电容的比功率，W/kg。

式 (5-60) 可进而写为

$$W_c = kW_b \tag{5-61}$$

式中

$$k = \frac{E_b - R_{e/p}P_b}{R_{e/p} - E_c}$$

因而，复合电源系统的比能量为

$$E_{spe} = \frac{W_b E_b + W_c E_c}{W_b + W_c} = \frac{E_b + kE_c}{1 + k} \tag{5-62}$$

而复合电源系统的比功率为

$$P_{spe} = \frac{W_b P_b + W_c P_c}{W_b + W_c} = \frac{P_b + kP_c}{1 + k} \tag{5-63}$$

(4) 双向 DC/DC 变流器的控制方法　双向 DC/DC 变流器各桥臂的上下两功率管采用互补方式驱动，通过不同的占空比实现电流的双向流动，因此两个方向电流可统一控制。

DC/DC 变流器的控制系统采用的是双闭环结构，由一个电压外环和一个电流内环组成。电压外环用于稳定输出电压，电流内环具有限制输出电流和改善动态性能的作用。

双向控制电路结构如图 5-31 所示，基本的工作原理如下：每个模块的高压侧电压 U_1 反馈并与参考值 U_{ref} 相减，误差经补偿调节器后输出作为电流指令；电流指令经过最大电流 i_{max} 和最小电流 i_{min} 限幅，作为电流闭环的输入。

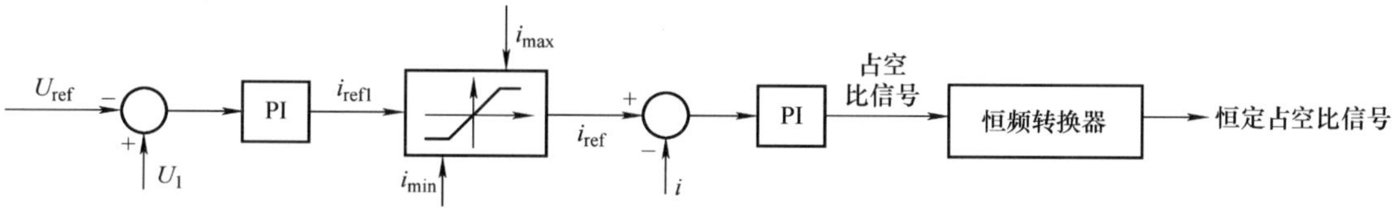

图 5-31　双向控制电路结构

变流器的闭环控制可以分三种情况来讨论：

1）当高压侧电压 U_1 高于参考电压 U_{ref} 时，电流指令值为正，变流器工作在 BUCK 模式，复合电源系统充电储能，电流指令经过最大、最小电流限幅后，得到参考电流，再与高压侧电流比较，误差经过 PI 调节器，得到占空比信号输出。

2）当高压侧电压 U_1 低于参考电压 U_{ref} 时，电流指令值为负，变流器工作在 BOOST 模式，复合电源系统放电释放能量，电流指令经过最大、最小电流限幅后，得到参考电流，再与高压侧电流比较，误差经过 PI 调节器，得到占空比信号输出。

3）当高压侧电压 U_1 与参考电压 U_{ref} 相等时，电流指令值为零，变流器不工作，复合电源既不释放能量也不吸收能量。

5.5.3　复合电源功率分配控制策略

复合电源功率分配控制策略是一种规则，它预设在列车的控制器中，根据列车当前状态进行决策，并将决策信息作为指令发出。驱动系统再根据指令控制 DC/DC 变流器模块功率开关的开闭状态，以达到控制动力电源的目的。根据目标的不同，可以有不同的控制策略。这里着重考虑以下两种供电策略：

① 动力电池和超级电容混合供电。如图 5-30 所示，在该策略下，分别通过两个双向 DC/DC 变流器将动力电池和超级电容连接到直流母线上。动力电池和超级电容可以同时工作，其各自输出或输入的功率大小通过控制两个 DC/DC 变流器即可实现。

② 动力电池和超级电容切换供电。在该策略下，动力电池和超级电容不能同时工作，它们共用一个 DC/DC 变流器，只能通过切换 DC/DC 变流器与它们之间的连接来决定某一时刻是由动力电池还是超级电容供电。

（1）动力电池、超级电容混合供电功率分配控制策略　这里控制策略的执行是建立在 DC/DC 变流器同时具有变压和变流能力基础上的，采用规则控制算法，通过将有轨电车的运行模式进行分类，根据起动加速、平直轨道匀速运行、爬坡、制动等不同工况，选择不同的功率分配策略。

为描述方便，经调研、比较，考虑一种较合适的策略：低功率指令时，以动力电池作为能量来源；高功率指令时，动力电池与超级电容同时作为能量来源，超级电容作为主要能量来源。根据驾驶指令及列车状态，可以得到不同工况下的电源功率需求。具体的分配策略是：

1）当有轨电车在匀速运行、爬坡、加速等工况下，电源功率需求为正值。

① 通过动力电池 *SOC* 估计可以得到一个此时动力电池可提供的最大输出功率，若该功率能满足需求功率，则通过控制 DC/DC 变流器使动力电池输出需求功率；

② 否则，超级电容作为能量的主要来源，和电池同时提供能量；

③ 若在动力电池与超级电容同时供能的情况下仍无法满足功率需求时，则动力电池和超级电容以最大能力输出功率，列车降低动力性能要求。

2）当列车在制动或下坡等工况下可进行能量回馈时，需求功率为负值。

① 此时若动力电池能吸收全部回馈功率，则优先分配动力电池进行能量吸收；

② 否则，超级电容与动力电池同时吸收回馈功率；

③ 若在动力电池和超级电容同时吸收功率的情况下仍无法吸收全部回馈功率时，则超级电容以最大能力吸收回馈能量，控制制动电阻吸收多余功率。

动力电池、超级电容功率分配控制策略描述见图 5-32。图中，横坐标为车速，纵坐标为驱动（制动）功率。P_{d-max}为牵引电机最大驱动功率；P_{c-dmax}为电容能够提供的最大驱动功率；P_{b-dmax}为电池能够提供的最大驱动功率；P_{com}为指令功率，即期望输出（输入）功率；P_{b-out}为电池实际输出功率；P_{c-out}为电容实际输出功率。P_{b-max}为牵引电机最大制动功率；P_{c-bmax}为电容的最大制动吸收功率；P_{b-bmax}为电池的最大制动吸收功率；P_{b-in}为电池实际吸收功率，电池的吸收功率要小于电池的驱动功率；P_{c-in}为电容实际吸收功率；P_{mech}为机械制动功率。

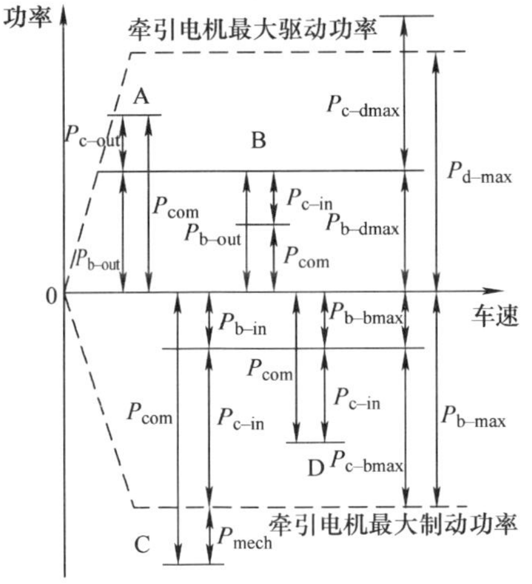

图 5-32　电池、电容功率分配控制策略图解

A、B、C、D 点表述了该策略的四种功率需求情况。

A 点表示指令功率大于电池能够输出的最大功率，此时可以利用电容对电池功率进行补偿，$P_{com}=P_{b-out}+P_{c-out}$。

B 点表示此时功率需求很小，电池完全可以满足其功率需求，而满足驱动功率需求后多余的功率可以选择给电容充电，$P_{b-out}=P_{com}+P_{c-in}$。

C 点表示此时为联合制动模式（回馈+辅助），制动功率需求超过了电池和电容的最大制动吸收功率总和，此时就需要其他制动方式进行制动功率补充（这里为机械制动），$P_{com}=P_{b-in}+P_{c-in}+P_{mech}$。

D 点表示回馈制动完全可以满足制动功率的要求，控制电池和电容共同吸收制动能量即可完成回馈制动。

（2）动力电池、超级电容切换供电控制策略　图 5-33 描述了另一种供电策略：动力电池、超级电容在同一时刻只能单独工作提供能量。该策略需要 DC/DC 变流器对动力电池、超级电容具有切换控制能力和升压降压功能，而不存在功率分配的问题。其基本的控制策略是：低功率需求时使用动力电池供电（平直轨道直线运行等工况），而高功率需求时使用超级电容供电（加速、驱动等工况）。图 5-33 中的参数意义与图 5-32 中的相同。可以看出，在 A、B、C、D 四种情况下，动力电池和超级电容均单独工作。

图 5-32 与图 5-33 描述了两种控制策略。混合供电的功率分配控制策略（策略 1），能够充分发挥复合电源的高比能量和高比功率，优势互补，并且可以减少动力电池和超级电容的数量，是真正意义上形成了“混合动力”，但控制相对复杂，对 DC/DC 变流器要求较高。而切换供电控制策略（策略 2），使得动力电池和超级电容的数量更大，不能形成高比能量和高比功率的优势互补，但控制简单，对 DC/DC 变流器的要求相对较低。控制策略的选取需要根据多方面的综合考虑来决定。

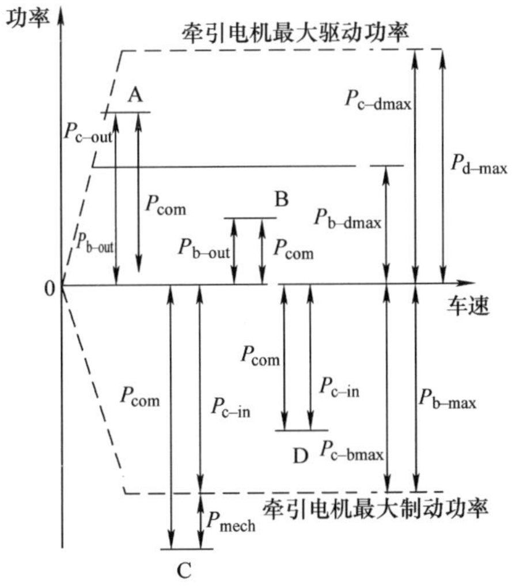

图 5-33　电池、电容切换供电控制策略

根据混合动力有轨电车的实际情况，考虑以下几个方面：

1）由于电源箱空间有限，必须压缩动力电池和超级电容的数量。策略 1 有利于减少电池和电容数量。经计算，策略 2 需求的电池、电容数量约为策略 1 需求数量的 1.5 倍，相比之下，策略 2 需求的电池和电容数量给电源箱的设计提出了很大的挑战。

2）DC/DC 变流器的最大电流限制下，采用策略 1 能将电流分担到两个 DC/DC 变流器上，从而有效降低单个 DC/DC 变流器的输出电流，从而最大程度地发挥 DC/DC 变流器的能力。

3）采用策略 1 时，在大部分情况下超级电容的 *SOE* 保持在较高的状态，这样有利于延长突发大功率需求情况下的工作时间。

综合以上分析，首选策略 1 作为功率分配策略。

5.5.4　功率流分配策略算法

高功率指令与低功率指令是根据动力电池组的最大充放电能力来界定的。假设 i_b 为动力电池组的输出电流，U_b 为动力电池组的输出电压，i_{db}为连接动力电池组的 DC/DC 变流器的输出端电流；i_c 为超级电容的输出电流，U_c 为超级电容输出电压，i_{dc}为连接超级电容组的 DC/DC 变流器的输出端电流；i_{bus}、U_{bus}分别为母线电流和母线电压；i_{b_up}为动力电池最大放电电流，i_{b_low}为动力电池最大充电电流。根据 DC/DC 变流器的变压比可以得到 i_{db}的最大输出电流 i_{db_up}和输入电流 i_{db_low}

$$\begin{cases} i_{db\_up} = \dfrac{U_b}{U_{bus}} i_{b\_up} \\ i_{db\_low} = \dfrac{U_b}{U_{bus}} i_{b\_low} \end{cases} \tag{5-64}$$

复合电源参数变量定义如图 5-34 所示。

功率流分配策略算法如下：

步骤 1：当输入参数“net” =1 时，电网有电，此时动力电池、超级电容均以其最大能力充电，动力电池的最大充电电流为 i_{b_low}，超级电容的最大充电电流为 $i_{c\_max}=400A$（理论上超级电容的充电电流可达2000A，但考虑电网容量非无穷大，限定超级电容的充电电流为400A）。

于是可得：$i_b=i_{b\_low}$，$i_c=-i_{c\_max}$。

当输入参数“net”=0时，电网没电，需要由车载复合电源为列车供电，进入步骤2。

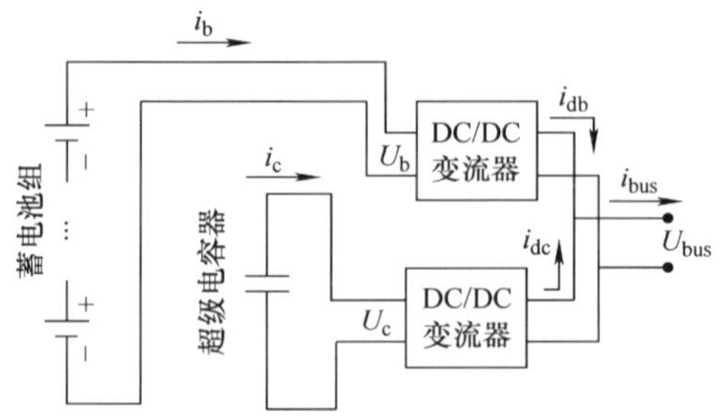

图5-34　复合电源参数定义

步骤2：界定此时的功率需求为高功率指令或低功率指令。

根据式（5-64）得到 i_{db_up} 和 i_{db_low}。

当功率需求

$$\begin{cases}P_n \geqslant U_{bus} i_{db\_low} \\ P_n \leqslant U_{bus} i_{db\_up}\end{cases} \tag{5-65}$$

成立时，为低功率指令，表示动力电池组能够单独满足功率需求。

于是可得

$$i_{db}=\frac{P_n}{U_{bus}},\ i_b=\frac{U_{bus}}{U_b} i_{db},\ i_c=0。$$

当式（5-65）不成立时，进入步骤3。

步骤3：进行功率流分配。

判断功率需求的正负。当前功率需求下的母线电流值为

$$i_{bus}=\frac{P_n}{U_{bus}} \tag{5-66}$$

当 $i_{bus}>i_{db\_up}$ 时，则认为当前功率需求为正，否则认为当前功率需求为负。

设置中间变量

$$middle=\begin{cases}i_{db\_up}, & i_{bus}>i_{db\_up} \\ i_{db\_low}, & i_{bus} \leqslant i_{db\_up}\end{cases} \tag{5-67}$$

于是可得

$$i_b=\frac{U_{bus}}{U_b} middle,\ i_{dc}=\frac{P_n}{U_{bus}}-middle,\ i_c=\frac{U_{bus}}{U_c} i_{dc}。$$

功率流分配算法完毕。

5.5.5　复合电源供电能力仿真分析

（1）混合动力有轨电车复合电源系统建模　根据列车动力性能的需求，取动力电池组的设计容量为40A·h，额定电压480V。电池的端电压可以描述为

$$E=E_0-K\frac{Q}{Q-it}+A\exp(-Bit) \tag{5-68}$$

式中　E——电池端电压，V；

E_0——电池的额定电压，V；

K——极化电压，V；

Q——电池额定容量，A·h；

A——充满电时的电池电压，V；

B——额定放电电流倍率；

it——电流对时间的积分，即电池释放的电量（A·h）。

通过选取适当的参数，得到额定电流 3C（120A）的放电曲线，以及不同电流大小的放电曲线，见图 5-35。该特性曲线与苏州星恒公司提供特性曲线基本吻合，验证了选用的电池模型是恰当的、可靠的。

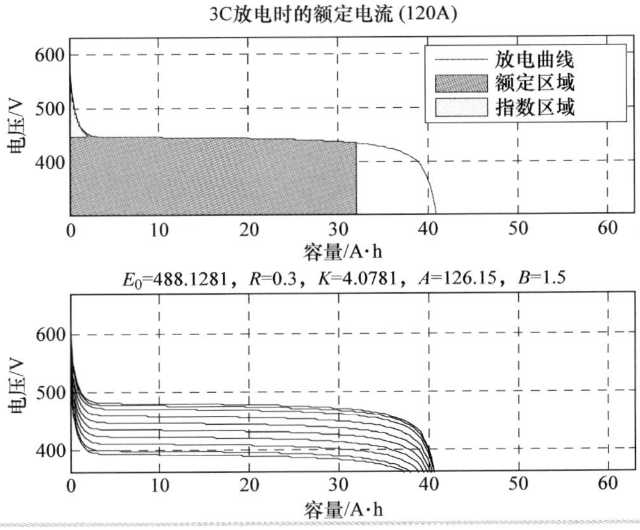

图 5-35　动力电池组放电特性仿真曲线

由此给定超级电容的参数 $C=165\text{F}$，$U=480\text{V}$ 画出图 5-36 所示的超级电容的 SOE 与电压对应关系曲线。可以看出，超级电容电压下降 50% 时，60% 以上的总能量已经得到应用。

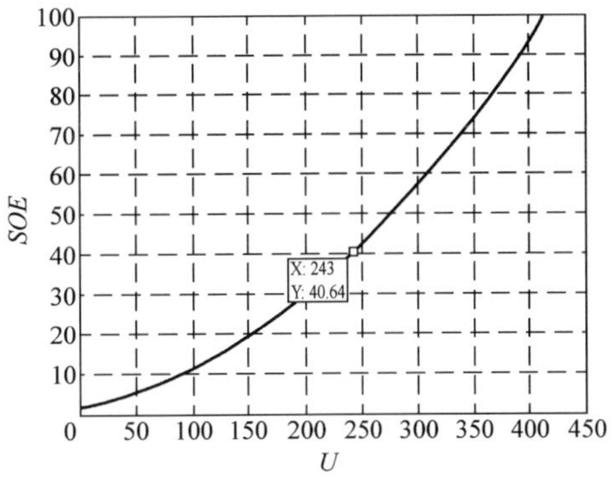

图 5-36　超级电容组 SOE 与电压对应关系

（2）混合动力有轨电车双向 DC/DC 变流器建模　由于接触网的额定电压为直流 750V，且接触网电能容量远大于混合动力系统的电能容量。因此在仿真分析时，假设接触网为理想直流电源，即网压恒定 750V，容量无限大。基于此，当接触网工作状态正常时，车载电源充电只需调整 DC/DC 变流器高压侧期望电压，使其低于 750V，便可进行充电，并且充电造成的目前功率消耗不影响列车的正常工作。

双向 DC/DC 变流器仿真模型模块由双向 DC/DC 变流器电路和双闭环控制器两个子功能模块组成，如图 5-37 所示。

利用单相二桥臂的桥式电路（图 5-38 中虚线标注部分）和 LC 滤波电路（图 5-38 中实

线标注部分）组合，组成双向 BOOST/BUCK 电路。电路的左端为高压端，与直流母线直接并联；右端为低压端，与动力电池组或者超级电容组相连。图 5-38 中的“Duty Cycle”是桥式电路上下桥臂的开关信号，共有两个。为了避免短路，上下桥臂的开关信号在逻辑上互相“取反”。

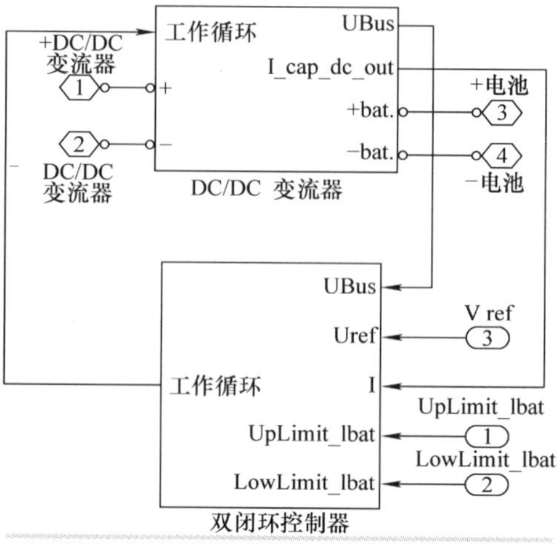

图 5-37　双向 DC/DC 仿真结构图

双向 DC/DC 变流器为双闭环结构，如图 5-39所示。外环为电压环（虚线标记），采集 DC/DC 变流器高压侧（直流母线）电压信号为电压环反馈信号。令该信号与期望电压信号做差，偏差值通过第一个 PI 环节进行调节，其输出作为内环的输入信号，可看期望电流。内环为电流环（实线标记），采集 DC/DC 变流器高压侧输出电流信号为反馈信号，与期望电流做差，偏差值通过第二个 PI 环节进行调节，调整参数令其输出的范围在（-1，+1）内。为了使占空比值转换为 PWM 信号，进一步对内环的输出进行坐标平移，使其输出范围在（0，+1）之间。将其看作是上桥臂的逻辑开关信号，则对其取“反”，得到下桥臂的开关信号。

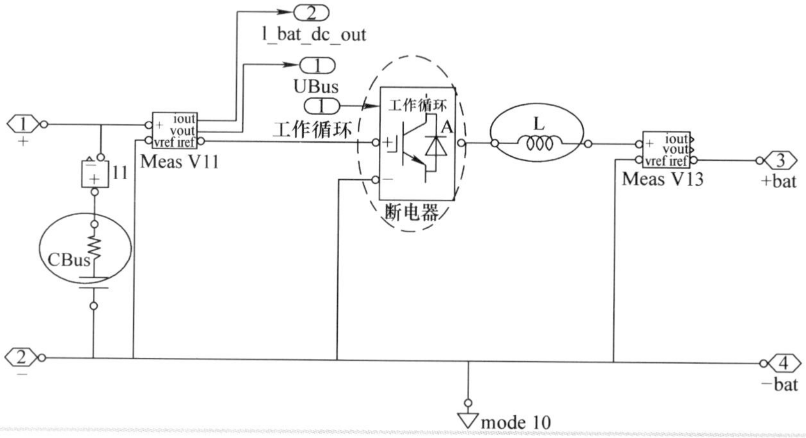

图 5-38　双向 DC/DC 电路仿真模块

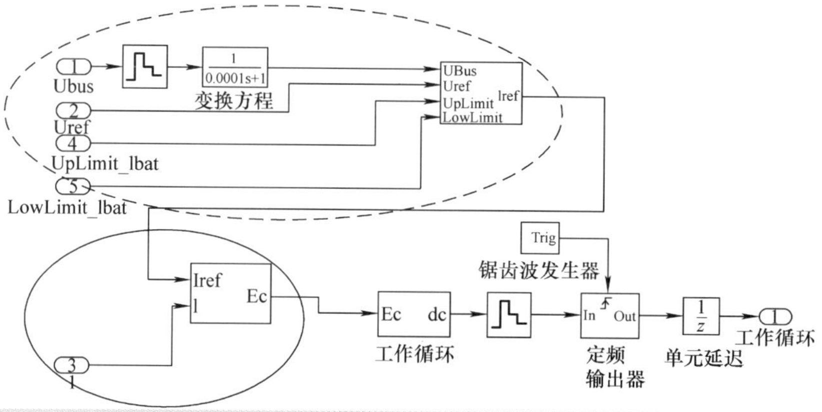

图 5-39　双闭环控制器仿真模型

可以看出，双闭环控制结构的 DC/DC 变流器比一般的开关电源多了电流“内环”，其作用在于能够对期望电流的范围进行调节，从而达到功率限制的目的。“UpLimit _ Ibat”与“LowLimit _ Ibat”分别是参考电流“Iref”的上下界，用来限制电源（电池或电容）的输出电流大小。

根据 LC 滤波电路参数的分析和选取方法，取 DC/DC 变流器的 LC 滤波电路参数为 $L=0.3\times10^{-3}$H，$C=3.5\times10^{-4}$H。控制器内环 PI 调节器参数为 $K_p=0.005$，$K_i=0.1$；外环 PI 调节器参数为 $K_p=10$，$K_i=100$。

图 5-40 和图 5-41 的计算结果表明了调节器参数的选取是合理的。图 5-40 为 DC/DC 变流器电路控制器的外环电压对比图，虚线为参考电压，实线为实际母线电压。在 0s 至 2.5s 时间段内，电网正常工作，因此母线电压稳定在 750V，而 DC/DC 变流器参考电压指令值为 740V。此时，DC/DC 变流器工作在 BUCK 模式下，即给电源充电。在 2.5s 时，电网断电，由备用电源系统给负载提供能量，此时参考电压指令值变为 750V，大于母线电压，因此 DC/DC 变流器工作在 BOOST 模式下，即给直流母线输送能量。在 7s 时刻，负载电流突变，进入制动回馈工况下。回馈能量升高了母线电压，使其值超过参考电压 750V，因此 DC/DC 变流器重新工作在 BUCK 模式下，电源吸收回馈能量。

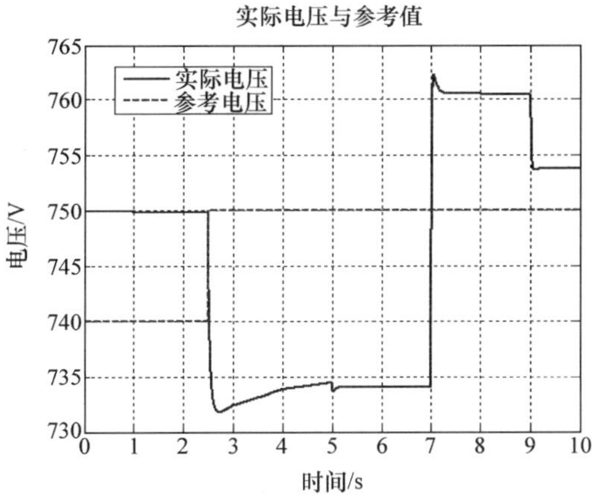

图 5-40　外环电压对比图

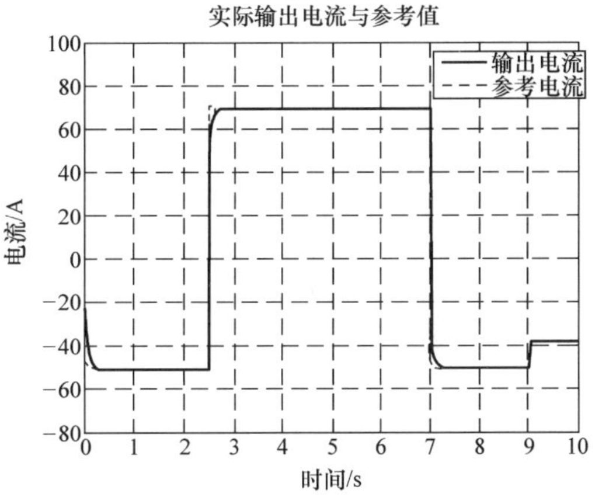

图 5-41　内环电流对比图

在电压相对稳定的情况下，电流的大小在更大程度上决定了输出输入功率的大小。电流环的作用主要在于对 DC/DC 变流器输出电流进行限制，以此来达到间接限制功率的作用。这也是能量管理系统进行功率分配控制的基础。由图 5-41 可以看出，除了系统起动时造成的冲击外，输出电流很好地被限制在了参考电流以内（上限和下限之间）。说明 DC/DC 变流器达到了限制电流的预期目标，只要对参考电流的上下界进行实时调制，便可达到调整 DC/DC 变流器输入、输出功率的目的。

（3）仿真分析　为测试复合电源系统的功能，进行了包含各种工况的仿真分析。仿真时间共计 10s，并使模拟负载突变以测试控制器性能。在仿真的前 2.5s 内，电网正常运行，在第 2.5s 时电网断电。设动力电池模块能够输出的最大电流约为 120A，能够吸收的最大电流约为 40A，而超级电容模块能够吸收和输出的最大电流均为 600A。

仿真分析依次分以下阶段：

① 在第0s时，系统的功率需求为1kW；

② 在第1s时，功率需求突变为40kW；

③ 在第2s时，功率需求突变为50kW；

④ 在前2.5s，电网提供全部的电源需求，并给动力电池组和超级电容充电；第2.5s时电网断电，之后全部由动力电池和超级电容共同提供电力供应；

⑤ 在第5s时，功率需求突变至110kW，超过动力电池组的能力范围；

⑥ 在第7s时，功率需求突变为-80kW，进入制动能量回收阶段，制动功率超过动力电池组能力；

⑦ 在第9s时，制动功率降为-30kW，动力电池组能够全部吸收该部分功率。

由图5-42的计算结果可知，母线电压始终保持在750V附近。在第2.5s时，电网断电，造成母线电压下跌20V左右。为了补偿母线电压下跌对功率造成的影响，控制器做出反应令DC/DC变流器增加输出电流。第2.5s处，母线电流的上升抵消了母线电压下降对功率造成的影响，由图5-42可以看出，实际功率与期望功率时间只有微小的差距。电网的突然断电，也未给直流母线的输出功率造成波动。

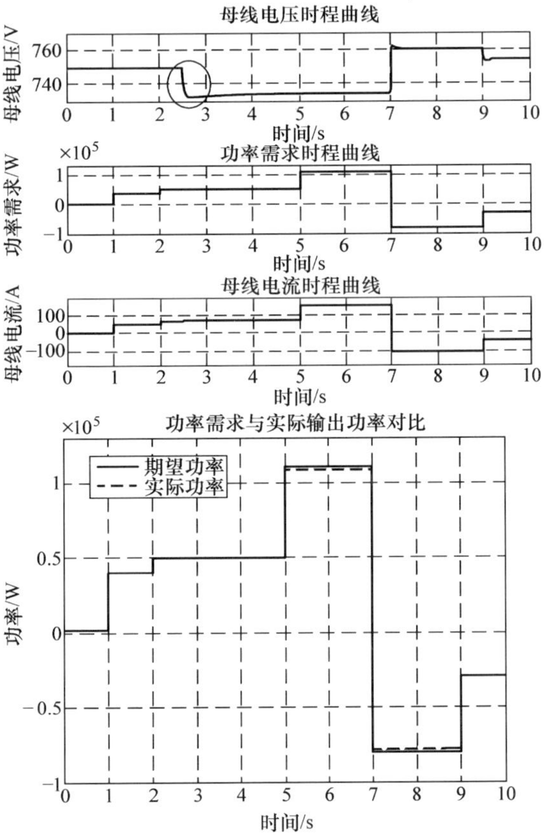

图5-42 时程曲线、母线期望功率与实际输出功率对比

图5-43中，虚线是动力电池模块的电流限制曲线，它与动力电池模块的功率限制相对应，其上界代表能够输出的最大电流，而下界则代表能够回收的最大电流。实线是动力电池的真实输出电流。由图5-43中可看出，除一些负载突变时引起的波动外，真实输出电流被限制在了电流限制曲线内。

图5-44中的上图，反映了动力电池模块能力与期望能力的对比。在第5~9s内，母线电流的期望超过了动力电池模块的能力限制，因此需要超级电容补偿。下图是超级电容补偿开关，其中，在第5~7s超级电容用来补偿动力电池输出功率，第7~9s来补偿动力电池的吸收功率。

图5-45也能够反映这一点。在前2.5s，由电网来输出功率，可以看出电网输出电流很大，而动力电池和超级电容都工作在充电模式下。第2.5~5s之间，电网断电，但动力电池模块能够提供相应的功率，不需要超级电容来补偿，因此电网电流和超级电容输出电流均为0左右。而在第5~7s之间，动力电池输出能力不能够达到功率需求，超级电容给予了相应

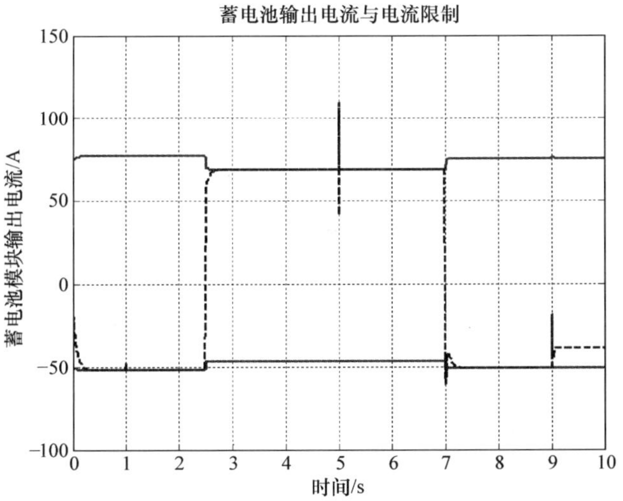

图 5-43　动力电池输出电流与电流限制

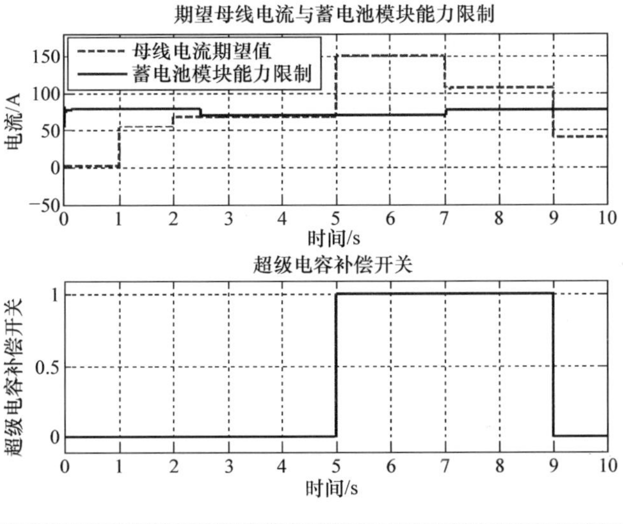

图 5-44　超级电容补偿开关

的输出补偿，此时，动力电池和超级电容的输出电流均为正值，表明两者均在输出功率。而在第 7 ~ 9s 之间，动力电池吸收功率的能力不足，于是超级电容也给予了相应的补偿。

可以看出，动力电池和超级电容的输出功率均为负值，表明两者均在回收能量。在第 9 ~ 10s 之间，动力电池的吸收能力能够满足回收功率的要求，因此超级电容停止回收能量，可以看出超级电容的输出电流为 0。这与图 5-44 中超级电容补偿开关的值相一致。

图 5-46 反映了动力电池的状态，上图为动力电池的输出电流，中图为动力电池电压的变化，下图为动力电池 *SOC* 变化曲线。

图 5-47 反映了超级电容的状态，上图为超级电容的输出电流，中图为超级电容电压的变化，下图为超级电容 *SOE* 的变化曲线。

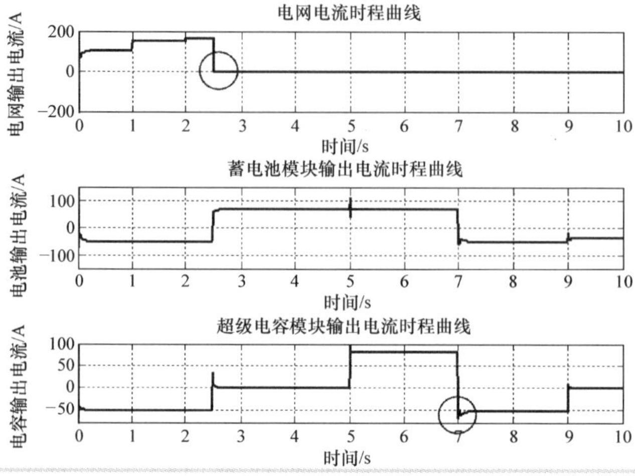

图 5-45 电流输出时程曲线

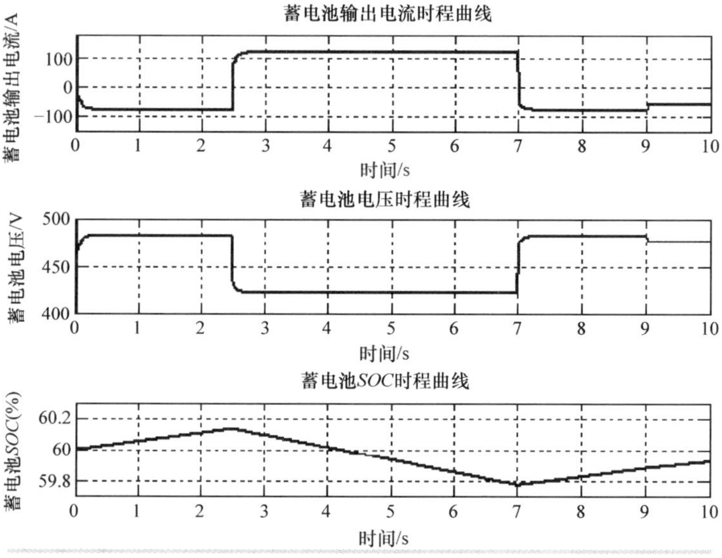

图 5-46 动力电池时程曲线

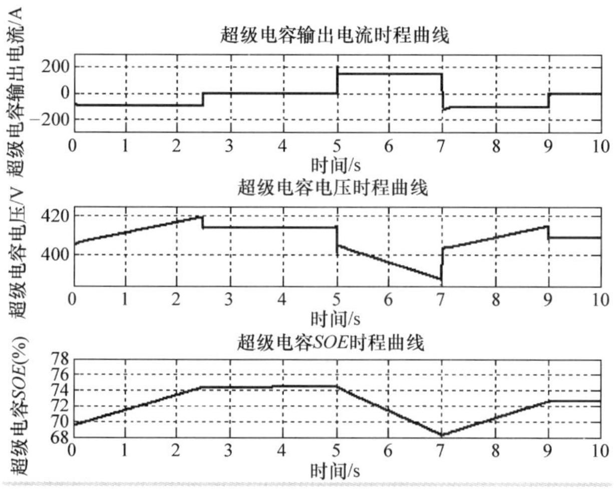

图 5-47 超级电容时程曲线

5.6 混合动力有轨电车运行仿真研究

5.6.1 混合动力仿真软件

根据以上模型，编制混合动力仿真软件系统，其功能主要分为车辆参数、电源设置、线路数据、ATC 生成、运行仿真等五个部分，如图 5-48 所示。

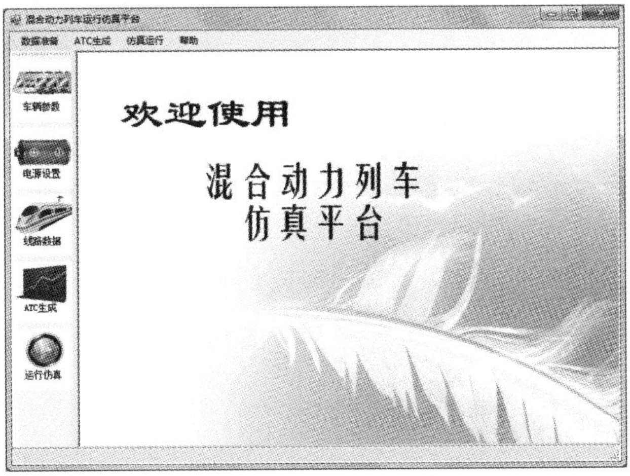

图 5-48 系统主界面

车辆参数模块如图 5-49 所示。该模块可以设置列车基本参数、电气设备参数、阻力参数和速度控制器参数。列车的基本参数包括整车质量、车轮滚动半径、机械传动系统效率、变速器传动比和惯性质量系数。电气设备参数包括电机额定功率、整车电机数量、电机效率、逆变器效率、DC/DC 变流器效率和整车辅助功率。阻力参数是单位基本阻力公式中的三个经验常数。速度控制器参数是 PI 参数。可以将设置好的参数保存为列车数据文件，以便下次可以直接调用。

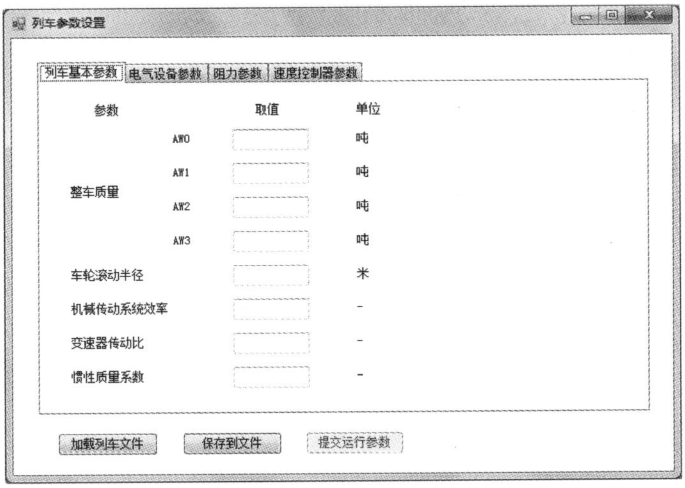

图 5-49 列车参数设置界面

电源参数模块如图5-50所示。该模块可以设置动力电池参数、超级电容参数、电网参数和电源控制参数。动力电池参数包括单体动力电池的额定电压、额定容量、初始*SOC*、满电荷电压、额定放电倍率串联内阻、串联数和并联数等。超级电容参数包括单体超级电容的额定容量、额定电压、初始*SOE*、截止工作*SOE*、最大放电电流、最大充电电流和串并联数等。电网参数包括母线电压和母线最大电流。电源控制参数是供电方式的选择，包括单DC/DC变流器切换供电和双DC/DC变流器混合供电。

图5-50 电源参数设置界面

线路数据模块如图5-51所示。该模块采用直接加载线路数据文件的方式。线路数据文件为线路概览数据、车站数据、坡道数据、曲线数据的文本格式文件，方便使用者编辑。

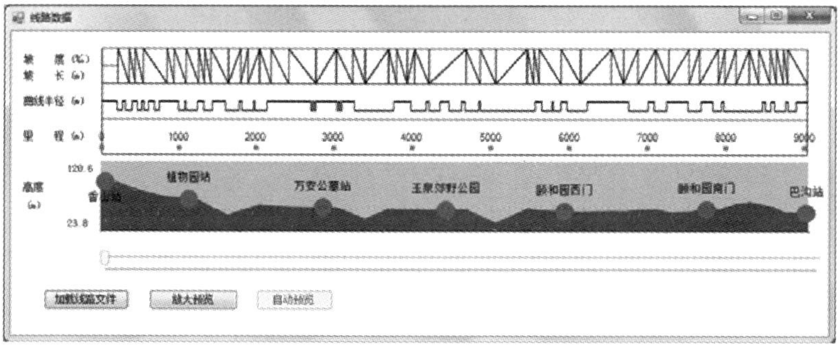

图5-51 线路数据加载界面

ATC曲线模块如图5-52所示。该模块生成需要设置列车的期望行驶车速、期望驱动加速度和期望制动加速度。设置好保存以后就可以生成列车运行的ATC曲线。

运行仿真模块如图5-53所示。设置好仿真步长、仿真时长及PI迭代步长后可以进行列车运行仿真。仿真结果以曲线图的形式显示。结果包括列车位移时程曲线、列车牵引力时程曲线、列车速度时程曲线、列车加速度时程曲线、需求功率时程曲线、动力电池*SOC*时程曲线和超级电容*SOE*时程曲线共七种曲线，七种曲线同时显示，且每个曲线图都可以局部放大显示。

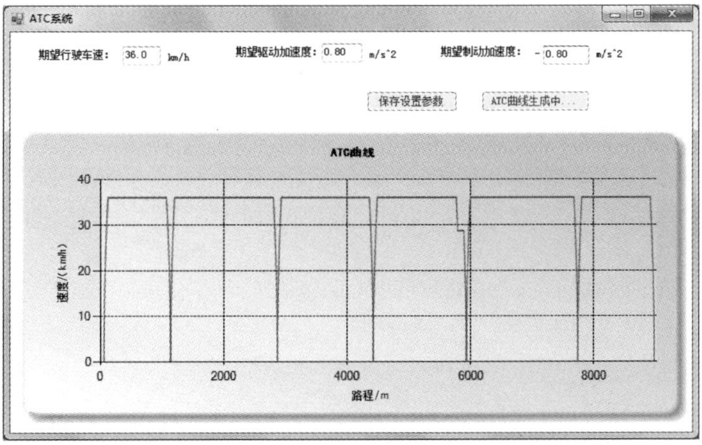

图 5-52　ATC 生成设置界面

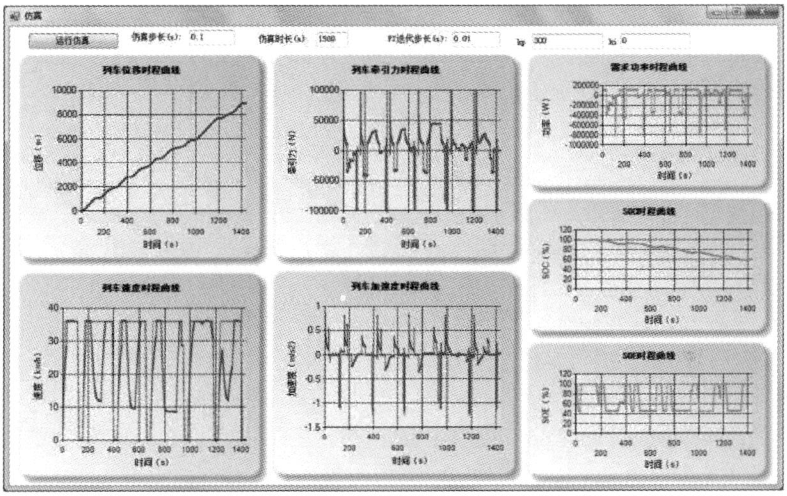

图 5-53　运行仿真界面

运行仿真完成后，通过点击菜单“仿真运行” – “回放线路运行”打开线路仿真回放窗口，即可查看运行结果的详细数据动画回放，如图 5-54 所示。

5.6.2　国内某线路的混合动力方案设计

（1）线路信息　北京西郊线全线共 7 个停靠站（不包括起点端和终点端），分别为香山站、植物园站、万安公墓站、玉泉郊野公园站、颐和园西门站、颐和园南门站、巴沟站。线路平面走向如图 5-55 所示。

设左线（上行线）中香山站为始发站，巴沟站为终点站；右线（下行线）中巴沟站为始发站，香山站为终点站。其中植物园站，左线与右线的公里标不同，其余站点公里标均相同。在停靠站内架设电网，为列车的车载电源充电，列车停车时间 30s。列车进入站台后即刻开始充电，在起动出站台前的一段距离由电网供电，出站后由车载电源供电。

线路中的坡度信息和弯道信息的具体数据见表 5-16 ~ 表 5-21。

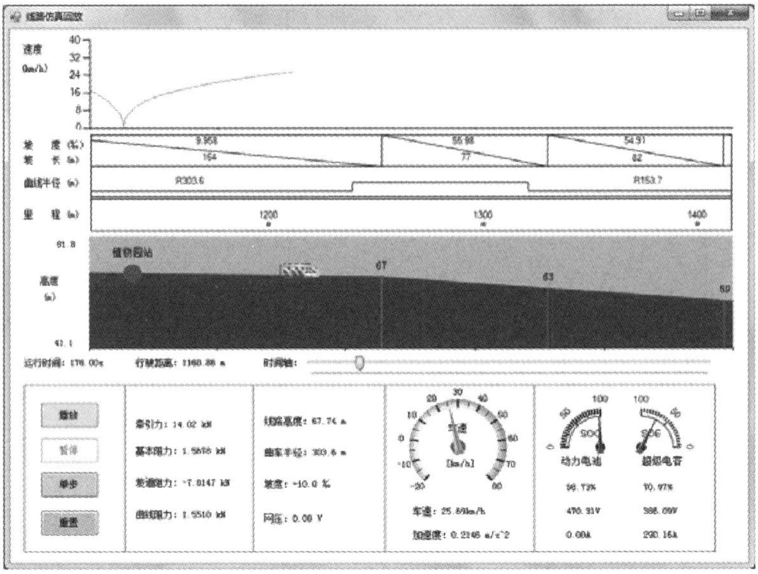

图 5-54　线路仿真回放界面

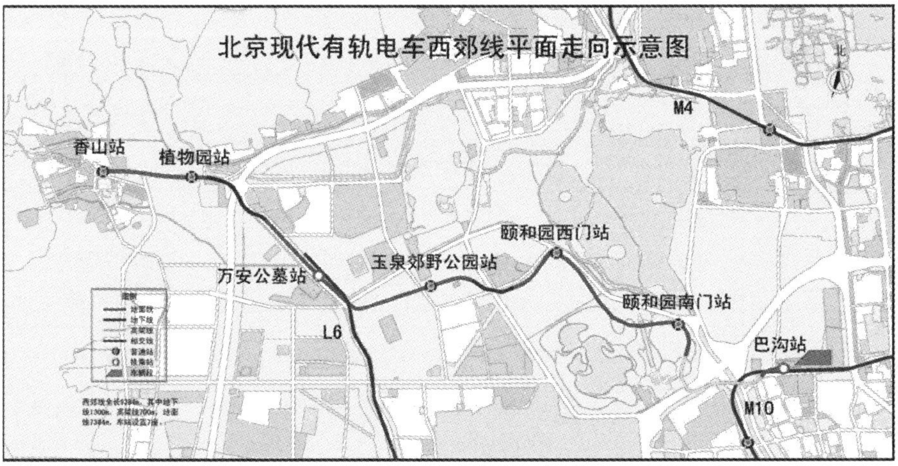

图 5-55　北京西郊线平面走向示意图

表 5-16　北京西郊线（左）线路停靠站位置信息

出发站	到达站	出发站位置/m	站间距/m
香山站	植物园站	59.5	1080.989
植物园站	万安公墓站	1140	1780.541
万安公墓站	玉泉郊野公园站	2918	1491.663
玉泉郊野公园站	颐和园西门站	4420	1507.686
颐和园西门站	颐和园南门站	5925	1823.062
颐和园南门站	巴沟站	7745	1261.011
巴沟站		9012	

表 5-17　北京西郊线（左）线路坡度信息

位置/m	坡度（‰）	位置/m	坡度（‰）	位置/m	坡度（‰）
59.5	0	4013	3	7007	-2
193	0	4263	-2.42	7148	-1.99
368	-35	4388	2	7299	-17.89
515	-46	4680	2	7489	3
858	-23	4862	-49	7662	18.72
1253	-10	5061	-50	7900	3
1663	-56	5458	50	8128	35.55
1990	50	5607	-16	8296	12.19
2470	-7	5777	-4	8559	-20
3063	-3	6140	-3.5	8728	-50
3393	-45	6481	3	9012	-4
3693	45	6681	-3		
3878	-4	6845	12		

表 5-18　北京西郊线（左）线路弯道信息

位置/m	曲线半径/m	位置/m	曲线半径/m	位置/m	曲线半径/m
0	inf	2138.287	995.4	5773.072	603.6
191.303	inf	2761.546	inf	5789.43	inf
260.726	800	2811.526	2003.6	5891.829	63.7
298.791	inf	2834.647	inf	5968.895	inf
385.142	353.6	2884.627	2003.6	6228.475	753.6
449.608	inf	3034.447	inf	6758.155	inf
505.46	395.4	3084.426	2003.6	7008.373	225.3
533.808	inf	3107.548	inf	7085.038	inf
590.76	403.6	3157.527	2003.6	7245.927	303.6
668.027	inf	3258.351	inf	7515.553	inf
732.625	395.4	3763.339	385.4	7683.754	153.7
987.709	inf	3982.321	inf	7832.471	inf
1073.172	295.4	4174.824	303.6	7942.159	500
1088.386	inf	4211.639	inf	7973.552	inf
1239.402	303.6	4347.111	295.4	8465.605	300
1320.877	inf	4462.853	inf	8502.235	inf
1433.772	153.7	4624.103	495.4	8570.663	1004.8
1604.22	inf	4670.872	inf	8618.503	inf
1780.764	303.6	4845.897	153.7	8761.033	195.2
1815.283	inf	4865.848	inf	8789.317	inf
1964.285	995.4	5560.004	445.4	8907.208	150
1981.31	inf	5640.75	inf	9012	inf

注：表中的 inf 表示无穷大，曲线半径为无穷大，即为直线。

表 5-19 北京西郊线（右）线路停靠站位置信息

出发站	到达站	出发站位置/m	站间距/m
巴沟站	颐和园南门站	9012	1267
颐和园南门站	颐和园西门站	7745	1820.659
颐和园西门站	玉泉郊野公园站	5925	1505
玉泉郊野公园站	万安公墓站	4420	1495.165
万安公墓站	植物园站	2918	1965.5
植物园站	香山站	952.5	893
香山站		59.5	

表 5-20 北京西郊线（右）线路坡度信息

位置/m	坡度（‰）	位置/m	坡度（‰）	位置/m	坡度（‰）
9012	0	6480	3	3393	-45
8737	4	6140	-3	3063	45
8565	50	5891	3.4	2470	3
8300	20	5610	4	1990	7
8130	-12	5460	15.87	1663	-50
7900	-35	5060	-50	1253	56
7660	-3	4680	50	858	10
7490	-19.04	4388	-2	515	23
7300	-3	4263	-2	368	46
7150	18	4013	2.42	193	35
6845	2	3878	-3	59.5	0
6680	-12	3693	4		

表 5-21 北京西郊线（右）线路弯道信息

位置/m	曲线半径/m	位置/m	曲线半径/m	位置/m	曲线半径/m
9012	inf	7683.257	inf	5643.404	600
8914.997	inf	7514.322	150	5562.707	inf
8797.106	150	7245.496	inf	4864.193	450
8769.737	inf	7087.307	300	4845.272	inf
8624.185	200	7007.536	inf	4669.702	150
8575.564	inf	6759.989	230	4624.949	inf
8508.417	1000	6227.287	inf	4462.743	500
8471.998	inf	5968.915	750	4350.798	inf
7972.562	304.8	5890.542	inf	4214.036	300
7935.11	inf	5790.119	60	4177.23	inf
7825.422	500	5775.085	inf	3985.645	300

（续）

位置/m	曲线半径/m	位置/m	曲线半径/m	位置/m	曲线半径/m
3767.627	inf	1978.285	1000	732.191	inf
3258.211	390	1961.305	inf	667.122	400
3157.459	inf	1812.8	1000	589.865	inf
3107.553	2000	1777.127	inf	533.331	400
3084.358	inf	1602.31	300	504.983	inf
3034.452	2000	1433.593	inf	448.715	400
2882.081	inf	1318.633	150	384.219	inf
2832.174	2000	1238.888	inf	298.59	350
2808.98	inf	1089.297	300	273.813	inf
2759.073	2000	1073.984	inf	204.39	800
2135.771	inf	987.634	300	0	inf

本节中考虑了列车运行时的曲线阻力和坡道阻力，坡道阻力这里不再赘述。采用的曲线阻力计算公式为

$$\omega_r = \frac{A}{R}(\mathrm{N/kN}) \tag{5-69}$$

式中，A 为经验常数，取 $A=600$；R 为曲线半径，m。

为保证列车安全通过曲线，列车在曲线运行时有速度限制。曲线限速的计算公式为

$$v_{max} = 4.3\sqrt{R} \tag{5-70}$$

式中，v_{max}为列车最大速度值，m/s；R 为曲线半径，m。

本节主要是研究混合动力有轨电车在北京西郊线运行时，车载电源配置是否满足要求。

（2）列车相关参数　仿真采用车型为唐山轨道客车有限公司设计的100%低地板有轨电车，编组采用“3 动 1 拖”结构，整车质量为84t（AW3，载员474人）。每辆动车配有4个牵引电机，全车总共12个牵引电机，牵引电机额定功率50kW。每辆车辅助功率为10kW。

单辆动车配有一套电源箱，超级电容与动力电池的配置为“2C1B”，即混合动力电源箱由两组超级电容（Maxwell _ 165F）+一组动力电池（苏州星恒40A·h）组成。复合电源系统由超级电容、动力电池和DC/DC变流器组成。复合电源输出电压为750V（与电网母线电压相同）。动力电池初始输出电压为480V，最大放电电流为120A，最大充电电流为40A，设定当 *SOC*（荷电状态）下降至30%时停止工作。超级电容初始输出电压为480V，最大放电电流设定为700A，最大充电电流最大为300A，设定当 *SOE*（能量状态）下降至45%时停止工作。

DC/DC 变流器的低压侧接电源，高压侧接直流母线，直流母线的电压为750V。轮周功率通过传动系统、牵引电机、牵引变流器、DC/DC变流器到电源的功率传递效率约为0.68。功率分配策略为：低功率指令时动力电池为主要能量提供者，高功率指令时超级电容为主要能量提供者。

5.6.2.1 设计工况一的计算分析

针对原方案进行分析计算。部分设计输入条件如表5-22所示。

表 5-22　参数表

电机功率	50kW	额定行驶速度	36km/h
动力电池最大放电电流	200A	复合电源配置	2C1B
动力电池充电电流	40A	列车质量	80t
超级电容最大放电电流	700A	列车起动加速度	$0.8m/s^2$
超级电容充电电流	160A	列车制动加速度	$-1.2m/s^2$

动力电池为 136 个 40A · h 的锂电池，站台长度 64m。

（1）列车下行（右线行驶）　由巴沟站出发，最终到达香山站。仿真结果如下：

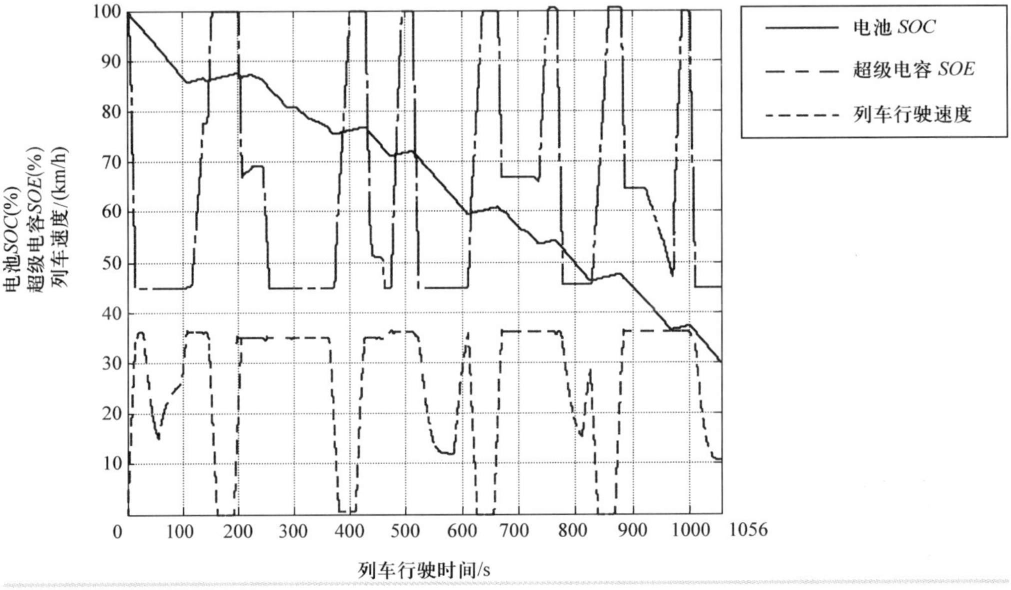

图 5-56　电源能量状态、车速与时间关系曲线

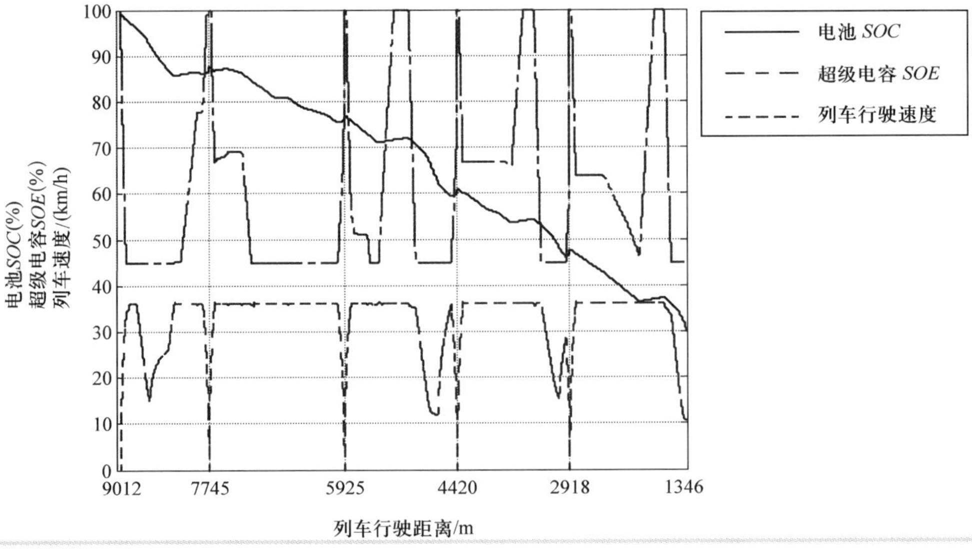

图 5-57　电源能量状态、车速与行驶距离关系曲线

从图5-56和图5-57中可以看出，动力电池 *SOC* 下降很快，未到终点站动力电池 *SOC* 已经下降到30%，无法再放电，列车无法行驶至终点站。

由图5-58可知，列车的起动加速度在 $0.8m/s^2$ 左右，制动加速度达到 $-1.2m/s^2$。

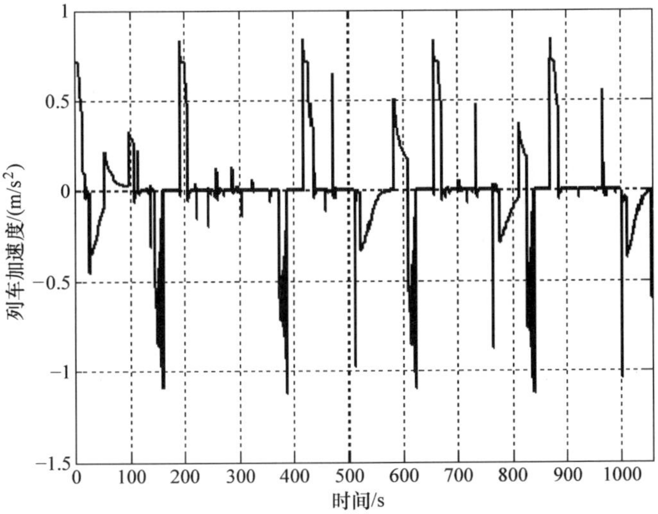

图5-58　列车加速度曲线

由图5-59和图5-60可以看出，这种配置的电源已经不能满足列车正常运行的能量需求，在运行过程中出现了由于电源能力下降引起的性能下降。

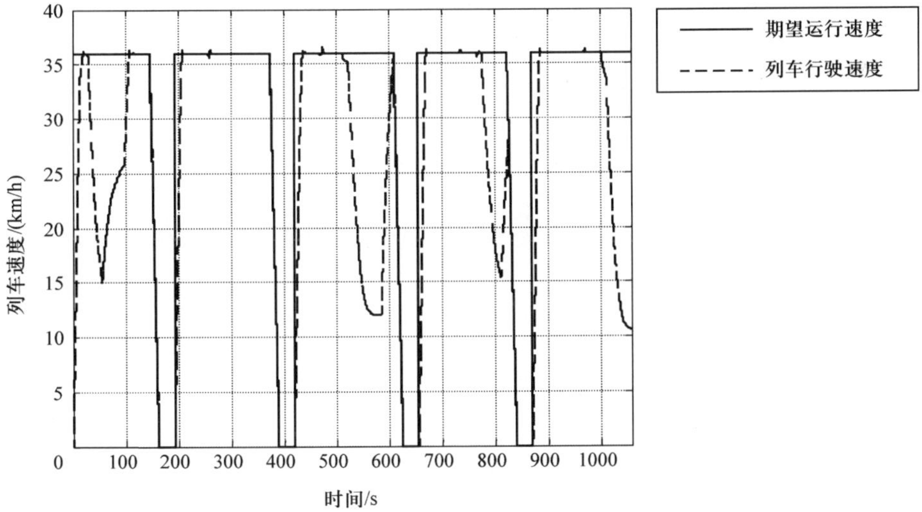

图5-59　列车速度与期望速度关系曲线

(2) 列车上行（左线行驶）　由香山站出发，最终到达巴沟站。仿真结果如下：

由图5-61和图5-62可以看出，列车在左线可以行驶完全程，但是到达终点站时动力电池 *SOC* 下降到46%左右。动力电池的最大放电电流从120A改成200A后，*SOC* 下降更厉害，列车性能提升不明显。列车运行时间为1200s。

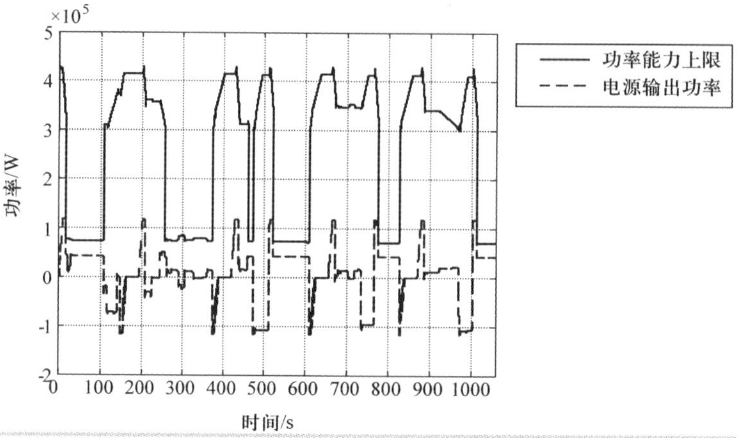

图 5-60　电源功率能力、输出功率与时间关系曲线

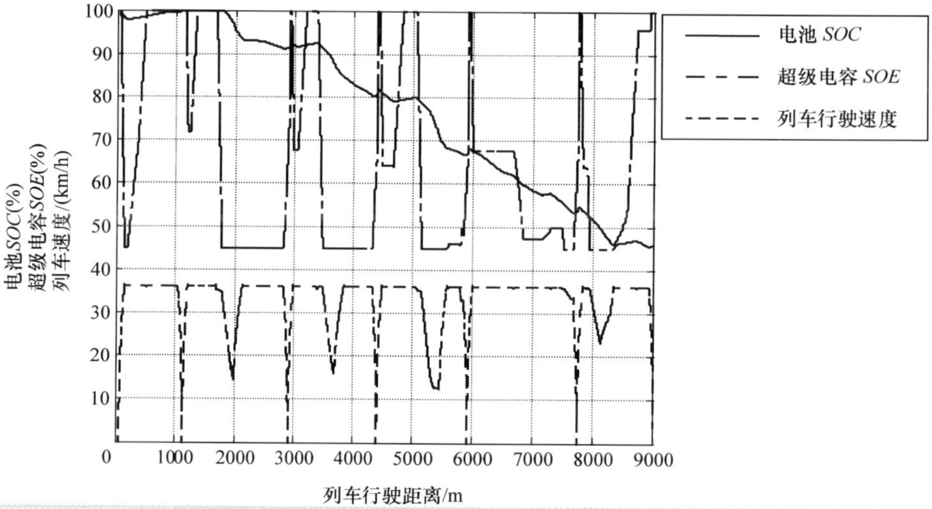

图 5-61　电源能量状态、车速与行驶距离关系曲线

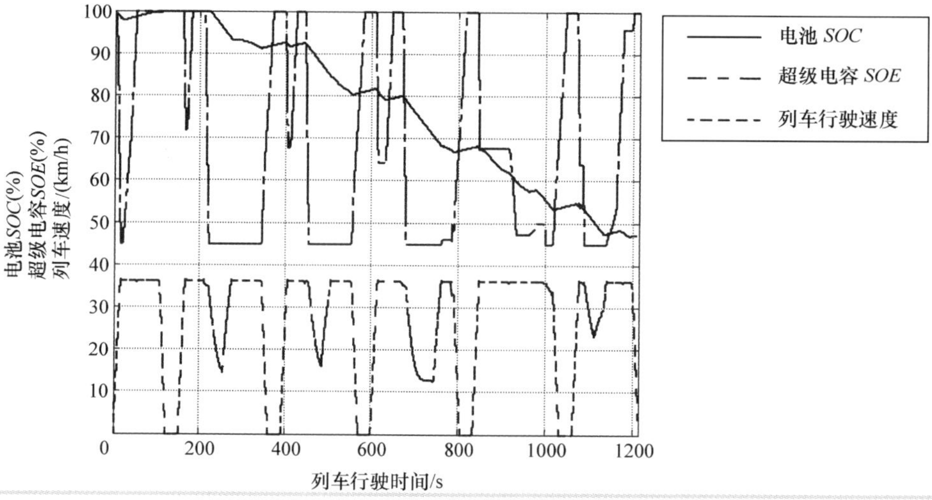

图 5-62　电源能量状态、车速与时间关系曲线

由图 5-63 可以看出，列车起动加速度最大达到 $0.8m/s^2$，制动加速度最大达到 $-1.2m/s^2$。

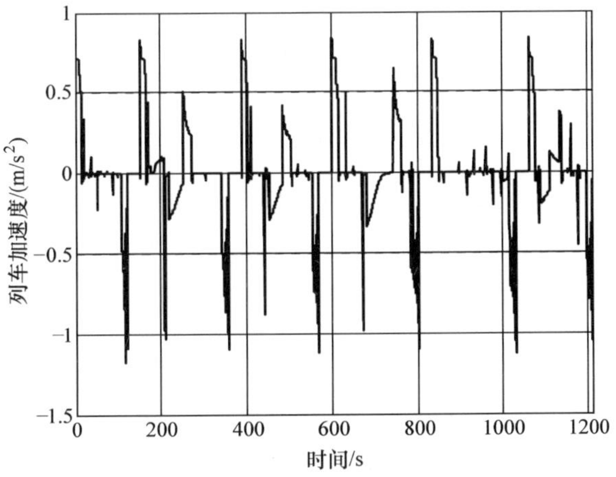

图 5-63　列车加速度曲线

由图 5-64 可以看出，列车速度不能很好地跟踪期望速度，电源能力不足。

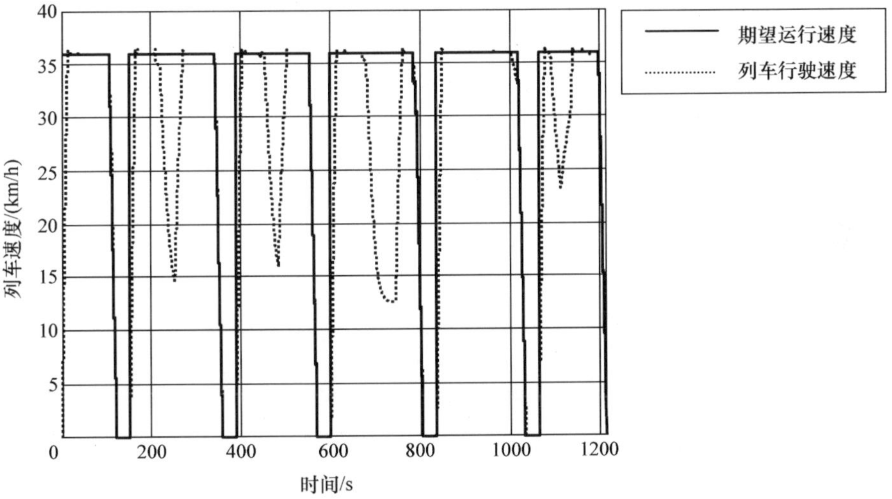

图 5-64　列车速度与期望速度关系曲线

该线路中曲线半径最小的路段是在颐和园西门站西侧右线 85m 处，曲线半径为 60m。根据曲线限速计算公式可得，此处限速为 33.3km/h。而线路中的其他曲线半径第二小值为 150m，限速为 42km/h，其余曲线半径均远大于 150m。因此只需要在颐和园西门站西侧 85m 处左右（K5 + 840）做限速处理，但该限速设置对列车整体能量变化情况不构成质的影响。由图 5-65 可知，列车在进入弯道时，速度已经降到限速范围内，列车可安全通过曲线。

5.6.2.2　设计工况二的计算分析

北京西郊线有三段地下线、一段高架线和一个与公路相交的交叉路口。地下线相应的里程标为：①植物园站与万安公墓站之间的地下线。左线—起点 1384.382m，终点

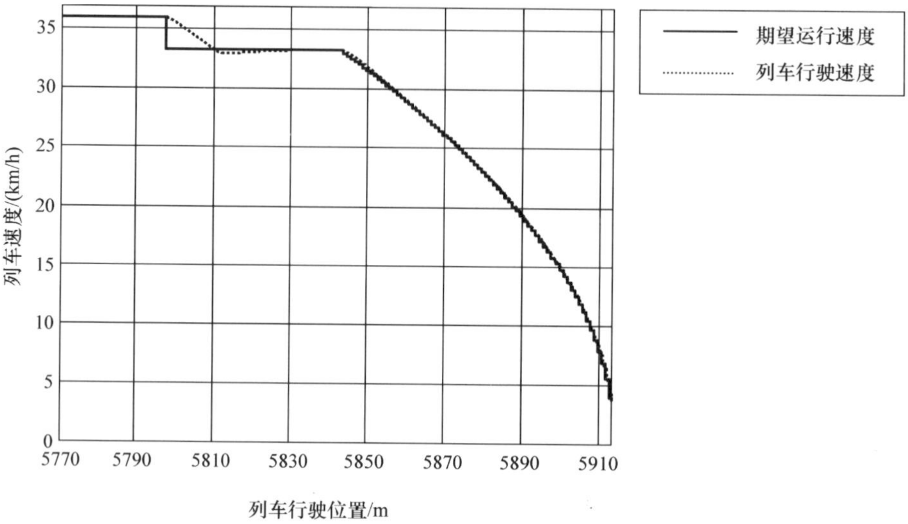

图 5-65　曲线限速段列车速度曲线

1825.457m。右线—起点 1822m，终点 1383m。②玉泉郊野公园站与颐和园西门站之间的地下线。左线—起点 4827.418m，终点 5294.323m。右线—起点 5295m，终点 4825m。③万安公墓站与玉泉郊野公园站之间的地下线。左线—起点 3171m，终点 3527.768m。右线—起点 3530m，终点 3171m。高架线相应的里程标为：颐和园南门站与巴沟站间的高架线。左线—起点 7939.307m，终点 8654.237m。右线—起点 8660.492m，终点 7938.552m。交叉路口的里程标为：左线—4203m，右线—4215m。

本工况中进行优化设计，即考虑地下线和高架线架设接触网，交叉路口停车 60s 这种情况进行仿真。其他仿真参数如表 5-23 所示。

表 5-23　参数表

电机功率	50kW	额定行驶速度	36km/h
动力电池最大放电电流	120A	复合电源配置	2C1B
动力电池充电电流	40A	列车质量	80t
超级电容最大放电电流	700A	列车起动加速度	$0.8m/s^2$
超级电容充电电流	160A	列车制动加速度	$-1.2m/s^2$

假定站台长度为 64m。

(1) 列车下行（右线行驶）　由巴沟站出发，最终到达香山站。仿真结果如下：

图 5-66 和图 5-67 中，实线代表动力电池 *SOC*，点划线代表超级电容 *SOE*，虚线代表列车车速。从图 5-66 和图 5-67 中可以看出，到终点站时动力电池 *SOC* 下降到原有容量的 68%左右。列车顺利行驶完全程，运行时间约为 1318s。

从图 5-68 中可以看出，在一些上坡区段，列车速度下降，不能以期望速度运行。但相比前面没有接触网的工况，列车速度下降得较少。除了在终点站前的那个坡道速度下降到约 10km/h，其他坡道由于有接触网速度最低也在 20km/h 左右。

由图 5-69 得，列车的起动加速度在 $0.8m/s^2$ 左右，制动加速度达到 $-1.2m/s^2$，加减速性能良好。超级电容可以满足列车加速时的能量需求。

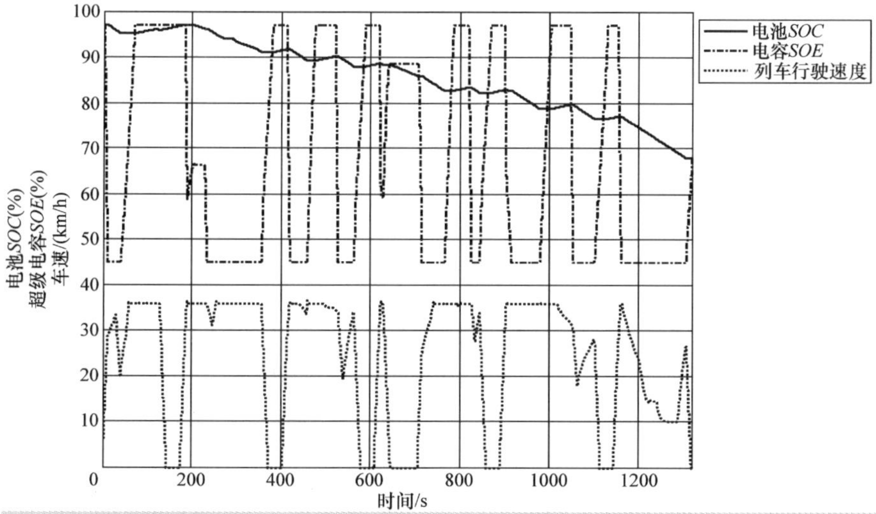

图 5-66　电源能量状态、车速与时间关系曲线

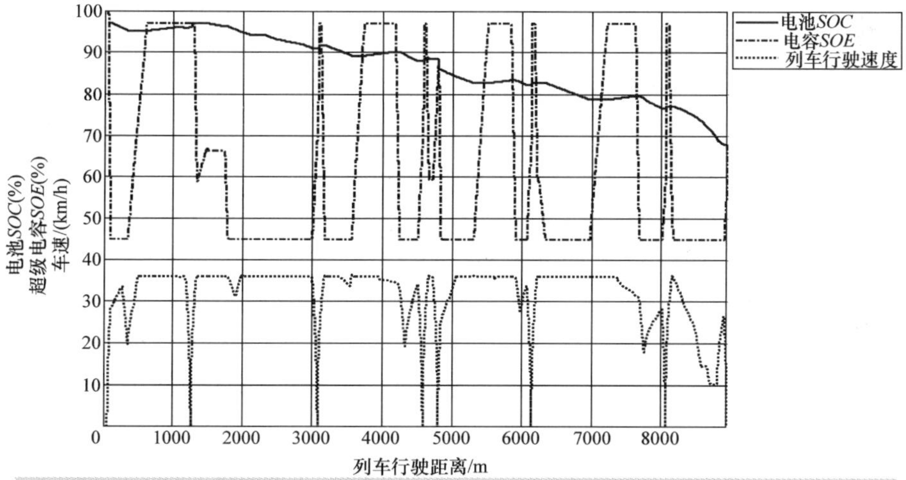

图 5-67　电源能量状态、车速与行驶距离关系曲线

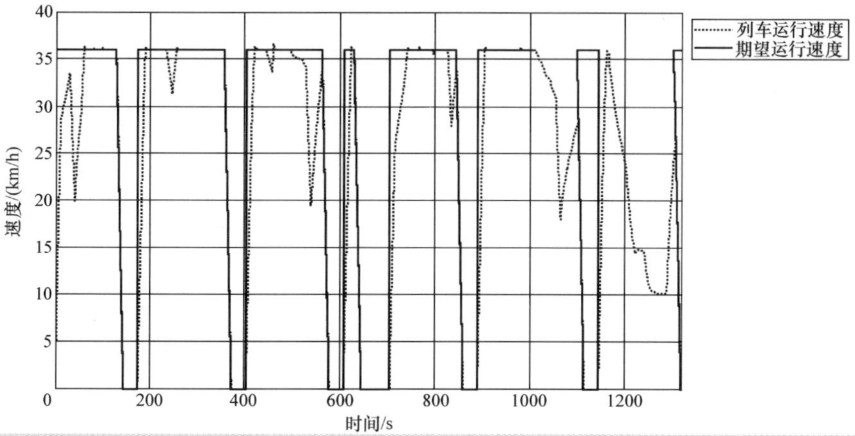

图 5-68　列车速度与期望速度关系曲线

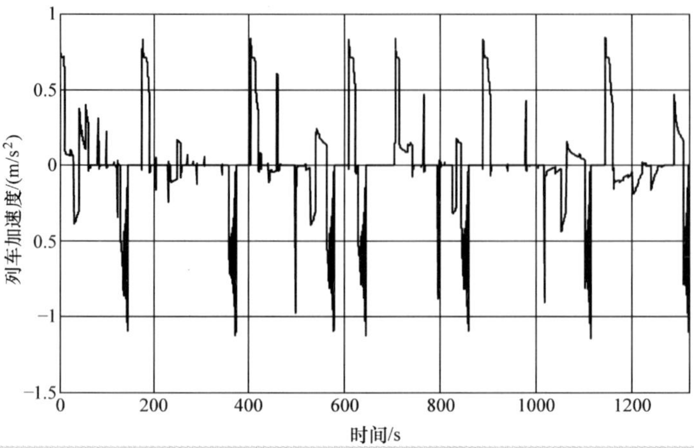

图 5-69　列车加速度曲线

由图 5-70 可以看出，列车准确地停到了每一站，停车时间都是 30s。在交叉路口停车时间为 60s。

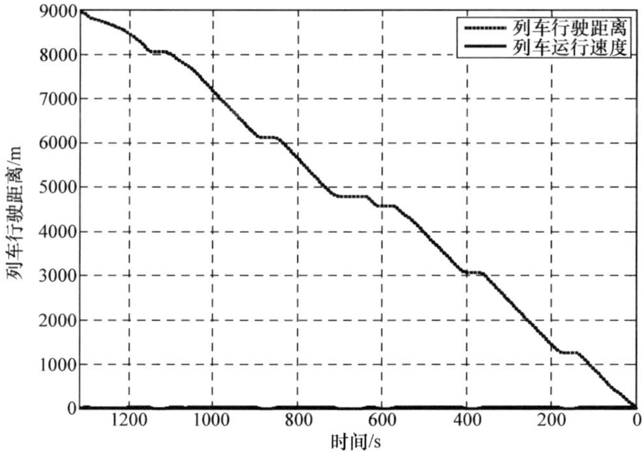

图 5-70　列车行驶距离、速度与时间关系曲线

图 5-71 ~ 图 5-73 是列车运行过程中，电源箱及动力电池、超级电容各自的输出电流大

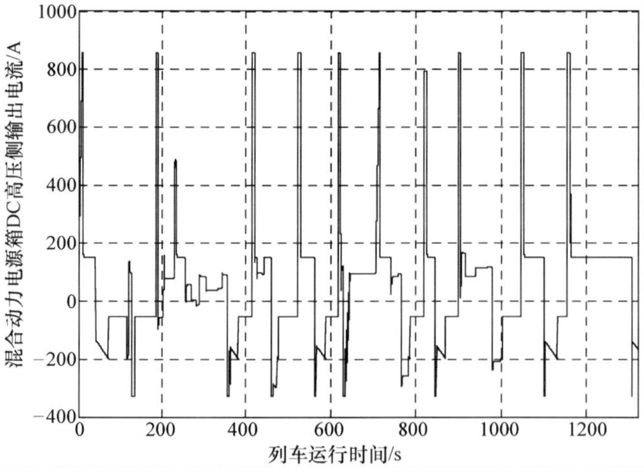

图 5-71　复合电源箱 DC 高压侧输出电流曲线

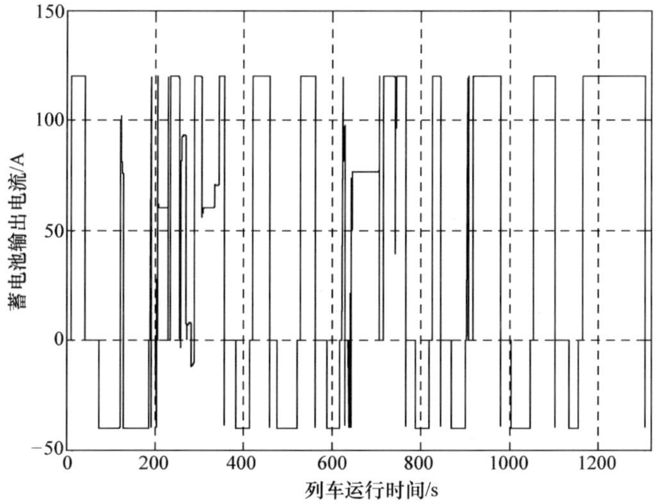

图 5-72　动力电池输出电流曲线

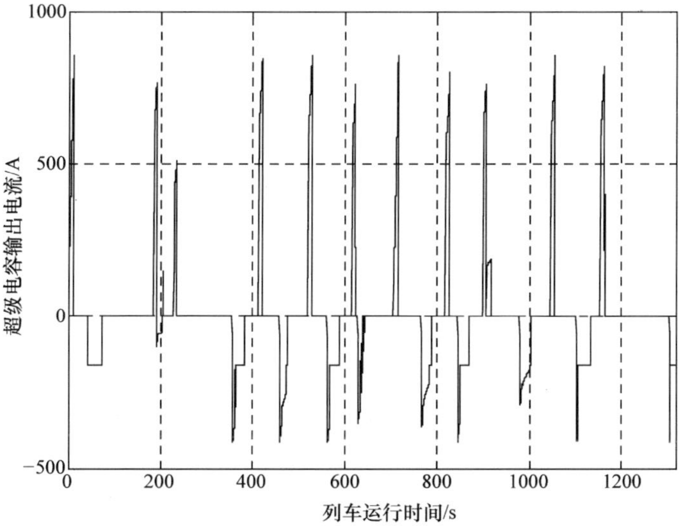

图 5-73　超级电容输出电流曲线

小变化情况。从图中可以看出，动力电池的最大输出电流接近 120A，超级电容的最大输出电流达到约 700A，都在允许范围之内。

由图 5-74 可以看出列车运行过程中弯道阻力和坡道阻力对列车速度的影响。列车的续航速度为 36km/h，在线路曲线限速范围内，所以弯道对列车速度影响不大。坡道对列车速度影响比较大，在坡度大的地方列车速度降低。由于地下线和高架线架设了接触网，所以列车在有接触网的坡道行驶时性能下降较少，没有接触网的坡道上行驶时性能下降较大。

（2）列车上行（左线行驶）　由香山站出发，最终到达巴沟站。仿真结果如下：

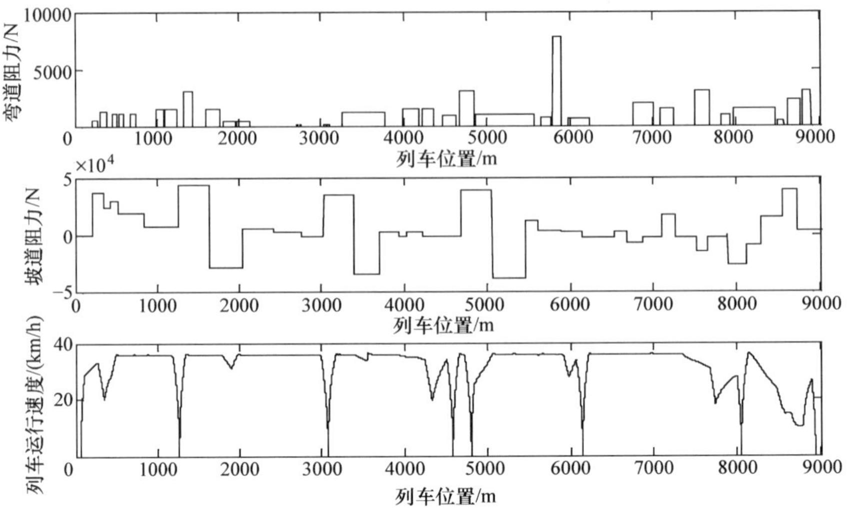

图 5-74 线路弯道阻力、坡道阻力和列车速度曲线

由图 5-75 和图 5-76 可以看出，列车在左线行驶到达终点站时，动力电池 *SOC* 下降到 78% 左右，列车运行时间大约为 1218s。地下线和高架线架设接触网后，减少了动力电池的能量消耗，动力电池 *SOC* 在到达终点时保持较高状态，列车运行性能有所提高，运行时间变短。

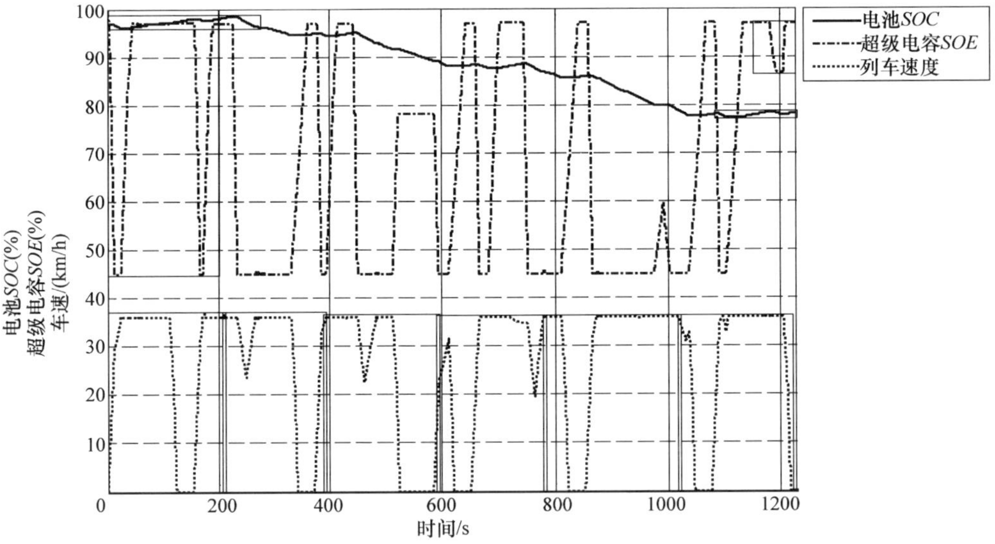

图 5-75 电源能量状态、车速与时间关系曲线

从图 5-77 中可以看出，在一些上坡区段，列车速度下降，不能以期望速度运行。但相比前面没有接触网的工况，列车速度下降得较少，最低时大约为 20km/h。

由图 5-78 得，列车的起动加速度在 $0.8\mathrm{m/s^2}$ 左右，制动加速度达到 $-1.2\mathrm{m/s^2}$，加减速性能良好。超级电容可以满足列车加速时的能量需求。

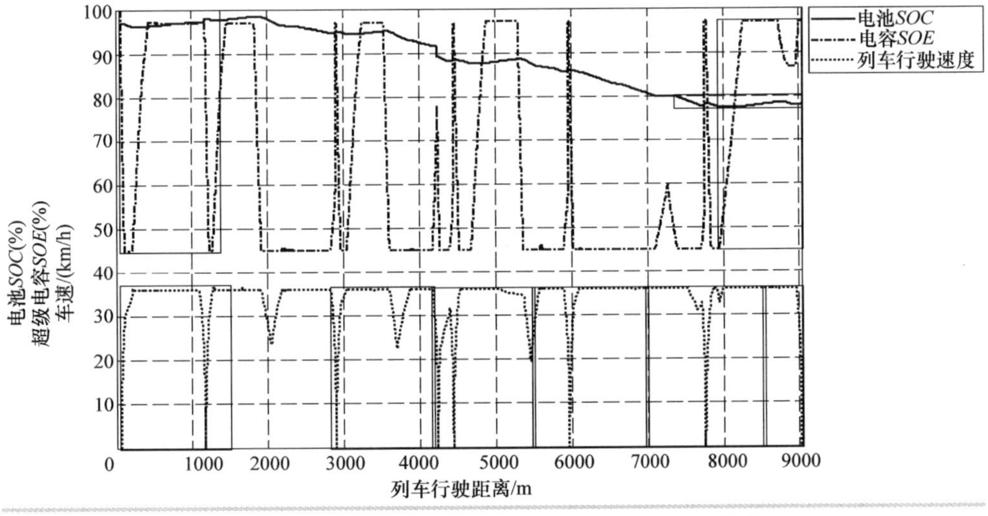

图 5-76　电源能量状态、车速与行驶距离关系曲线

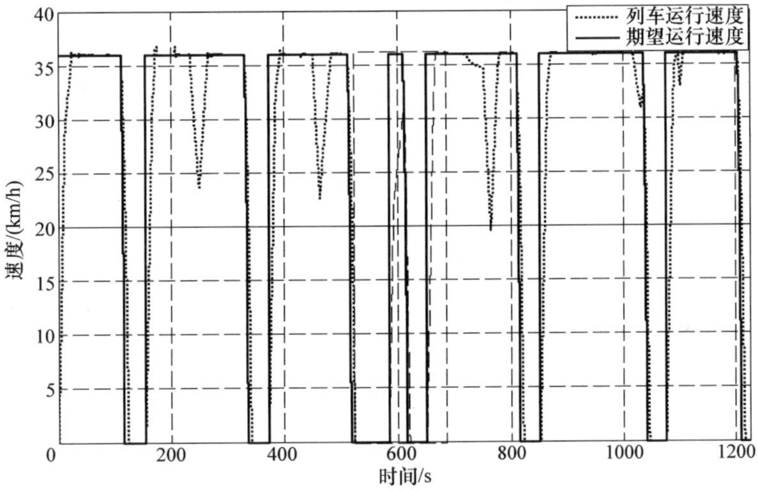

图 5-77　列车速度与期望速度关系曲线

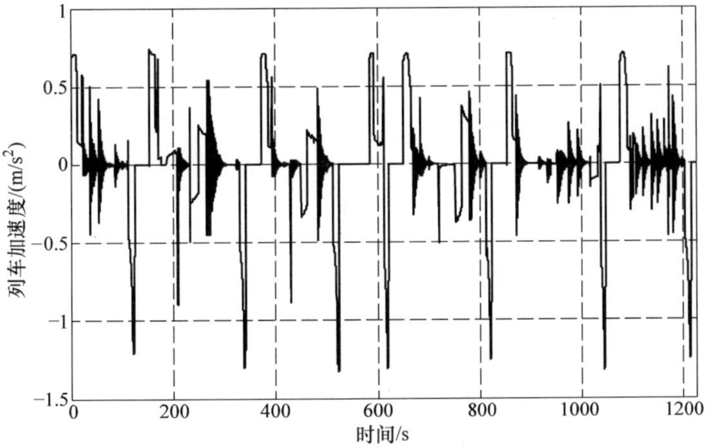

图 5-78　列车加速度曲线

由图5-79可以看出，列车准确地停到了每一站，停车时间都是30s。在交叉路口停车时间为60s。

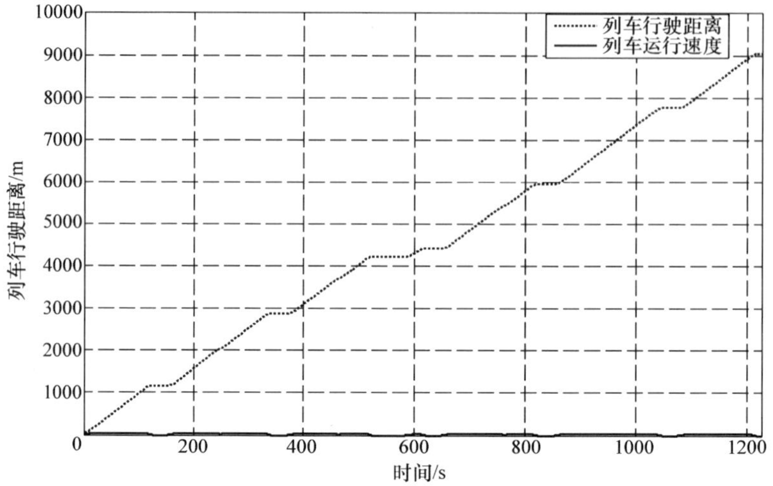

图5-79　列车行驶距离、速度与时间关系曲线

图5-80～图5-82是列车运行过程中，电源箱及动力电池、超级电容各自的输出电流大小变化情况。从图中可以看出，动力电池的最大输出电流接近120A，超级电容的最大输出电流达到约700A，都在允许范围之内。

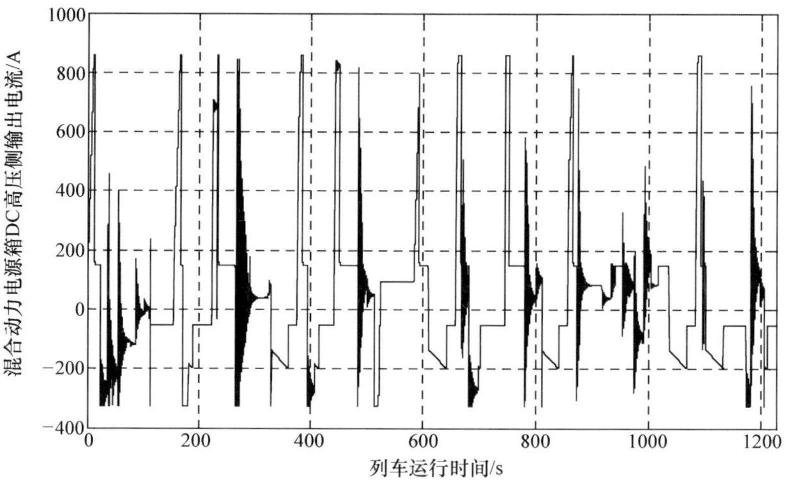

图5-80　复合电源箱DC高压侧输出电流曲线

由图5-83可以看出列车运行过程中弯道阻力和坡道阻力对列车速度的影响。列车的续航速度为36km/h，在线路曲线限速范围内，所以弯道对列车速度影响不大。坡道对列车速度影响比较大，在坡度大的地方列车速度降低。由于地下线和高架线架设了接触网，所以列车在上坡时性能下降较少。

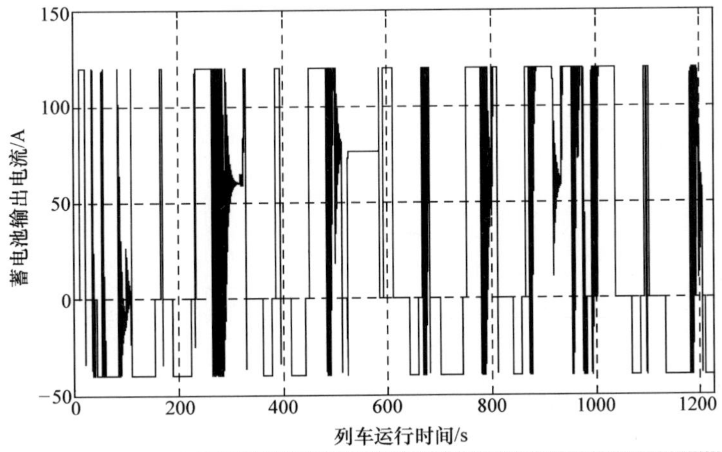

图 5-81　动力电池输出电流曲线

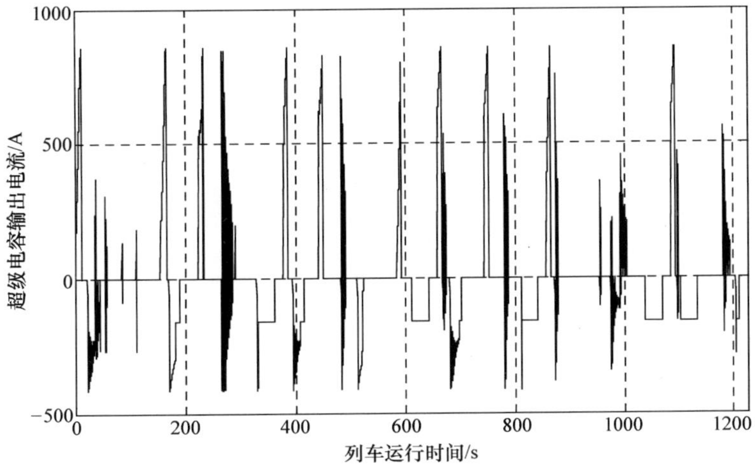

图 5-82　超级电容输出电流曲线

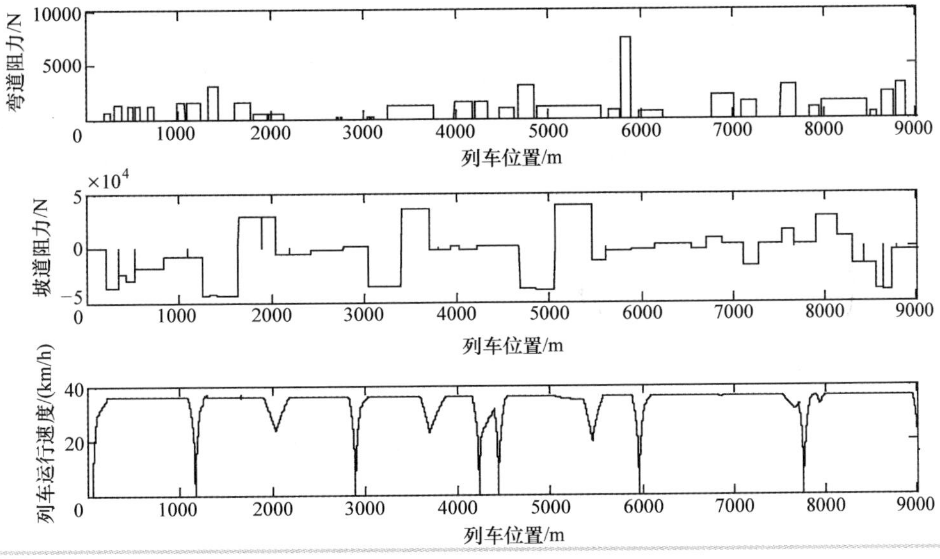

图 5-83　线路弯道阻力、坡道阻力和列车速度曲线

5.6.3 结论

在没有架设接触网、站台长度为64m的情况下，全车两个“2C1B”电源箱（1B为136个40A·h动力电池）能力不足，无法满足列车在北京西郊线的正常运行。

在地下线和高架线架设接触网的情况下，全车两个“2C1B”电源箱（1B为136个共40A·h的动力电池），动力电池最大放电电流为120A，动力电池最大充电电流为40A，超级电容最大放电电流为700A，超级电容最大充电电流为160A，列车续航速度为36km/h，起动最大加速度为$0.8m/s^2$，制动最大减速度为$-1.2m/s^2$，电机额定功率为50kW，站台长度为64m，停靠时间为30s，这样的配置可以满足列车在北京西郊线的正常行驶，运行状况良好。

5.7 储能式有轨电车应用展望

目前类似于本章研究的储能式有轨电车在国外多个地区，以及国内的沈阳、广州、南京、珠海、淮安等城市，都开通了储能式有轨电车运营线路。相信随着无接触网有轨电车的大幅推广和社会环保意识的增强，储能式有轨电车的应用前景将越来越广阔。

燃料电池/超级电容/动力电池混合动力有轨电车开发 第6章

近年来，为保护城市景观，避免视觉污染，国内外多个城市开始规划包含无电网区域的有轨电车线路。新能源如燃料电池、超级电容、动力电池等，由于具有大容量储能、高效能量回收、绿色节能的优点，已发展成为有轨电车无受电弓受流系统的一种理想解决方案。同时，由于建设成本低、中小城市审批方便，新能源有轨电车应用日益广泛。目前，燃料电池有轨电车可实现真正意义上的全线无网，减少有害物质的排放，同时降低运行能耗，是新能源有轨电车的最佳选择。

本章所讲的混合动力有轨电车采用了燃料电池 + 超级电容 + 动力电池供电技术。该有轨电车研制项目得到了国家科技支撑项目的费用支持。

6.1 氢燃料电池轨道车辆效益分析

1. 社会经济效益

（1）弥补国内氢燃料有轨列车行业产业化发展的空白　该项目引进国外具有最先进水平的燃料电池技术，能够弥补国内氢燃料有轨列车行业产业化发展的空白，并满足填补空白所需的技术及生产需求，实现氢燃料有轨列车行业的跨越式发展。

（2）推进国家绿色氢能经济发展　随着现代经济的高速发展以及世界人口的迅猛增长，人类对能源的需求越来越多。煤、石油等石化燃料在当前的能源结构中占据很大比例，但石化燃料的使用带来了严重的环境污染，严重威胁了人类健康和生存；且石化燃料是有限、不可再生的资源，日益增长的能源需求和日益枯竭的石化能源将带来严重的能源危机。因此，开发和利用清洁、高效的可再生能源成为当前社会亟待解决的问题。而氢能作为21世纪的绿色能源，在世界各国都得到广泛关注。燃料电池通过氢气和空气的电化学反应，完全零污染排放地产生电能，作为氢能经济发展的应用技术载体，应用于客车等公共服务运输行业，能够替代传统高污染的柴油发动（电）机和汽油发动（电）机，提供清洁、高效、节能的车辆动力系统解决方案，有效减少 PM2.5 可入肺颗粒物的污染排放。

（3）有效促进区域经济发展　本项目推广后，将直接推动我国的氢能和氢燃料电池事业发展，并带动国内及国际燃料电池商业应用市场，使之达到一个高峰。同时可以新增就业岗位，带动代工生产、包装材料、物流、生产设备等相关产业发展，提供大量间接就业机会，对区域经济发展具有积极的推动作用。

目前，燃料电池行业仍然处在市场化的初级阶段，当达到商品化、产业化批量时，燃料电池有轨电车/客车的成本大大降低，方可与内燃机大客车的成本竞争。

在我国对燃料电池工业的投资强度不足和定位不准的情况下，借助巴拉德等公司已经取得成功的燃料电池技术，在其他国家尚未形成燃料电池规模产业化的时机，利用改革开放以来我国积累的精密加工水平和工业制造规模，现在正是由我国率先实现燃料电池规模化生产、市场推广应用的最好时机。目前，资本运作燃料电池已经开始发力，未来燃料电池的市场价值将与现在的家电、手机一样，具有巨大的市场空间。目前正是发展氢燃料电池客车/轨道车辆最好的时机和最佳的切入点，也是投资的最佳时机。

2. 节能减排效益

降低PM2.5、降低大中型城市汽车尾气造成的大气污染，是摆在中央政府面前的头等大事，不仅关系着亿万民生，更是为了造福子孙后代。但是始终没找到最好的根治办法，而燃料电池的研发和使用可以解决这个问题。

燃料电池客车/轨道车辆取代柴油内燃机客车是当前降低城市PM2.5空气污染最经济、直接、有效的手段。国际、国内空气监测机构都已确认，机动车尾气是城市PM2.5颗粒污染的第一来源，特别是燃烧柴油的公交车/大客车的排放，是大城市PM1.0、PM2.5空气污染的主要来源。以北京市为例，若将北京地区近2万辆柴油公交车替换为燃料电池客车，则可以将北京PM2.5颗粒物的排放量减少30%以上，大大改善北京市的空气质量，使数千万居民受益。

由于氢燃料电池发电时排放的是水，不会产生碳排放，节能减排效果最彻底。比如，一个500万千瓦的氢燃料电池电站，按每天平均发电1小时计算，每年累计发电量为18.5亿kW·h，可减排二氧化碳约185万t，或减少碳排放50万t。

燃料电池有轨电车运行过程中使用氢气和空气发电，排放物只有水，实现了真正意义的零污染。以每列混合动力有轨电车平均功率150kW，每天平均运行12h计算，每年可减少二氧化碳排放500t/列。对于40列有轨电车运行的电车线路，每年可减少碳排放量达到2万t，环保效应非常明显。同时，燃料电池的发电效率要比内燃机高出10%以上，超级电容也可回收电车制动能量，具有良好的节能效应。

此外，由于汽车油耗已占石油能源用量的50%，到2020年，作为世界最大汽车保有量的中国将面临着有车无油的危机，燃料电池作为新型高效、节能环保、可持续再生性能源资源，具有越来越重要的能源战略意义和国防战略意义。率先实现燃料电池产业化，对我国实现第三次工业革命、经济转型和能源转型有着极其重大的意义。

3. 国家政策分析

根据科技部数据统计，“十城千辆”项目推广新能源汽车2.7万辆，其中85%，即2.3万辆为公共服务领域车辆，其中50%以上是新能源客车，燃料电池客车作为新能源客车中的终极产品，具有巨大的市场容量。

从最近两年的国家相关政策来看，我国已经对氢能源的利用提升了高度：

① 2013年，国务院发布《节能与新能源汽车产业发展规划（2012～2020年）》，提出“燃料电池汽车、车用氢能源产业与国际同步发展”。

② 2014年8月，科技部在武汉组织召开国家“十三五”能源领域氢能与燃料电池技术科技规划专题研讨会，对我国未来氢能与燃料电池领域的关键技术、重大工程、应用方向及主要任务等进行了研讨。

③ 2014年10月，工信部、国家发展改革委、科技部、财政部、环保部、住建部、国家

能源局等七部门联合发布《京津冀公交等公共服务领域新能源汽车推广工作方案》，提出在京津冀地区新建燃料电池车辆用加氢站。

④ 2014年11月18日，财政部、科技部、工业和信息化部和发展改革委联合发布《关于新能源汽车充电设施建设奖励的通知》，其中关于加氢站的政策是：中央财政对符合上述条件的城市或城市群，根据新能源汽车推广数量分年度安排充电设施奖励资金；**对符合国家技术标准且日加氢能力不少于200kg的新建燃料电池汽车加氢站每个站奖励400万元**；对服务于钛酸锂纯电动等建设成本较高的快速充电设施，适当提高补助标准。

⑤ 2015年7月2日，中国电动汽车百人会学术沙龙第一期“燃料电池技术在中国的应用与产业化”在清华大学召开。会议得到了科技部、财政部、工信部、发展改革委和交通部等国家单位及众多地方政府、国内外主机厂的支持。其中，丰田公司的代表介绍了“未来”燃料电池汽车的市场情况，目前已接到1500辆订单。为大力拓展和培育市场，近期的重大举措包括专利公开、关键零部件及技术公开销售，如空压机、高压氧气瓶及铂双极板表面改性技术等。更为令人振奋的是，此次广东省政府安排佛山等地政府官员65人赴清华大学参与氢燃料电池技术培训班，拟为后续燃料电池公交车和燃料电池有轨电车线路的建设储备人才。

结合国家相关政策来看，要实现燃料电池有轨电车批量化生产，依据国家政策建立一体化绿色交通方案，建立从制氢、加氢、储氢、用氢一体化的产业，要制氢与燃料电池有轨电车一起推出才能促进新能源的扩展，氢的储存一直是一个技术难题。从输送与储存经济性及安全性总体考虑，传统的氢储运方式并不能满足人们的需要，可以根据用户当地的现状采用不同的制氢方式，防止单一化方式制约氢能源的产业化进程。

经初步分析，我们可以抓紧开展如下工作：

① 依据汽车厂家经验，开发适合有轨电车应用的燃料电池系统，保证燃料电池有轨电车稳定安全的运行，达到常规供电有轨电车的运行标准要求，为燃料电池有轨电车抢占市场提供可靠保障。

② 紧跟国家的相关政策，针对国家对绿色能源给予的补助，申请燃料电池有轨电车相关产品补助，大大降低产品的成本，为公司赢得效益；

③ 通过加氢站与氢燃料有轨电车打包的形式进行，可以通过为燃料电池有轨电车运营商提供加氢服务收取费用；

④ 最主要的方式是降低燃料电池系统的成本费用，引进国外先进的燃料电池系统技术，消化吸收实现国产化。

6.2 混合动力系统组成及技术参数

本章介绍的燃料电池有轨电车由三个模块组成，其中两个模块装有动车转向架，一个模块装有拖车转向架。图6-1为有轨电车车辆编组方案图。

编组方式：－Mc＋T＋Mc－

Mc：安装动力转向架和驾驶室的动车模块

T：安装拖车转向架和燃料电池系统的拖车模块

＋：风挡铰接结构

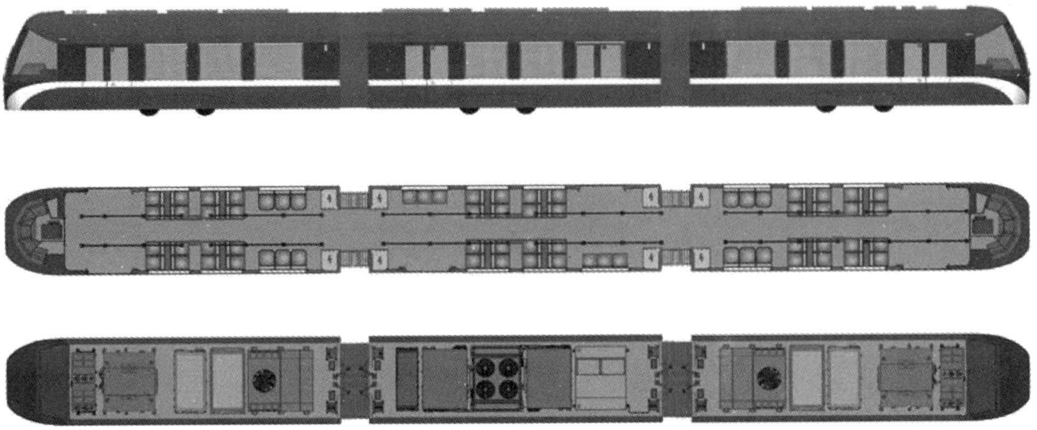

图 6-1　有轨电车车辆编组方案图

-：前端车钩

有轨电车总体技术指标如表 6-1 所示。

表 6-1　有轨电车总体技术指标

环境温度	-25～50℃
车辆编组	-Mc+T+Mc-，100%低地板
变流器	DC750V（500～900V）
驱动电机	8×110kW
轴重	≤12t
续驶里程	>40km
车辆最高运行速度	60km/h
载客量	347 人

有轨电车主要技术参数如表 6-2 所示。

表 6-2　有轨电车主要技术参数

编组方式	-Mc+T+Mc-
轨距	1435mm
最小平面曲线半径	19
轴重	12t
列车自重	47t
列车车体长度	31075mm
地板面高度（距轨面）	350mm
车钩高度	460mm
车辆高度	3500mm
车体宽度	2650mm
客室内净高	2210mm

（续）

每侧车门数量	3 个
侧门通过宽度	1300mm
侧门高度	2000mm
固定轴距	1850mm
轮径（新/旧）	600/540mm
车体强度	EN 12663　PⅤ
供电方式	料电池、超级电容、动力电池
最高运行速度	60km/h
起动加速度	≥1.2m/s²
常用制动减速度	1.1m/s²
紧急制动减速度	2.5m/s²

牵引制动特性如下：

（1）牵引性能

- 最高运行速度：　60km/h
- 列车最大安全退行速度：　10km/h
- 列车联挂速度：　≤3km/h
- 在 AW2 情况下，在平直干燥轨道上，车轮为半磨耗状态，额定电压 750V 时，起动加速度不小于 $1.2m/s^2$。

（2）制动特性　在 AW3 情况下，在平直干燥轨道上，车轮处在半磨耗状态，列车从最高运行速度到停车。

- 最大常用制动减速度：　$1.1m/s^2$
- 紧急制动减速度：　$2.5m/s^2$（不包括制动反应时间）

6.3　混合动力系统详细设计方案

燃料电池混合动力 100% 低地板车辆的能量系统包括燃料电池、超级电容和动力电池，车辆使用超级电容和动力电池组作为能量回收装置，车辆制动时，优先将制动能量存储在超级电容和动力电池中，以备车辆牵引或者辅助用电设备使用。

当车辆运行时，车辆使用燃料电池、超级电容和动力电池作为车辆驱动电源。车辆以 60km/h 的速度持续运行。

当车辆停站或回库时，如超级电容和动力电池电量不足，则由燃料电池为超级电容和动力电池充电，以提供车辆起动所需能量。

6.3.1　车辆设备布局优化设计

混合动力电源箱采用模块化设计，包含双向 DC/DC 电源电池箱（内有一个双向 DC/DC 动力电池模块、一个双向 DC/DC 超级电容模块、动力电池组、外围电路及系统控制单元等）及超级电容箱（内含有超级电容组及能量管理系统）。

车辆设备布局如图 6-2 和图 6-3 所示。

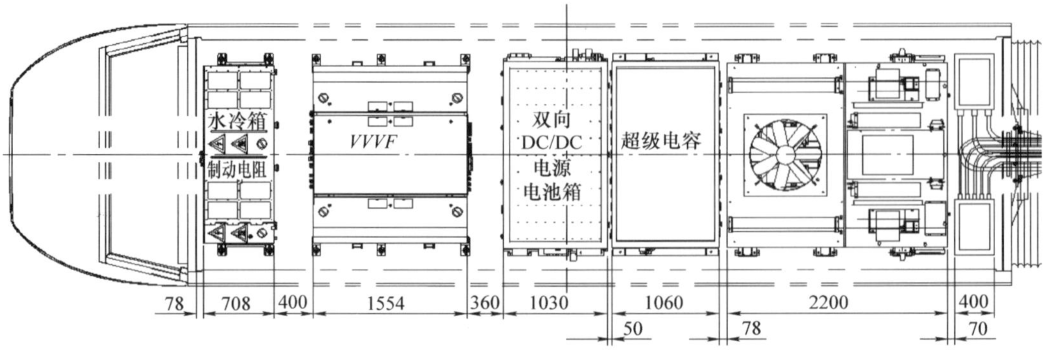

图 6-2 Mc 车车顶布置

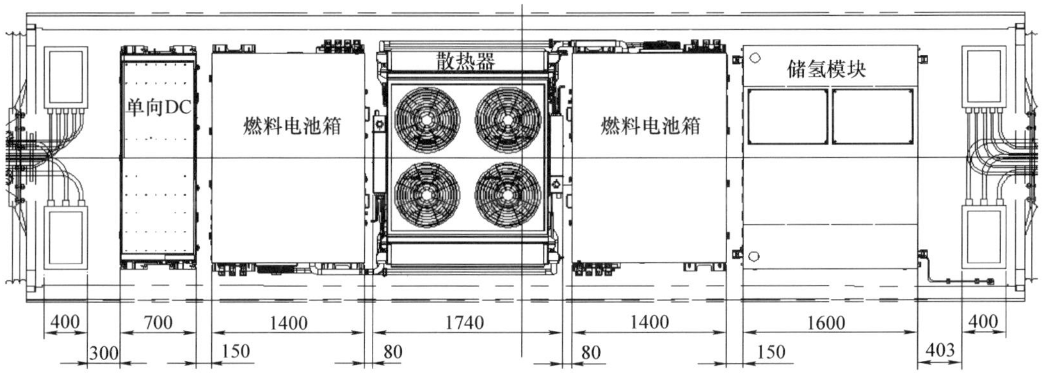

图 6-3 T 车车顶布置

基于模块化设计原则，进行燃料电池混合动力系统车顶布局设计。

燃料电池混合动力系统车顶布局图如图 6-2 和图 6-3 所示。其中，

① 每个混合动力系统包括一个双向 DC/DC 电源电池箱和一个超级电容箱共两个箱体，对称布置于两个 Mc 车车顶中部，便于车辆布线和质量管理。

② 动力电池箱避开空调系统出风口，以避免受到空调系统较高出风温度的影响。

③ 空调机组布置于 Mc 车二位端，方便与中间车的燃料电池系统进行余热利用。

④ 2 套燃料电池系统布置于 T 车车顶，对称布置于散热器两侧，便于进行对供电、供氢和管路设计。

⑤ 储氢系统布置于 T 车（中间车）车顶，为 2 套燃料电池系统提供氢气。

⑥ 每辆车车顶设备电气接口，高压线布线在一侧，低压侧布线在另一侧，方便车辆布线。

⑦ 制动电阻、水冷系统集成为一体的箱体和牵引变流器箱相邻布置于 Mc 车（头车）一位端。

6.3.2 混合动力电源箱 DC/DC 主要技术参数

1）当斩波器 A（动力电池 DC/DC）作为充电机对动力电池充电时。

输入特性：
主电压：　DC 750V（范围 DC712－788V，来自单向燃料电池斩波器）
控制电压：　DC 24V（－30%～＋25%）
输出特性：
输出电压：　DC 331V（范围 DC280－396V）
输出电流：　80A
采用恒流充电方式，当电压浮充到 DC 396V 时自动切断输出停止充电。
2）当斩波器 A（动力电池 DC/DC）作为供电电源对外放电时。
输入特性：
主电压：　DC 331V（范围 DC280－396V，来自动力电池）
额定输入电流：　80A
最大输入电流：　120A（1min）
控制电压：　DC 24V（－30%～＋25%）
输出特性：　DC 750V ±5%
3）当斩波器 B（超级电容 DC/DC）作为充电机对超级电容充电时。
主电压：　DC 750V（范围 DC712－788V，来自单向燃料电池斩波器）
控制电压：　DC 24V（－30%～＋25%）
输出特性：
输出电压：　DC 528V（范围 DC200－528V）
持续充电电流：　300A
4）当斩波器 B（超级电容 DC/DC）作为供电电源对外放电时。
输入特性：
主电压：　DC 528V（范围 DC 200－528V，来自超级电容）
输入最大电流：　700A
控制电压：　DC 24V（－30%～＋25%）
输出特性：　DC 750V ±5%

6.3.3　超级电容主要技术参数

一套超级电容配置为 528V，45F，单个模块超级电容参数如表 6-3 所示。

表 6-3　超级电容参数

厂家	Maxwell 或性能不低于 Maxwell 的同类产品
型号	BMOD0165 或性能不低于该型号的同类产品
额定容量/F	165
串并联数目	11 串 3 并
电容量容差（%）	－0.2～＋0.2
额定电压/V	48
最低工作电压/V	28.8
浪涌电压/V	50.4

（续）

最大电流/A	98A（持续）；1900A（1s）
可用比功率密度/（W/kg）	3300
最大储存能量/（W·h）	52.8
比能量密度/（W·h/kg）	3.9
最大漏电流/mA	5.2
重量/kg	13.9
外形尺寸/mm	418mm×194mm×179mm
运行温度/℃	-40~70℃
寿命/年	10
内阻/mΩ	6.3
放电深度（%）	100
充放电次数	1000000次

6.3.4 动力电池组技术参数

一套动力电池电压、容量为331V、20A·h，单个模块动力电池主要技术参数如表6-4所示。

表6-4 动力电池主要技术参数

串并联数目	144串2并
单体电芯额定电压	2.3V
单体电芯额定容量	10A·h
单体内阻	≤1.2mΩ
放电截止电压	1.5V
最大充电电压	2.8V
电池组持续放电电流	80A
电池组最大放电电流	120A（1min）
外形尺寸	219mm×126mm×6mm
充电方法	CC/CA
工作温度范围	-10~+55℃
环境温度范围	-20~+45℃
循环寿命	8000次

6.3.5 燃料电池系统技术参数

单套燃料电池系统的主要技术参数如表6-5所示。

表 6-5　燃料电池系统的技术参数

参数	数值	参数	数值
氢气的储存量/kg	最大 14	水蒸气的额定纯度（%）	21
单电池数量	735	燃料（H_2）的额定压力/bar	1.3
开路电压/V	735	空气的额定压力/bar	1
电流 1A 时的电压/V	710	空气的额定流速/（L/min）	5400
额定电压/V	540	额定运行温度/℃	80
最小电压/V	525	电堆额定效率（%）	50
额定电流/A	240	燃料电池响应时间/s	3
最大电流/A	320	氧气的最大利用率	80
燃料（H_2）的额定纯度（%）	99.999	燃料电池堆数量	2
O_2的额定纯度（%）	21	燃料电池堆额定功率	150

燃料电池系统的输出特性与环境温度、电堆工作寿命等因素密切相关，图 6-4 显示了燃料电池系统在寿命开始时和寿命终结时的系统输出特性曲线，图中横坐标电流是燃料电池电堆输出电流，该电流数值可以通过燃料电池控制器（FCCU）发送给车辆控制器。寿命开始时，燃料电池电堆输出电压较高，系统净输出功率较高，可接近 140kW；寿命终结时，由于电堆输出电压衰减，系统净输出功率降低到 110kW 左右。其中，净输出功率为电堆功率扣除空压机、水泵、散热风机等所有辅机功耗后的输出功率。

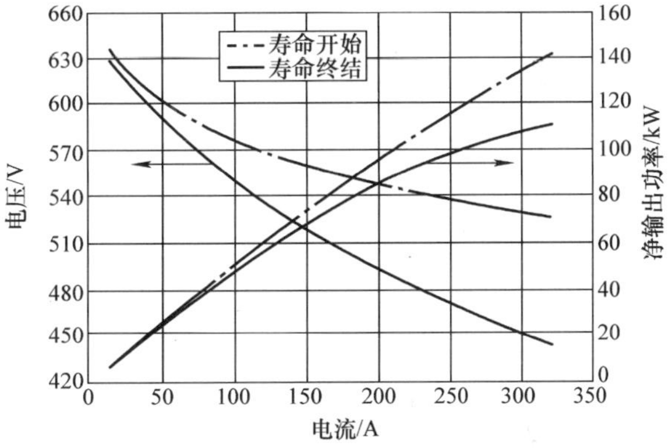

图 6-4　燃料电池系统输出特性曲线

图 6-5 显示了燃料电池系统净输出功率与主要内耗功率之间的关系。系统的主要内耗包括空压机功耗、水泵功耗、散热器功耗以及电控系统功耗等。空压机功耗在所有辅机功耗中所占比例最大，占 12% 左右；散热器功耗受环境温度影响较大，如果环境温度高，散热器功耗可以达到 6% 左右。电控系统功耗包括通风风机、氢气循环泵、电源、电磁阀、传感器、控制器、电路元件等所有功耗，这些功耗占据比例较小，但种类繁多，而且随不同工况条件波动较大，按固定功率 2kW 考虑。

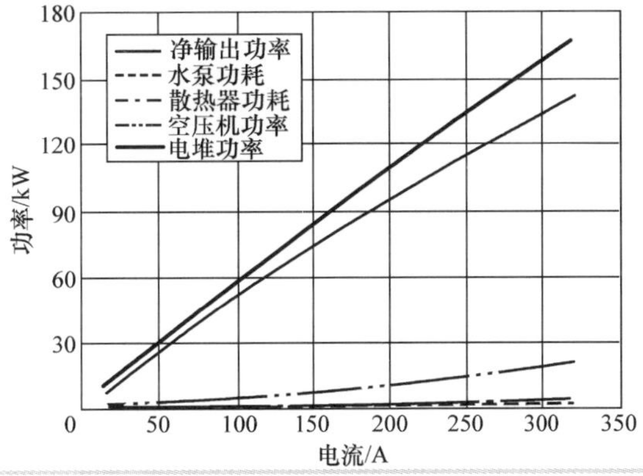

图 6-5　燃料电池系统净输出功率与内耗

图6-6中列出了燃料电池系统效率曲线。电堆效率是指燃料电池电堆利用氢气发电的能量转化热力学效率；电效率是指燃料电池系统输出净功率与电堆输出功率的比值；总效率是电堆效率与系统电效率的乘积，反应了燃料电池系统输出的总电能与输入的燃料化学能之间的能量转化效率。可以看到，在整个工作电流曲线上总效率都高于40%，在较低电流下效率更高，超过45%。

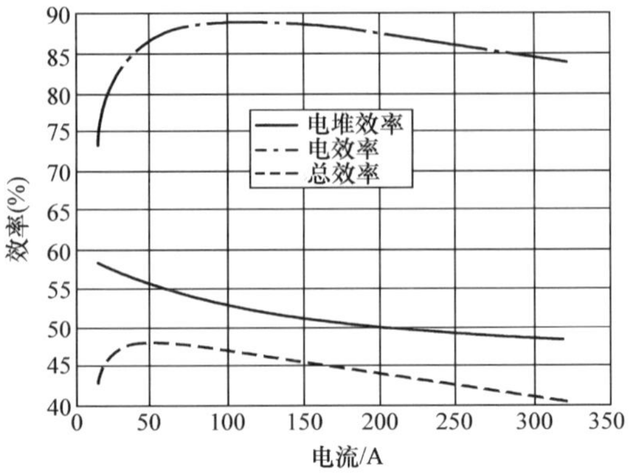

图6-6　燃料电池系统效率

6.4 混合动力系统匹配设计与牵引特性分析

6.4.1 牵引特性分析

本节完成了燃料电池/超级电容100%低地板有轨电车牵引特性分析，结果表明，有轨电车满足持续运行速度大于60km/h的要求。

1）燃料电池按持续输出210kW功率计算（春秋季工况，空调不工作），考虑到辅机工作引起的功耗损失，具体特性曲线如图6-7～图6-10所示。

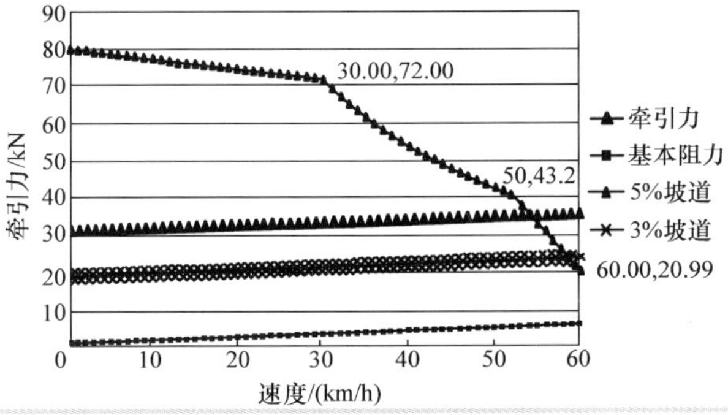

图6-7　牵引特性曲线－210kW

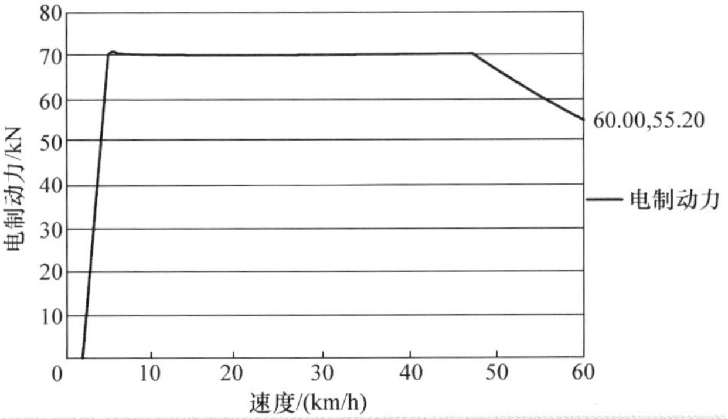

图6-8　电制动特性曲线－210kW

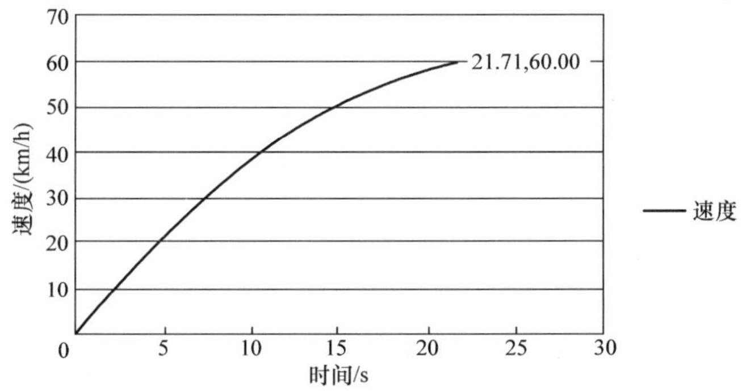

图 6-9　速度 – 时间曲线 – 210kW

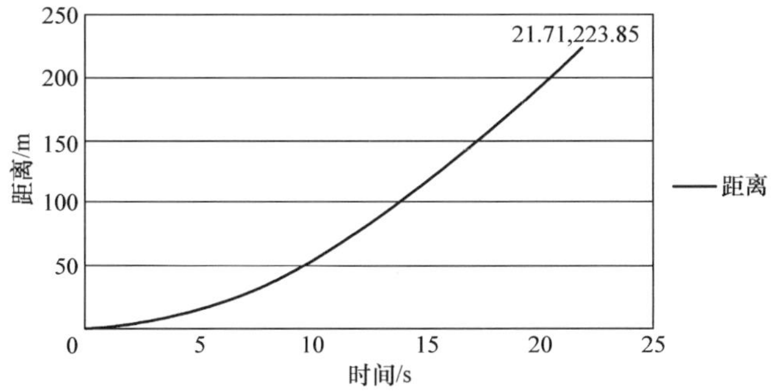

图 6-10　距离 – 时间曲线 – 210kW

得出结论：

在平直道上，列车可加速到 60km/h 以上，满足指标要求，需运行时间为 21.7s，运行距离为 223m。在 3% 坡道上，列车最快可加速至 59km/h；在 5% 的坡道上，列车最快可加速至 57km/h。

2）燃料电池按持续输出 170kW 功率计算（夏季工况，空调工作），考虑到辅机工作引起的功耗损失，具体特性曲线如图 6-11 ~ 图 6-14 所示。

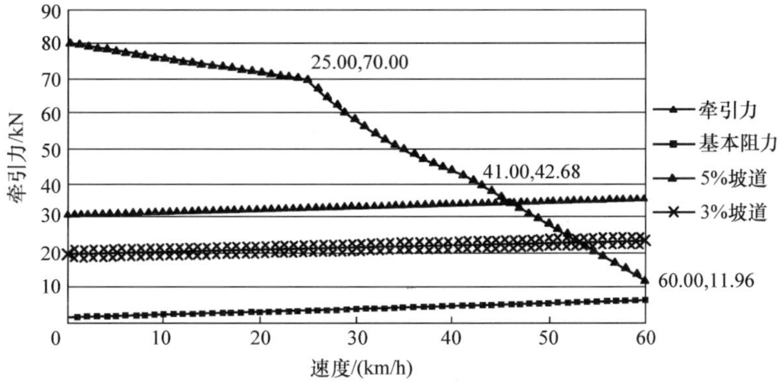

图 6-11　牵引特性曲线 – 170kW

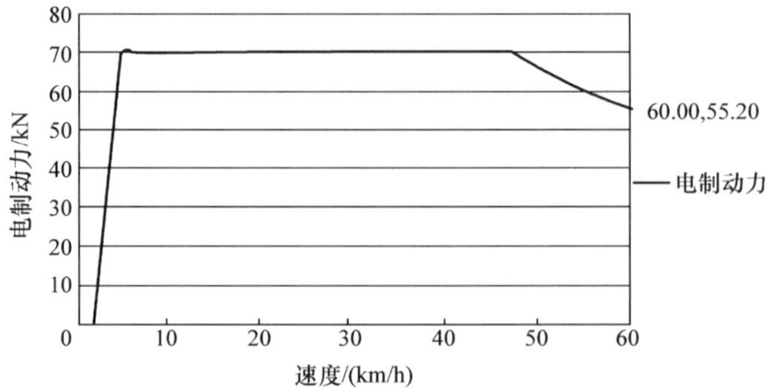

图 6-12 电制动特性曲线－170kW

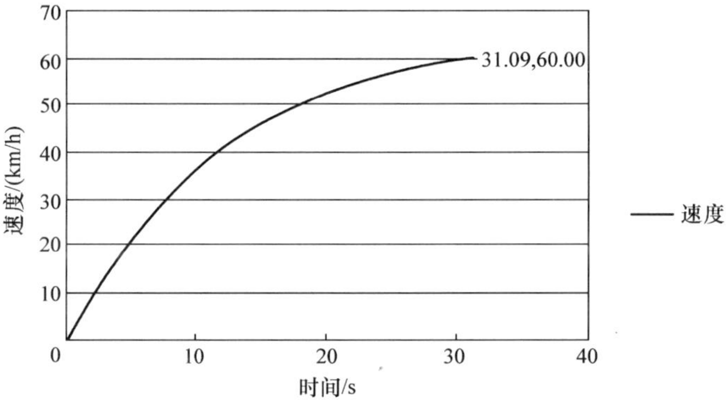

图 6-13 速度－时间曲线－170kW

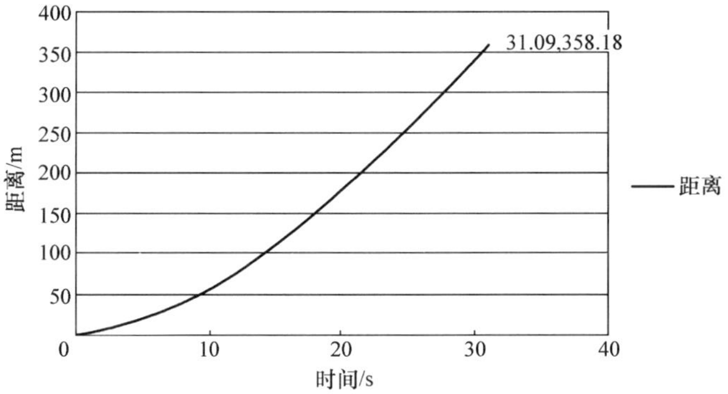

图 6-14 距离－时间曲线－170kW

得出结论：

在平直道上，列车可加速到60km/h 以上，满足指标要求，需运行时间为26.4s，运行距离为313m。在3%坡道上，列车最快可加速至53km/h；在5%的坡道上，列车最快可加速至46km/h。

此外，紧急牵引工况下，有轨电车靠钛酸锂电池可运行3km 以上。

6.4.2　能量控制策略

混合动力牵引供电系统主要由燃料电池、超级电容、动力电池、单向 DC/DC 变流器、双向 DC/DC 变流器、能量管理控制器、牵引逆变器以及牵引电机组成，如图 6-15 所示。燃料电池、超级电容器与动力电池组成的复合电源，能够使动力电池能量密度较大和超级电容器功率密度较大的特点相结合，增强了混合电源的负载适应能力。而且，超级电容器与动力电池组成的复合储能装置不仅可实现无燃料电池状态下的紧急供电，亦可在电车制动阶段实现能量回收，降低了不必要的能量浪费，同时还具有节约成本、改善能源结构及无污染等特点。

该系统采用单向 DC/DC 变流器对燃料电池进行控制，采用双向 DC/DC 变流器对超级电容进行控制，双向 DC/DC 跟踪检测整车的运行状态以及超级电容箱、动力电池箱的容量情况，以调控其端电压使三者匹配工作。

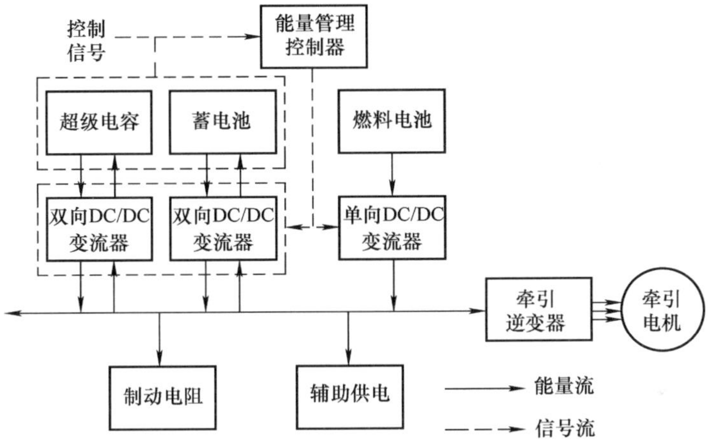

图 6-15　燃料电池/超级电容/动力电池供电系统基本结构

基本控制策略如下：

（1）起动加速　如图 6-16 所示，当有轨电车起动时，起动燃料电池，同时利用双向 DC/DC 将超级电容投入系统。根据燃料电池响应要求，逐级提高燃料电池输出功率，需结合超级电容，利用其起动迅速、充放电快的特点，对车辆进行加速。

当燃料电池达到最大输出功率后，燃料电池与超级电容同时以最大功率输出，维持有轨电车的加速运行。按照有轨电车的牵引数据，此时有轨电车工作在恒功率区，有轨电车的燃料电池 + 超级电容总功率为 773kW，恒转矩区与恒功率区转换点车速为 30km/h，加速度为 0.961m/s^2。

当超级电容的 SOC 值低于期望值 SOC_{lo} 时，利用双向 DC/DC 变流器将动力电池组以最大输出功率投入系统。此时，燃料电池与动力电池同时以最大功率输出，超级电容继续放电，维持有轨电车的加速过程。此时车辆从恒功率区进入自然特性区，恒功率区与自然特性区的转换点车速为 45km/h，加速度为 0.601m/s^2。

超级电容电量降低到保护电量，即超级电容 SOC 值降低到保护值 SOC_{min} 时，控制双向 DC/DC 变流器将超级电容切出系统。此时燃料电池与动力电池同时以最大功率输出维持有

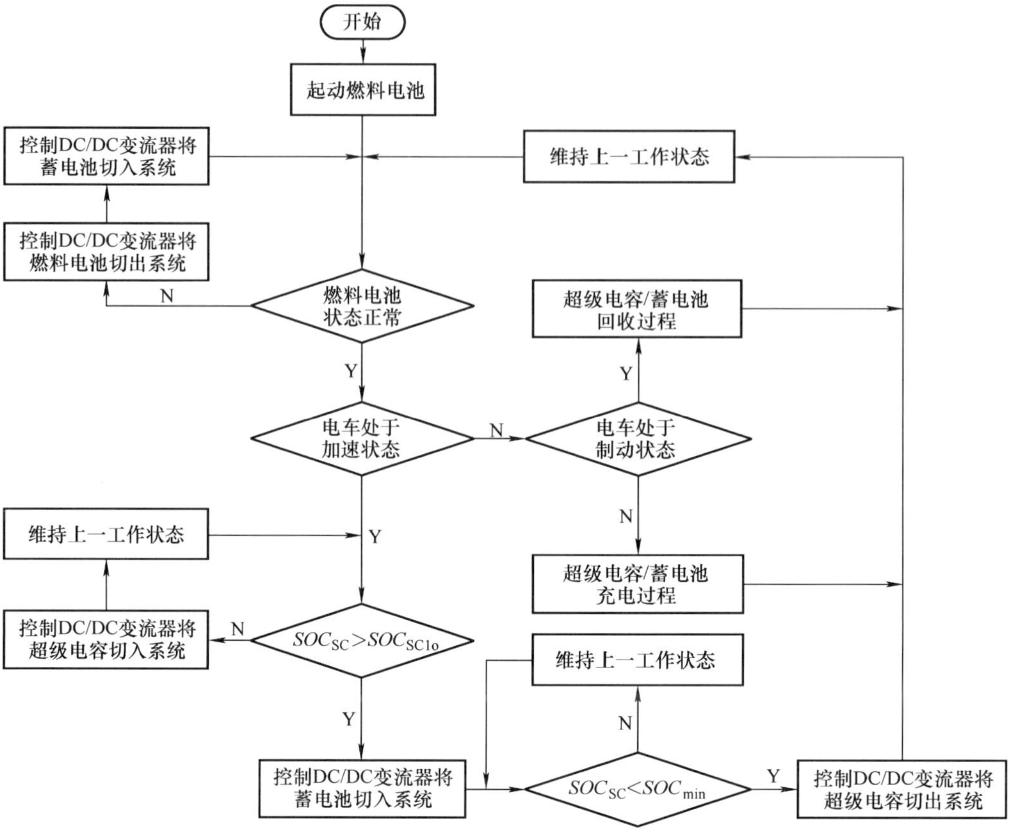

图 6-16　燃料电池/超级电容/动力电池混合动力系统能量管理策略流程图

轨电车加速过程直到达到设计最高速度。结合有轨电车牵引数据，各单元功率与变流器总输入功率变化如图 6-17 所示。

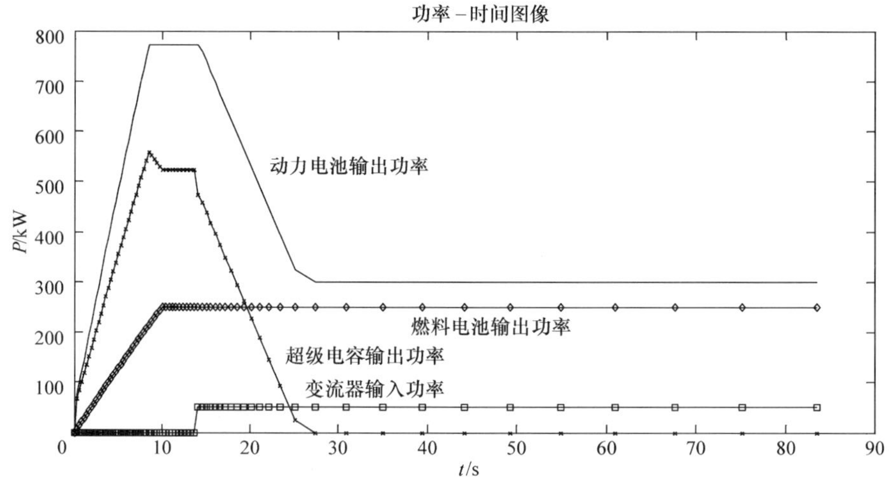

图 6-17　加速过程中各单元功率变化情况

（2）匀速行驶　当有轨电车正常以匀速行驶在轨道上时，混合动力系统由燃料电池提供能量，使牵引电机正常工作；同时，判断超级电容 SOC 值是否小于期望最大值 SOC_{up}，若 $SOC<SOC_{up}$，控制双向 DC/DC 变流器将超级电容投入系统中，使用燃料电池对超级电容进行充电，直到 $SOC \geqslant SOC_{up}$，控制双向 DC/DC 变流器将超级电容切出系统。基本充放电流程如图 6-18 所示。

完成对超级电容的充电后，判断动力电池 SOC 值是否小于期望最大值 SOC_{up}，若 $SOC<SOC_{up}$，控制双向 DC/DC 变流器将动力电池投入系统中，使用燃料电池对动力电池进行充电，直到 $SOC \geqslant SOC_{up}$，控制双向 DC/DC 变流器将动力电池切出系统。

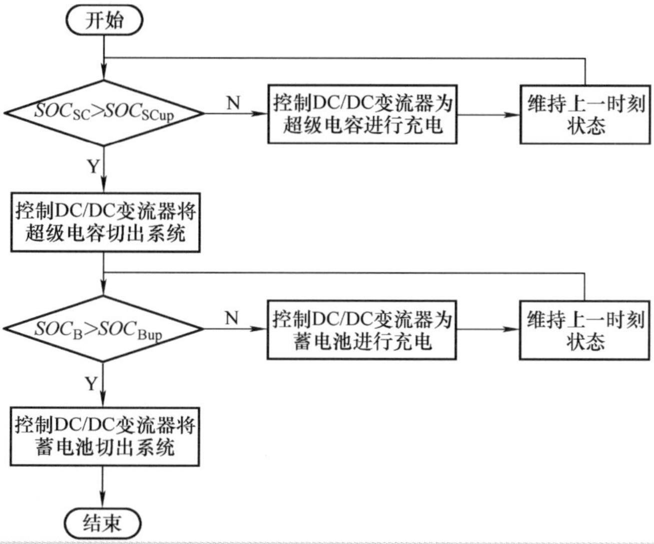

图 6-18　超级电容/动力电池充电流程

（3）车辆制动　如图 6-19 所示，当车辆进行制动时，通过制动挡位输入信号、超级电容 SOC 值、动力电池 SOC 值，选择是否切入超级电容、动力电池和制动电阻。

当车辆开始制动，燃料电池停止对逆变器提供能量，转而只为辅助电源提供能量。同时，判断超级电容 SOC 值是否小于期望最大值 SOC_{up}，若 $SOC<SOC_{up}$，控制双向 DC/DC 变流器将超级电容投入系统中，使用超级电容回收车辆制动能；若此时制动挡位依然增加，判断动力电池 SOC 值是否小于期望最大值 SOC_{up}，若 $SOC<SOC_{up}$，控制双向 DC/DC 变流器将动力电池投入系统中，使用动力电池回收车辆制动能；当超级电容/动力电池的 SOC 值大于等于期望值，即 $SOC \geqslant SOC_{up}$，控制双向 DC/DC 变流器将超级电容/动力电池切出系统。

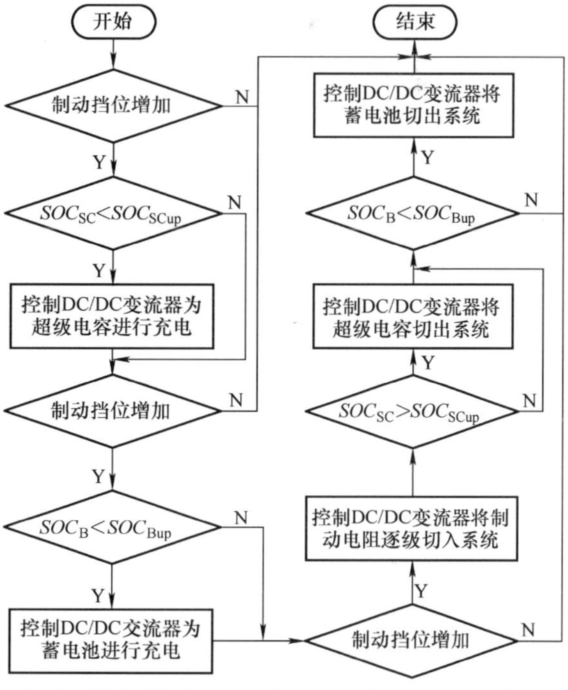

图 6-19　超级电容/动力电池回收流程

当超级电容/动力电池均切入系统时，若此时制动挡位依然增加，则控制单向 DC/DC 变流器将制动电阻逐级切入系统，消耗制动能。若超级电容/动力电池切出系统后车辆仍未完全停下，起动机械制动系统辅助制动。

（4）应急牵引　当燃料电池发生故障无法为混合动力系统提供能量时，利用断路器将燃料电池切出系统，同时控制双向 DC/DC 变流器将动力电池切入系统。此时，由动力电池单独为混合动力系统提供能量。

6.5　混合动力系统集成设计技术

基于车体结构轻量化、热控制及热量利用、振动模态匹配、噪声控制等设计技术，进行燃料电池混合动力系统与车辆系统的接口匹配设计，同时兼顾系统安装/检修方便性、整车系统安全性、系统布局美观性，在此基础上完成了车体结构和车顶大部件安装方案设计，并通过限界、曲线通过能力、强度、模态、动力学性能、隔热性能等技术指标进行了全面分析验证。

燃料电池系统燃料电池模块、PLC 控制器、氢气循环控制器、空气压缩机、冷凝散热器等集成在一个箱体内，通过体积优化和减重设计，实现系统模块化装车的设计理念。

6.5.1　气路接口

图 6-20 为燃料电池模块模型图，其各个接口与燃料电池箱体接口相连。反应空气入口位于燃料电池模块面板右上角，与空压机系统相连。

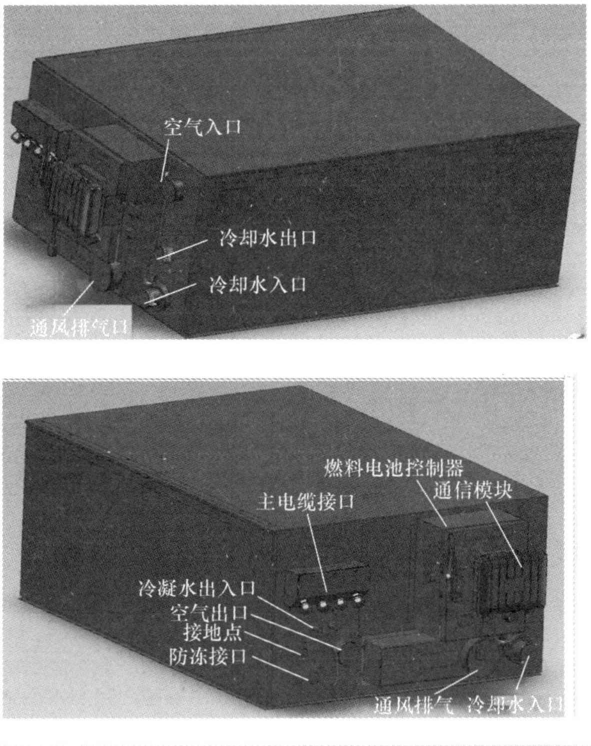

图 6-20　燃料电池系统空气接口

图 6-21 为燃料电池气路系统的结构，由空气过滤器、进气管道、空气流量计空压机、旁路阀、空压机排气管道、排气管道、排气消声器、通风排气管道等构成。空气流量计要求其上下游有 300mm 长的直管，所以距离空压机和空气过滤器较远。空压机泵体需要用油冷却和润滑，需要一套油冷却系统，再经过换热器将热油携带的热量传递给冷却水。空压机的电机和控制器均需要水冷却。空气系统中部分管道为硬管，连接管道为硅橡胶管。

图 6-21 中也显示了氢气路配置。由于氢气安全回路设计在储氢模块内部，因此燃料电池箱体内部氢气回路相对简单，包括一个氢气入口接头、一个手动球阀、一个电磁阀、一个压力传感器以及相应管路。

图 6-22 为空气过滤器的结构图，利用燃料电池箱体一角，采用钣金工艺围成空气过滤器

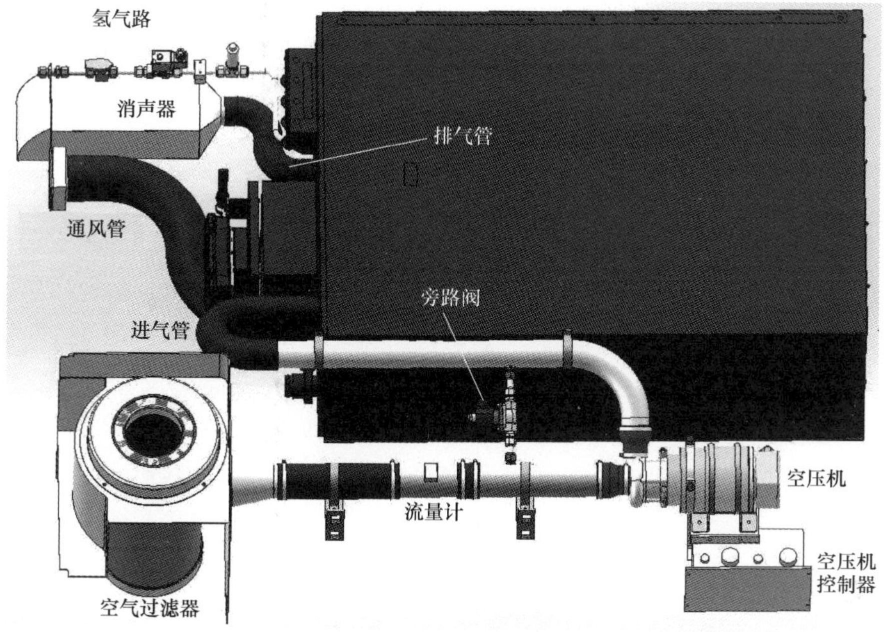

图6-21 燃料电池气路系统

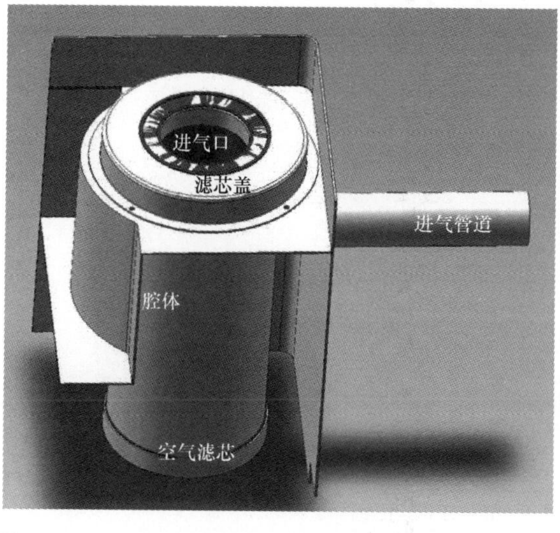

图6-22 空气过滤器

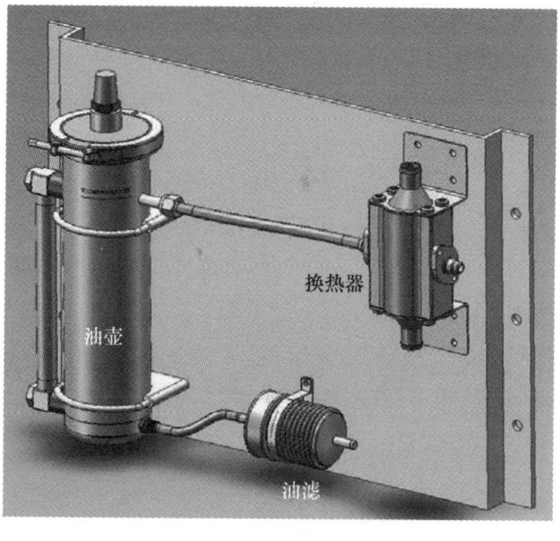

图6-23 空压机油路系统

腔体。空气通过燃料电池箱体壁面上的空气进口进入，从进气口流经空气滤芯，滤除空气中的颗粒物与杂质气体，进入进气管道。滤芯需要定期更换，滤芯上部有一个滤芯盖，采用螺栓紧固。更换滤芯时，可以先松开螺栓，移除滤芯盖，再取出滤芯。

燃料电池系统所用压缩机为离心式压缩机，采用水冷永磁同步电机驱动。压缩机电机控制器直接从燃料电池输出端取电（440~710VDC）驱动泵体进行空气压缩。由于离心式压缩机在低速转动时会发生喘振，在进气管与排气管之间增加了旁路系统，在燃料电池需求的空气流量低于某一数值时，防喘振阀打开，使一部分空气回流到进气管道中，确保压缩机不会发生喘振。

压缩机泵体需利用润滑油保证润滑和密封，所以空压机配备有一套油路系统，如图6-23所示，包括油罐、油滤和换热器。空压机泵体转动时，润滑油在油路中流动，在换热器中将热量传递给冷却液。

6.5.2 冷却接口

燃料电池冷却系统包括燃料电池冷却液、氢气循环泵、空压机电机、空压机控制器、油路热交换器等。图6-24为燃料电池冷却水循环系统示意图。

燃料电池冷却液、氢气循环泵、空压机电机、空压机控制器、油路热交换器等都是水冷系统的支路，在图中没有全部画出。冷却液入口与散热器冷却液出口相连，冷却液经过散热器降温后，流经节温器和流量计，主水路进入燃料电池模块，分出一条支路进入冷凝散热器，将冷却液温度进一步降低。流出燃料电池模块的冷却液经冷却水泵增压后流出冷却液出口，到达散热器模块的冷却液入口。流过冷凝散热器的冷却液分几路分别进入燃料电池模块、氢气循环控制器、空压机油路热交换器、空压机电机、空压机控制器等，最后这些支路全部汇集到冷却液泵入口管道处。还有一条管路连接燃料电池冷却液出口和入口，中间流经一个离子交换柱，去除其中的杂质离子。节温器连接冷却液的出、入水管道，其作用是在冷却液温度低于额定温度时，冷却液从内部小循环回路流过，不经过外部散热器大循环，这样可使冷却液温度更快上升到额定温度值，确保燃料电池的发电效率，同时也可避免冬天温度过低时，零度以下的冷却液进入燃料电池模块损坏电池。

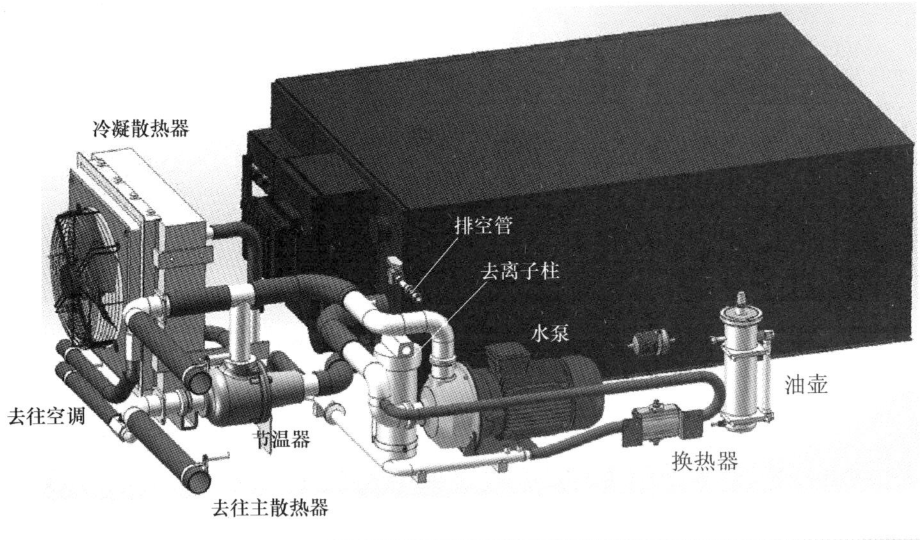

图6-24　燃料电池冷却液循环系统

燃料电池系统冷却液入口温度应当控制在表6-6规定的温度范围内。如果冷却液回水温度超出最大值范围，控制系统会自动降低燃料电池输出功率或让系统停机；如果冷却液回水温度低于额定回水温度，会导致燃料电池系统效率降低，燃料电池系统控制器会自动控制散热器风机工作频率以控制冷却液回水温度，用户需要确保散热器拥有足够的散热能力，以确保在恶劣工况下能够控制回水温度在额定范围内。

表 6-6　燃料电池冷却液入口温度要求

参数	数值
额定冷却液回水温度	50～63℃
最高冷却液回水温度	≤66℃
最低冷却液回水温度（无冷起动）	>5℃
最低冷却液回水温度（冷起动时）	>－30℃

6.5.3　电气/机械接口

1. 燃料电池系统

燃料电池系统电气部分主要包括布置在负极舱中的氢气循环控制器、24V 直流电源、水泵及风机变频控制器、PLC 控制器、空压机控制器以及布置在燃料电池舱中的电路保护器件等，如图 6-25 所示。几个大的部件安装在箱体中间隔板上，空压机变频器安装在箱体壁面上，电路保护器件安装在燃料电池舱排气消声器上方。

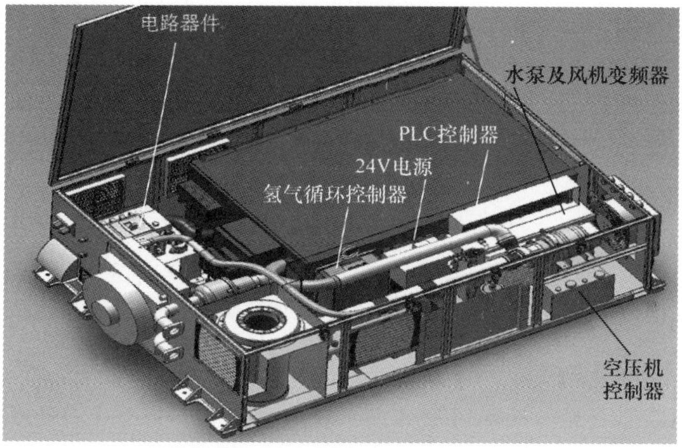

图 6-25　燃料电池电气系统

图 6-26～图 6-28 为燃料电池系统中电气元件的结构图。

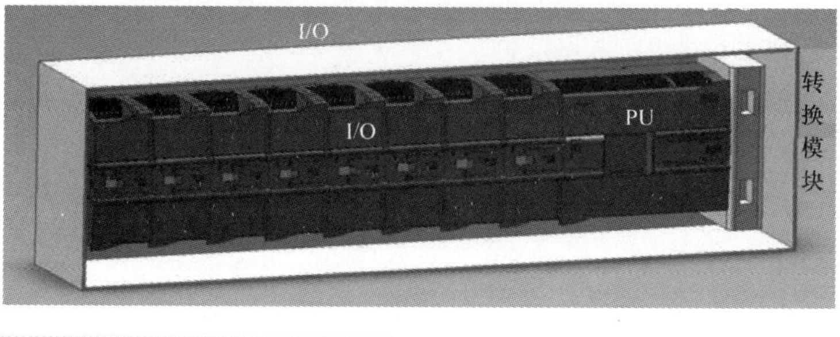

图 6-26　PLC 控制器

2. 超级电容/动力电池储能系统

（1）超级电容/动力电池配置方案　动力电池具有比能量高、充放电寿命长、自放电率低、安全可靠等优势，可提供较长的续驶里程，提供燃料电池起动所需电能以及燃料电池系统故障工况下紧急牵引所需的电能。超级电容具有功率密度大、能量密度高、充电速度快、循环寿命长、对环境无污染的特点，可提供较大的起动加速度。DC/DC 变流器可提供稳定输入/输出电源。

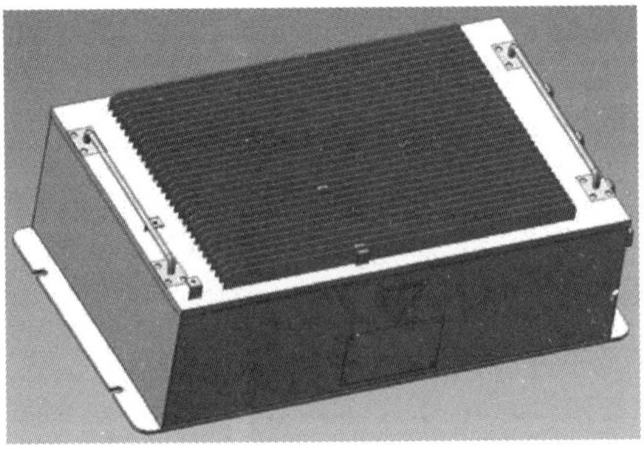

图 6-27　水泵及风机变频控制器

燃料电池/超级电容混合动力 100% 低地板有轨电车需安装两套超级电容/动力电池储能系统。**每套系统包含 1 个双向 DC/DC 电源电池箱（内有一套动力电池、一个双向 DC/DC 动力电池模块、一个双向 DC/DC 超级电容模块、外围电器及系统控制单元）和 1 个超级电容箱**。每套超级电容/动力电池储能系统的模型如图 6-29 所示。

图 6-28　几个电气部件的相对位置布局

超级电容器与动力电池组成的复合储能装置既可实现无燃料电池状态下的紧急供电，又可在制动阶段实现能量回收，降低不必要的能量浪费，同时具有节约成本、改善能源结构及无污染等特点。

（2）动力电池引空调风冷却方案　双向 DC/DC 电源电池箱内电池电芯布置密集，在工作时将产生 1 ~ 3kW 的热量。需要采用有效的冷却方式，将这些热量及时排散掉，以确保每个电芯的温度分布满足设计要求，避免影响混合动力电源系统的正常工作。当动力电池的工作

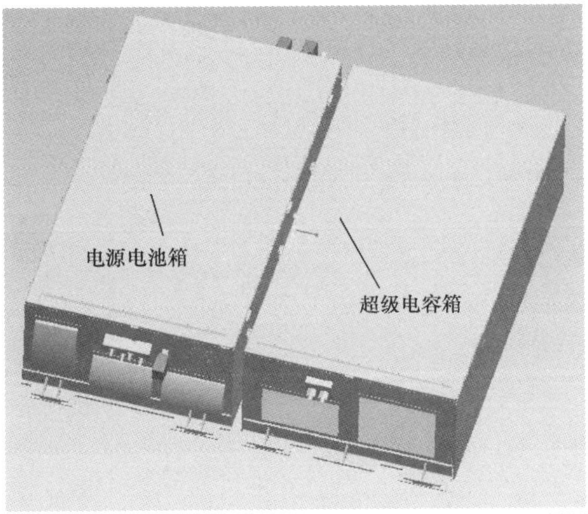

图 6-29　混合动力箱

温度超过 55℃时，对其寿命的影响将迅速加剧，因此设计时要求动力电池箱内工作温度不超过 55℃，且电池箱内各处温度差异不超过 5℃。

单一的冷却方式（强迫风冷）已不能保证电池箱在良好的状态下工作，需要采用综合冷却方案（强迫风冷 + 引空调风冷却），使电池箱在理想温度范围内工作。从客室引废排风，温度为 28℃，最大风量为 1200m³/h，从箱体底部进口进风，进风口尺寸为 180mm × 250mm。采取空调的安装方式，利用客室内的废气对电池箱进行冷却，最终排出车外，图 6-30 和图 6-31 为双向 DC/DC 电源电池箱和车顶开孔方案图。

图 6-30　动力电池箱

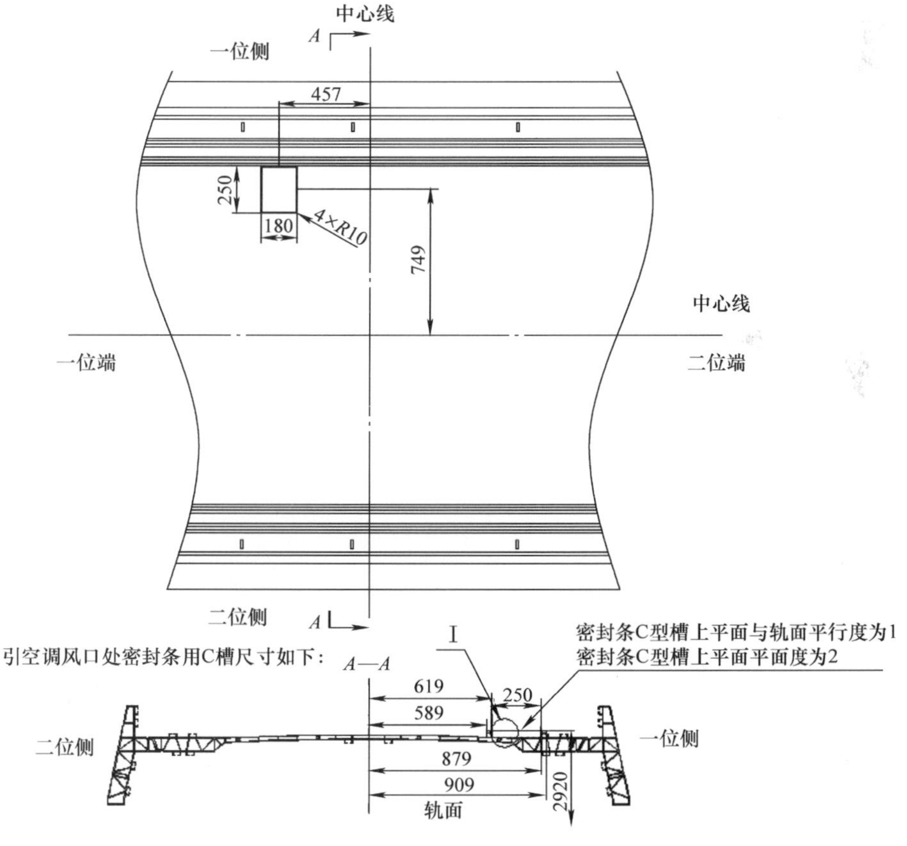

图 6-31　车顶开孔方案图

3. 储氢/供氢系统

车载储氢/供氢系统可以分为以下几个子系统：

（1）加注子系统　包括加注接口、单向阀（或球阀）、过滤阀、压力表以及必要的连接管路等零部件。其主要功能是完成与加氢站的加注对接，将洁净的高压氢气安全地注入到车载高压氢气瓶中，如图6-32所示。

加氢口在车体下部，需要在车体上开孔进行安装，考虑到车体强度的要求，将开孔的面积缩到最小并进行圆角处理，保证车体的强度。设置舱门保证加氢口不会被破坏，舱体只有舱门处是与外界大气连接，保证氢气不会进入到车厢内部。在加注模块上安装有静电导除装置，在进行加注时需要把加氢站上的静电导线和车辆上的静电导除装置连接，把车辆上的静电通过加氢站消除然后进行加注。从加注口到车顶的氢气管路采用完整不锈钢管进行连接，保证管路经过车厢时不会因接口而产生泄漏的危险。

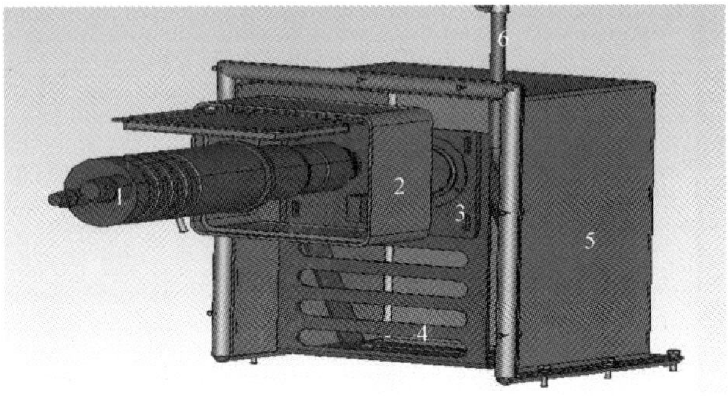

图6-32 加注子系统

1—加注枪（通过氢气加注枪实现氢气站与车载储存子系统相连进行加氢）
2—车体开孔焊接套（与车体两侧焊接并带有舱门，保护加氢口）
3—加注面板（含有加注口、压力表）
4—加注面板底座（通过滑条与车体连接）
5—加注舱后盖（加装密封条通过螺栓与客室内部车体连接，既保证氢气向客室方向扩散也方便检修）
6—输氢管（此管路采用一整根不锈钢管直接到达车顶，保证氢气不向客室泄漏）

（2）储存子系统　主要包括高压氢气瓶、组合瓶阀、PRESSURE RELIEF DEVICE（简称PRD，即压力释放装置，属于安全保护装置，一旦动作不可恢复），以及必要的连接管路等，如图6-33所示。其主要功用是将加氢站注入的氢气安全地储存在高压氢气瓶中。

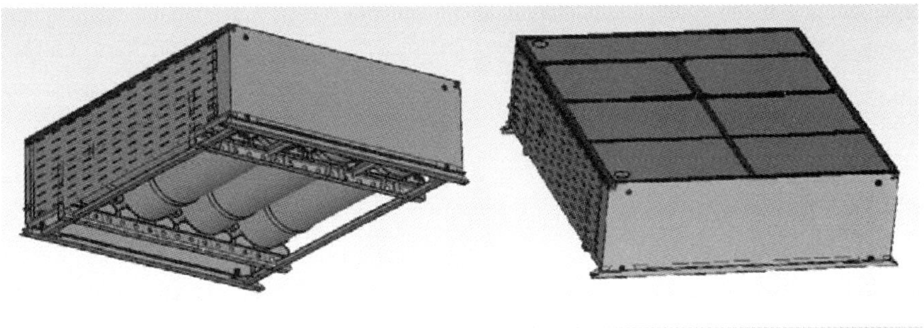

图6-33 储存子系统

在储存子系统上设有2个静电导除连接点，以方便将储存模块产生（携带）的静电通过导线连接到静电导除连接点上，然后通过整车将静电释放。储存子系统外部安装有遮阳罩，遮阳罩可以避免阳光直射到氢气瓶上，遮阳罩上设有通风孔，当氢气泄漏时，氢气可以通过通风孔及时扩散到大气环境中，避免氢气聚集。为了方便系统检修，在遮阳罩上还设有检修门。

储存子系统安装在车顶，采用螺栓及减振垫安装，气路接口处采用高压软管连接气路，保证不会因振动导致接口松动。

（3）供给子系统　主要包括电磁阀、减压器、安全阀、过滤器、放空阀、放散口、连接管件及固定支架等。其主要功用是安全地向燃料电池系统等用氢装置提供洁净的适当压力的氢气。

供给子系统内所有零件均安装在固定支架上，供给子系统安装在储存子系统上，供给子系统如图 6-34 所示。

图 6-34　供给子系统

电磁阀为防爆型，工作压力为 45MPa，工作电压为 DC24V。

减压阀的主要作用是将气瓶内释放出的高压氢气减压为中压或低压氢气，进而供给燃料电池，减压阀的出口压力在一定范围内是可以根据燃料电池需要的压力进行调节的，将最大入口压力设为 41.3MPa，出口压力设置为 1.6MPa。

安全阀位于减压阀之后，其作用压力设置为减压阀出口压力的 1.3 倍，一旦减压阀下游的压力上升，超过安全阀的开启压力，安全阀开启，将气体从管路中排出，达到保护下游零部件的目的。

过滤阀、放空阀、放散口为氢气管路提供气体过滤、过压保护等作用，保证储氢/供氢系统的安全。

（4）预警子系统　主要包括氢气泄漏探头以及必需的控制、报警装置，也可以将预警信号输送给整车控制器，由整车控制器发出预警命令。其主要功用是监控氢气的泄漏状况，当监测点浓度达到预设的报警值时发出预警信号。

预警子系统主要包括 5 个氢气泄漏检测探头和控制器，分别布置在加注子系统、车内电器柜、燃料电池系统、储存子系统中。泄漏监测探头把检测到的气体浓度发送给控制器，由控制器根据控制逻辑做出相应的指令。氢气泄漏检测浓度可以分为 3 个报警级别，根据不同的级别设定不同的控制指令。最高级别的报警值设置不应超过氢气爆炸下限的 50%。

6.5.4　冷起动系统

燃料电池模块内部安装有一个冷起动系统，与燃料电池防冻系统共同作用，保证零度以下的冷却液不会进入燃料电池电堆而引起电堆受到冰冻损坏，如图 6-35 所示。冷起动系统和燃料电池系统冷却液泵协同作用，从燃料电池模块的外部逐渐混合冷却剂，从而保证低温冷却液不会进入到燃料电池电堆内部。

当然，如果环境温度始终不会低于0℃，模块中不用安装这种冷起动系统和防冻系统。

如图6-35所示，HD6模块内部的冷起动系统由一个冷却剂泵和一个单向阀组成。防冻系统保持HD6内部温暖，当模块起动后，内部的冷却剂泵使温热的冷却剂在燃料电池电堆中循环。使用冷却剂流速要求通过CAN总线发送到驱动系统，HD6模块将要求的流速从主泵引入主循环管路。主冷却剂泵根据指令流速调整转速，以适时满足冷却液流量需求。

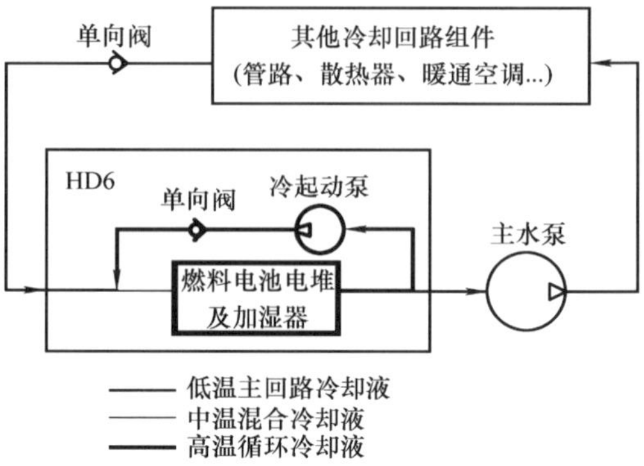

图6-35　冷起动系统示意图

HD6控制器监控进入燃料电池模块的冷却液温度，在冷起动泵工作时，进入HD6模块的低温冷却液与燃料电池内部循环的冷却液相混合，一直持续到进入模块的冷却剂的温度大大高于冰点，表明整个冷却循环已经预热完成。此时，HD6控制器关闭冷起动泵，只有主冷却剂泵在向HD6模块提供冷却剂。

在模块内的单向阀起到防止冷却剂从燃料电池电堆冷起动回路流过。在燃料电池模块的冷却液入口处，安装了一个单向阀，如图6-36所示，可以确保只有冷起动泵在运行时冷却剂不会倒流。

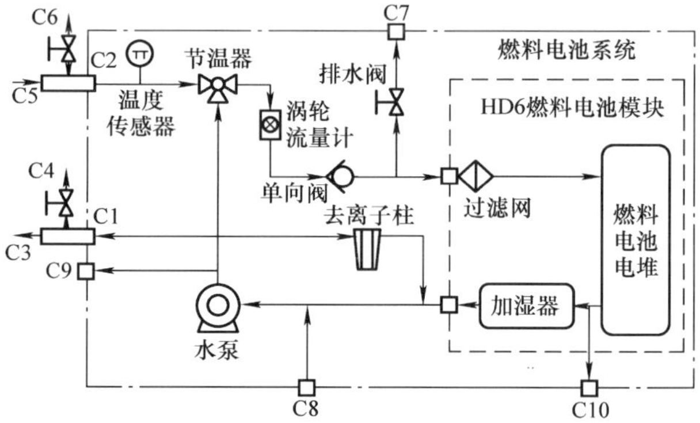

图6-36　燃料电池冷却液循环系统结构

6.5.5　防冻保护

燃料电池系统中安装的HD6燃料电池模块中，含有一个内部防冻保护系统，当HD6模块未运行时，环境温度可能降至冰点以下，此时必须使用此防冻系统。防冻保护是通过内置在模块周围的电阻式加热器实现的。此加热器加热HD6模块内部，通过温度开关的控制，使模块内部所有重要部件的温度都保持在冰点以上。这个防冻保护加热器与冷起动系统协同作用，保证HD6模块和电池电堆不会受到低温带来的损害。

需要确保防冻保护系统供电插座安装有漏电保护开关。使防冻保护系统的电源接通，并且保证报警点不显示报警状态。在防冻保护系统正常运行之前应进行测试，确保防冻保护系统工作正常。

防冻保护系统供电电压为220VAC，功耗为900W。燃料电池模块已经经过-30℃以上环境下的防冻保护验证，对于低于-30℃的极寒环境，防冻保护功率有可能不能满足防冻要求，燃料电池仍有可能面临冰冻危险。使用前需要明确燃料电池系统应用环境下的最低温度，采取相应措施避免冰冻危害。

6.5.6　氢气泄漏检测

氢气浓度传感器输出的是电压信号，外形如图 6-37 所示。

图 6-37　氢气浓度传感器

氢气是无色、无味的高可燃性气体。氢气是无毒的，但如果它取代空气中的氧气，便会导致窒息，并且在失去知觉之前没有任何警告性症状。氢分子比其他任何气体分子都要小，它可以从许多看似密封的材料中扩散出去，这使得氢气很难存放。燃料管路、无缝接头与非金属密封如垫圈、O 形圈、管线混合结构及其封装存在潜在的泄漏或渗透点。此外，氢气的小分子性导致其具有高浮力和扩散率，因而泄漏的氢气将扩散并迅速稀释。

HD6 模块内部发生的氢气泄漏可以由内部氢气检测装置很容易地检测出，这将在氢气/空气混合物达到可燃浓度前触发警告。外部的泄漏检测安装在燃料箱箱盖上方。如果怀疑存在过度的氢气泄漏，应当终止电池电堆的运行并进行泄漏测试。

作为预防性维护的一部分，HD6 模块板上的氢气传感器必须根据维护计划进行检查。

氢气传感器暴露在污染环境可能会发生性能衰减，衰减之后灵敏度变差。定期检查以确保这些传感器对于安全运行有足够的灵敏度。不执行氢气传感器的定期检查，可能会造成不安全的操作。如果传感器失效，导致 HD6 模块在可燃尾气或通风管道泄放时，可能不能紧急停机。

6.6　能量综合利用及节能减排技术

为提升有轨电车能量综合利用效率，进行了燃料电池有轨电车运行能耗影响因素权重分析、系统功耗优化分配与节能分析、动力电池箱综合冷却方案设计、燃料电池系统余热利用等技术研究工作。

6.6.1　燃料电池有轨电车运行能耗影响因素权重分析

一般来说，轨道交通运输能耗包括列车运行能耗和车站运营能耗两部分，其中，列车运行能耗的比重占总能耗的 50% 左右。随着城市轨道交通的发展，对其能耗分析也逐渐受到学者关注。Danziger 首先指出分析轨道交通能耗需要考虑到各个主要子系统之间的整合，找出影响整体能耗评价的关键因素。许多学者对列车牵引能耗进行了因素分解，其中 Hoyt 和 Levay 将影响能耗的因素分为列车属性、地理属性以及其他不可预测的变化因素等。Kraay 等人提出了一个基于物理方法的能耗计算模型，在该模型中列车牵引能耗被表示为克服阻力和动能变化时所做的功，这些阻力因素包括列车型号（质量等）、轨道参数（道面摩擦系数、坡度、曲率半径等）以及空气阻力。还有很多学者从优化列车控制、强化能耗管理等角度对城市轨道交通中列车牵引能耗进行了研究。近年来国内学者在此领域也有不少研究，石静雅等人建立了一个影响和评价牵引能耗的指标体系，冯佳等人采用灰色关联度的方法对影响列车牵引能耗各指标的重要性进行了分析。刘宝林、陈荣武等人采用物理仿真、数据统计等方法对影响列车牵引能耗的因素进行了分析。王玉明等人在其研究中探讨了我国城市轨道交通系统运行能耗分类，并运用仿真测算方法对影响城市轨道交通运行能耗的相关因素进行了分析。综合以上研究成果，将影响城市轨道交通列车牵引运行能耗的因素进行梳理、分类，可得到 4 个主要的影响因素，分别为基础设施、运营组织、环境因素及客运情况，其中：

1）基础设施包括车载辅助设备、列车车辆类型、动力传输效率、线路坡度、线路转弯半径、平均站间距。

2）运营组织包括行驶速度、编组方案、停站方案。

3）环境因素包括环境温度、环境湿度、风力风向。

4）客运情况包括走行距离、客运周转量、满载率。

上述 4 个影响因素涉及的面很广，这里我们主要研究其中与列车本身最密切相关的因素——基础设施。

1. 基础设施对列车运行能耗影响的量化分析

从能量消耗主体及主要用途出发，可知列车运行能耗不仅受移动设备技术条件如列车牵引制动特性、列车信号制式的影响，还受固定设备技术条件如坡道与曲线设计方案、站间距设置等因素影响。为了定量分析上述因素对列车运行能耗的影响，本节研究了列车种类、坡道与曲线设计方案、站间距设置方案等因素对于列车运行能耗的影响，可为城市轨道交通系统实际的规划设计提供能耗评价指标。

（1）基础设施中影响列车运行能耗的因素　城市轨道交通系统是人、车、线路条件以及环境相互作用相互影响的一个复杂系统，其能耗的影响因素也较为复杂。基础设施中对列车运行能耗造成影响的因素主要分为列车属性和线路条件两部分。其中，前者包括牵引动力特性、列车外形设计、车载辅助设备以及列车车辆类型，后者包括坡道设计、曲线半径以及站间距设置，如图 6-38 所示。

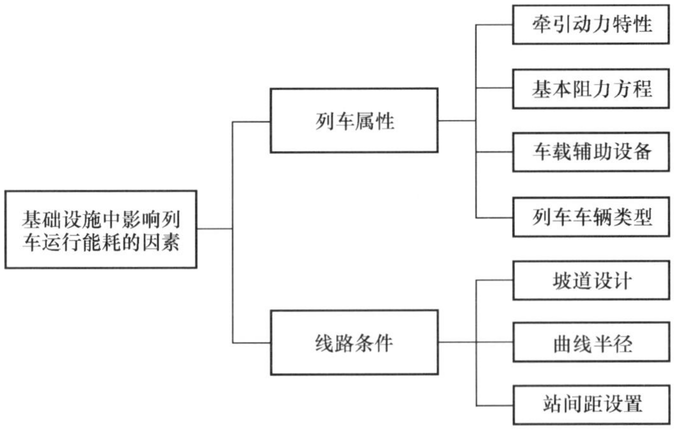

图 6-38　基础设施中影响列车运行能耗的因素

1）列车属性

① 牵引动力特性。在城市轨道交通中，列车牵引过程中电能转变为动能时的损耗主要是电气损耗、辅助设备能耗和列车的基本阻力损耗，如图 6-39 所示。根据所采用牵引电机

的不同，电力牵引驱动方式可以分为直流驱动和交流驱动两大类，不同的驱动方式能耗效率差别较大。交流驱动系统的效率一般为 0.8 ~ 0.85（包括齿轮传动效率），直流驱动系统的效率一般比交流系统低 10% ~20% 。

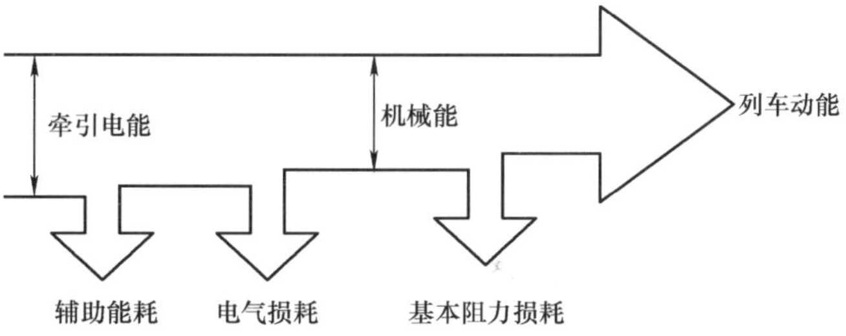

图 6-39　城市轨道列车牵引过程中的能量流

② 单位基本阻力方程。城市轨道列车的运行阻力近似为速度的一元二次函数形式 $f = A + Bv + Cv^2$，这种特性导致列车的运行阻力随着速度的增长而快速增长。因此，不同型号的列车 A、B、C 三个参数存在差异，进而导致基本阻力的差异，从而影响列车运行过程中克服阻力做功的能耗。

车辆外形设计需要考虑空气动力学和美观两个因素，同时解决列车高速运行时空气阻力增大的问题，还要注意恰当融入城市的人文景观以及历史、地理环境和气候状况等。

③ 车载辅助设备。车载辅助设备对运行能耗的影响主要是指在列车运行过程中，为保证旅客的舒适性、安全性而设计的列车车载辅助设备所消耗的能量。不同型号的城市轨道列车因设计标准的差异，其车载辅助设备的数量及功能也存在一定的差异。城市轨道列车除了包括空调、通风、照明等辅助设备外，通常还会配备旅客电子信息告示牌、服务广播系统以及闭路电视等。

④ 列车车辆类型。城市轨道交通系统的车辆类型对运行能耗起着关键性的作用。车辆类型不同，不仅是指车辆大小尺寸及容量的差别，更重要的是车辆的自重、构造、速度等技术指标有较大的差别，直接影响列车编组、输送能力等多个方面，从而影响了整个系统的运行能耗。

车辆高度、宽度、长度、车体结构、材料、车辆内部设备的配置、设置座椅数量、额定载荷状态下以及超员状态下的载客人数等，这些因素决定列车的自重，从而影响着列车的运行能耗。运营经验表明：车辆自重越大，要求车辆的起动、制动力矩越大，车辆电机的耗电量也越大。

2）线路条件

① 坡道设计。坡道对运行能耗的影响主要表现在重力势能的改变上。列车在上坡段运行时，牵引力克服重力做功，导致能耗增加；在下坡道运行时，重力分量和牵引力在同一方向上做功，导致能耗减少。因此，当同一列车在上坡道、平坡道和下坡道三种不同坡道上以速度 v 匀速前进时，上坡道运行时牵引力最大，进而在上坡道上的能耗较大。

② 曲线半径。曲线半径是线路条件的重要组成部分，它与线路的性质、车辆性能、行车速度、地形条件等有关。列车在曲线上运行时会产生离心力影响旅客的舒适度，因此，通常以设置外轨超高来产生向心力，进而达到平衡离心力的目的。当曲线半径一定时，速度越高，要求设置的外轨超高就越大。曲线半径对能耗的影响主要是列车运行阻力的增加，从而

导致能耗增加。

③ 站间距。城市轨道交通线路的站间距是根据具体情况设置的。站间距较小能够方便步行到站的乘客，但会降低运营速度，增加乘客出行时间和运营公司的配车数量，同时由于多设了车站从而增加了运营公司的工程投资和运营成本。站间距较大有利于列车的节能，但是容易让步行到站的乘客感觉不便，并且会增加车站负荷。根据国内外城市轨道交通设计和运营的经验，主要服务于城市中心地区的地铁线路平均站间距一般在 1.0 ~ 1.2km，市区以外有所增加。

在运行相同距离的情况下，站间距对列车运行能耗的影响主要是因为频繁制动导致的动能损失。列车在平直轨道上牵引运行时，牵引电能在转化为列车动能的过程中存在电气损耗和列车运行的基本阻力损耗，虽然列车在制动过程中，能将一部分动能回收再利用，但这一部分能量难以弥补制动造成的动能损失。因此，站间距过小会造成列车的频繁起动和制动，导致能耗的增加。

（2）列车属性对列车运行能耗影响的量化分析　在不同运营环境下影响列车运行能耗的因素往往不止一个，并且各因素之间相互影响。本节旨在分析单变量环境下列车运行能耗的变化趋势，主要采用计算实验手段，以混合动力列车运行仿真平台为基础，对难以通过计算实验实现的因素借鉴已有研究成果进行分析。

从定量的角度研究列车属性对运行能耗的影响程度，包括牵引动力特性、单位基本阻力方程、车载辅助设备和列车车辆类型四个方面，其中牵引动力特性主要总结已有的研究成果，对直线电机系统和普通轮轨系统的运行能耗进行比较，其他三个方面以混合动力列车运行仿真平台为基础，列车参数采用唐山轨道客车有限公司开发的燃料电池有轨电车的实际参数，通过在同一条线路上的运行实验进行测算和比较。

分析采用的线路数据假设为全长 10km，共 11 个车站，站间距都为 1km，全程为平直道。以下不再赘述。

1）牵引动力特性。直线电机的牵引能耗是选择城市轨道交通系统制式的重点考虑因素，因此，国内外学者及运营部门分别从不同角度对直线电机系统和普通轮轨系统的牵引能耗问题进行了研究，研究结果如表 6-7 所示。

表 6-7　直线电机系统和普通轮轨系统运行能耗的研究结果

	车辆运行能耗差值 $\left(\frac{\text{直线电机}-\text{旋转电机}}{\text{旋转电机}}\right)$	占城市轨道交通系统总能耗比例	备注
日本试验线和大阪 7 号线实测	25% ~30%	15% ~20%	日本城市纬度较高，空调能耗较低
基于电机效率的能耗计算	20% ~50%	5% ~13%	考虑 100% 再生
日本地铁协会牵引仿真计算	25% ~30%	6.25% ~7.5%	考虑 100% 再生
广州地铁 4 号线模拟计算	>27%	-	大中运量列车
重庆地铁 1 号线仿真计算	76%	-	大中运量列车

从表 6-7 可以看出，在不同的比较条件下，直线电机系统的牵引能耗均要比普通轮轨系统高 20% 以上。虽然直线电机系统的能耗比较大，但直线电机车辆爬坡能力强、转弯半径小，这可以满足困难条件下城市内部选线对小半径曲线的需求，能够在较小的土方条件下穿

越既有线路和建筑物之间的狭窄地带。为弥补直线电机能耗大的不足，直线电机轨道车辆除取消传动变速机构、使用轻质材料以减少车辆质量以外，还应充分利用其特点，积极采取技术措施，节约运行能耗，如设计节能坡、减小曲线运行阻力，尽量减少直线电机与感应板间气隙高度，优化感应板材料和面积，充分利用再生制动能量等。

2）单位基本阻力方程。在案例设计时，线路数据采用设计的虚拟线路数据，设计的线路全长 10km，共 11 个车站，站间距都为 1km，全程为平直道。单位基本阻力方程包含 A、B、C 三个参数，A、B 与列车的机械阻力相关，C 与列车的空气阻力相关。设置有轨电车在空载状态和巡航模式下，A、B、C 的取值以某有轨电车参数为中点上下等差变化，分别按照巡航速度 30～70km/h（以 5km/h 递增）在设计的虚拟线路上进行能耗计算实验，计算结果如表 6-8～表 6-10 所示。

表 6-8　燃料电池有轨电车 *A* 值变化条件下的能耗（kW·h）计算实验结果

A 值 / 速度/(km/h)	1.09	1.59	2.09	2.59	3.09	3.59	4.09
30	69.00	69.75	70.50	71.24	71.99	72.73	73.48
35	66.34	67.07	67.81	68.55	69.28	70.02	70.75
40	65.71	66.44	67.16	67.88	68.61	69.33	70.06
45	66.21	66.92	67.63	68.34	69.05	69.76	70.47
50	67.98	68.68	69.38	70.07	70.77	71.47	72.16
55	70.43	71.11	71.78	72.46	73.14	73.82	74.50
60	73.43	74.08	74.74	75.40	76.06	76.75	77.62
65	77.24	77.87	78.50	79.13	79.76	80.39	81.02
70	81.14	81.99	82.66	83.26	83.86	84.45	85.04

表 6-9　燃料电池有轨电车 *B* 值变化条件下的能耗（kW·h）计算实验结果

B 值 / 速度/(km/h)	0.0767	0.0817	0.0867	0.0917	0.0967	0.1017	0.1067
30	70.58	70.80	71.02	71.24	71.46	71.68	71.91
35	67.79	68.04	68.29	68.55	68.80	69.05	69.30
40	67.03	67.32	67.60	67.88	68.17	68.45	68.73
45	67.41	67.72	68.03	68.34	68.65	68.96	69.27
50	69.07	69.40	69.74	70.07	70.41	70.74	71.08
55	71.40	71.75	72.11	72.46	72.82	73.17	73.53
60	74.30	74.66	75.03	75.40	75.77	76.13	76.50
65	78.02	78.39	78.76	79.13	79.50	79.87	80.24
70	82.13	82.53	82.90	83.26	83.62	83.98	84.34

表 6-10　燃料电池有轨电车 *C* 值变化条件下的能耗（kW·h）计算实验结果

C 值 / 速度/(km/h)	0.000625	0.000675	0.000725	0.000775	0.000825	0.000875	0.000925
30	71.04	71.11	71.18	71.24	71.31	71.37	71.44
35	68.28	68.37	68.46	68.55	68.63	68.72	68.81
40	67.55	67.66	67.77	67.88	68.00	68.11	68.22
45	67.93	68.07	68.21	68.34	68.48	68.62	68.76

（续）

C值 速度/(km/h)	0.000625	0.000675	0.000725	0.000775	0.000825	0.000875	0.000925
50	69.58	69.75	69.91	70.07	70.24	70.40	70.57
55	71.90	72.08	72.27	72.46	72.65	72.84	73.03
60	74.77	74.98	75.19	75.40	75.61	75.82	76.03
65	78.45	78.68	78.91	79.13	79.36	79.58	79.81
70	82.57	82.80	83.03	83.26	83.49	83.72	83.95

不同速度等级下有轨电车运行能耗随 A、B、C 值的变化趋势如图 6-40 ~ 图 6-42 所示。

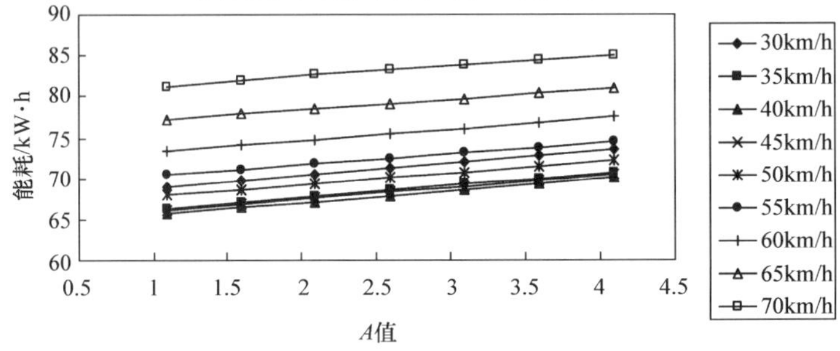

图 6-40 不同速度等级下有轨电车运行能耗随 A 值的变化趋势图

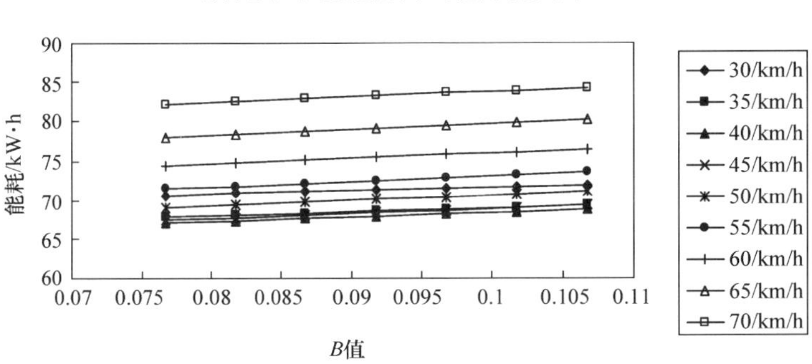

图 6-41 不同速度等级下有轨电车运行能耗随 B 值的变化趋势图

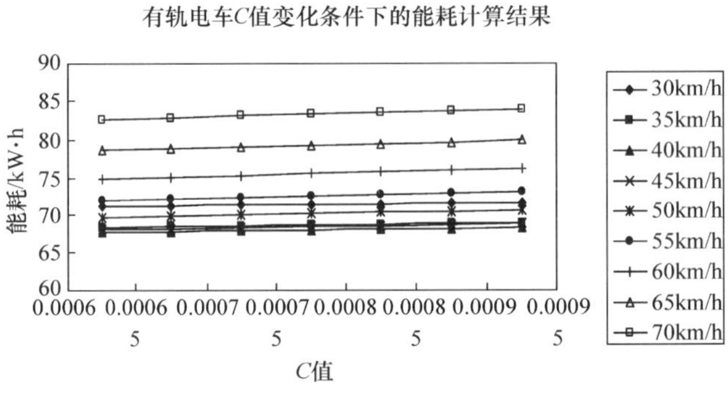

图 6-42 不同速度等级下有轨电车运行能耗随 C 值的变化趋势图

由以上数据可知：在每一个巡航速度下，列车能耗都随着 A、B、C 值的增大而增大，这是因为 A、B、C 值的增大都会导致基本阻力增大，克服阻力做功就会消耗更多的能量；在同一组 A、B、C 值的条件下，列车能耗随着速度的增大先减小后增大，这是因为开始随着速度的增大运行时间变短，辅助能耗会减小，所以列车能耗减小，后面随着速度的进一步增大，运行时间缩短的程度越来越不明显，而牵引能耗越来越大，所以列车能耗增大。随着速度的增大，A 值的变化对列车能耗的影响（列车能耗变化量）基本保持恒定，B 值和 C 值的变化对列车能耗的影响（列车能耗变化量）逐渐变大，这是因为在基本阻力方程中，A 值是独立影响基本阻力的，和速度无关，而 B 值和 C 值是和速度共同影响基本阻力的，所以速度不同时 B 值和 C 值对列车能耗的影响也会有所不同。这种工况条件下计算，列车的巡航速度为 40km/h 时，列车能耗最低。

3）车载辅助设备。列车车载辅助设备有很多，功能各异，这里以列车所有车载辅助设备总的辅助功率作为研究车载辅助设备对列车能耗影响的计算实验条件。设置有轨电车在空载状态和巡航模式下，辅助功率为 30 ~ 150kW（以 20kW 递增），分别按照巡航速度 30 ~ 70km/h（以 5km/h 递增）在设计的虚拟线路上进行能耗计算实验，计算结果如表 6-11 所示。

表 6-11　燃料电池有轨电车辅助功率变化条件下能耗（kW · h）计算实验结果

辅助功率/kW 速度/(km/h)	30	50	70	90	110	130	150
30	27.93	36.60	45.27	53.91	62.58	71.24	79.91
35	29.70	37.41	45.27	52.98	60.76	68.55	76.29
40	32.08	39.24	46.40	53.56	60.72	67.88	75.05
45	35.01	41.67	48.34	55.01	61.68	68.34	75.01
50	38.46	44.78	51.11	57.43	63.75	70.07	76.40
55	42.27	48.31	54.35	60.39	66.43	72.46	78.49
60	46.39	52.20	58.00	63.81	69.61	75.40	81.56
65	50.75	56.38	62.00	67.84	73.49	79.13	85.01
70	55.30	60.87	66.44	71.95	77.45	83.26	88.77

不同速度等级下有轨电车运行能耗随辅助功率值的变化趋势如图 6-43 所示。

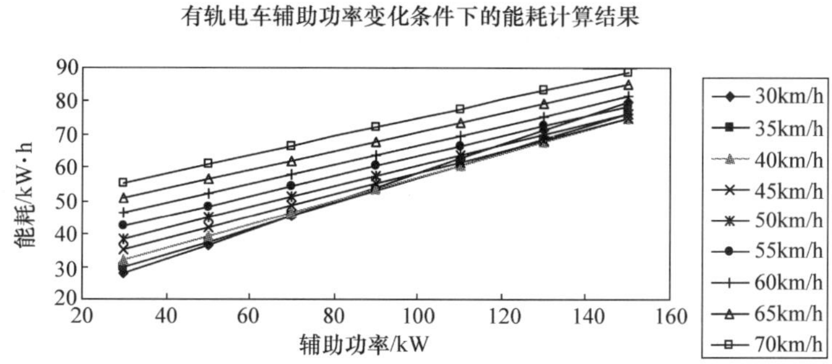

图 6-43　不同速度等级下有轨电车运行能耗随辅助功率的变化趋势图

由以上数据可知：在每一个巡航速度下，列车能耗随着辅助功率的增大而增大，这是因为辅助功率越大。相同时间内辅助设备消耗的能量就越多，所以列车能耗也会越大。辅助功率为 70kW 及以下时，列车能耗随着速度的增大而增大；辅助功率为 90kW 及以上时，列车能耗随着速度的增大先减小后增大。这是因为辅助功率在 70kW 及以下时，运行时间减小导致的辅助耗能减少量比速度增大导致的牵引耗能增加量小，所以总的列车能耗随着速度增大而增大；辅助功率在 90kW 及以上时，随着速度的增大，运行时间减小导致的辅助耗能减少量和速度增大导致的牵引耗能增加量相比，前期大后期小，所以总的列车能耗随着速度增大呈现出先减小后增大的现象。随着速度的增大，辅助功率的变化对列车能耗的影响（列车能耗变化量）逐渐变小，这是因为随着速度的增大，列车牵引运行能耗在列车总能耗中占的比例越来越大，从而导致辅助功率的变化对列车能耗的影响就会相应变小；辅助功率不同时，列车能耗最低的巡航速度也是不同的。

4）列车车辆类型。列车车辆类型涉及的参数中自重对运行能耗的影响较大，这里以列车自重作为研究列车车辆类型对列车能耗影响的计算实验条件。设置有轨电车在巡航模式下，自重的取值以某有轨电车自重为中点上下等差变化，分别按照巡航速度 30～70km/h（以 5km/h 递增）在设计的虚拟线路上进行能耗计算实验，计算结果如表 6-12 所示。

表 6-12　燃料电池有轨电车自重变化条件下能耗（kW・h）计算实验结果

自重/t 速度/(km/h)	33.2	38.2	43.2	48.2	53.2	58.2	63.2
30	66.59	68.14	69.69	71.24	72.79	74.34	75.89
35	62.95	64.81	66.68	68.55	70.41	72.28	74.14
40	61.24	63.45	65.67	67.88	70.10	72.31	74.53
45	60.56	63.15	65.75	68.34	70.94	73.53	76.22
50	61.06	64.06	67.07	70.07	73.07	76.05	79.01
55	62.16	65.32	69.05	72.46	75.85	79.54	82.88
60	63.52	67.71	71.57	75.40	79.51	83.57	87.51
65	65.67	70.30	74.58	79.13	83.62	88.03	92.38
70	68.22	73.32	78.34	83.26	88.09	92.81	96.44

不同速度等级下有轨电车运行能耗随自重的变化趋势如图 6-44 所示。

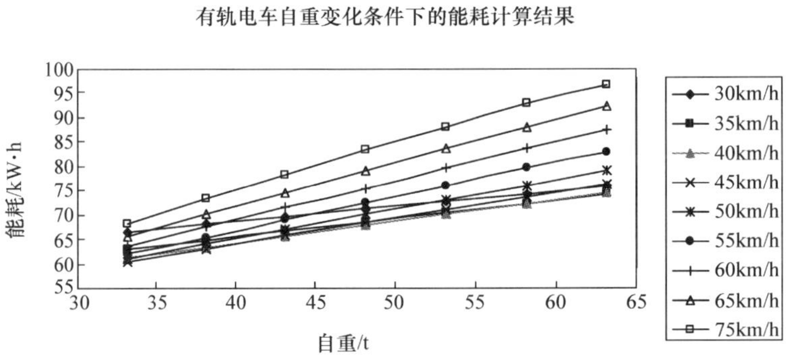

图 6-44　不同速度等级下有轨电车运行能耗随自重的变化趋势图

由以上数据可知：在每一个巡航速度下，列车能耗随着列车自重的增大而增大，因为列车自重越大，阻力也会越大，克服阻力做功耗的能量就会越多；同一自重条件下，随着速度的增大，列车能耗先减小后增大，原因如基本阻力方程参数 A、B、C 的情况；随着速度的增大，列车自重的变化对列车能耗的影响（列车能耗变化量）逐渐变大，原因是列车自重和速度共同影响着列车阻力，所以对于列车能耗而言，二者之间也是相互影响的，列车能耗最低的巡航速度与列车自重的大小有关。

（3）线路条件对列车运行能耗影响的量化分析　从定量的角度研究线路条件对列车运行能耗的影响程度，主要包括坡道、曲线半径和站间距。

1）坡道。设置坡长为2100m，坡度取5‰～70‰共8个值，设计车站1和车站2两站中心点分别位于50m、2050m，即设置站间距为2000m，列车从车站1静止起动，分别按照巡航速度5～50km/h（共6个速度值）运行，至车站2停止，不同坡度下的列车运行能耗如表6-13所示。

表 6-13　燃料电池有轨电车坡度变化条件下能耗（kW · h）计算实验结果

速度/(km/h) \ 坡度	5‰	10‰	20‰	30‰	40‰	50‰	60‰	70‰
5	54.56	56.11	59.22	62.32	65.42	68.52	71.62	74.72
10	28.82	30.37	33.47	36.56	39.66	42.75	45.85	48.94
20	16.47	18.00	21.08	24.15	27.23	30.31	33.38	36.46
30	12.94	14.46	17.51	20.55	23.60	26.64	29.69	33.17
40	11.73	13.23	16.23	19.24	22.24	25.47	29.19	33.10
50	11.51	12.99	15.96	18.93	22.02	25.47	29.19	33.10

不同速度等级下有轨电车运行能耗随上坡道的变化趋势如图6-45所示。

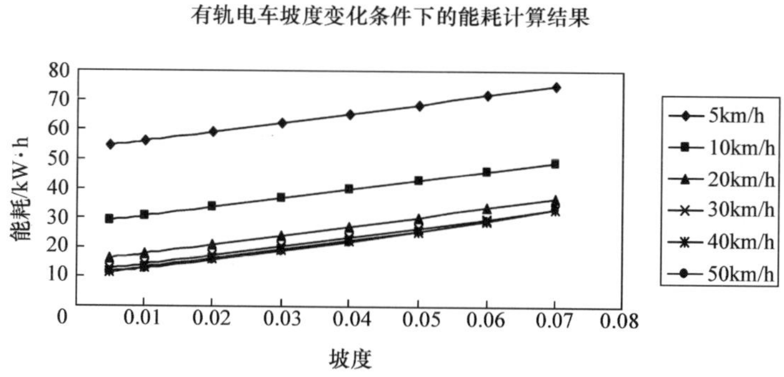

图 6-45　不同速度等级下有轨电车运行能耗随坡度的变化趋势图

由以上数据可知：在每一个巡航速度下，列车能耗随着坡度的增大而增大，原因是坡度越大列车受到的坡道阻力就越大；同一坡度下，速度越大，列车能耗越小，原因是运行时间变短导致的辅助耗能减少量比速度增大导致的牵引耗能增加量大，所以列车能耗在减小；随着速度的增大，坡度变化对列车能耗的影响（列车能耗的变化量）基本保持不变，原因是坡道对应的阻力不随列车速度增大而增大；这种工况条件下计算，列车巡航速度为50km/h时，列车能耗最低。

2）曲线半径。设置车站 1 和车站 2 两站站间距为 2000m，坡度为 0，两站之间首尾都为长 500m 的平直线，中间接 1000m 曲线，曲线半径分别为 100 ~ 1000m（以 100m 递增），分别按照巡航速度 30 ~ 70km/h（以 5km/h 递增）运行，不同曲线半径下的列车能耗如表 6-14所示。

表 6-14 燃料电池有轨电车曲线半径变化条件下能耗（kW · h）计算实验结果

曲线半径/m 速度/(km/h)	100	200	300	400	500	600	700	800	900	1000
30	12.35	11.88	11.73	11.65	11.60	11.57	11.55	11.53	11.52	11.51
35	11.58	11.11	10.95	10.88	10.83	10.80	10.78	10.76	10.75	10.74
40	11.61	10.69	10.53	10.46	10.41	10.38	10.36	10.34	10.33	10.32
45	11.93	10.50	10.35	10.27	10.22	10.19	10.17	10.15	10.14	10.13
50	12.39	10.50	10.35	10.27	10.22	10.19	10.17	10.15	10.14	10.13
55	12.97	10.98	10.49	10.41	10.36	10.33	10.31	10.29	10.28	10.27
60	13.65	11.64	10.74	10.66	10.61	10.58	10.56	10.54	10.53	10.52
65	14.40	12.39	11.29	11.00	10.95	10.92	10.90	10.88	10.87	10.86
70	14.47	12.92	11.94	11.41	11.37	11.34	11.31	11.30	11.28	11.27

不同速度等级下有轨电车运行能耗随曲线半径的变化趋势如图 6-46 所示。

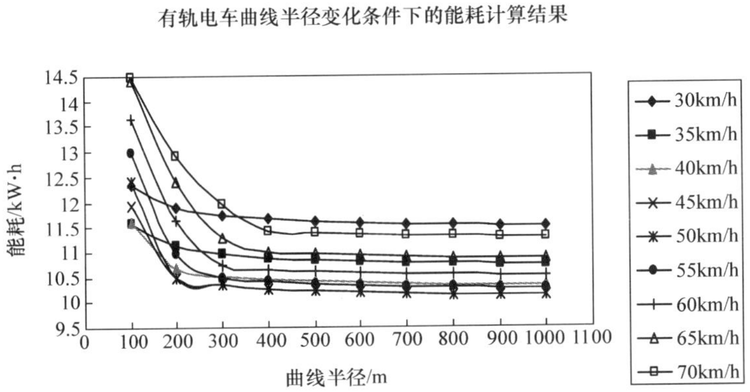

图 6-46 不同速度等级下有轨电车运行能耗随曲线半径的变化趋势图

由以上数据可知：在每一个巡航速度下，列车能耗随着曲线半径的增大而减小，原因是曲线半径越大列车受到的曲线阻力就越小；同一曲线半径下，速度越大，列车能耗先减小后增大，原因是运行时间变短导致的辅助耗能减少量和速度增大导致的牵引耗能增加量相比，前期大后期小，所以列车能耗先减小后增大；随着速度的增大，曲线半径变化对列车能耗的影响（列车能耗的变化量）基本保持不变，原因是曲线阻力与列车速度无关；不同的曲线半径条件下，列车能耗最低的巡航速度不同。

3）站间距。设置车站 1 和车站 2 两站之间线路坡度为 0，无曲线，两站站间距从 600 ~ 3000m 不等（以 300m 递增），分别按照巡航速度 30 ~ 70km/h（以 5km/h 递增）运行，为保证结果的可比性，选用单位距离运行能耗（即列车运行能耗除以区间距离）作为评价指标进行比较，不同站间距下的列车运行能耗和单位距离运行能耗如表 6-15 和表 6-16 所示。

表 6-15　燃料电池有轨电车站间距变化条件下运行能耗（kW·h）计算实验结果

速度/(km/h) \ 站间距/m	600	900	1200	1500	1800	2100	2400	2700	3000
30	4.04	5.62	7.20	8.78	10.37	11.95	13.51	15.09	16.68
35	3.98	5.41	6.84	8.27	9.68	11.13	12.55	13.99	15.42
40	4.04	5.37	6.70	8.03	9.34	10.67	12.00	13.31	14.64
45	4.19	5.45	6.70	7.95	9.20	10.46	11.71	12.96	14.22
50	4.42	5.62	6.82	8.03	9.23	10.44	11.64	12.85	14.04
55	4.70	5.87	7.06	8.22	9.40	10.56	11.74	12.91	14.1
60	5.04	6.19	7.34	8.51	9.67	10.82	11.98	13.12	14.28
65	5.41	6.55	7.70	8.85	10.01	11.15	12.31	13.45	14.61
70	5.54	6.96	8.11	9.26	10.40	11.55	12.72	13.88	15.03

表 6-16　燃料电池有轨电车站间距变化条件下单位距离运行能耗（kW·h/km）计算实验结果

速度/(km/h) \ 站间距/m	600	900	1200	1500	1800	2100	2400	2700	3000
30	6.73	6.24	6.00	5.85	5.76	5.69	5.63	5.59	5.56
35	6.63	6.01	5.70	5.51	5.38	5.30	5.23	5.18	5.14
40	6.73	5.97	5.58	5.35	5.19	5.08	5.00	4.93	4.88
45	6.98	6.06	5.58	5.30	5.11	4.98	4.88	4.80	4.74
50	7.37	6.24	5.68	5.35	5.13	4.97	4.85	4.76	4.68
55	7.83	6.52	5.88	5.48	5.22	5.03	4.89	4.78	4.70
60	8.40	6.88	6.12	5.67	5.37	5.15	4.99	4.86	4.76
65	9.02	7.28	6.42	5.90	5.56	5.31	5.13	4.98	4.87
70	9.23	7.73	6.76	6.17	5.78	5.50	5.30	5.14	5.01

不同速度等级下有轨电车运行能耗和单位距离运行能耗随站间距的变化趋势如图 6-47 和图 6-48 所示。

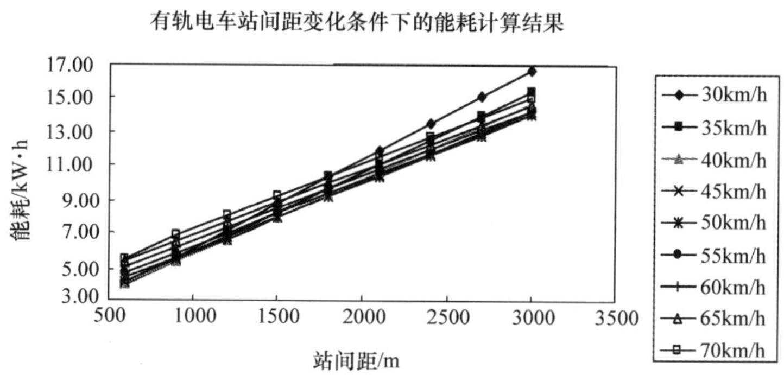

图 6-47　不同速度等级下有轨电车运行能耗随站间距的变化趋势图

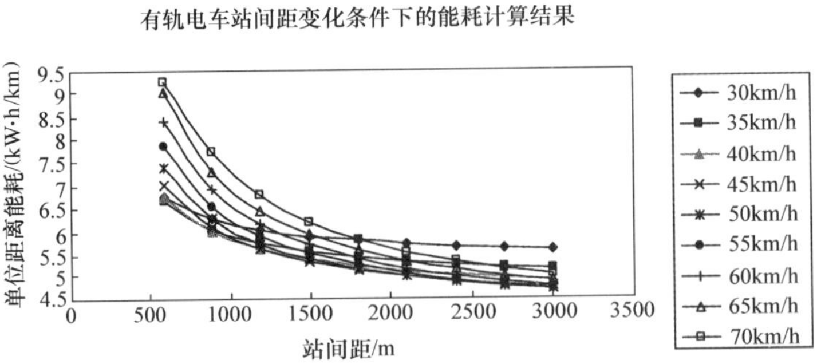

图 6-48 不同速度等级下有轨电车单位距离运行能耗随站间距的变化趋势图

由以上数据可知：在每一个巡航速度下，列车单位距离运行能耗随着站间距的增大而减小，原因是站间距虽然增大了，但起动和停车过程都是一次，所以增加的距离相当于都是在巡航状态下，这种状态下的能耗与剩下的包含起动和停车过程的部分相比要小，所以列车单位距离运行能耗会减小；同一站间距下，随速度增高，列车能耗先减小后增大，原因是运行时间变短导致的辅助能耗减少量和速度增大导致的牵引能耗增加量相比，前期大后期小，所以列车能耗先减小后增大；随着速度的增大，站间距变化对列车单位距离运行能耗的影响（列车单位距离运行能耗的变化量）逐渐增大，原因是站间距对列车能耗的影响和运行时间有关，而速度大小直接会影响到运行时间的长短；不同的站间距条件下，列车单位距离运行能耗最低的巡航速度不同。

2. 基于灰色理论的能耗影响因素关联度分析

关联度是指影响系统的因素随时间或不同对象而变化的关联性大小的量度。在系统发展过程中，若两个因素变化的趋势具有一致性，同步变化程度较高，则二者关联程度较高；反之，则关联程度较低。前面通过计算实验的方法，从定量角度分析了列车属性、线路条件对列车运行能耗的影响，但是计算实验方法和数据还是存在一定的局限性，所以有必要引入一种数学方法来进一步研究影响因素与列车运行能耗的关联度大小。

（1）关联度分析方法的选择　常规数理统计中用于关联度分析的方法有回归分析、方差分析、主成分分析等。其共同缺陷在于：①需要大量数据，数据量少会导致难以找出统计规律；②要求样本服从某个典型的概率分布，要求各因素数据与系统特征数据之间呈线性关系且各因素之间彼此无关；③计算量大，一般需计算机辅助计算；④可能出现量化结果与定性分析不符的现象。鉴于我们采用计算实验方法得到的数据较为有限，因此数理统计方法可能难以奏效。灰色关联分析可以弥补采用数理统计方法做关联分析的缺点，其对样本量的多少和样本有无规律都同样适用，且计算量较小，更不会出现量化结果与定性分析结果不符的情况。灰色关联分析的基本思想是根据序列曲线几何形状的相似程度和接近程度来判断其联系是否紧密。曲线越相似越接近，相应序列之间关联度就越大，反之越小。

（2）灰色理论　灰色系统是邓聚龙在 20 世纪 70 年代末 80 年代初提出的，灰色系统理论是根据社会、经济等系统的行为特征数据，寻求因素之间和因素本身的数学关系与变化规律。灰色系统理论通过灰色生成或序列算子的作用弱化随机性，挖掘潜在的规律，经过灰色差分方程与灰色微分方程之间的相互转换实现利用离散的数据序列建立连续的动态微分方程，从而为构造信息不完全的研究对象模型提供了一条可行途径。

经过多年的发展完善，灰色系统理论主要内容包括：以灰色朦胧集为基础的理论体系，以灰色关联空间为依托的分析体系，以灰色序列生成为基础的方法体系，以灰色模型为核心的模型体系，以系统分析、评估、建模、预测、决策等为主体的技术体系。其基本原理包括默承认原理、默否认原理、差异信息原理、信息认知原理、白化原理、解的非唯一性原理、新信息优先原理、最少信息原理、灰性不灭原理。其中，默承认原理、默否认原理、差异信息原理与灰性不灭原理属于灰理论中前提性的原理；信息认知原理是灰理论中认知模式的根据，白化原理是认知模式的表现，解的非唯一性原理是白化原理的延伸；新信息优先原理是灰控制的基础；最少信息原理是贯穿于灰关联、灰建模、灰生成、灰决策的关键性原理。灰色系统理论中，以灰色序列生成、关联分析、预测以及决策应用最为广泛，我们采用的就是灰色系统理论中的灰色关联分析。

灰色关联分析是一种新的因素分析方法，它采用量化方法来获得灰色关联度，并以此作为区分系统变量之间关系密切程度（或影响大小）的依据。一般的抽象系统都包含多种因素，多种因素共同作用的结果决定了该系统的发展态势。通常情况下我们希望明确众多因素中哪些是主要因素，哪些是次要因素；哪些因素对系统发展影响大，哪些因素对系统发展影响小；哪些因素对系统发展起推动作用，需强化发展，哪些因素对系统发展起阻碍作用，需抑制发展。

（3）关联度计算

1）灰色关联模型。灰色关联度的具体计算步骤如下：

① 确定分析序列。确定反映系统行为特征的参考序列和影响系统行为的比较序列。

② 变量的无量纲化。由于系统中各因素序列中的数据可能因量纲不同，不便于比较或在比较时难以得到正确的结论，因此在进行灰色关联度分析时，一般都要进行数据的无量纲化处理。一般常用的无量纲化处理方式是初值化处理，方法如式（6-1）所示。

$$X'_i = X_i / x_i(1) = (x'_i(1), x'_i(2), \cdots, x'_i(n))(i = 0,1,2,\cdots,m) \tag{6-1}$$

③ 计算关联系数。首先求差序列

$$\Delta_i = (\Delta_i(1),\ \Delta_i(2),\ \cdots,\ \Delta_i(n))(i = 1,2,\cdots,m) \tag{6-2}$$

其中，$\Delta_i(k) = |x'_0(k) - x'_i(k)|$，$k = 1$，2，…，$n$。

然后求两极最大差和最小差

$$M = \max_i \max_k \Delta_i(k) \tag{6-3}$$

其中，M 为两极最大差。

$$m = \min_i \min_k \Delta_i(k) \tag{6-4}$$

其中，m 为两极最小差。

最后求关联系数

$$\gamma_{0i}(k) = \frac{m + \xi M}{\Delta_i(k) + \xi M} \tag{6-5}$$

其中，$\xi \in$（0，1），$k = 1$，2，…，n，$i = 1$，2，…，m。

④ 计算灰色关联度。因为关联系数是比较序列与参考序列在各个时刻（即曲线中的各点）的关联程度的值，所以它的数不止一个，而信息过于分散不便于进行整体性比较，因

此有必要将各个时刻的关联系数集中为一个值，即求其平均值，进而得到了表示比较序列和参考序列间关联程度的灰色关联度。

$$\gamma_{0i} = \frac{1}{n}\sum_{k=1}^{n}\gamma_{0i}(k) \tag{6-6}$$

其中，$i=1, 2, \cdots, m$。

由于计算关联系数时 ξ 的取值没有确定的取值方法，是根据经验主观确定的，所以灰色关联度的计算结果就会因为主观意识的影响而变得不同，所以这里计算关联度不采用这种模型。

2）相对灰色关联模型。关联度有绝对关联度和相对关联度之分。绝对关联度采用初始点零化法进行初值化处理，当分析的因素差异较大时，由于变量间的量纲不一致，往往影响分析，难以得到合理的结果；而相对关联度用相对量进行分析，计算结果仅与序列相对于初始点的变化速率有关，与各观测数据大小无关，这在一定程度上弥补了绝对关联度的缺陷。

灰色相对关联度的计算步骤如下：

① 求参考序列 X_0 和比较序列 $X_i(i=1, 2, \cdots, m)$ 的初值像 $X'_i(i=0, 1, 2, \cdots, m)$。

$$X'_i = \frac{X_i}{x_i(1)} = \left(\frac{x_i(1)}{x_i(1)},\frac{x_i(2)}{x_i(1)},\cdots,\frac{x_i(n)}{x_i(1)}\right) \tag{6-7}$$

其中，$i=0, 1, 2, \cdots, m$。

② 求 X'_i（$i=0, 1, 2, \cdots, m$）的始点零化像 X'^0_i（$i=0, 1, 2, \cdots, m$）。

$$X'^0_i = (x'_i(1) - x'_i(1),x'_i(2) - x'_i(1),\cdots,x'_i(n) - x'_i(1)) = (x'^0_i(1),x'^0_i(2),\cdots,x'^0_i(n)) \tag{6-8}$$

其中，$i=0, 1, 2, \cdots, m$。

③ 计算 $|s'_0|$、$|s'_i|$ 和 $|s'_i - s'_0|$。

$$|s'_0| = \left|\sum_{k=2}^{n-1}x'^0_0(k) + \frac{1}{2}x'^0_0(n)\right| \tag{6-9}$$

$$|s'_i| = \left|\sum_{k=2}^{n-1}x'^0_i(k) + \frac{1}{2}x'^0_i(n)\right| \tag{6-10}$$

$$|s'_i - s'_0| = \left|\sum_{k=2}^{n-1}(x'^0_i(k) - x'^0_0(k)) + \frac{1}{2}(x'^0_i(n) - x'^0_0(n))\right| \tag{6-11}$$

④ 计算灰色相对关联度 r_{0i}。

$$r_{0i} = \frac{1 + |s'_0| + |s'_i|}{1 + |s'_0| + |s'_i| + |s'_i - s'_0|} \tag{6-12}$$

其中，$i=1, 2, \cdots, m$。

由于灰色相对关联度自身具备的优点，而且计算时也没有需要人为主观确定的参数，计算结果是唯一确定的，因此采用灰色相对关联度来计算关联度。

（4）关联度计算结果　根据上述灰色相对关联度的计算方法，对燃料电池有轨电车运行能耗影响因素的关联度进行计算，结果如表 6-17 和表 6-18 所示。

表 6-17　燃料电池有轨电车运行能耗影响因素关联度计算结果（1）

因素 \ 速度/(km/h)	30	35	40	45	50	55	60	65	70
A	0.519	0.540	0.540	0.540	0.539	0.538	0.524	0.524	0.537
B	0.569	0.581	0.571	0.674	0.572	0.570	0.550	0.582	0.570
C	0.633	0.635	0.573	0.638	0.604	0.564	0.565	0.642	0.565
辅助功率	0.578	0.570	0.529	0.657	0.638	0.623	0.515	0.517	0.519
自重	0.643	0.661	0.558	0.698	0.716	0.733	0.555	0.557	0.781
曲线半径	0.506	0.506	0.506	0.506	0.506	0.506	0.506	0.505	0.506
站间距	0.511	0.512	0.513	0.512	0.513	0.513	0.511	0.512	0.512

表 6-18　燃料电池有轨电车运行能耗影响因素关联度计算结果（2）

因素 \ 速度/(km/h)	5	10	20	30	40	50
坡度	0.520	0.532	0.506	0.518	0.571	0.573

表 6-17 和表 6-18 中的结果为各速度下影响因素和列车能耗的关联度，要得到影响因素和列车能耗总的关联度，就需要把各速度下的关联度整合在一起，考虑到现实生活中列车实际运行的情况，直接取平均值可能并不符合实际情况，所以这里采取不同速度分配不同权重的方法来进行整合。各速度的分配权重大小如表 6-19 和表 6-20 所示。

表 6-19　不同速度的分配权重结果（1）

速度/(km/h)	30	35	40	45	50	55	60	65	70
权重	0.05	0.05	0.1	0.2	0.2	0.2	0.1	0.05	0.05

表 6-20　不同速度的分配权重结果（2）

速度/(km/h)	5	10	20	30	40	50
权重	0.05	0.1	0.25	0.3	0.2	0.1

根据表 6-19、表 6-20 中的权重配比结果，各影响因素和列车能耗的关联度整合结果如表 6-21 所示。

表 6-21　燃料电池有轨电车运行能耗影响因素关联度整合结果

影响因素	A	B	C	辅助功率	自重	坡度	曲线半径	站间距
关联度	0.536	0.590	0.599	0.597	0.673	0.533	0.506	0.512

图 6-49 更直观地显示了影响因素与列车运行能耗之间的关联度大小。

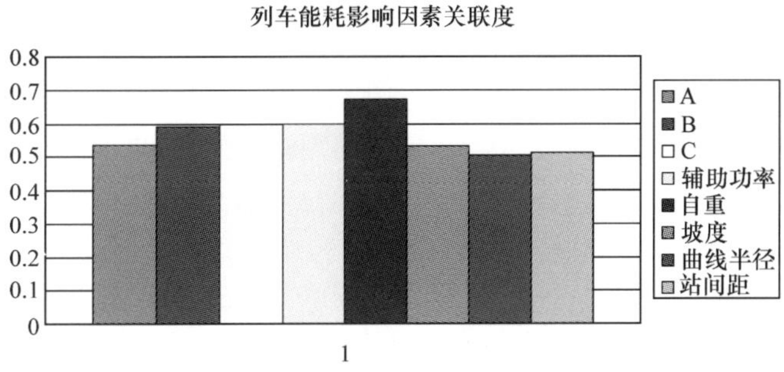

图 6-49　燃料电池有轨电车运行能耗与其影响因素的关联度

本节采用灰色理论中的灰色关联分析计算方法，对燃料电池有轨电车运行能耗与其影响因素之间的关联度进行了计算。通过计算得出：列车自重与列车运行能耗的关联度最大，其值为 0.673，即列车自重对列车运行能耗的影响程度最为明显；基本阻力方程中的参数 B、C 以及辅助功率与列车运行能耗的关联度较大，分别为0.590、0.599 和0.597，即这三个因素对列车运行能耗的影响较为明显；基本阻力方程中的参数 A 和线路条件中的坡度、曲线半径以及站间距这四个因素与列车运行能耗的关联度分别为0.536、0.533、0.506 和0.512，即这四个因素对列车运行能耗的影响相对一般。

6.6.2　系统功耗优化分配与节能分析

列车能耗分析采用基于功能转换的列车能耗计算方法。由于燃料电池/超级电容100%低地板现代有轨电车配备有车载储能部件，可将制动能量回收并存储，所以进行列车能耗分析时就需要考虑再生制动能，从列车运行牵引能耗和再生制动能两个方面进行列车能耗分析。

项目组利用自主开发的混合动力列车运行仿真平台，对车载动力电池、超级电容、燃料电池这种复合形式电源系统的现代有轨电车进行了运行仿真和节能分析。

1. 列车运行牵引能耗相关概念

列车运行过程可以分为起动阶段、恒速（准恒速）运行阶段、惰行阶段和制动阶段4个环节。根据列车轮周牵引力各阶段做功与否以及与其他影响因素的关系特征，可以进行列车牵引能耗的计算。

1）列车牵引系统输入能量：列车在运行时牵引系统从直流母线获得的总电能，其值是运行时间内直流母线电压和电流乘积的积分，包括辅助设备消耗的能量。

2）电源系统输出能量：列车在运行时车载储能部件输出的总电能，其值是运行时间内各储能部件输出电压和电流乘积的积分累加之和。

3）再生制动回收能量：列车在运行时通过再生制动反馈回直流母线的能量，其值是制动时间内制动力所做的功与列车制动系统总效率的乘积，由于车载储能设备回收能力有限，所以剩余一部分电能是被制动电阻消耗。

4）制动电阻消耗能量：制动过程中在制动电阻上消耗的能量，其值是制动时间内流经制动电阻的电流平方与制动电阻阻值乘积的积分。

5）列车实际牵引能量：列车在运行时牵引系统实际消耗的电能。列车实际牵引电能 = 列车牵引系统输入能量 -（再生制动回收电能 - 制动电阻消耗）。

采用节能率和制动能量回收利用率两个指标对列车的能量分配进行分析。

1）节能率（ρ_1）。节能率表达式如下：

$$\rho_1 = \frac{\text{再生制动实际回收能量} - \text{制动电阻消耗能量}}{\text{列车牵引系统输入能量}} \tag{6-13}$$

列车在起动加速时牵引系统会将大量的电能转换为列车动能，在制动时会将相当一部分列车动能通过牵引逆变器以电能的形式反馈回车载储能部件。通过对再生制动实际回收能量和列车牵引系统输入能量进行比较，可以得出运行过程中能量的转移、消耗以及能量节约情况。

2）制动回收能量利用率（ρ_2）。制动回收能量利用率表达式如下：

$$\rho_2 = 1 - \frac{\text{制动电阻消耗能量}}{\text{再生制动回收能量}} \tag{6-14}$$

通过公式可以得到再生制动回收能量的利用率，也有助于对制动电阻进行分析。

2. 列车能耗分析仿真实例

下面针对北京西郊线线路进行了列车运行能耗的仿真分析。

仿真设置

1）线路参数。参照第 5 章北京西郊线的相关数据。

2）列车参数。列车基本参数、电气设备参数见前文。

3）电源参数。动力电池、超级电容和燃料电池的相关技术参数见前文。

3. 仿真结果

导入仿真基础参数后，依据设置的线路条件进行列车运行仿真，模拟列车起动加速、恒速巡航、制动进站等各种工况下的自动运行，根据列车的实时状态计算出整个运行过程中列车的牵引能耗值和再生制动回收的能量值，并形成图形化的分析结果，有助于直观地得到列车运行过程中的能耗情况，为进一步的能耗优化提供基础。

系统界面如图 6-50 所示。

系统实时仿真界面如图 6-51 所示。

系统仿真回放界面如图 6-52 所示。

图 6-50　系统界面

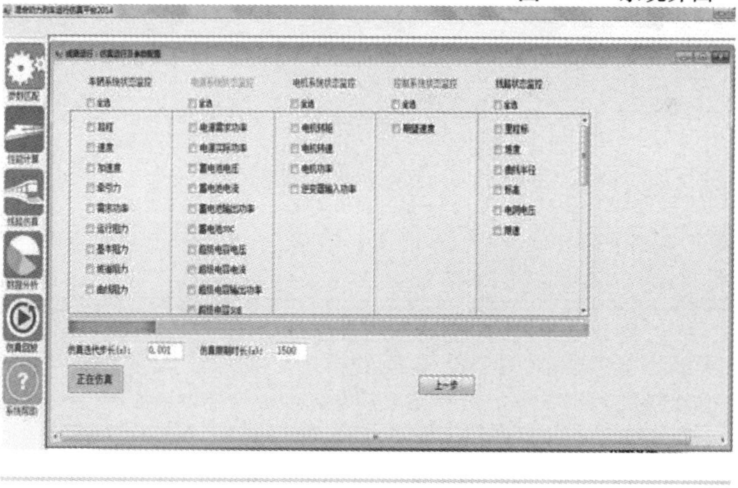

图 6-51　系统实时仿真界面

所以，通过对列车进行线路仿真分析，可以直观地看出列车各个状态之间的关系曲线图。

（1）列车运行全程能量流动图　列车运行全程能量流动图直观地描述了列车运行全程各部分之间的能量转移和消耗情况，仿真结果如图 6-53 所示。

其中，粗线数值代表列车牵引运行消耗的能量，虚线的数值代表列车制动时再生制动回收的能量，Aux 表示辅助系统，G 表示电网，R 表示制动电阻，B 表示动力电池，C 表示超级电容，F 表示燃料电池，M 表示牵引电机，从图中可以直观地看出每部分输出的能量值和

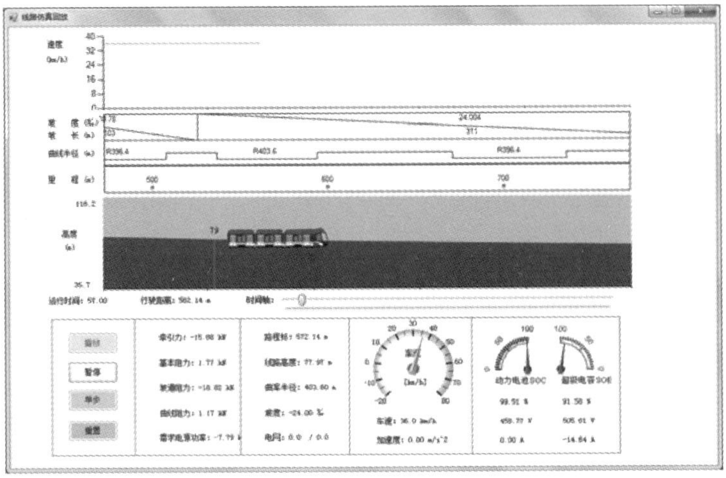

图 6-52　系统仿真回放界面

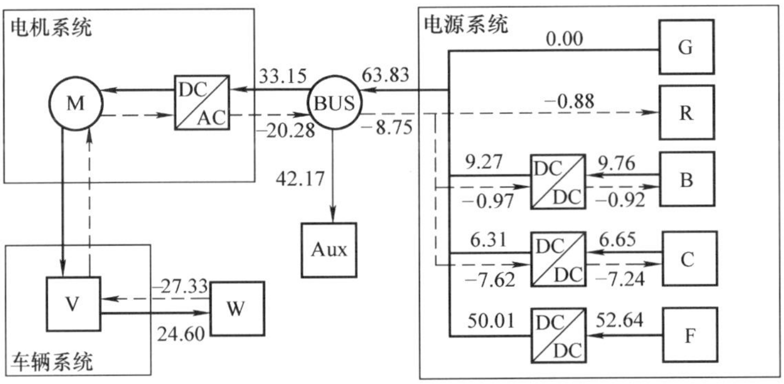

图 6-53　列车运行全程能量流动图

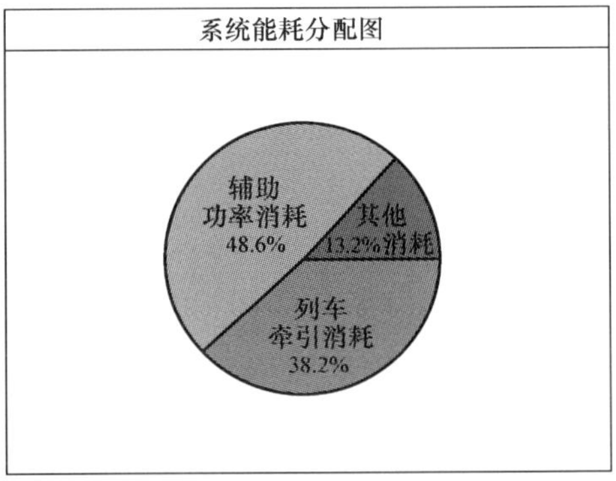

图 6-54　列车系统能耗组成分布图

回收利用的能量值。

（2）列车系统能耗组成分布图　列车系统能耗组成分布比例图可直观显示出整个列车系统能耗的组成部分、各部分所占的比例及能量流的方向，仿真结果如图 6-54 所示。

从图 6-54 中可以看出，在整个列车系统的能耗中，由于辅助功率很大，因此辅助能耗是最主要的部分，占了总能耗的 48.6%，牵引能耗占总能耗的 38.2%。

（3）列车电源系统输出能量分配图　从列车电源系统输出能量分配比例图可以直观地看出电源系统中各部件输出能量占总输出的比例，可以看出哪个部件是主要的能量输出者，仿真结果如图 6-55 所示。

从图 6-55 中可以看出，列车在运行过程中，燃料电池是主要的能量输出者，燃料电池的输出能量占总输出能量的74.3%，动力电池占13.8%，超级电容占9.4%。

（4）列车制动回收能量分配图　从列车制动回收能量分配图可以看出列车回收的制动能量流的方向，以及各储能部件回收制动能量的比例，仿真结果如图6-56所示。

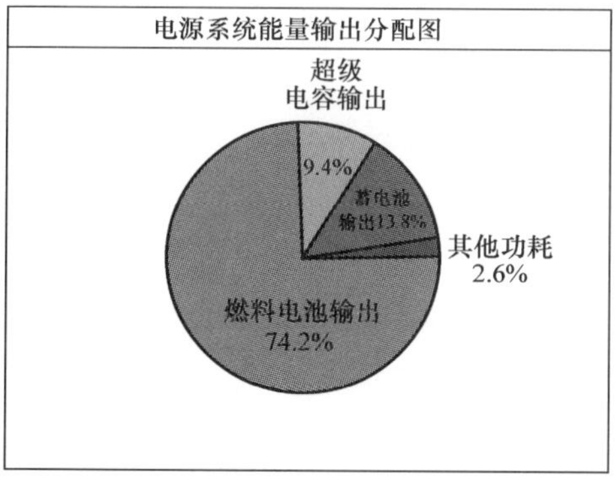

图6-55　电源系统输出能量分配比例图

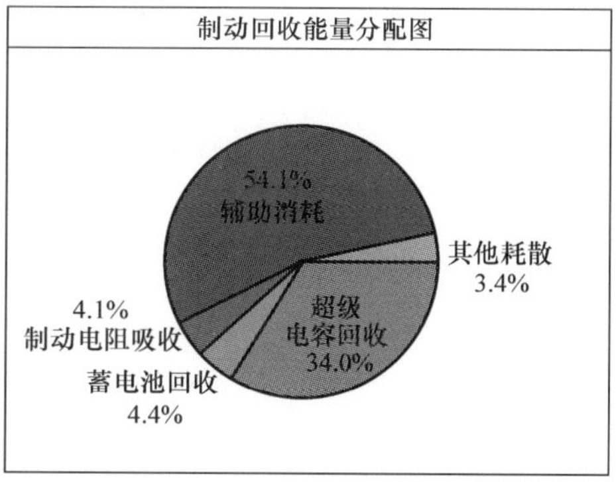

图6-56　列车制动回收能量分配比例图

从图6-56中可以看出，在再生制动时，回收能量主要用于辅助系统，占总回收能量的54.1%，超级电容回收了较多制动能量，占总制动回收能量的34%，动力电池回收的能量占总制动回收能量的4.3%，制动电阻仅消耗了很小的一部分能量。

（5）能耗分析指标计算结果　经仿真计算得到，列车牵引系统输入能量为75.32kW·h，电源系统输出能量为69.05kW·h，再生制动回收电能为20.28kW·h，制动电阻消耗能量为0.88kW·h，列车实际牵引电能为55.92kW·h。

再生制动实际回收电能占列车牵引系统输入能量的比率（即节能率）为25.75%，制动电阻消耗能量占再生制动回收电能的比率为4.35%，即制动回收能量利用率为95.65%。

6.6.3　动力电池箱综合冷却方案设计/引空调风冷却技术

1. 电池箱综合冷却可行性分析

（1）风冷可行性分析　在所有方案中，通风冷却是最为经济、使用最为广泛的冷却方式，和其他方式比，风冷结构简单，安全、维护方便。风冷的缺点主要表现在：受外部环境影响，冷风的状态不确定，环境湿度、颗粒物含量、空气温度等参数不稳定。但空调排风温度相对稳定，不含或仅含有少量颗粒物，且风量来源稳定。

在保证箱体内部绝对温度符合要求的前提下，产生温度不均匀现象的主要原因是流经各个箱体内部的流量不均。通过调整电池箱排布或者加装挡板等方式来优化流量分布可以减小内部温度不均匀。

在保证风量、进口温度前提下，风冷能够满足冷却量的要求。通过合理设计风道并保持风压的前提下，风冷可以保证温度均匀性要求。

在风冷设计中，通过合理的气流组织可以实现电池箱内部温度均匀。通常，并联结构的进风方式有着良好的温度均匀性。串并联进风方式如图6-57所示。

动力电池箱的进风方式属于并联，但其进风的流阻分布不均。在不加入改进措施的情况下，出现温度差异的区域为冷风进口处区域或为冷风出口处区域，具体温度分布需具体分析。

由于空调风量达到600m^3/h，为减少进口风的能量损失，引导气流，空调风进口应尽可能地大，同时加设导流板。

图6-58为导流板架设示意图。

（2）相变冷却可行性分析　相变材料冷却，作为一种新型冷却方式在高功率密度场合应用较广。相变材料对于稳定动力电池箱箱体温度具有很大优势，但对于持续时间较长的大发热功率场合，相变材料的使用受到限制。另外，相变材料导热系数普遍较低，当相变停止时，会产生保温效果，不利于散热。

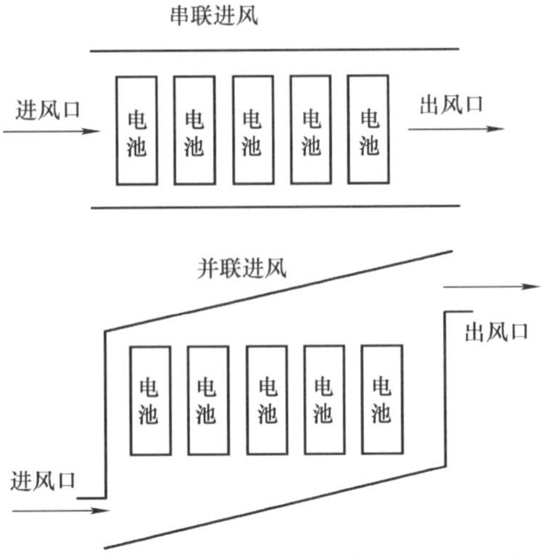

图6-57　串并联进风方式

按照现有电池箱结构，即使采用相变材料，风冷仍然是电池箱的主要冷却方式，相变冷却作为一种辅助手段只能对箱体内部局部环境温度产生影响。当电池箱内部温度过高时，相变材料熔化吸热，可降低箱体内部温度；当整体温度符合要求，内部温差过大时，相变材料可对局部环境温度起到调节作用，从而保证温度均匀性。

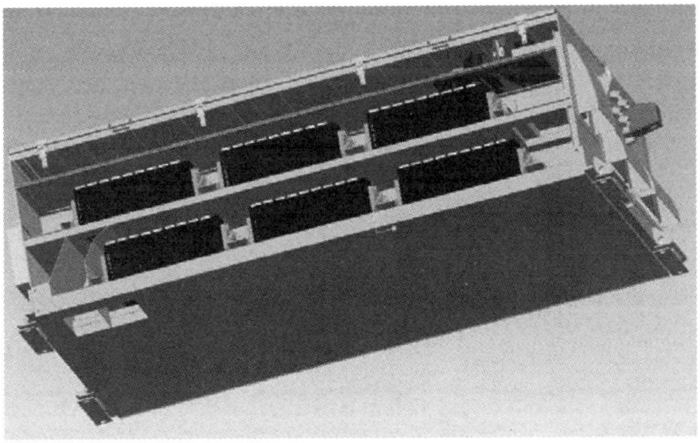

图6-58　导流板架设示意图

电池发热主要集中在充放电阶段，发热呈间歇性，6h内有两小时持续工作，且其发热功率最大为2352W，这给相变材料的使用提供良好条件。针对相变材料导热系数较低的问题，目前多采用泡沫金属加以调节。泡沫金属有着良好的导热性，且其在质量上大大减小。目前常用泡沫金属有泡沫铜、泡沫铝。因此，在电池箱中采用泡沫金属与相变材料相结合，可有效稳定电池箱内部温度。

国内外有资料对电动汽车动力系统用锂离子电池，采取以相变材料为主要冷却方式的研究报道，文献中锂离子电池是做成圆柱形或小长方体（如：142mm×67mm×215mm），整体置放在用铜或铝板包覆的相变材料中。微宏电池箱如要采用以相变材料为主要冷却方式，除了要进一步分析城轨列车运行的周期规律外，还要求改进电池箱的结构设计。电池箱相变冷却需解决以下问题：

1）明确电池发热的工作特性。包括其发热周期以及随时间变化的规律。

2）电池内部热量导出。在电芯表面加入导热铝（铜片），其对风道的影响程度需明确。

3）相变材料实际承担散热负荷需明确。

4）由于集热块截面积较小，因此在泡沫相变材料与集热块之间需采取诸如增大连接面积等措施。

5）分析电池箱状态，形成以高效利用空间为原则的相变材料布置方案；采用理论与数值分析方式，确定相变冷却最终效果；结合风冷，确定风量、风压，最终形成相变冷却设计报告。

（3）水冷却可行性分析　间接接触式水冷中，液体工质在管道内流动，通过冷板、翅片或导热片等与电池紧密接触，冷板、翅片和导热片由传热能力高的铝板或铜板制成，这就在电池组件到冷板中的冷却液体之间提供了一条热阻尽可能小的热流通路。电池的耗散热量被冷板中流动的液体工质带走，从而使电池冷却。相比直接冷却，由于没有绝缘要求，且没有流速限制，所以可以选用热导率高但是电绝缘性不够好的液体工质，这种工质往往换热效果非常好。但间接冷却的温度均匀性比起直接接触式液冷要差一些。为了防止泄漏造成短路，这种方法对管道的密封性要求比较高。

目前水冷在许多知名电动汽车上使用，通过试运行表明其冷却性能优异，部分产品已经成功上市。

水冷方式的主要优点有：与电池壁面之间换热系数高，冷却、加热速度快；体积较小。主要缺点有：存在漏液的可能，质量相对较大，结构相对复杂。

水冷方案的主要内容有两个方面：冷板设计和水冷系统设计。

1）冷板设计。水冷换热器包括冷板装置和一个空气—液体热交换器（散热器），冷板直接或通过导热片与电池组件紧密连接；空气—液体热交换器（散热器）利用风扇驱动的冷却空气，吸收电池组件的耗散热，使液体工质冷却，以使其能循环使用。通过加装散热片，提高散热效果。冷却风的可用来源主要有两个：一是从电池箱空气进口处引入部分混合风（空调风＋环境空气），用来冷却水冷所吸收的热量；二是直接引用空调风。

2）水冷系统设计。水冷却循环系统的设计应遵循减重、控制成本、控制体积的原则。系统由冷板、散热器（空气—液体热交换器）、泵、风扇、过滤器、膨胀箱都等部件组成。水冷系统用泵把吸收了电池组耗散热的液体工质抽吸到散热器（空气—液体热交换器），然后用风扇驱动冷却空气通过散热器使液体工质冷却。经冷却的液体又被抽回冷板，再次吸收电池组的耗散热，而吸收了冷却液体热量的空气则被排放到周围环境中（也可考虑回收利用）。

水冷系统冷板应尽可能与热源直接接触，但是本电池箱水冷系统作为风冷的辅助方案，无法将冷板直接接触电芯，因此需考虑热量引出方案。该热量引出方案参考相变材料热量引出方案。

水冷循环系统附件较多，除冷板和散热器需要在布置位置上有所考虑，其他设备均可布置在电池箱最顶层区域，但管线布置需考虑减阻方案。

（4）综合冷却方案确定原则　比较上述各个方案的冷却效果及分析结论，得到最优解。比较的参考标准有：

1）满足电池对极限温度的要求；

2）满足电池对温度均匀性的要求；

3）满足电池箱内部空间要求；

4）降低系统复杂度要求；

5）易维护性要求；

6）成本控制要求。

经综合对比，本项目拟采用引空调风和加相变装置两种冷却方案。

2. 引空调风冷却方案

针对电池箱结构进行了引空调风冷却方案分析，如图 6-59 和图 6-60 所示。流动仿真分析中，除了分析不同进口流速下对箱体内部流速及压力分布的影响，还考虑电池箱结构对内部流场的影响，其主要分析对象为电池箱内部加强肋。

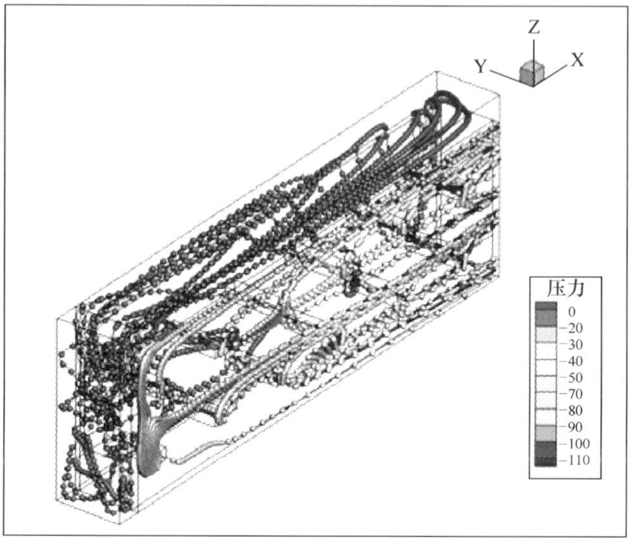

图 6-59　$v=2\text{m/s}$ 工况下，无加强肋流动仿真结果云图

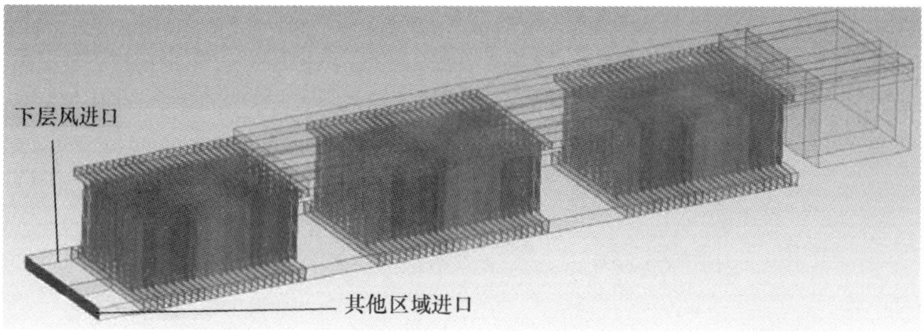

图 6-60　下层空调风模型以及其他区域模型

最终确定采用电池箱底部引空调风冷却的结构方案，如图 6-61 和图 6-62 所示。

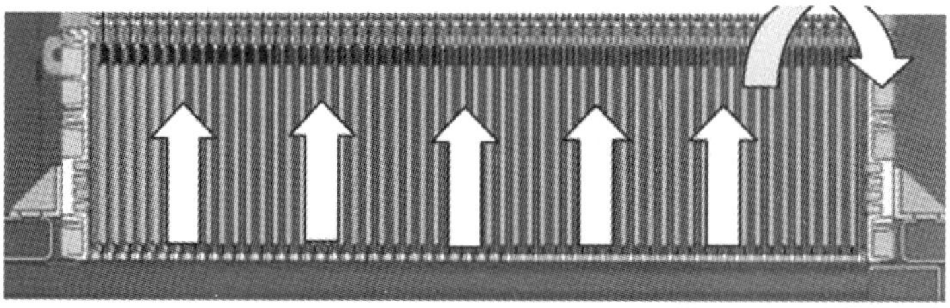

图 6-61　电池模块进风方式

采取空调的安装方式，以电池箱底部作为进风口，车顶距离侧墙 400mm 的位置与电池

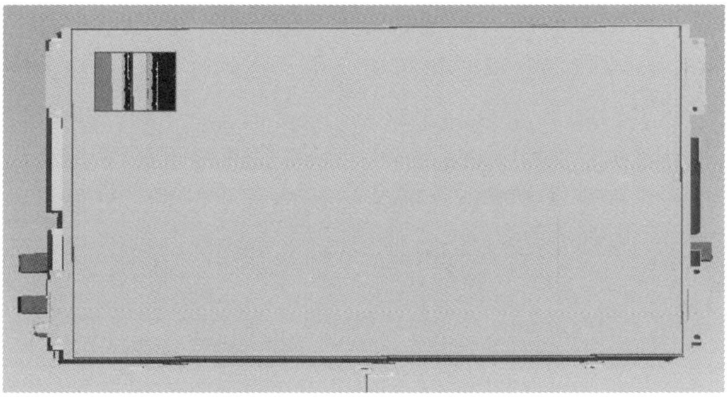

图 6-62　电池箱与车体接口

箱底部连接，利用客室内的废气对电池箱进行冷却，最终排出车外。

3. 相变装置冷却方案

电池发热主要集中在充放电阶段，且其发热呈间歇性。不同于风冷，相变冷却主要用于降低箱体内部局部环境的温度，当电池箱内部温度过高时，相变材料融化吸收热量，从而降低箱体内部温度；当整体温度符合要求，内部温差过大时，相变材料通过融化吸热（或者冷凝放热）调节局部环境温度，从而保证温度均匀性。

针对相变材料导热系数较低的问题，目前多采用嵌入泡沫金属的方式加以解决。泡沫金属有着良好的导热性，但其在质量上与相同体积金属相比大大减小。目前常用泡沫金属有泡沫铜、泡沫铝，在电池箱中采用泡沫金属与相变材料相结合，可有效稳定电池箱内部温度。

出于成本、绝缘以及安装等角度考虑，相变材料无法与热源（电池电芯）直接接触，这给相变材料使用带来困难。解决的主要方式是建立热量流通通道，将热量引出电池模块，然后通过相变材料吸收模块释放的热量。

方案中的相变系统由导热片、集热块、相变模块三部分组成。

如图 6-63 所示，相变材料布置在电堆表面，绝缘是考虑相变方案的关键因素。通过制作合适大小的相变模块，解决绝缘问题，提高安全性。

图 6-63　相变方案组装示意图

方案中，每六片电芯组成一组，构成一个小型相变单元，共16组。各组之间不连通，集热块与电堆表面留有气体流动通道。每组相变单元之间区域涂有绝缘漆。为增加空气对流效果，在电堆侧边区域可架设小风机，用于弥补布置相变材料导致的风冷冷却性能下降。

（1）导热片　导热片尺寸如图6-64所示。导热片通过电极通道插入电堆中，通过铆钉与集热块连接。集热块表面加工平整，为减少接触热阻，导热片与集热块中间涂有导热胶。

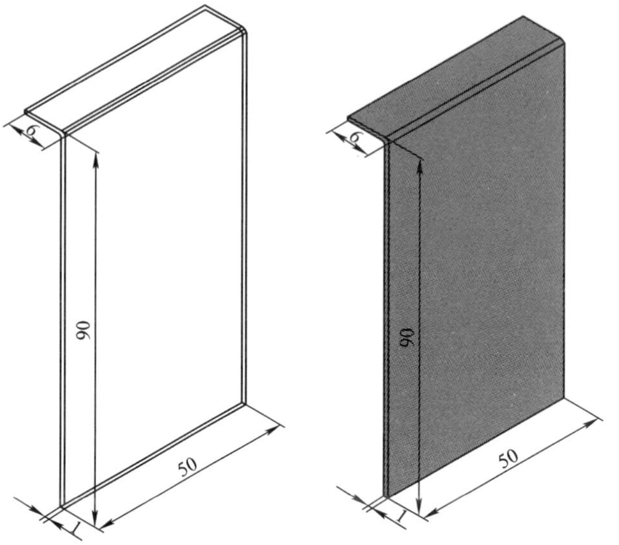

图6-64　导热片结构

（2）集热块　集热块布置形式如图6-65所示。集热块与导热片以及相变模块通过螺栓连接。

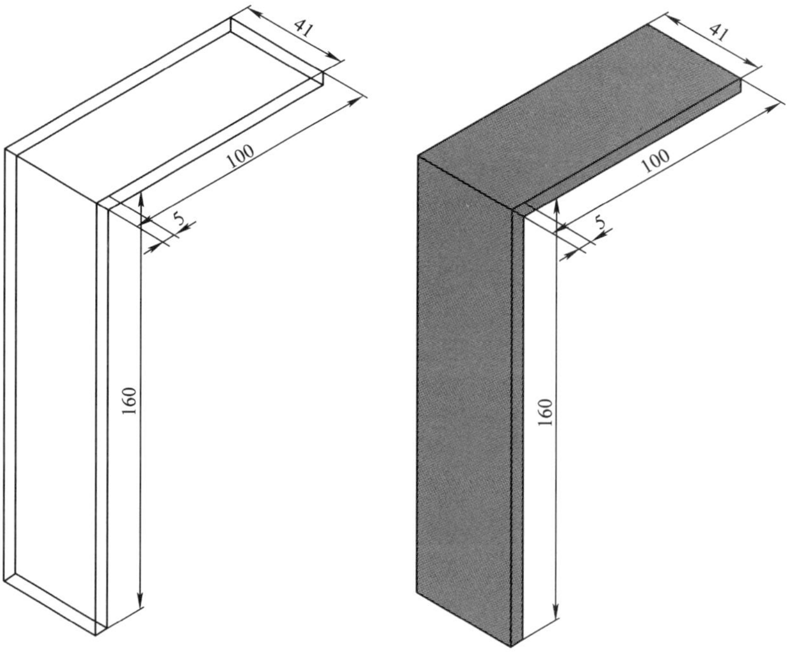

图6-65　集热块形式

（3）相变模块及计算　相变材料布置的最佳位置是电堆的顶部，每个电堆可以布置 16 组相变块，每组相变块由两个矩形的相变块组成。选取石蜡作为其相变材料。

矩形相变块的尺寸如图 6-66 和图 6-67 所示。

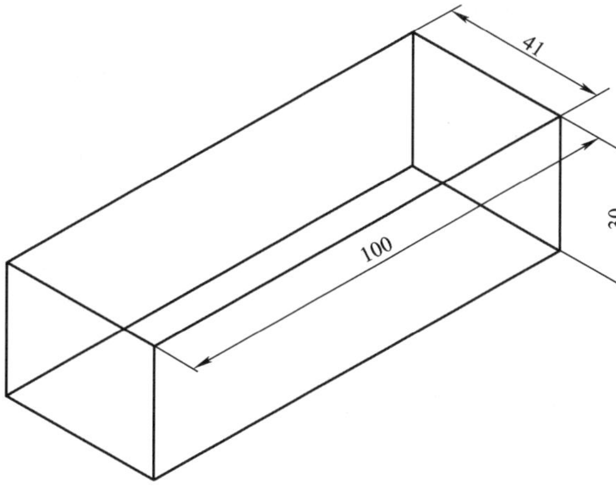

图 6-66　相变模块一结构尺寸

将上述零部件组装，构成相变冷却系统，系统安装如图 6-68 所示。

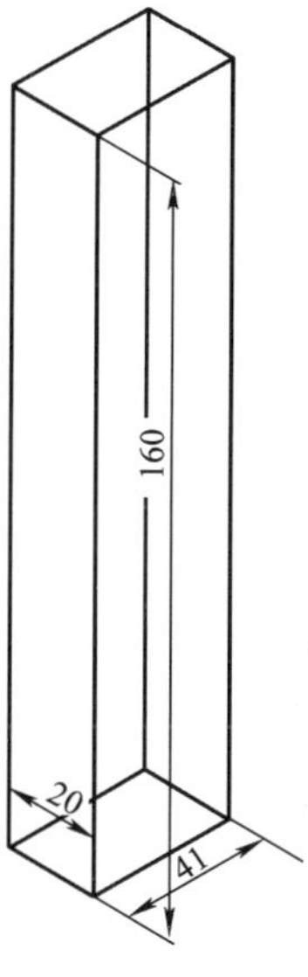

图 6-67　相变模块二结构尺寸

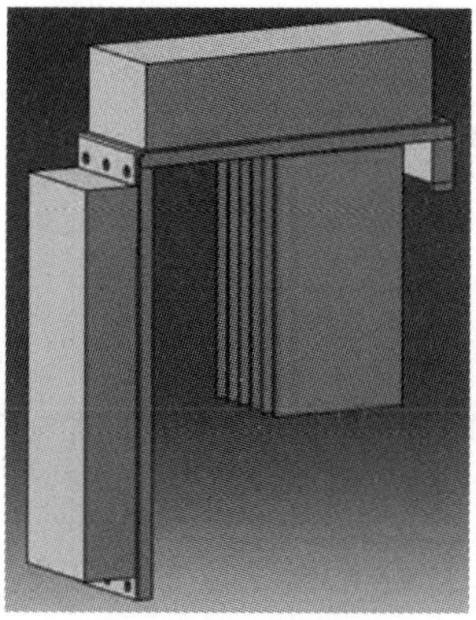

图 6-68　相变系统安装

多种对比方案的计算结果见表 6-22。

表 6-22　综合冷却方案计算结果对比

工况	对比项目	值
风量	最小 200m³/h	
	最大 300m³/h	
无相变，28℃工况箱体最大温差对比	流量 200m³/h	8.7℃
	流量 300m³/h	3.5℃

（续）

工况	对比项目	值
无相变，42℃工况箱体最大温差对比	流量 $200m^3/h$	8.5℃
	流量 $300m^3/h$	3.9℃
无相变，箱体最大压差对比	流量 $200m^3/h$	385Pa
	流量 $300m^3/h$	850Pa
局部布置相变，42℃，$200m^3/h$ 箱体温差	最高 50.8℃	温差 3.2℃
	最低 47.6℃	
局部布置相变，28℃，$200m^3/h$ 箱体温差	最高 37.3℃	温差 4.6℃
	最低 32.7℃	
未布置相变，42℃，$200m^3/h$ 箱体温差	最高 55℃	温差 8.5℃
	最低 46.5℃	
未布置相变，28℃，$200m^3/h$ 箱体温差	最高 41.5℃	温差 8.7℃
	最低 32.8℃	
布置相变后，箱体内部流速对比	局部布置相变材料	最大 8.4m/s，最小 3.5m/s
	全部布置相变材料	最大 18m/s，最小 2.5m/s
布置相变后，箱体内部压力对比	局部布置相变材料	485Pa
	全部布置相变材料	702.2Pa
局部布置相变，42℃，$200m^3/h$ 箱体相变吸热量	3.5m/s	1.3W
	8.4m/s	0.8W

根据对比结果，箱体内部最小空气流量为 $200m^3/h$，大流量对风机压力要求更大。只采用局部布置相变材料的办法相对于没有布置相变材料的情况，箱体内部温度及其温差下降明显。

经过以上对比分析，推荐采用风冷—相变综合冷却方案作为本动力电池箱最佳综合冷却方案，主要数据见表 6-23。

表 6-23　最佳冷却方案主要参数

名称	值
冷却方式	风冷 + 相变冷却
冷风温度	小于 42℃
需要的最小压力	450Pa
箱体内部最大风速	8.4m/s
箱体内部最小风速	3.5m/s
内部电堆流量分布比例	1:1.224:1.715
相变模块	泡沫铜 + 石蜡
相变布置形式	局部 4 个电堆布置相变材料
相变模块工作时间	4h
相变材料工作温度	40℃
箱体内部最大温度	50.8℃
箱体内部最大温差	4.6℃
箱体内相变冷却装置总重量	小于 70kg
安装空间	保证各层上部空间 50mm 即可

计算及试验结果表明，28℃及 42℃情况下，局部布置相变材料，均可控制动力电池箱温度低于 55℃，内部各点温差小于 5℃。

6.6.4　燃料电池系统冷却装置减振降噪技术

针对燃料电池系统冷却装置运行噪声过高的问题，委托北京科英精益技术有限公司设计了 6 种吸声降噪处理方案，同时由西南交通大学对安装吸声控噪措施前后的冷却装置地面工作情况下的噪声控制效果进行了测试，通过测试结果对比来评价分析其降噪效果。

1. 测试工况

冷却单元噪声监测测试，共包括 11 组测试工况：

① 参考工况（双机运转）；

② 单机工况（单机运转）；

③ 在基准工况下去除风机栅格：调查风机栅格影响；

④ 在风机内腔侧板和边板处贴降噪材料 1，其材料组成如图 6-69 所示；

⑤ 在风机内腔底板处贴降噪材料 1，其材料组成如图 6-69 所示；

⑥ 在风机内腔侧板、边板和底板处贴降噪材料 1，其材料组成如图 6-69 所示；

⑦ 侧板、边板和底板处贴降噪材料 2，其材料组成如图 6-70 所示；

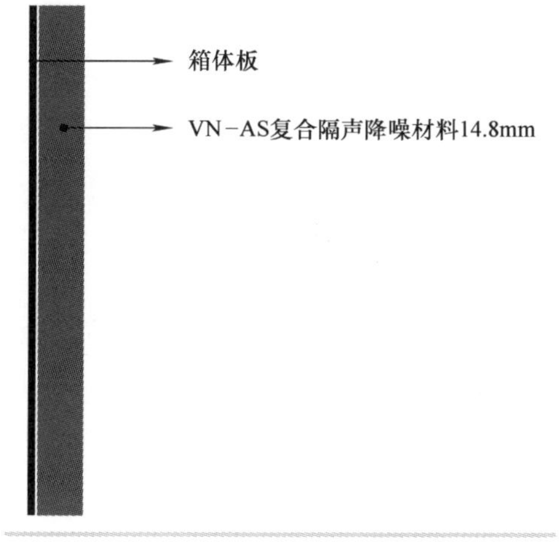

图 6-69　降噪材料 1 材料组成

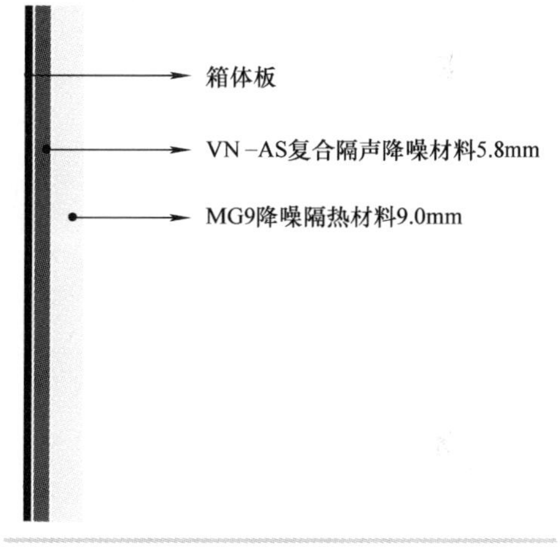

图 6-70　降噪材料 2 材料组成

⑧ 侧板、边板和底板处贴降噪材料 3，其材料组成如图 6-71 所示；

⑨ 侧板、边板和底板处贴降噪材料 4，其材料组成如图 6-72 所示；

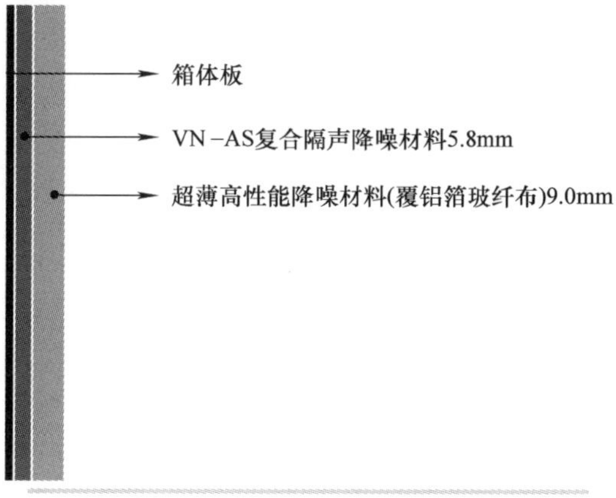

图 6-71　降噪材料 3 材料组成

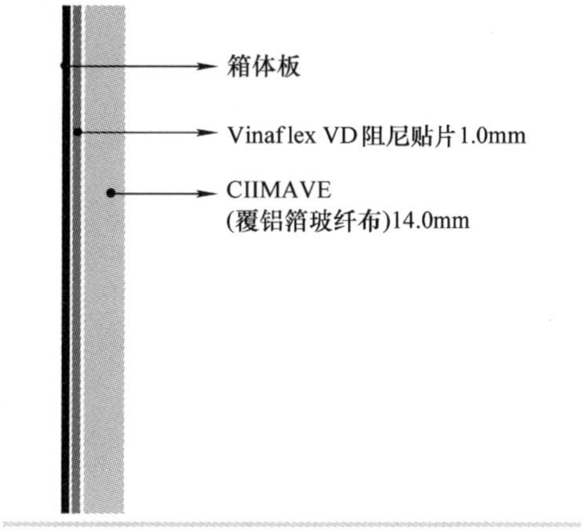

图 6-72　降噪材料 4 材料组成

⑩ 侧板、边板和底板处贴降噪材料 5，其材料组成如图 6-73 所示；

⑪ 侧板、边板和底板处贴降噪材料 6，其材料组成如图 6-74 所示；

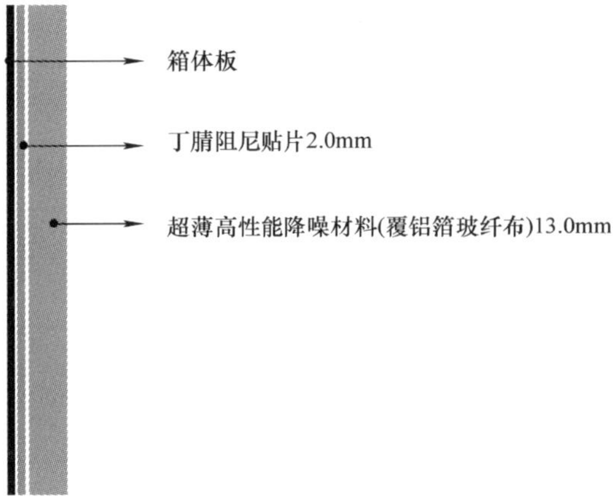

图 6-73　降噪材料 5 材料组成

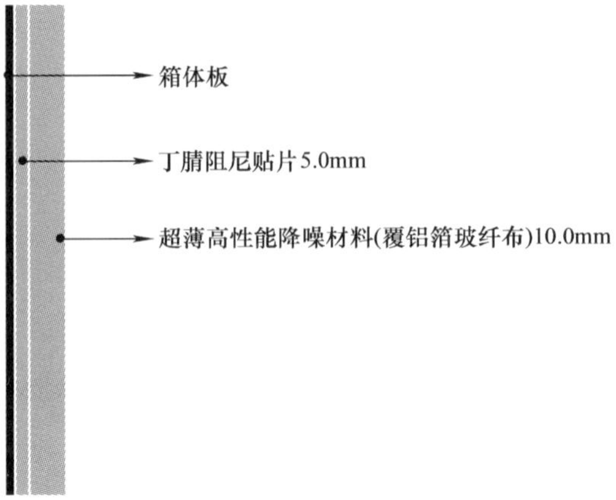

图 6-74　降噪材料 6 材料组成

2. 试验方法

冷却单元的车外噪声测试参考 GB/T 5111—2011《声学—铁路机车车辆辐射噪声测量》和 ISO 3095—2013《Acoustics – Railway applications – Measurement of noise emitted by railbound vehicles》的相关要求执行。

利用声学和加速度传感器，如图 6-75 和图 6-76 所示，在冷却单元风机运行条件下，测试噪声，匀速运行条件下每个测点测试时间为 120s，加减速运行条件下每个测点测试时间为 80s，数据分析频率范围为 20Hz ~ 20kHz。

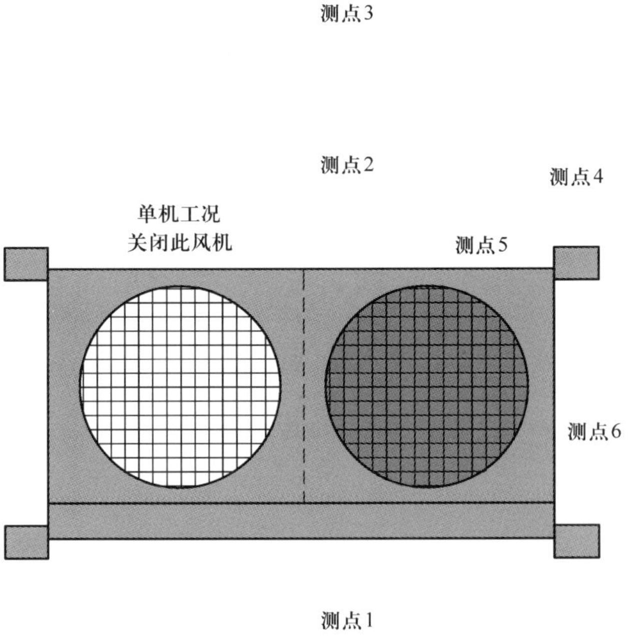

图 6-75　冷却单元噪声测试示意图

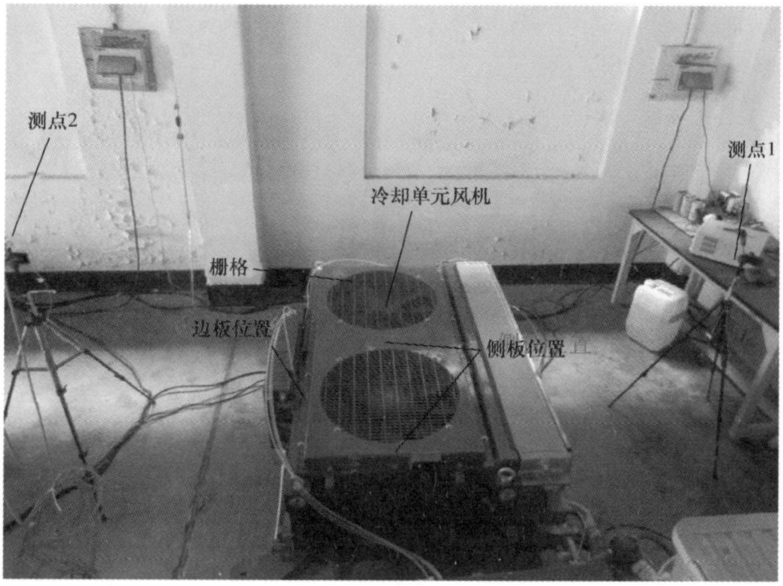

图 6-76 车内噪声测试现场图

3. 降噪材料粘贴位置对噪声的影响

为了分析降噪材料粘贴位置对冷却单元噪声的影响，试验将降噪材料分为三组不同的粘贴方案。方案一将降噪材料贴至侧板和边板处；方案二将降噪材料贴至底板处；方案三将降噪材料贴至侧板、边板和底板处。测量并对比三组方案和参考工况的振动和噪声值，分析降噪材料粘贴位置的影响。

（1）A 计权噪声总声压级 三组粘贴方案与参考工况的 A 计权噪声总声压级对比如图 6-77 至图 6-79 所示。

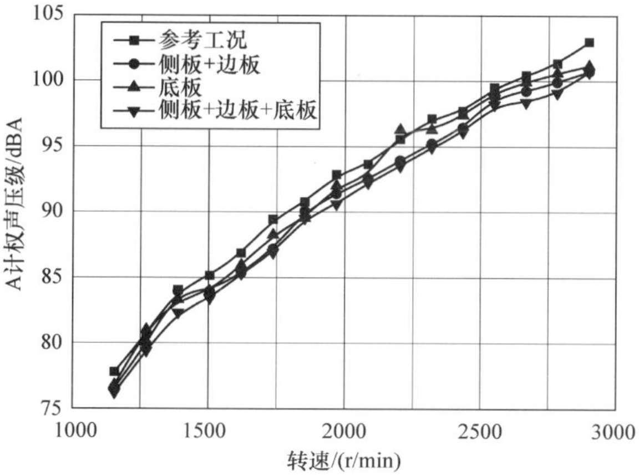

图 6-77 测点 1 的 A 计权声压级

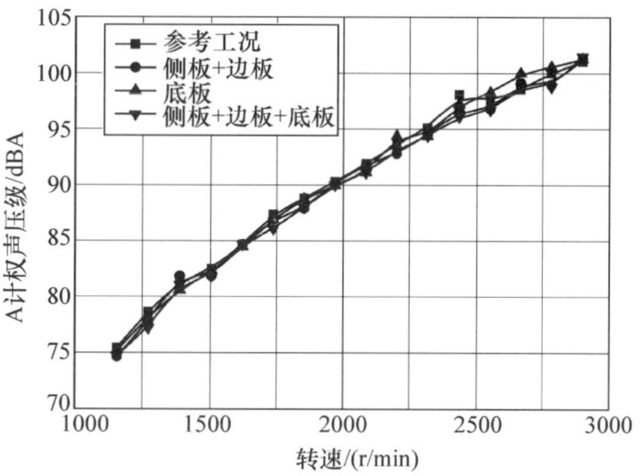

图 6-78 测点 2 的 A 计权声压级

由图可知，测点 1 测量的 A 计权声压值下降明显，其中下降最多的处理方式是在侧板、边板和底板均贴上降噪材料。测点 2 和测点 3 测量的 A 计权声压值有所下降，但下降幅度不大。

（2）振动加速度 三组粘贴方案与参考工况的振动加速度对比如图 6-80 至图 6-82

所示。

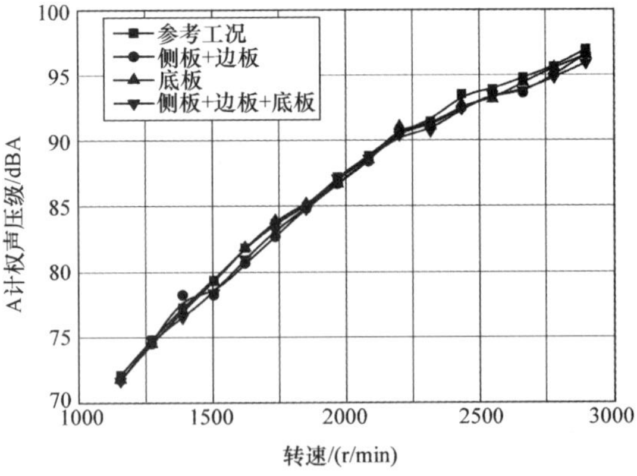

图 6-79 测点 3 的 A 计权声压级

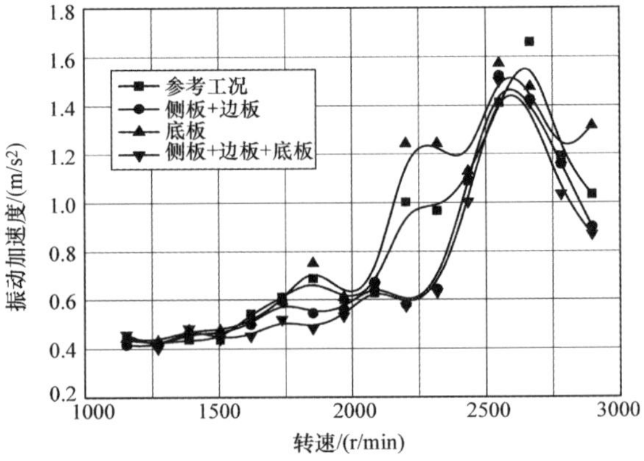

图 6-80 测点 4 的振动加速度

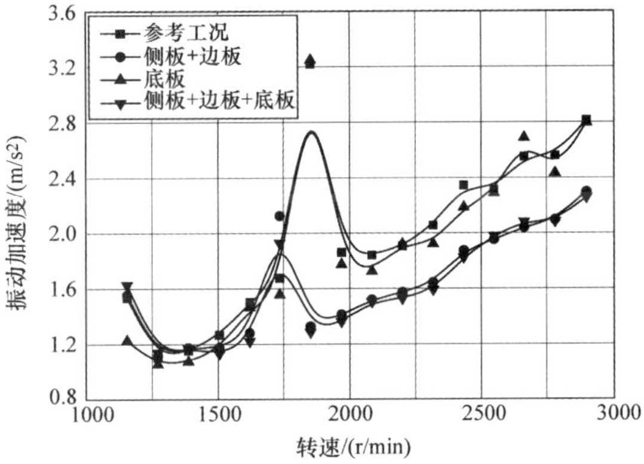

图 6-81 测点 5 的振动加速度

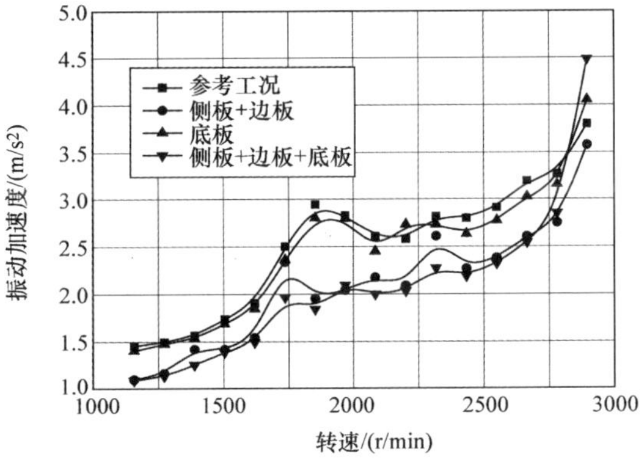

图 6-82 测点 6 的振动加速度

由图可知，不同粘贴方案均使测点 1、2、3 的振动加速度降低。但单独贴底板时，测点 1、2、3 的振动加速度变化不大，在某些转速甚至会增大振动加速度；对于其余两个粘贴方案之间振动加速度相差不大，且均比参考工况的小，说明在底板贴降噪材料对降低振动加速度作用不大。

4. 不同降噪材料降噪效果比较分析

为了研究不同材料对冷却单元噪声的影响，试验对 6 种不同降噪材料的降噪效果进行了测试，通过测量使用不同降噪材料时的振动和噪声值，分析哪种材料的降噪效果最优。

（1）A 计权噪声总声压级　不同材料方案下的工况和参考工况的 A 计权噪声总声压级如图 6-83 至图 6-85 所示。

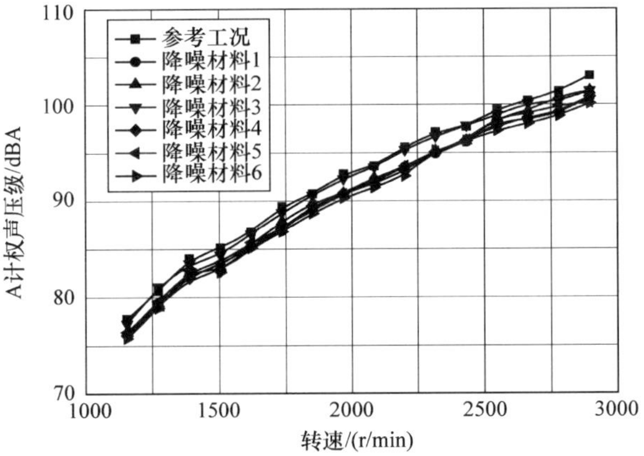

图 6-83 测点 1 的 A 计权声压级

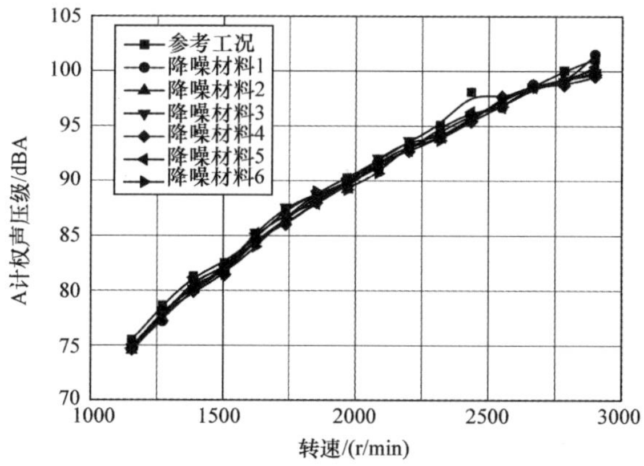

图 6-84　测点 2 的 A 计权声压级

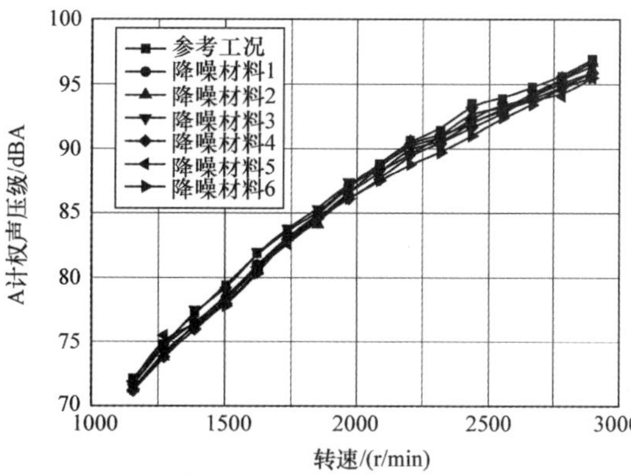

图 6-85　测点 3 的 A 计权声压级

由图可知，对于在测点 1 测量的 A 计权声压级，降噪效果比较好的依次为材料 6、材料 4、材料 5；对于在测点 2 测量的 A 计权声压级，6 种降噪材料的降噪效果相差不大；对于在测点 3 测量的 A 计权声压级，降噪效果比较好的依次为材料 6、材料 5、材料 4。

（2）振动加速度　不同材料方案下的工况和参考工况的振动加速度如图 6-86 至图 6-88 所示。

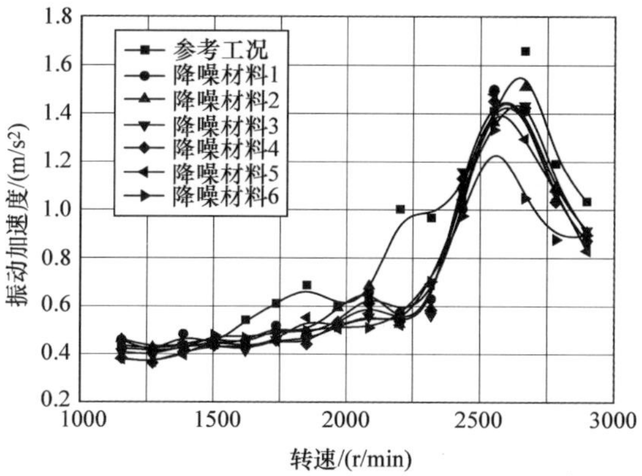

图 6-86　测点 4 的振动加速度

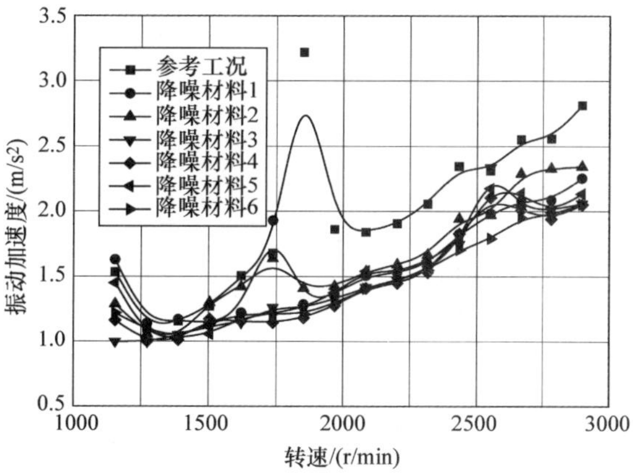

图 6-87　测点 5 的振动加速度

由图可知，降噪块能降低测点 4、5、6 的振动加速度。对于在测点 4 测量的振动加速度，减振效果比较好的依次为材料 6、材料 4、材料 5；对于在测点 5 测量的振动加速度，减振效果比较好的依次为材料 4、材料 6、材料 1；对于在测点 6 测量的振动加速度，减振效果比较好的依次为材料 6、材料 4、材料 1。

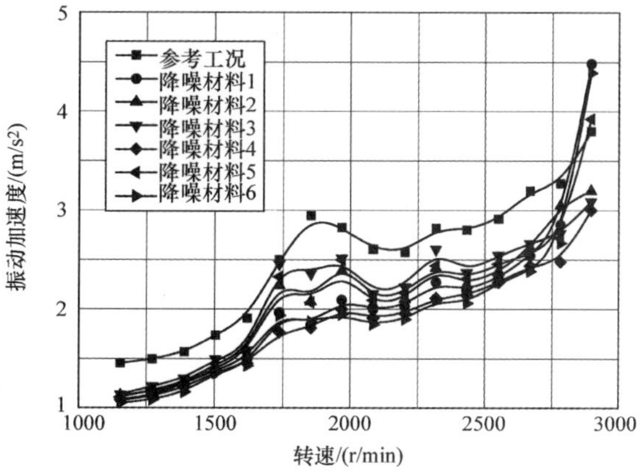

图 6-88　测点 6 的振动加速度

5. 初步结论

针对燃料电池混合动力低地板车冷却单元的吸声降噪措施，测量冷却单元运行的噪声特性，分析不同因素对噪声的影响，主要结论如下：

① 随着转速的增大，A 计权噪声总声压级、线性计权噪声总声压级、振动加速度均增大，增长趋势为非线性增长。

② 风机个数影响噪声的声压级，单个风机运行比两个风机运行时 A 计权声压级小 2～3dBA，线性计权声压级约小 0.1dB，振动加速度则有增大有减小。

③ 栅格对噪声的影响不大。去掉栅格会降低垂向振动加速度约 0.5m/s²。

④ 降噪材料的粘贴方式对噪声有影响，其中，底板处贴降噪材料对减振降噪的影响不大。

⑤ 降噪效果最好的材料为降噪材料 6，即冷却单元箱体板、5mm 丁腈橡胶阻尼贴片和 10mm 蜜胺轻质降噪材料（覆铝箔），其中降噪效果如表 6-24 所示。

表 6-24　降噪材料 6 降噪效果表

测点位置	A 计权声压级/dBA	线性声压级/dB	振动加速度/(m/s²)
测点 1	2.2	0.1	0.2
测点 2	0.9	0	0.5
测点 3	1.2	0	0.6

6.6.5　余热利用技术

本车设置了余热采暖系统。所谓余热采暖，即在冬季时利用燃料电池电堆散发的废热为客室供暖。余热传递介质为 44% 乙二醇 +56% 水混合而成的溶液（以下简称为溶液），溶液温度约 70℃，流量最大可达 330L/min。由余热利用溶液连接管路将热量传递介质由燃料电池电堆引入（或引出）空调机组内部余热利用换热器。在空调机组通风机作用下，新风和回风的混合空气流过余热利用换热器，温度升高，达到对客室供暖的目的。

（1）空调机组内增加余热换热器　在空调机组内部蒸发器与通风机之间设置余热利用换热器，如图 6-89 所示。冬季采暖季节，携带电堆热量的溶液流经余热采暖散热器。在通风机作用下，混合空气与余热换热器进行热交换。流体进口设置电动流量调节阀，根据散热器表面温度或出风温度可自动调节阀门开度，以增大（或减小）进入余热换热器的热量。在溶液进口设置手动截止阀，在非采暖季节或管路维修期间，可手动将阀门关闭。仅当余热不足以为客室供暖时，机组热泵为客室补充热量。

（2）管路布置　空调机组布置在 Mc 车顶，管路需从相邻 T 车燃料电池箱经过贯通道上方，跨接到机组端部。贯通道上方管路采用三元乙丙橡胶软管，其余部分管路采用不锈钢材质。详细布置如图 6-90 所示。

（3）与燃料电池换热器的并联　燃料电池水箱内溶液在循环泵的作用下送入空调机组内余热回收换热器和四个室外侧换热器进行降温，降温后的溶液经过过滤器和去离子装置后送入燃料电池箱，带走电池箱热量后返回储液水箱，完成循环，如图 6-91 所示。

机组内余热回收换热器共有两个，每个额定换热量为 9kW，额定流量为 1～1.5m³/h，采用 DN25 管路，通过设置电动调节阀调节溶液循环量，做到调节换热量，当夏天需要降温时，电动调节阀关闭，室内侧换热器不进行换热。

（4）余热采暖的控制　余热回收换热器的换热量与通过换热器的溶液流量有关，增大

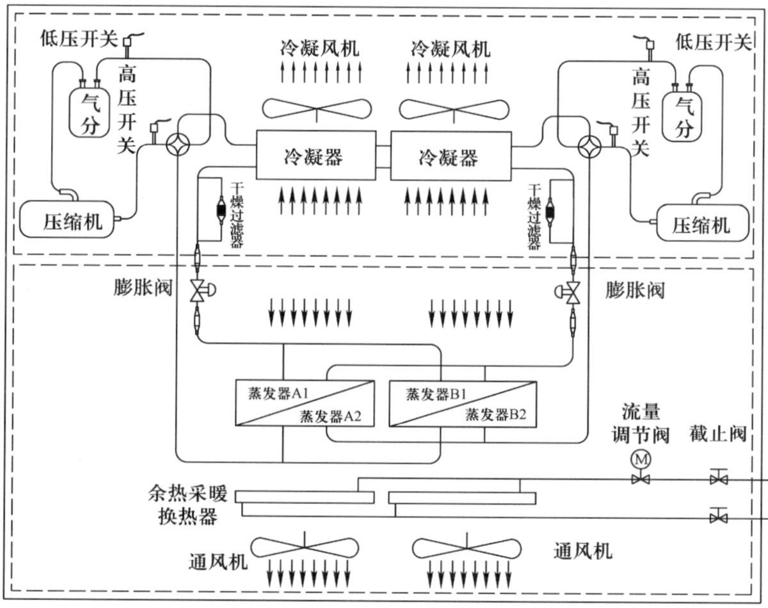

图 6-89　空调机组原理图

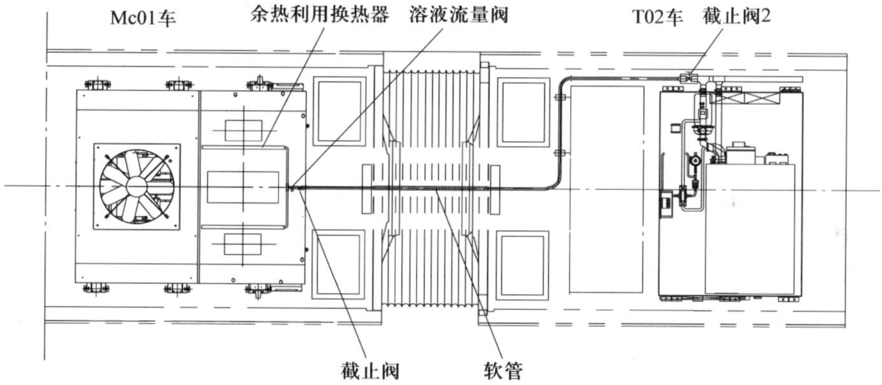

图 6-90　余热利用管路布置

换热器流量可增大换热量。在换热器溶液管设置电动调节阀，根据回风温度与设定温度之间关系动态调节电动调节阀，进而调节通过换热器的溶液流量，实现换热量的调节。

（5）节能降耗　余热采暖利用燃料电池电堆散发的废热，为客室冬季供暖，节省了正常供暖所需消耗的大部分电能。余热采暖相对于正常空调热泵供暖，压缩机和冷凝风机不需起动运行，只需要蒸发风机正常运行，向客室内吹送热风。这样可降低压缩机和冷凝风机的耗电量和设备损耗，延长设备寿命。

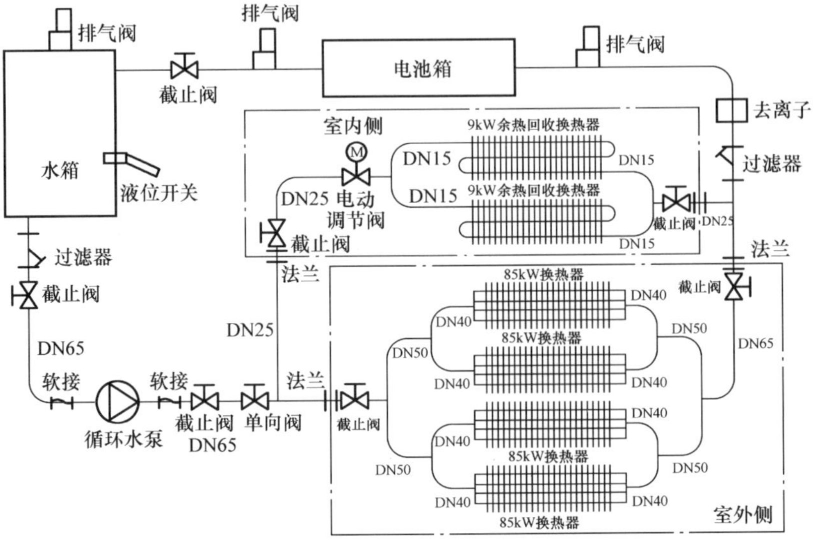

图 6-91　余热回收换热器与室外侧换热器的并联连接

6.7　燃料电池混合动力有轨电车高压氢气加注方案

有轨电车进行调试和试验运行时，需要持续进行高压氢气加注。由于唐车公司内部没有可以为车辆提供高压氢气加注的加氢站或加注系统，故为了完成车辆的调试和试验运行所要求的高压氢气加注，委托北京派瑞华氢能源科技有限公司开发了一套便于车辆加注的小型高压（35MPa）氢气储存、加注系统。

6.7.1　加注系统方案

根据加注现场条件和唐车公司对加注现场提出的要求，本加注方案采用低压（13.5MPa）氢气瓶组串气+高压（35MPa）氢气瓶组串气+现场增压的加注方案。

（1）加注对象　加注对象为安装在燃料电池/超级电容混合动力100%低地板有轨电车上的车载氢系统，包含：

1）由加注接口、压力表等组成的加注子系统。用于高压氢气加注系统和车载氢系统的对接，使高压氢气安全地注入到储存系统中。

2）由4个35MPa、140L高压氢气瓶并联组成的储存子系统。用于储存由加注子系统注入的高压氢气。

3）由电磁阀、减压阀、安全阀等阀门管件组成的供给子系统。用于安全地向燃料电池提供工作时所需要的合适压力和流量的洁净氢气。

（2）加注系统　加注系统由低压氢气瓶组和高压（35MPa）氢气储存、加注系统组成。低压氢气瓶组和高压（35MPa）氢气储存、加注系统放置在危险品专用运输车上。在需要加注时，载有加注系统的危险品专用运输车辆驶进加注场地，停放在被加注车辆旁对车辆进行加注，加注完毕后驶离加注场地，这样可以大大减少对场地的占用并降低加注场地及周围环境的安全隐患。

低压氢气瓶组为一套独立的系统，每套低压氢气瓶组由 6 ~ 10 个较小瓶组组成，每个较小瓶组由 16 ~ 20 支低压氢气瓶并联组成。高压氢气瓶组和氢气增压系统组成一套独立的高压（35MPa）氢气储存、加注系统，高压氢气瓶组由 3 只 35MPa、140L 的氢气瓶并联组成，其中包含了压力表和控制阀门，增压设备包含了氢气增压泵和控制阀门及仪表。该套系统可以通过手动控制阀门的开度来控制氢气加注的速度，从而实现氢气的安全加注。

6.7.2　加注方案说明

（1）氢气加注方案　氢气加注方案如图 6-92 所示。

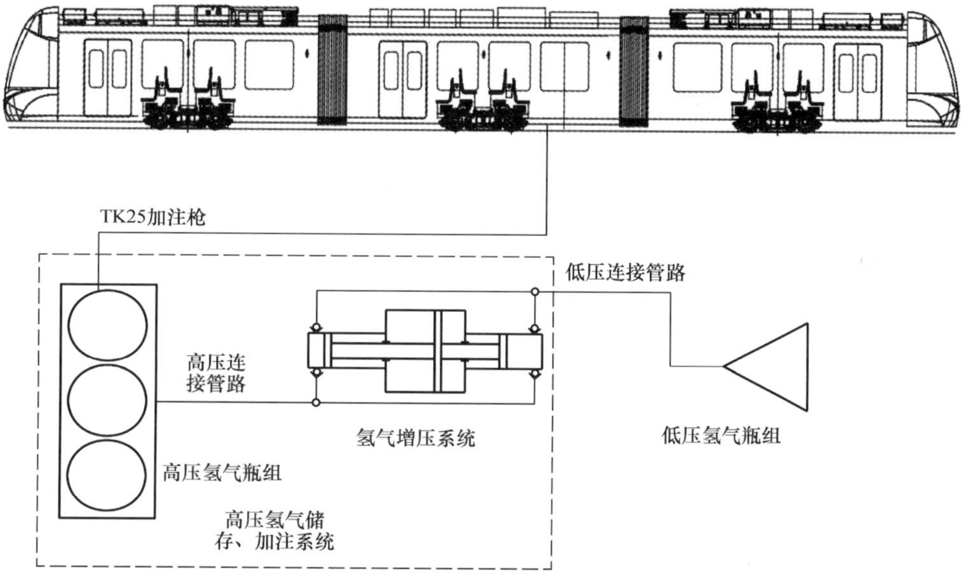

图 6-92　氢气加注方案示意图

氢气加注可以分为两种方式，具体分别如下：

1）加注方式一：如图 6-92 所示，在车辆进行氢气加注时，先打开低压氢气瓶组，使氢气通过高压氢气储存、加注系统内的旁通管路向被加注车辆的储存子系统内注入低压氢气，当储存子系统内低压氢气压力达到 10 ~ 12MPa 时，此时低压氢气瓶组和储存子系统内的压力基本达到平衡，停止注入低压氢气。然后打开高压氢气瓶组向被加注车辆的储存子系统内继续注入氢气，在氢气压力达到约 19MPa 时，此时高压氢气瓶组和储存子系统内的压力基本平衡，停止注入低压氢气。最后打开氢气增压系统，使低压氢气瓶组内的氢气通过增压系统增压后加注到储存子系统中，直到储存子系统内充满氢气。完成一次加注的时间根据车辆剩余氢气和加注压力要求而定，最长大约需要 6h。

2）加注方式二：如图 6-92 所示，在车辆进行氢气加注时，先打开低压氢气瓶组通过高压氢气储存、加注系统向被加注车辆的储存子系统内注入低压氢气，当储存子系统内低压氢气压力达到 10 ~ 12MPa 时，低压氢气瓶组和储存子系统内的压力基本达到平衡，停止注入低压氢气。然后打开氢气增压系统，使低压氢气瓶组内的氢气通过增压系统增压后加注到储存子系统中，直到储存子系统内充满氢气。完成一次加注的时间根据车辆剩余氢气和加注压力要求而定，最长大约需要 8h。

(2) 高压氢气储存、加注系统　高压储氢系统包括高压氢气瓶、氢气瓶阀、安装框架及必要的阀门管件和仪表等，如图6-93所示。

由低压氢气（15MPa）转变为高压氢气（35MPa）的增压系统包括氢气增压泵、控制阀门、安全阀、高压切断阀、安装框架及必要的阀门管件、仪表等，如图6-94所示。

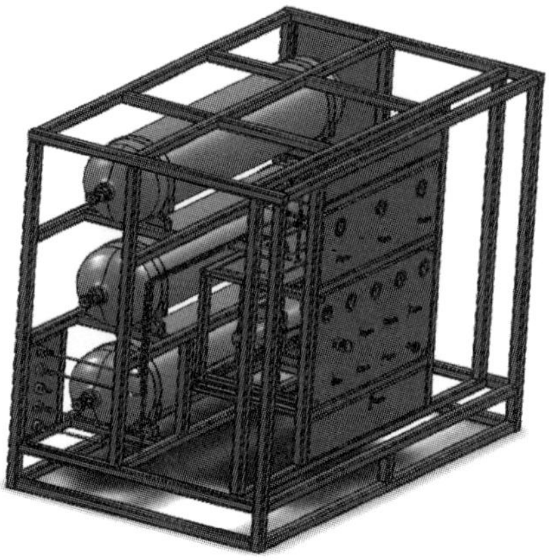

图6-93　高压氢气储存、加注系统设计三维框架图

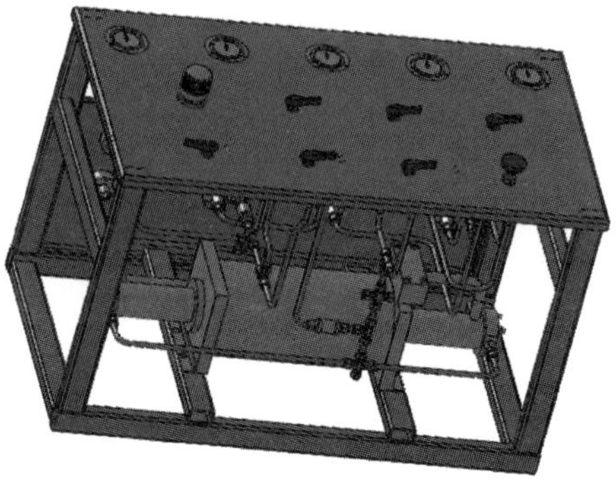

图6-94　增压系统设计图

高压储氢系统通过外界条件（增压系统或外界大容量高压储气瓶组）把高压氢气储存于系统内的高压氢气瓶内，然后通过加注软管、加氢枪与车辆加注子系统中的高压加注接口连接，向车辆的氢气储存子系统内加注高压氢气。

增压系统可以通过加注软管、加氢枪与车辆加注子系统中的加注接口连接，直接向车辆的储存子系统内加注高压氢气。

根据车辆的实际需求，高压储氢系统和增压系统可以单独使用也可以组合使用。组合使用时先用高压储氢系统向车辆进行加注，当压力不够时则关闭高压储氢系统，起动增压系统继续向车辆内加注氢气。

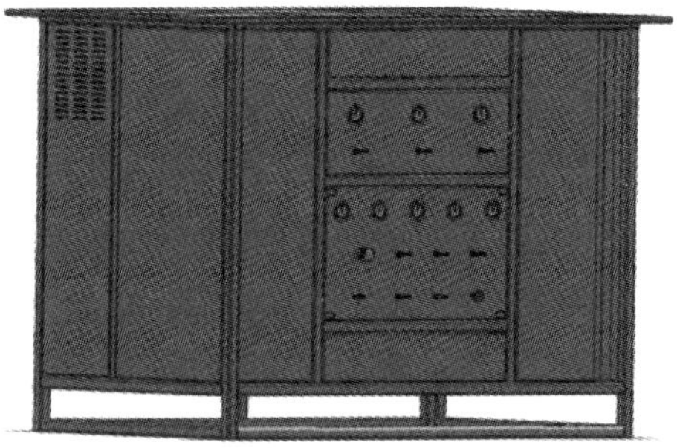

图6-95　高压氢气储存、加注系统外观图

高压氢气储存、加注系统外观如图6-95所示。

表6-25为高压氢气储存、加注系统零部件对照表。

表6-25　高压氢气储存、加注系统零部件对照表

序号	名称	功能
1	增压泵	使低压氢气转变为高压氢气的设备
2	驱动气体安全阀	进入到驱动气体管路的气体压力过高后自动泄压，压力降至安全范围后自动关闭
3	驱动气体过滤器	过滤驱动气体管路中的杂质、水分
4	驱动气体截止阀	控制驱动气体进入增压泵的阀门
5	驱动气体进气压力表	显示进入驱动气体管路的气体压力

（续）

序号	名称	功能
6	驱动气体减压阀	将驱动气体减压后提供给增压泵使用
7	驱动气体减压后压力表	显示进入到增压泵的气体压力
8	高压切断阀	当增压后的压力达到设定值时自动停止增压泵，压力低于设定值时自动起动增压泵
9	低压氢气进气过滤器	过滤被增压氢气中的杂质
10	低压氢气进气单向阀	在管路切换时防止氢气回流到另一路中
11	低压氢气进气总截止阀	控制被增压氢气进入增压泵的阀门
12	低压氢气进气压力表	显示进入增压泵被增压氢气的压力
13	并路截止阀	需要低压氢气加注时打开此阀门，低压氢气可以不通过增压泵直接进行加注
14	并路单向阀	防止增压后的高压氢气返回到低压并路中
15	增压后高压压力表	显示被增压后氢气的压力
16	高压安全阀	当高压管路压力到达设定值时自动开启，低于设定值自动关闭，保证系统安全可靠运行
17	高压出口总截止阀	控制增压后气体的输出，也可以控制输出流速
18	高压储氢瓶组入口截止阀	控制进入高压储氢瓶组进气管路的总阀门
19	高压储氢瓶组出口针阀	控制高压储氢瓶组出气管路的总阀门，可以调节流速
20	高压出口单向阀	在保压测试中防止保压零件、设备气体回流
21	高压出口压力表	显示保压零件、设备的系统压力
22	放空针阀	系统排空、泄压用的针阀，可控制放空速度
23	高压氢气瓶	用来储存高压氢气的高压容器
24	瓶口阀	用来控制进入、流出高压氢气瓶氢气的阀门
25	高压氢气瓶进气单向阀	防止高压氢气瓶出气管路回流到加注管路
26	高压氢气瓶出气针阀	控制高压氢气瓶出气流速的阀门
27	高压氢气瓶压力表	显示高压氢气瓶中氢气的压力

下面介绍高压氢气存储、加注系统的主要部件及功能。

1）高压储氢系统。高压储氢系统由 3 个 35MPa、140L 的高压氢气瓶组成，每个高压氢气瓶上安装有手动氢气瓶阀和瓶尾 PRD。在每个气瓶连接管路上安装有压力表，可以随时显示高压氢气瓶内的氢气压力。每个高压氢气瓶设有一个进口和一个出口，进口和出口采用并联的方式连接。

每个高压氢气瓶的出口都安装有针阀，在进行氢气加注时可以通过精密调节进而控制加注的速度，防止因加注速度过快而导致车载储存系统的温度快速升高。

在使用过程中每个高压氢气瓶可以单独使用，在使用的同时增压系统中的高压切断阀 8 在检测到气瓶压力下降后，还可以自动起动增压泵 1，对压力低的氢气瓶及时补充氢气，提高其压力。

2）增压系统。增压系统分为低压驱动（动力源）部分、低压管路部分、增压泵部分和高压管路部分。

① 低压驱动（动力源）部分。低压驱动（动力源）部分使用唐车公司车辆加注现场已有的0.6~1MPa（最好是0.8MPa）压缩空气作为增压泵的动力源。低压驱动部分安装有过滤器、减压阀、安全阀，可以保证低压驱动部分安全可靠地工作。

② 低压管路部分。在低压介质入口的管路中，设有两个低压气体入口，可以使系统不间断地工作。在管路的入口设有过滤器9和单向阀10，可以保证进入到增压泵的氢气洁净度。

在低压管路中还设有一个并路。打开并路阀门13时，低压氢气可以不通过增压泵1，而直接通过加注管路进入到车辆的储存系统中。当低压氢气的压力和车辆储存系统的压力平衡时，关闭低压氢气并路阀门13，打开进入增压泵的总阀门11，使低压氢气通过增压泵1转变为高压氢气后对车辆进行加注，并储存到车辆的储存系统中。

③ 增压泵部分。增压部分可以将2~15MPa的氢气增压至35~40MPa。

④ 高压管路部分。在增压泵1的出口处，设有高压切断阀8，当增压后系统的压力达到高压切断阀的设定压力时，高压切断阀会自动切断增压泵的动力源，使增压泵停止工作。反之高压切断阀会自动接通增压泵的动力源，使增压泵继续工作。

在增压泵的出口处还设有安全阀16，安全阀的开启压力大于高压切断阀的动作压力，如果系统压力达到高压切断阀8的设定压力，而高压切断阀没有使增压泵停止工作，系统压力则会继续升高，当系统压力达到安全阀的开启压力时，安全阀会自动打开，使系统压力降低以保证系统的安全。当系统压力降低后安全阀又会自动关闭。

在高压管路部分并联有高压储氢系统的入口和出口，系统可以同时进行加注和增压。在高压管路上还设有另外的并路口，可以连接外接的高压储气瓶组。在并路总路的出口管路中安装有针阀22，通过精密调节，可以防止因加注速度过快而导致的被加注系统温度过快升高。在高压管路的末端，还安装有单向阀25和压力表27，可以在系统对外进行保压实验时，确保氢气不会回流而导致被测系统压力降低。

6.7.3 加注说明

基于北京派瑞华氢能源科技有限公司为唐车公司燃料电池有轨电车提供氢气加注服务的事宜，由唐车公司协调厂内资源并提供与加注相关的支持，包括加注场地、加注所需要的空气源，气源压力为0.6~0.8MPa、夜间照明用220AC，200W电源、干粉灭火器、加注车辆及进出场地所需要的出入证等，其他工具设备由派瑞华氢能源公司负责。双方需要确认项目负责人员、现场安全负责人，现场事宜协调人员。**注意：雷雨天气等特殊天气不进行氢气加注。**

（1）准备工作

1）人员准备。在接到氢气加注通知后需要协调相关人员，包括氢气加注人员、氢气源车司机、押运人员。因为运送和加注氢气为特种作业，以上人员均需经过专业的培训并掌握了相关技能，须持有国家相关部门发布的特种作业操作证。准备好后通知唐车公司相关负责人告知车辆进场时间，确认唐车公司是否需要派安全员或其他人员。现场加注人员着装应符合相关规定。

2）气源准备。在接到唐车公司的加注通知后需要准备足够的氢气源并检查氢气源压力

图 6-96　暖气片旁边的墙柱为压缩空气接口

图 6-97　加氢场地

是否符合要求，各个阀门、仪表及连接处是否有泄漏。图 6-96 所示为压缩空气接口。

3）加注设备准备。需要检查加注设备功能是否正常，各紧固件连接是否牢固。各个阀门、仪表及管路连接有无松动漏气现象，确保设备一切正常方能使用。同时需要准备照明灯具及线路、静电导线、放空管路、隔离栅或警戒线、低压气源（0.6～0.8MPa）气体管路、工具、劳保用品。

4）车辆准备。需要检查运输车辆是否为危险品专用运输车，运输车辆的各种安全措施是否齐全可靠，随车证件、标识是否齐全。

（2）气源车进入厂区　载有氢气的危险品运输车进入厂区后，应严格按照厂区的管路要求行驶，车辆速度低于 15km/h，远离危险源，如遇会车等情况应让行其他车辆，在确保安全的情况下方可通过。

（3）加注前的准备

1）设备、设施准备。氢气车辆驶入加注场地（图 6-97）后须按规定停放并做好安全措施，相关人员应检查各设备及阀门管路是否可靠，确认正常后连接加注设备静电导线到指定的接地点并检查静电导线连接是否符合要求，现场拉起警戒线，无关人员撤离现场，放空管路需连接可靠稳固并连接静电导线，吹扫置换加注管路等待加注。确认加注场地及周围 30m 内无安全隐患。

2）机车准备。气体加注前需将机车停至指定车道，在指定区域停放氢气车和加注储存单元并设立相关标识及警戒线。

机车需要在指定轨道上等待加注，加注前需要将整车的电源切断，并停靠平稳（禁止出现溜车等现象），确保车上没有用电设备在工作，车上的人员撤离到指定区域，等待加注。

这样加注既远离了高压电网，也远离了调试厂房的大门，安全系数高，并且不受时间和其他车辆的影响，只要氢气充足可以随时随地（特殊气候原因除外）进行加注。

3）检查、准备工作。加注前需要用便携式氢气检漏仪检查车辆的死角区域是否有氢气，做好加注前登记，检查车辆周围是否有影响安全的隐患。将静电导线与整车相连接，插好加注枪准备加注。

（4）氢气加注

1）加注过程注意事项。确认相关阀门已经开启，加注设备处在正常状态中，缓慢开启氢气源阀门，开始加注。加注过程中操作人员不得远离加注机，但出于安全考虑，尽量避开加注口。仔细听加注过程中的声音变化及有无异响，注意周围环境有无异常及是否存在安全隐患，注意观察燃料电池氢系统压力表压力数值，直至达到加注压力。

2）加注后的检查工作。加注完毕后，关闭各种阀门并将加注枪取下并复位。确认加注后氢气车辆和燃料电池客车压力并记录，司机和加注人员签字确认。检查车辆加注口是否已经复原，断开车辆静电导线。通知司乘人员，并引导司机将车辆驶离加注站。结束加注工作，现场恢复原状，整理加注信息。

（5）气源车驶离厂区

1）驶离厂区路线。加注完毕后车辆按原进场路线驶离厂区。车辆速度低于15km/h，无特殊情况不准在厂区停留。

2）驶离厂区注意事项。驶离厂区应严格按照厂区的管路要求行驶，远离危险源，如遇会车等情况应让行其他车辆，在确保安全的情况下方可通过。

6.7.4 紧急事故处理预案

紧急事故处理与应急预案包括紧急撤离和逃生的路线规定，失火、爆炸和泄漏等常见紧急事故应急预案的制定等。

1）建立事故防范和事故处理预案，成立紧急事故处理小组，并对事故处理程序和办法做出明确要求。

2）制定北京派瑞华氢能源科技有限公司与唐车公司相关部门人员的通讯录，并保持定期沟通和交流。

3）制定加氢人员紧急逃生和撤离路线图。

4）氢系统发生故障时不允许带压修理，必要时用氮气置换。

5）氢泄漏时应采取以下措施：

① 贮存、运输和使用场地应加强通风、杜绝点火源。

② 对泄漏量不大的、可控制的泄漏，应立即关闭气源阀门。

③ 出现高压氢气泄漏，应立即停止高压操作，将供应源从泄漏系统隔开，并将管路中的压力释放掉，等待修复。

④ 无法控制的泄漏出现时，应首先保护现场人员的安全。

⑤ 氢气钢瓶或储罐安全装置发生泄漏时，应先将钢瓶或储罐内氢气排空，再检查修复。

⑥ 发生泄漏时，车辆、设备等不得起动。

6）氢着火时应采取以下措施：

① 当发生爆炸或烈火时，首先让所有加注现场人员（包括唐车公司人员）立即按紧急逃生和撤离路线撤离，清点人数，并及时通知唐车公司保卫处和消防局，最后通报公司负责人员。

当发生弱火，或者处于失火前期时，首先对失火程度进行危害性评估，然后通过切断火源、关闭阀门等方式控制局面，最后通知有关部门进行处理。

② 在确保人员和设备安全的前提下，应立即切断气源，并保证操作可靠，保持氢气系统正压，以防回火。若不能切断时，只要有氢气泄漏，就不急于扑灭氢气火焰。

③ 储存氢气的设备着火时，应冷却、隔离附近设备以防止火灾扩大，从能灭火的最远距离向容器喷水冷却，可使用干粉灭火器、二氧化碳灭火器或使用氮气灭火。

④ 如果火灾扑灭而没能关断气源，将形成爆炸性混合气体，会造成比火灾更为严重的一系列危险，通常采取的方法是防止火灾扩散，直到氢燃尽为止。

⑤ 气瓶或储罐等着火情况下，在灭火的同时应使用消防水或自来水等对气瓶或储罐进行冷却。

⑥ 如果出现加氢的车辆着火，应立即断开加气机气源，并使用干粉灭火器、二氧化碳灭火器或氮气灭火。

⑦ 出现火灾时，等待加氢的车辆应立即驶离现场，尽量远离火源。

7）出现人员窒息现象时，应立即将受害人员移到有新鲜空气的安全地方，并快速就医。

8）发生紧急事故时需按照指定的路线撤离、集合，在集合地点清点人数。紧急事故情况及处理预案见表6-26。

表6-26 紧急事故处理一览表

序号	紧急事故情况	处理预案	处理人员	严重程度
1	氢气管路严重泄漏	关闭气源、专业人员维修	派瑞华氢能源科技人员	一般严重
2	氢气瓶严重泄漏	防止危险源产生、现场隔离，专业人员维修	派瑞华氢有限公司人员、唐车公司安保人员	严重
3	载氢车辆发生翻车等事故	检查氢瓶情况，如无泄漏，吊装氢瓶和车辆，如有泄漏先解决泄漏问题	派瑞华氢有限公司人员、唐车公司安保人员	严重
4	加氢现场周围着火	现场隔离，疏散厂区人员，扑灭火源，氢气车迅速撤离，如无法撤离防止火源扩散，	紧急事故处理小组、派瑞华氢能源科技有限公司人员、唐车公司安保人员	非常严重
5	加氢现场着火	现场隔离，疏散厂区人员，扑灭火源，疏散厂区人员，用水冷却氢瓶	紧急事故处理小组、派瑞华氢能源科技有限公司人员、唐车公司安保人员	非常严重
6	载氢车辆着火	现场隔离，疏散厂区人员，扑灭火源，疏散厂区人员，用水冷却氢瓶	紧急事故处理小组、派瑞华氢能源科技有限公司人员、唐车公司安保人员	非常严重

6.8 燃料电池混合动力有轨电车应用展望

虽然目前燃料电池有轨电车在国内外尚处于样车研究和线路试验运行阶段，并未进入实际线路运营阶段。但随着近两年国内外各大汽车企业陆续推出燃料电池汽车品牌并推向市场，社会与民众对燃料电池供电驱动技术认知度不断提升，且燃料电池有轨电车由于续驶里程更长，其应用前景更为广阔。

本节通过对比分析，针对以上燃料电池混合动力系统及有轨电车设计方案的研究经验，进行下一代燃料电池动力系统的初步方案设计，拟在后续升级项目中进行运用。

6.8.1 氢燃料有轨电车最佳解决方案需求分析

氢燃料有轨电车最佳解决方案应该具备成本优势更强、基础设施建设要求更低、建设周期更短、环保优势更明显等特点。基于此，我们将要开发的新一代燃料电池系统，应努力实现成本、质量、体积等方面的较大改进，以提升燃料电池城市轨道车辆的市场竞争力和民众的接受度。

（1）系统成本优势更强　通过与国内外燃料电池技术较强的巴拉德公司合作开发新一代燃料电池系统，实现燃料电池系统综合成本和整车运行成本更低。目前，国内在燃料电池电堆、质子交换膜等关键部件方面已具备一定的本地化生产能力，且成本不断降低。前面的对比计算表明，新一代电堆方案的寿命周期成本可以做到纯电池方案的1.3～1.5倍，加上其零排放特色，极具市场推广价值。同时，考虑加入超级电容或动力电池，形成混合供电方案，以提升整车动力性能。

（2）整体建设成本更低　由于采用燃料电池作为主动力，无需架设电网，基础设施建设要求更低、建设周期更短。至于燃料电池车辆需要的加氢站，由于本项目燃料电池系统所运用的有轨电车及现代无轨电车，均为点对点运行，可只在终点站设加氢站，且不在城市中心，不受基础建设限制，这相对于燃料电池汽车必须有加氢站网络是一项极强的便利优势，可摆脱目前燃料电池汽车行业受困于加氢站网络建设而发展滞后的问题。

（3）更为环保　由于真正做到了零排放，且无需架设电网，有利于城市景观保持。

（4）更易实现产业化　由于所开发的燃料电池系统适用于低地板有轨电车（或无轨电车），适用于三、四线城市，这就增加了燃料电池的应用范围及应用量，为后续产业化的实现打下了基础。

6.8.2 顶层设计指标分析

1. 三种燃料电池方案的对比分析

结合典型方案与平衡速度、系统质量、生命周期成本的关系，整车系统按30年运用，分析了三种方案下的设计指标，其中，方案3即为国家科技支撑项目的系统方案，具体分析结果如表6-27至表6-30所示。

表6-27 AW0工况分析

	燃料电池/kW	动力电池	超级电容	平衡速度/(km/h)	系统总质量约/kg	寿命周期成本/万元
方案1	100×2	451V，30Ah	528V，45F	51.9	5740	1965
方案2	120×2	451V，30Ah	528V，45F	58.5	5740	2205
方案3	150×2	451V，30Ah	528V，45F	67	5940	2565

表6-28 AW1工况分析

	燃料电池/kW	动力电池	超级电容	平衡速度/(km/h)	系统总质量约/kg	寿命周期成本/万元
方案1	100×2	451V，30Ah	528V，45F	50.0	5740	1965
方案2	120×2	451V，30Ah	528V，45F	56.4	5740	2205
方案3	150×2	451V，30Ah	528V，45F	64.7	5940	2565

表6-29 AW2工况分析

	燃料电池/kW	动力电池	超级电容	平衡速度/(km/h)	系统总质量约/kg	寿命周期成本/万元
方案1	100×2	451V，30Ah	528V，45F	45.1	5740	1965
方案2	120×2	451V，30Ah	528V，45F	51.1	5740	2205
方案3	150×2	451V，30Ah	528V，45F	58.8	5940	2565

表6-30 AW3工况分析

	燃料电池/kW	动力电池	超级电容	平衡速度/(km/h)	系统总质量约/kg	寿命周期成本/万元
方案1	100×2	451V，30Ah	528V，45F	43.8	5740	1965
方案2	120×2	451V，30Ah	528V，45F	49.8	5740	2205
方案3	150×2	451V，30Ah	528V，45F	57.2	5940	2565

分析结果表明：

1）采用相同超级电容、动力电池的配置下，AW0、AW1、AW2相对AW3模式，在100×2kW方案中分别增加8.1km/h、6.2km/h、1.3km/h；在120×2kW方案中分别增加8.9km/h、6.8km/h、1.5km/h；在150kW×2方案中分别增加9.8km/h、7.5m/h、1.6km/h。

2）方案2和方案1相对于方案3，系统总质量均有所降低。

3）方案2和方案1相对于方案3，生命周期成本均下降不少，其中方案1降幅接近24%。

2. 两种混合动力配置方案的对比分析

结合前期研究结果和起动加速性能、续驶里程等要求，针对以下两种混合动力配置方案性能对比分析研究：

方案一：2套燃料电池系统（每套150kW）+2套超级电容（11串3并）和2套动力电

池（196 串 3 并）；

方案二：2 套燃料电池系统（每套 150kW）+2 套超级电容（10 串 2 并）和 2 套动力电池（150 串 2 并）。

计算结果表明：

1）列车在匀速运行时，若只由燃料电池供能，所能提供的列车最大运行速度为 57.7km/h。若用动力电池来辅助供能，可满足列车的最大运行速度（70km/h）匀速运行，此时若以 70km/h 匀速运行时，方案一的续驶里程约为 57km，方案二的续驶里程约为 54km，方案一的续驶里程较长。

2）由于方案二配置中的超级电容和动力电池功率较低，起动加速能力降低，相比方案一，加速至最大速度时，方案一的加速时间为 63s，方案二的加速时间为 83s，方案二的加速时间较长。

3）由于方案二的起动能力较低，加速时间较长，加速至最大速度时的续驶里程较长，方案一的加速里程约为 878m，方案二的加速里程约为 1200m。

4）方案一总耗能约 10.6kW·h，方案二总耗能约 12.3kW·h，方案一在加速过程中的耗能较少。

综合以上分析结果，本项目选用动力性能较好的方案一作为混合动力系统配置方案。

6.8.3　下一代燃料电池系统技术需求分析

（1）经济运行速度分析　有轨电车不同速度运行能耗如图 6-98 所示。分析计算表明，有轨电车以 40～50km/h 的速度运行时，能耗最低。

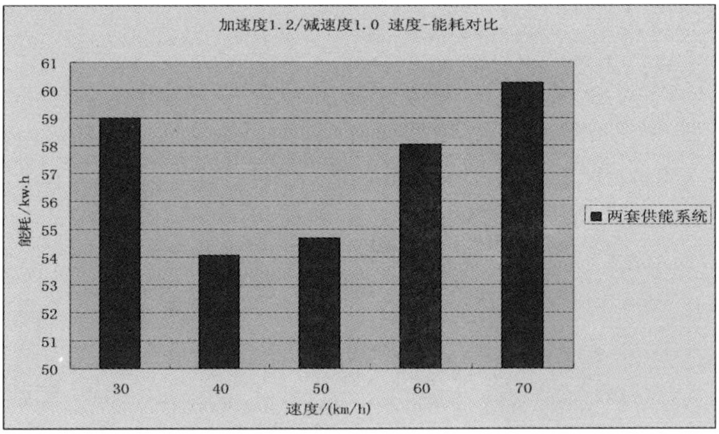

图 6-98　不同速度运行能耗

（2）适用功率等级分析　有轨电车持续运行时所需牵引功率如表 6-31 所示。**分析计算表明，有轨电车以 60km/h 速度运行时，所需电堆功率为 120kW/套（以两套计）。**

表 6-31　有轨电车持续运行时所需牵引功率

速度/(km/h)	阻力/kN	牵引功率/kW	辅助功率/kW	有轨电车所需总功率/kW	混合动力系统功率/kW	单套燃料电池系统功率/kW
30	3.728	31.07	50	89.89	119.86	60kW
35	4.167	40.51	50	99.33	132.44	

（续）

速度/(km/h)	阻力/kN	牵引功率/kW	辅助功率/kW	有轨电车所需总功率/kW	混合动力系统功率/kW	单套燃料电池系统功率/kW
40	4.629	51.44	50	110.3	147.01	80kW
45	5.116	63.95	50	122.8	163.69	
50	5.626	78.14	50	137	182.62	100kW
55	6.160	94.12	50	152.9	203.92	
60	6.719	111.98	50	170.8	227.73	120kW
65	7.301	131.82	50	190.6	254.19	
70	7.907	153.74	50	212.6	283.42	150kW

结合有轨电车经济时速及牵引功率分析，建议下一代燃料电池电堆的功率等级为120kW 左右。

6.8.4　模块化设计

下一代燃料电池动力系统由 2 套燃料电池系统模块和 2 套散热器模块构成，这两个模块相对独立。其中，燃料电池系统模块中包括主电源模块、空气输送系统、冷却液输送系统、电气和控制系统以及变流器系统等子系统模块。燃料电池系统模块输出 DC750V，与整车直流母线相连；车辆为燃料电池系统模块提供 DC24V 控制及低压驱动用电，以及 AC220V 用于防冻和夜晚供电；燃料电池系统模块与整车采用 CANOPEN 通信。散热器模块是与燃料电池系统模块配套的必要热管理模块，由散热器芯体、散热风机和膨胀水箱等构成。散热器与燃料电池系统模块之间通过冷却液管路、排气管路以及电路相连，其工作受燃料电池系统模块控制。

下一代燃料电池动力系统的组成及技术指标如表 6-32 所示。

表 6-32　系统组成及技术指标

模块名称	组件	数量	备注
燃料电池模块	主电源模块	2	包括燃料电池电堆、氢气输送模块、空气加湿模块
	空气输送系统	2	包括空压机、空气过滤器、流量计
	冷却液输送系统	2	包含冷却液泵、过滤器、防冻保护系统
	电气和控制系统	2	包括变频模块（用于空压机、冷却泵、氢气循环泵变速控制）、控制器、通信模块（CANOPEN 通信网络）、数据记录与传输模块等
	变流器系统	2	将燃料电池高压输出变换为 DC750V 输出，控制燃料电池模块输出功率
散热器模块	散热器	2	风机总功率：<3kW；散热器模块质量：<200kg

为提升燃料电池系统工作性能及维护维修效率，降低寿命周期成本，可针对下一代燃料电池系统进行模块化设计，如图 6-99 和图 6-100 所示。

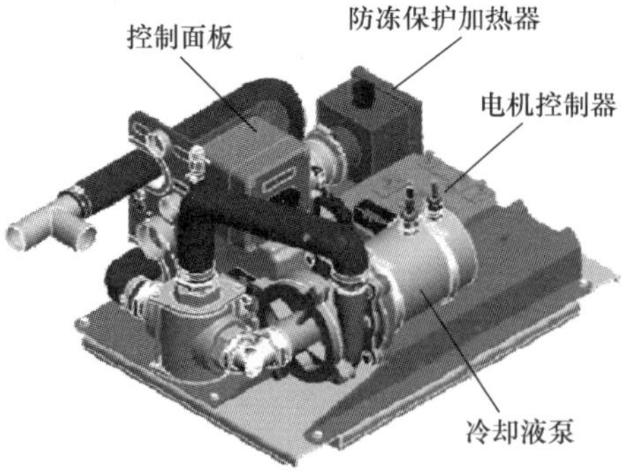

图 6-99 冷却液供应单元

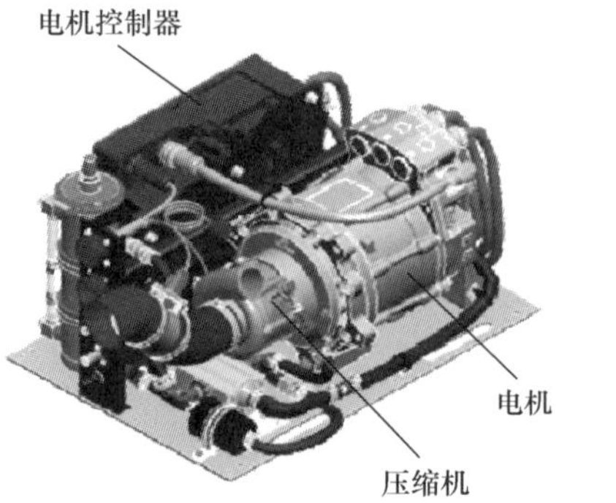

图 6-100 空气供应单元

参 考 文 献

[1] 科学技术部. 这十年：能源领域科技发展报告［M］. 北京：科学技术文献出版社，2012.

[2] 钱伯章. 新能源汽车与新型蓄能电池及热电转换技术［M］. 北京：科学出版社，2010.

[3] 谭晓军. 电动汽车动力电池管理系统设计［M］. 广州：中山大学出版社，2011.

[4] Chang C S, Sim S S. Optimizing train movements through coast control using genetic algorithms [J]. IEEE Proceeding - Electric Power Application, 1997, 144 (1): 65 - 73.

[5] Bocharnikov Y V, Tobias A M, Roberts C, et al. Optimal driving strategy for traction energy saving on DC suburban railways [J]. Electric Power Applications, 2007, 5 (1): 675 - 682.

[6] Liu H, Mao B, Ding Y. Train energy - saving scheme with evaluation in urban mass transit systems [J]. Journal of Transportation Systems Engineering and Information Technology, 2007, 7 (5): 68 - 73.

[7] 石静雅，苏永清，岳继光. 轨道交通能耗影响因素分析及能耗评价体系的建立［J］. 铁道运输与经济，2008，30（9）：46 - 49.

[8] 冯佳，许奇，冯旭杰，等. 基于灰色关联度的轨道交通能耗影响因素分析［J］. 交通运输系统工程与信息，2011，11（1）：1 - 5.

[9] Mehrdod Ehsani，等. 现代电动汽车、混合动力电动汽车和燃料电池车［M］. 倪光正，倪培宏，熊素铭，译. 北京：机械工业出版社，2008.

[10] Mehrdad Ehsani, Yimin Gao, Ali Emadi. Modern Electric, Hybrid Electric, and Fuel Cell Vehicles Fundamentals, Theory, and Design [M]. Boca Raton: CRC Press, 2004.

[11] Edwin Tazelaar, Bram Veenhuizen, Paul van den Bosch. Analytical solution of the energy Management for Fuel Cell Hybrid Propulsion Systems [J]. IEEE Trans. on Vehicular Technology, 2012, 61 (5).

[12] 孟玉发，彭长福，王选民，等. CKD6E5000 型混合动力交流传动内燃调车机车的研制［J］. 铁道机车车辆，2011，31（4）：1 - 4.

[13] 杜玉峰，刘伟. 地铁电动工程车牵引蓄电池参数的确定［J］. 电力机车与城轨车辆，2004，27（4）：36 - 38.

[14] Danziger H. Energy optimization for rail public transit system of Washington DC [J]. Transportation Research Part B, 1975, 15 (4): 31 - 39.

[15] Hoyt E V, Levay R R. Assessing the effects of several variables on freight train fuel consumption and performance using a train performance simulator [J]. Transportation Research Part A, 1990, 24 (2): 99 - 112.

[16] Kraay D, Harker P T, Chen B. Optimal pacing of trains in freight railroad: model formulation and solution [J]. Operations Research, 1991, 39 (1): 82 - 99.

[17] 陈荣武，诸昌钤，刘莉. 基于 CBTC 的城市轨道交通列车能耗算法及仿真［J］. 计算机应用研究，2011，28（6）：2126 - 2129.

[18] 刘宝林. 地铁列车能耗分析［J］. 电力机车与城轨车辆，2007，30（4）：65 - 70.

[19] 王玉明，刘明君，赵宇刚. 我国城市轨道交通系统运行节能措施研究［J］. 综合运输，2011（4）：57 - 59.

[20] 孔令洋，梁青槐，张岩. 直线电机轮轨交通系统牵引能耗研究［J］. 铁道学报，2007，27（6）：106 - 112.